U0872301

21 世纪法学系列教材

法律文书学

Legal Writing

主　编｜马宏俊

副主编｜赵朝琴

撰稿人｜马宏俊　马明利　向海平　刘　畅
（以姓名笔画为序）　刘　莉　李伟亚　李　萍　肖　克
吴旭莉　宋振江　张立新　罗庆东
赵朝琴　段　钢　侯兴宇　袁　钢
高金波　郭素颐　程　滔　解文轶
薛　峰　薛　童

法律出版社

——北　京——

始创于 1954 年

好书，同好老师和好学生分享

图书在版编目(CIP)数据

法律文书学 / 马宏俊主编 ; 赵朝琴副主编. -- 北京 : 法律出版社, 2022(2025.7 重印)
ISBN 978-7-5197-6864-5

Ⅰ. ①法… Ⅱ. ①马… ②赵… Ⅲ. ①法律文书-写作-中国-高等学校-教材 Ⅳ. ①D926.13

中国版本图书馆 CIP 数据核字(2022)第 113188 号

法律文书学
FALÜ WENSHUXUE

马宏俊 主 编
赵朝琴 副主编

责任编辑 郑怡萍
装帧设计 孙 杨 苏 慰

出版发行 法律出版社
编辑统筹 法律教育出版分社
责任校对 王 丰 李景美
责任印制 刘晓伟
经 销 新华书店

开本 787 毫米×1092 毫米 1/16
印张 20.5 字数 429 千
版本 2022 年 10 月第 1 版
印次 2025 年 7 月第 3 次印刷
印刷 固安华明印业有限公司

地址:北京市丰台区莲花池西里 7 号(100073)
网址:www.lawpress.com.cn
投稿邮箱:info@lawpress.com.cn
举报盗版邮箱:jbwq@lawpress.com.cn

销售电话:010-83938349
客服电话:010-83938350
咨询电话:010-63939796

书号:ISBN 978-7-5197-6864-5
定价:49.00 元
凡购买本社图书,如有印装错误,我社负责退换。电话:010-83938349

出 版 说 明

法律出版社作为中国历史悠久、品牌积淀深厚的法律专业出版社，素来重视法学教育图书之出版。

“21 世纪法学系列教材”作为本社法学教育出版的重心，延续至今已有二十余年。该系列一直以打造新世纪新经典教材为己任，遍揽名家新秀，覆盖法学各科，因其卓越品质而颇受瞩目并广受肯定。该系列也一直根据法学教育的改革方向和发展变化的客观需要，不断进行调整重组，以便更好地为法学师生服务。

中国的法学教育正面临深刻变革，未来的法学教育势必以培养德法兼修的高素质法治人才为目标，以素质教育与职业教育相结合、理论教育与实践教育相结合、知识教育与应用教育相结合、国际视野与本土特色相结合为导向，法学教育图书的编写与出版也由此进入更新与创新的时代。

为顺应法学教育的改革方向和培养目标，顺应学科交叉融合和数字技术的发展态势，本社将应时而动，为不同学科、不同层次、不同阶段、不同需求的法学师生量身打造法学教材及教学辅助用书。或革新，或全新，以厚基础、宽口径、多元化、开放性为基调，力求从品种、内容和形式上呈现崭新风采，增强教材的时代性、科学性、实效性和可读性，致力于打造“理想信念塑造、专业知识传授、实践能力培养”三位一体的法学教材与教学辅助用书，为法学师生提供更好的教本与读本。

“好书，同好老师和好学生分享。”本社在法学教育图书出版上必将继往开来，以精益求精的专业态度，打造全新“21 世纪法学系列教材”，传播法学知识，传承法学理念，辅拂法律教育事业，积累法律教育财富，服务万千法学师生和明日法治英才。

法律出版社

2025 年 6 月

作 者 简 介

（以撰写章节为序）

马宏俊　中国政法大学教授，中国法学会法律文书学研究会会长。

刘　莉　西安建筑科技大学教授，中国法学会法律文书学研究会常务理事。

赵朝琴　河南财经政法大学教授，中国法学会法律文书学研究会副会长。

袁　钢　中国政法大学教授，中国法学会法律文书学研究会理事、常务副秘书长。

侯兴宇　贵州警察学院教授，中国法学会法律文书学研究会常务理事。

段　钢　北京市公安局治安管理总队二级高级警长，中国法学会法律文书学研究会理事。

罗庆东　最高人民检察院第一检察厅副厅长、一级高级检察官，中国法学会法律文书学研究会副会长。

刘　畅　长沙铁路运输检察院二级检察官、中国法学会法律文书学研究会会员。

宋振江　河北浩博律师事务所主任，一级律师，中国法学会法律文书学研究会理事。

马明利　河南财经政法大学教授，中国法学会法律文书学研究会理事。

李　萍　最高人民检察院第六检察厅二级高级检察官。

张立新　最高人民检察院第七检察厅二级高级检察官。

解文轶　最高人民检察院第八检察厅二级高级检察官助理。

薛　峰　北京金融法院副院长，审判委员会委员，二级高级法官。

肖　克　北京市第一中级人民法院一级法官。

程　滔　中国政法大学教授，中国法学会法律文书学研究会理事。

高金波　北京市汉龙律师事务所主任律师，中国法学会法律文书学研究会常务副会长。

向海平　四川省成都市成都公证处主任，中国公证协会理事。

薛　童　中国政法大学讲师，中国政法大学仲裁研究院副秘书长。

吴旭莉　厦门大学副教授，中国法学会法律文书学研究会理事。

郭素颐　广东金轮律师事务所高级合伙人。

李伟亚　北京炜衡（郑州）律师事务所律师，中国法学会法律文书学研究会会员。

编写说明

习近平总书记指出,“努力让人民群众在每一个司法案件中都能感受到公平正义”。中国共产党第十八届三中全会《关于全面深化改革若干重大问题的决定》提出,“增强法律文书说理性”。法律的实施和执行离不开法律文书,法律文书是诉讼或非诉讼程序不可分割的重要组成部分,是传播社会主义核心价值观和人民群众感受公平正义的重要载体,是以法律为根本属性的多学科交叉的新兴学科,也是高等法学教育中实践性很强的应用性基础学科,在法律专业课程体系中一直占有重要地位。国家法律职业资格考试早就将法律文书写作列为必考内容,为了适应新时期法律文书学课程教学的需要,更好地训练学生的法律应用能力,提升法律文书制作水平,我们编写了这本《法律文书学》教材,本书也是法律出版社规划的重点教材。

本书的编写以反映法律文书学基本理论、法律文书制作基本规律为前提,在重构法律文书学课程结构体系、兼顾诉讼与非诉讼法律文书内容比重、搭建章节内容与网络资源立体交互空间等方面进行了探索与创新,着力实现“课程思政”内容与法律文书学教学、写作知识传输与写作能力训练、线上教学与线下教学的有机融合。

本书分上、中、下三编,共十章,每章均包含教学目标、教学内容、研讨与练习三个要素,并附有配套的 PPT 课件。在相应位置上通过二维码的形式(适时更新),将相关法律或制度规定、法律文书格式与实例、法律文书研究文献等网络资源与教材内容有机衔接,以期为法律文书学课程提供最新的、更为开阔和富有张力的立体化教学空间。

上编为基础理论编,由“绪论”“法律文书的制作要求”“法律文书的表述方法”三章组成,着重介绍法律文书学的基础知识,概述法律文书制作的基本要求与主要方法。基础理论编注重理论与实践的结合,对中编和下编的法律文书实务教学内容具有指导意义。

中编为诉讼法律文书实务编,由“刑事法律文书实务”“民事法律文书实务”“行政法律文书实务”三章组成,区分刑事、民事、行政法律文书实务三大类型,系统介绍如何在实体法与程序法的决定性影响下表述诉讼文书的共性与个性内容,与法律实践有机对接。其中,刑事法律文书实务包含刑事侦查文书、刑事检察文书、刑事律师文书、刑事裁判文书;民事法律文书实务包含民事检察文书与民事公益诉讼检察文书、民事律师文书、民事裁判文书;行政法律文书实务包含行政检察文书与行政公益诉讼检察文书、行政律师文书、行政裁判文书。

下编为非诉讼法律文书实务编,由“行政执法文书实务”“公证文书实务”“仲裁文书实务”“合同与法律意见书实务”四章组成,分别介绍行政执法文书、公证文书、仲裁文书、合同与法律意见书的具体内容，为法律实践中非诉讼法律文书的制作提供具体的指引与参考。

本书由中国法学会法律文书学研究会会长、中国政法大学马宏俊教授任主编，中国法学会法律文书学研究会副会长、河南财经政法大学赵朝琴教授任副主编，邀请来自多家高校以及公安、检察、审判、律师、公证实务界的专家共同编写而成。各章（节）作者分别是：

第一章：马宏俊、刘莉；

第二章：赵朝琴；

第三章：袁钢；

第四章第一节：侯兴宇；第二节：段钢；第三节：罗庆东、刘畅；第四节：宋振江；第五节：侯兴宇；

第五章第一节：马明利；第二节：李萍、解文轶；第三节：宋振江；第四节：马明利；

第六章第一节：薛峰、肖克；第二节：张立新、解文轶；第三节：宋振江；第四节：薛峰、肖克；

第七章：程滔、高金波；

第八章：向海平；

第九章：薛童；

第十章：吴旭莉、郭素颐；

缩略语表、二维码内容、PPT内容整理：袁钢、李伟亚。

感谢本书的各位作者，他们以高度认真负责的态度投入编写过程，不辞辛苦、精益求精，一次次地修改与完善书稿，使得本书的编写任务顺利完成。

感谢法律出版社领导及本书策划郑怡萍编辑和其他未能谋面的老师们，由于他们的悉心指导、释疑解惑、认真编校，本书得以顺利出版。

本书难免有错漏之处，恳请各位方家批评指正！

马宏俊

2022年7月

缩 略 语 表

◆ 主要法律

《中华人民共和国宪法》	《宪法》
《中华人民共和国民法典》	《民法典》
《中华人民共和国刑法》	《刑法》
《中华人民共和国刑事诉讼法》	《刑事诉讼法》
《中华人民共和国民事诉讼法》	《民事诉讼法》
《中华人民共和国行政诉讼法》	《行政诉讼法》
《中华人民共和国国家赔偿法》	《国家赔偿法》
《中华人民共和国行政许可法》	《行政许可法》
《中华人民共和国行政处罚法》	《行政处罚法》
《中华人民共和国行政复议法》	《行政复议法》
《中华人民共和国行政强制法》	《行政强制法》
《中华人民共和国立法法》	《立法法》
《中华人民共和国环境保护法》	《环境保护法》
《中华人民共和国未成年人保护法》	《未成年人保护法》
《中华人民共和国英雄烈士保护法》	《英雄烈士保护法》
《中华人民共和国人民陪审员法》	《人民陪审员法》
《中华人民共和国仲裁法》	《仲裁法》
《中华人民共和国公证法》	《公证法》
《中华人民共和国建筑法》	《建筑法》
《中华人民共和国涉外民事关系法律适用法》	《涉外民事关系法律适用法》
《中华人民共和国公司法》	《公司法》

◆ 其他规范性文件

《中华人民共和国行政复议法实施条例》	《行政复议法实施条例》
《公安机关办理刑事案件程序规定》	《刑事案件程序规定》
《中华人民共和国公证程序规则》	《公证程序规则》
《人民检察院民事诉讼监督规则》	《民事诉讼监督规则》

《人民检察院公益诉讼办案规则》	《公益诉讼办案规则》
《最高人民法院关于适用〈中华人民共和国仲裁法〉若干问题的解释》	《仲裁法司法解释》
《最高人民法院关于适用〈中华人民共和国民事诉讼法〉的解释》	《民事诉讼法司法解释》
《最高人民法院关于适用〈中华人民共和国行政诉讼法〉的解释》	《行政诉讼法司法解释》
《最高人民法院关于适用〈中华人民共和国刑事诉讼法〉的解释》	《刑事诉讼法司法解释》
《最高人民法院关于执行〈中华人民共和国刑法〉确定罪名的规定》	《确定罪名规定》
《最高人民法院关于民事诉讼证据的若干规定》	《民事诉讼证据规定》
《最高人民法院关于审理环境民事公益诉讼案件适用法律若干问题的解释》	《环境公益诉讼司法解释》
《最高人民法院关于审理行政赔偿案件若干问题的规定》	《行政赔偿规定》
《最高人民法院关于民事审判监督程序严格依法适用指令再审和发回重审若干问题的规定》	《民事审判监督程序若干规定》
《最高人民法院关于深入推进社会主义核心价值观融入裁判文书释法说理的指导意见》	《核心价值观指导意见》
《最高人民法院关于加强规范裁判文书释法说理的指导意见》	《释法说理指导意见》
《最高人民法院关于裁判文书引用法律、法规等规范性法律文件的规定》	《裁判文书引用法律文件的规定》
《最高人民法院关于审理行政协议案件若干问题的规定》	《行政协议案件规定》
《最高人民法院关于审理环境民事公益诉讼案件适用法律若干问题的解释》	《公益诉讼司法解释》
《人民检察院行政诉讼监督规则》	《行政诉讼监督规则》
《承认及执行外国仲裁裁决公约》	《纽约公约》

目　录

上编　基础理论

中编　诉讼法律文书实务

上编　基础理论

第一章　绪　　论

本章教学目标

本章是学习法律文书的基础。通过本章学习，要求能从制作主体、内容、程序、后果、意义等方面认知法律文书丰富的内涵，分析法律文书的双重属性，了解法律文书的学科属性，理解法律文书的法律特征、规范特征和强制特征，探究法律文书的正义价值、效益价值和秩序价值。在学习法律文书的内涵、属性、特征和价值的基础上，认识法律文书的重要作用，从法律文书蕴含的法律理论与实践的角度拓展思路，探寻法律文书学习的特有规律和学习方法。

第一节　法律文书的概念与属性

一、法律文书含义辨析

法律文书，是指制作主体进行各种法律行为活动所依法制作的法律文件。法律文书这一概念包含以下几层含义：

1. 法律文书的制作主体多元。历史上，公安机关、检察机关和审判机关是法律文书重要的制作主体。[1] 现阶段，制作主体进一步扩大，主要由四类构成：一是公安机关（含国家安全机关）、检察院、法院、监狱和未成年人管教所等相关机关。二是律师事务所、公证处、仲裁机构等专门组织。三是与诉讼案件或非诉讼法律事务有直接利害关系的人，包括自然人、法人和其他组织。四是依法参加诉讼活动或非诉讼法律事务的证人、鉴定人、代理人、翻译人员等。

2. 法律文书的适用范围广泛。法律文书广泛用于各类诉讼案件和非诉讼法律事务。例如，刑事、民事、行政诉讼案件中，公安机关制作的刑事拘留证、检察机关制作的刑事起诉书、审判机关制作的裁判文书、当事人制作的起诉状、律师制作的辩护词等，这些均属于诉讼法律文书。公证、仲裁、调解等非诉讼法律事务中，公证机关制作的公证书、仲裁机构制作的仲

〔1〕 参见马宏俊主编：《法律文书学》，中国人民大学出版社2008年版，第3页。

裁裁决书、律师制作的委托代理合同和调解书等，属于非诉讼法律文书。随着我国社会主义法治建设的不断加强，法律文书的种类将会不断增多，构成了当代法治建设的重要组成部分。

3. 法律文书必须依法制作。法律文书不同于一般的文章、文件，它的制作权由法律赋予。这里所说的法律，既包括实体法，也包括程序法，还包括法规、规章，甚至规范性文件。此外，法律文书的制作还必须严格按照相关主管机关或部门发布的文书样本或格式制作。法律文书的内容必须符合法律规定，也应当弘扬社会主义核心价值观和法律精神，2021 年最高人民法院为此专门发布了《核心价值观指导意见》。

法条阅读

4. 法律文书具有法律效力或法律意义。在依法办理诉讼案件或者非诉讼案件中，法律文书成为一种必要的载体，会产生特定的强制效力。法律文书是具体实施法律、实现权利和义务的结果，国家以强制力保障法律文书的执行。某些法律文书虽不产生法律效力，如起诉状、代理词，却是对某一法律行为的反映和确认，能对案件处理过程产生影响，具有一定的法律意义。法律文书是对法律行为的书面记载。法律行为是自然人、法人为实现权利或义务，在法律规定的范围内，以当事人的意志，引起法律关系产生、变更和消灭的行为。法律文书正是通过对这一动态行为的文字表述，展现查明的法律事实，阐释法律原理，以便更好地完成法律行为活动。

二、法律文书的双重属性

法律文书的制作，既要综合运用法律专业的理论知识和实践经验，使之符合法律规定的原则和精神；又要综合运用写作理论知识和技巧经验，使之符合写作的规律。法律文书是法律和写作的延伸和汇合，既离不开法律专业知识，又有赖于写作技巧的指导。因此，法律文书具有双重属性，即法律文书的法律属性和写作属性。

（一）法律文书的法律属性

法学视角下，法律文书是反映法律行为和法律内容的重要依据，法律属性是法律文书的实质和灵魂。法律文书是依法处理各种诉讼或非诉讼案件的文字表现形式，制作和适用法律文书，涉及多个法律学科知识的综合运用。首先，法律文书的内容以研究法律规定和法律精神为其首要任务，以实施法律、处理各类诉讼与非诉讼事务的工具和凭证的形式出现，每一份法律文书都是法律规定或法律精神适用于具体案件的体现。法律文书制作努力实现富强、民主、文明、和谐的价值目标，努力追求自由、平等、公正、法治的价值取向，努力践行爱国、敬业、诚信、友善的价值准则。[2] 其次，法律文书专用于法律领域的写作，是为法律工作服务的，有其独特的对象和职能。故法律文书是专用文书，而非通用文书；法律文书有统一的格式和结构，其制作形式一般为固定模式。

---

〔2〕 参见《核心价值观指导意见》“序言”。

(二)法律文书的写作属性

写作学视角下,法律文书是一种应用性文体,是实施法律的重要体现,是法律规则的载体和依托,写作属性是法律文书属性的另一方面。法律文书逻辑严谨,有层次、有重点地对有关案件事实、理由等加以叙述、论证,使之在结构布局、语言运用、表达方式上符合一般行文写作的规律和要求。鉴于语言在法律中的特殊作用,法律文书写作过程必须适用各种语言材料,包括遣词、成句、谋章、运篇等,都必须符合文章写作的基本理论和写作技巧的运用规律,这些基本写作技巧和规律成为法律规定或精神的表现形式。法律文书制作实践中,基于案件性质、文书种类、具体案情的不同,应采用不同的表述方法,使得法律文书呈现鲜明的个性色彩,也使制作者的法律文化和法律素质生动体现。

综上所述,法律文书是法律实效性与写作艺术性的和谐统一,二者不是互相排斥,而是相辅相成。一方面,法律实效性是写作法律文书的根据和前提。新时代法律文书写作规律的运用和写作方法的选择,必须以习近平新时代中国特色社会主义思想为指导,贯彻落实习近平法治思想,忠于宪法法律,将法律评价与道德评价有机结合,深入阐释法律法规所体现的国家价值目标、社会价值取向和公民价值准则,实现法治和德治相辅相成、相得益彰。另一方面,写作艺术性丰富了法律实效的体现。写作艺术并不只是被动地反映法律精神,而是能动地促进法律实效性的发挥。写作艺术手段运用得恰当与否,直接影响法律实效的体现。立足时代、国情、文化,综合考量法、理、情等因素,加强社会主义核心价值观的导向作用,实现政治效果、法律效果和社会效果的有机统一,不断提升法律文书的法律认同、社会认同和情理认同。[3] 简言之,只有同时具备法律属性和写作属性,才是一份合格的能够记载法律行为活动的法律文书。

三、法律文书的学科特征

法律文书是制作主体适用法律处理各类诉讼、非诉讼事务的工具和凭证,法律文书学科是将诉讼法、实体法与文章写作学、语法修辞和语体学等学科知识综合运用的一门交叉学科,当然,法律属性是其学科属性中起决定作用的方面,即法律属性决定写作属性;写作属性是其学科属性的另一方面,写作属性对法律属性具有反作用。法律文书学科以实施法律服务的各类法律文书为教学和研究对象,故其属于法学学科范畴,是一门具有完整、独立的理论体系而且应用性很强的法学分支学科。一方面,法律文书学科是法学和写作学的有机结合体,既研究如何运用写作学、文书学的有关理论和方法正确表述法律行为,又研究通过特定主体实施法律行为并产生法律效力和法律意义的一系列文字材料的写作现象和规律;另一方面,法律文书学科也是科学与技术的统一体,既有自己独立的科学体系和理论基础,如法律文书的逻辑思维、语言表达、法理依据、社会价值等;也有制作的技术诀窍,如法律文书的格式和制作技巧等。

追本溯源,我国当代的法律文书学科在20世纪70年代末创立。创立之初有着不同的

---

〔3〕 参见《核心价值观指导意见》第1条。

名称,20 世纪 80 年代初称为“司法文书”,从概念上看,当时司法文书包括的主体范围主要是指司法机关,其主体范围限定较狭窄。随着国家法治建设和法律实践的发展,处理非诉讼案件所写的非诉讼文书,如公证文书、律师文书、仲裁文书等,越来越重要,这些文书大量进入法律文书的学科范围内,使得“司法文书”的称谓已显不妥,故自 20 世纪 90 年代中期以来,这门学科已在全国范围内被统一为“法律文书(学)”,成为全国高等院校法律专业的主干课程之一。全国许多法学高等学校和综合大学的法学院(系)也都将法律文书作为必选的法律专业课程。目前,法律文书已经成为法律专业重要的基础课程,法律文书学科的研究也越来越受到法学界的重视。

作为一门独立的学科,法律文书学有其独特的理论研究领域:其一,法学知识在法律文书学科中的综合运用研究。就诉讼文书而言,法律文书制作需要综合运用民事、刑事、行政三大诉讼法和民法、刑法、行政法等学科的相关知识。其二,法律文书制作规律的研究。法律文书制作应当反映法律文书属性,探讨制作主体制作法律文书的方法,为制作法律文书提供具有可操作性的写作理论和规律。其三,法律文书格式、文体及实例的研究。法律文书种类繁多,如果没有统一的规范,没有固定的程序,法律文书就很难发挥其法律效力及法律意义。法律文书的格式是保证依法办事的效率和加快法律运作的前提。优秀的法律文书实例是制作法律文书的重要示范,对法律文书实例的研究是对法律文书制作实践的总结和分析,能够把成功的法律文书制作经验上升为理论,进而指导法律文书的制作。

随着我国法治建设的发展,法律文书学已逐渐形成为一门综合交叉学科,同时也是一门新型的法学分支学科,在现代文明和法治建设中具有重要意义。重视法律文书学科建设,推动法律文书多学科属性的更优展现,彰显交叉学科的个性特色,积极融入习近平法治思想的精髓,才能进一步发挥法律文书学科推动社会发展的重要作用。

第二节　法律文书的特征

一、法律性特征

法律文书的法律性特征表现在法律文书制作过程中的各要素必须合法,即法律文书的制作主体、制作内容、制作程序、制作格式等要素均应符合法律规定。

(一)制作主体符合法律规定

法律文书的制作主体由法律确定,某一主体能否制作法律文书,取决于其在法律上是否具有制作资格和权限。如司法机关的法律文书,其制作主体排除了其他任何机关和单位、个人,只有司法机关才是合法的制作主体。某一种特定的法律文书,只能由法定制作主体制作。例如,根据《刑事诉讼法》的规定,审查起诉、提起抗诉类的文书,只能由人民检察院制作;而裁判类文书,只能由人民法院制作。又如,各类诉状的制作主体应当是和案件有直接利害关系的当事人,和案件无关的主体无权制作该类文书。其他如非诉讼法律文书,也必须由依法确定的合格主体制作,如法律顾问、已经授权的法律代理人等,因为拥有法律赋予的资格,才能制作法律文书,以保证法律文书的法律效力或法律意义。

（二）制作内容符合法律规定

内容的合法性是法律文书的核心要求。法律文书是通过适用法律来维护诉求、伸张正义的书面载体,其内容的合法性体现在:制作依据的法定性、分析论证的合理性和证据内容的合法性。

1. 制作依据的法定性

法律文书的制作有确定的法定依据,这是法律文书制作内容合法性的首要要求。法律文书涉及诉讼或者非诉讼法律事务,既要如实反映如何依照法律程序处理各种诉讼与非诉讼案件;还要反映对案件实体问题处理的实体法律依据的准确性。涉外案件的法律文书还要体现所遵循的相关国际法、国际公约等内容。只有准确、完整地叙写各项要素的法律依据,才符合法律文书内容法定性的要求。例如,公诉案件一审刑事判决书的事实部分,首先应概述控辩双方的意见,其次应详写法院审理查明的事实、情节和证据。只有依次叙写这些要素,才能判明被告人的犯罪性质和严重程度,才能为法院定罪量刑提供事实依据。又如,民商事案件,除了依据有关的法律法规作为裁判的直接依据外,法官还应当以社会主义核心价值观为指引,以法律规定作为裁判依据,这样才是依法裁决的样本和典范;如确实没有类似的法律规定,法官应当根据立法精神、立法目的和法律原则等作出司法裁判,并在裁判文书中以社会主义核心价值观为指导,阐述裁判依据和裁判理由,这样才符合法律文书的合法性要求。再如,人民检察院起诉书理由部分引用法律依据时,一方面引用刑事实体法的相关条文,说明犯罪嫌疑人成立的罪名以及犯罪情节的轻重;另一方面还要引用刑事程序法的相关条文,作为检察机关向人民法院提起公诉的合法依据。这样制作法律文书,才能充分体现法律文书的法律属性,反映法律文书的灵魂。

2. 分析论证的合理性

合理性从语义学的角度来看,即符合理性,是分析论证的认识和能力的体现,法律文书分析论证的合理性就是法律理性的体现。实现法律文书制作内容上的合理分析论证,可从如下两个方面入手:对法律规范准确无误的解释和对案件事实的法律视角的精确分析。

一方面,法律作为一种社会规范,不可能也不应对一切社会现象都作出规定。正因如此,将这种抽象的、有限的规定适用于具体案件时,往往会有不同的理解,这就需要对法律的适用作统一的论证解释,这样才能实现正确认知,体现合理的论证分析。然而,公众的认识水平是有差别的,对同一法律规定会有不同的理解,尤其是法律规定中还需要对很多专门术语作出专业解释、进行分析论证,否则,法律适用在法律文书制作方面的合理性就难以体现。最高人民法院明确规定,深入推进社会主义核心价值观融入裁判文书释法说理应当正确运用如下解释方法:一是运用文义解释的方法,准确解读法律规定所蕴含的社会主义核心价值观的精神内涵,充分说明社会主义核心价值观在个案中的内在要求和具体语境。

二是运用体系解释的方法，将法律规定与中国特色社会主义法律体系、社会主义核心价值体系联系起来，全面系统分析法律规定的内涵，正确理解和适用法律。三是运用目的解释的方法，以社会发展方向及立法目的为出发点，发挥目的解释的价值作用，使释法说理与立法目的、法律精神保持一致。四是运用历史解释的方法，结合现阶段社会发展水平，合理判断、有效平衡司法裁判的政治效果、法律效果和社会效果，推动社会稳定、可持续发展。〔4〕

另一方面，法律文书所涉内容分析论证过程必须合理，这将直接关系到对案件事实的认定和处理，也将直接关系到对法律文书的执行。法律明确规定了制作主体应该具有分析论证的义务，以帮助查明案件事实。如《民事诉讼法司法解释》第108条规定："对负有举证证明责任的当事人提供的证据，人民法院经审查并结合相关事实，确信待证事实的存在具有高度可能性的，应当认定该事实存在。对一方当事人为反驳负有举证证明责任的当事人所主张事实而提供的证据，人民法院经审查并结合相关事实，认为待证事实真伪不明的，应当认定该事实不存在。"法律文书制作是语言、逻辑和哲学思维方式的能力体现，要求制作内容经过充分分析论证之后才呈现。

3. 证据内容的合法性

法律文书中证据的展示是为了具体、充分、严谨地证明它所对应的案件事实。《民事诉讼证据规定》第87条规定："审判人员对单一证据可以从下列方面进行审核认定：（一）证据是否为原件、原物，复印件、复制品与原件、原物是否相符；（二）证据与本案事实是否相关；（三）证据的形式、来源是否符合法律规定；（四）证据的内容是否真实；（五）证人或者提供证据的人，与当事人有无利害关系。"总结如上规定，需要从以下三个方面分析：第一，证据具有法律性。必须通过法律认可的调查、勘查、鉴定等手段获得各种物、文字、图像、照片等作为证据使用，反之虚假的、臆想或编造出来的证据是不能用的。《民事诉讼法》第71条规定，证据应当在法庭上出示，并由当事人互相质证。即当事人使用的各种证据应当是法律明文规定的；法律禁止使用的，不能出现在法律文书中。在相互质证中，对获得各种证据的方法、途径也必须查实，若是以非法手段取得的证据，或道听途说未加证实的证据，是不可能证明案件事实的。第二，证据是具体的、实际的，客观存在的。《民事诉讼法》第66条规定，证据必须查证属实，才能作为认定事实的根据。第三，证据和案件事实要有紧密联系。只有和案件事实相关联，才能够去证明案件事实。《行政诉讼法》第34条规定，被告对作出的行政行为负有举证责任，应当提供作出该行政行为的证据和所依据的规范性文件，从而保证证据与案件事实之间的紧密联系。实践中，在保证证据和案件事实相关联的同时，特别重视证据之间的相互联系，使证明同一案件事实的诸多证据能够相互印证，形成一条牢固的证据链条，更加充分发挥证据的证明作用。《民事诉讼证据规定》第66条规定了民事审判人员对案件的全部证据，应当从各证据与案件事实的关联程度、各证据之间的联系等方面进行综合审查判断。

---

〔4〕 参见《核心价值观指导意见》第9条。

（三）制作程序符合法律规定

法律文书制作的程序是有法律严格规定的，这是法律文书具有法律效力和法律意义的主要表现。无论何种法律文书，都应由合法制作主体在法定情形下、法定的期限内制作。以刑事案件为例，从案件的立案、侦查、移送起诉、审查起诉一直到最后的判决，诉讼的每个环节都需要制作相应的文书来作为刑事诉讼活动正当合法的文字凭证。这些法律文书的制作也都必须依照《刑事诉讼法》的相关规定进行。如检察机关对于确已构成犯罪、依法应追究刑事责任的犯罪嫌疑人，向法院提起公诉时，就必须制作起诉书。《刑事诉讼法》第 176 条规定，人民检察院认为犯罪嫌疑人的犯罪事实已经查清，证据确实、充分，依法应当追究刑事责任的，应当作出起诉决定，按照审判管辖的规定，向人民法院提起公诉，并将案卷材料、证据移送人民法院。某些法律文书的制作还必须履行特定的法律程序。如诉讼庭审中，书记员必须先向原告、被告及出席庭审的诉讼参与人宣读法庭纪律，然后就原告、被告的诉讼请求及答辩意见以及其他诉讼参与人的意见作出详细记录。庭审活动中的所有意见如果记录有差错或遗漏，应当允许庭审参加人员进行更正或者补充，并捺手印。庭审笔录经原告、被告、其他诉讼参与人等核对无误后，还要求他们在笔录上逐页签名、盖章或者捺手印，相关鉴定人员、侦查人员、翻译人员也必须在笔录上签名或者盖章，这样才能最终完成庭审法律文书的制作。若法律文书中没有记录宣读庭审记录环节、核对笔录环节或签字程序，则不仅不能发生法律效力，甚至可能导致庭审活动违法。程序的合法与实体的合法，是法律文书有效性的必要保障。此外，为了保证迅速、及时地审结案件，有效地实施法律，诉讼法中还对某些重要文书的制作时效规定了严格的时限要求。法律文书中记载的提交、移送、审核等程序内容也要合乎法律的具体程序规定，非经法定程序制作的法律文书是无效的，甚至是违法的法律文书。

法条阅读

（四）制作格式符合法律规定

法律文书尤其是重要法律文书的格式，大多由规范性文件予以规定，不能由制作主体任意而为之。目前，许多法律部门相继制定了具体的法律文书样式，为法律文书制作提供了规范统一的格式，便于高效制作法律文书。例如，公安部 2006 年版的《公安行政法律文书（式样）》全面规范了公安机关法律文书制作，该规范于 2012 年修订；公安部 2019 年又添加了办理涉恐违法案件所需的《冻结/延长冻结/解除冻结财产决定书》《冻结/延长冻结/解除冻结财产通知书》《约束/解除约束决定书》《查询财产通知书》四种文书式样，并对《传唤证》《调取证据通知书》《证据保全决定书》《行政强制执行决定书》作了修改。最高人民检察院 2020 年 5 月 26 日印发的《人民检察院刑事诉讼法律文书格式样本（2020 年版）》，成为检察机关制作刑事诉讼法律文书的最新格式。最高人民法院 2016 年印发《人民法院民事裁判文书制作规范》和《民事诉讼文书样式》，于 2016 年 8 月 1 日施行；2020 年又印发《民事诉讼程序繁简分流改革试点相关诉讼文书样式》，于 2020 年 11 月 1 日施行；最高人民法院 2015 年印发《行政诉讼文书样式（试行）》，进一步规范法院行政诉讼文书的格式；等等。这些法律文书格式样本，成为法律实践中制作法律文书的蓝本，也是法律文书制作的基本结构框架，有助于提升法律文书制作效率。目前在智慧司法的大背景下，法律资料管理的智能化，法律文书自动生成系统不断优化，配合既定的法律文书的格式样本，将共同促进法律的公开公正。

二、规范性特征

法律文书的规范性特征表现在法律文书制作应遵循规范要求，体现为法律文书的结构规范、用语规范和要素规范。

（一）结构规范

法律文书的制作具有固定的结构模式。从法律文书的文本格式上看，一般均呈现首部、正文、尾部三部分的固定结构。首部一般包括制作机关（单位）、文种名称、编号、当事人基本情况、案由、案件来源、审理经过等。正文一般包括案件事实、基本证据、处理理由、处理结果或意见等。尾部一般包括有关事项、签名、日期、印章、附注事项等。当然，也有一些简单的法律文书会在固定结构中删减部分内容。

此外，在分为首部、正文、尾部三个板块的基础上，法律文书的内容表达还可呈现为叙议类、表格类、笔录类三种类型，且各有特色。表格类、笔录类法律文书的要素更加简化，叙议类法律文书的要素更加复杂，但各类文书的基本要素具有相似的特征。这些格式样本显示了法律文书主体框架构成的规范性，为写作各种法律文书提供可借鉴的依据和参照。许多非诉讼文书也都体现出程式化的格式结构，要求具有规范格式，体现法律文书的规范性特征。

法律文书的微观构成也显示了规范性特征，部分法律文书还对使用文字的行款布局、使用的纸张规格，甚至印刷字体的大小作出统一规定。这些固定的结构模块有助于掌握法律文书的基本写作内容和写作要素，供制作主体共同遵守，也有助于体现法律文书的统一性和严肃性。

（二）用语规范

法律文书的格式样本中，针对每种法律文书不同列项如何表述都明确规范了固定用语，这成为法律文书用语规范化的鲜明表现。例如，当事人的称谓，就应当按照法律规定的称谓书写。法律角色不同，当事人所享有的权利和诉讼地位也有所不同，法律文书中当事人的称谓要和法律、法规的有关规定一致，不可随意书写。刑事案件的当事人在不同的诉讼阶段可能被称为“自诉人”“被害人”“犯罪嫌疑人”“被告人”“附带民事诉讼原告人”“上诉人”“罪犯”等。民事、行政案件的当事人在不同文书中可能被称为“原告”“被告”“第三人”“申请人”“被申请人”“上诉人”“被上诉人”“申诉人”等。这些不同的称谓，反映出当事人在诉讼中不同的诉讼地位；称谓固定，使其明确地知晓各自诉讼权利和地位。又如，法院裁判文书中的“原告诉称”“被告辩称”“经审理查明”“本院认为”等，这些固定用语都是法律文书格式规定的。一审民事判决书尾部交代上诉权的用语为：“如不服本判决，可以在判决书送达之日起十五日内,向本院递交上诉状,并按对方当事人的人数或者代表人的人数提出副本,上诉于××××人民法院。"[5]再如,裁判文书中的案由、案件来源部分,交代上诉权、申诉权部分及结束语部分和固定段落的首句,都相当固定。总之,法律文书的用语由专业术语和规范统一的文字组成,并在文书格式样本中统一规定。无论是侦查文书、检察文书,还是审判文书,都有这种精练至极、不可增删文字的固定语句,书写这部分时必须依照格式样本表述,不能随意更改。

（三）要素规范

法律文书由特定事项和要素组成。各类法律文书样式都对特定事项和要素作出比较完备和系统的规定,不同的法律文书对特定事项和要素的规定有所不同。在民事裁判文书中,所涉要素一般包括当事人的基本情况、委托诉讼代理人的基本情况、当事人的诉讼地位、案件的由来和审理经过、事实、理由、裁判依据、裁判主文、尾部等要素,而且要注意排列顺序,不得随意颠倒。在当事人的基本情况部分,包括诉讼地位和基本信息。当事人是自然人的,应当写明姓名、性别、出生年月日、民族、职业或工作单位和职务、住所。姓名、性别等身份事项,以居民身份证、户籍证明为准。当事人是法人的,写明名称和住所,并另起一行写明法定代表人的姓名和职务。当事人是其他组织的,写明名称和住所,并另起一行写明负责人的姓名和职务。当事人是个体工商户的,写明经营者的姓名、性别、出生年月日、民族、住所;起有字号的,以营业执照上登记的字号为当事人并写明该字号经营者的基本信息。因文种的不同,事项要素与表述次序也有不同的规定和要求。在公诉案件一审刑事判决书中,先应概述控辩双方的意见,然后详写法院审查认定的事实、情节和证据,这是基本事项构成要素,还要结合案件具体情况写清各项具体构成要素。在人民检察院制作不起诉决定书时,其事实部分的写法与起诉书所涉要素规定有所不同,除要叙述犯罪嫌疑人的有关事实外,还要说明起诉的法定或酌定情节,这样才能完整表述依法起诉的事实依据。这些法律文书所涉要素都不是随意组合的,必须依序严格排列,只有有序写明这些要素,才能判明被告人的犯罪性质、罪名及其犯罪情节的严重程度,为法院依法定罪量刑提供事实依据。

三、强制性特征

法律文书的强制性特征,表现为法律文书的结论性意见具有法律效力或法律意义。法律文书是法律职能运行的产物,以国家强制力为后盾保证具体实施法律的结果。任何制作主体不得违背法律文书的强制性规定。如公安机关的搜查证、逮捕证等是实施诉讼活动的文书凭证,具有强制性和制约性;人民检察院的批准逮捕决定书,具有法律效力及强制性;人民法院的判决书、裁定书、决定书等法律文书,一经生效后,都具有法律强制性;公证书一经送达,就具有了证明的效力,未经法定程序不能推翻。

法律文书的强制性还体现在文书所涉内容非依法定程序不得任意改变,必须认可并依法执行,否则,应承担相应的法律后果。当事人一方如不自觉履行法律文书规定的义务,另

[5] 《人民法院民事裁判文书制作规范》"第三部分 (九)尾部"第6项。

一方则可申请强制执行。如被告人经合法传唤而拒不到达指定地点接受讯问，司法机关就可以发出拘传票、拘传证、拘传通知书，采取强制措施。人民法院制作的判决书、裁定书生效后，有关单位和个人必须按文书中的决定执行，拒不执行的，可能会面临严厉的法律制裁。《刑法》第 313 条第 1 款规定：“对人民法院的判决、裁定有能力执行而拒不执行，情节严重的，处三年以下有期徒刑、拘役或者罚金。”由此可见，法律文书的强制性是十分明显的。如发现法律文书认定事实、适用法律确有错误或审判程序上有重大的违法行为，也须由司法机关严格按照法定程序予以变更或撤销，其他任何单位和个人都无权对其变更或撤销。

当然，法律文书的强制性需依靠立法、司法、执法和守法等各个环节共同维护。司法实践中，有的当事人法治意识不强，不能按时到庭。这种情况下，《民事诉讼法》针对原告和被告的不按时到庭分别作出了详细规定，其第 146 条规定：“原告经传票传唤，无正当理由拒不到庭的，或者未经法庭许可中途退庭的，可以按撤诉处理；被告反诉的，可以缺席判决。”第 147 条规定：“被告经传票传唤，无正当理由拒不到庭的，或者未经法庭许可中途退庭的，可以缺席判决。”

第三节　法律文书的价值

法律文书的价值，是指公众关于法律文书的现实目标和理想追求。新时代中国特色社会主义发展进程中，社会主义核心价值观应当融入法律文书释法说理，彰显法律文书在国家治理、社会治理中的规范、评价、教育、引领等功能。本节主要讨论法律文书具有的正义价值、效益价值和秩序价值。

一、正义价值

正义是法治的崇高理想。柏拉图、查士丁尼、麦金太尔等学者对公平正义都有自己的论述。柏拉图认为，正义存在于社会有机体各个部分间的和谐关系之中，每个社会成员“各守本分，各司其职，就是正义”。〔6〕 查士丁尼认为，正义是给予每个人他应得的部分的这种坚定而恒久的愿望。〔7〕 麦金太尔认为：“正义是给每个人——也包括给予者本人——应得的本分。”〔8〕正义是法律的内在根据和法上之法，一切良法皆以正义为其价值核心。〔9〕 法

〔6〕 参见［美］博登海默：《法理学：法律哲学与法律方法》，邓正来译，中国政法大学出版社 1999 年版，第 8 页。

〔7〕 参见［罗马］查士丁尼：《法学总论——法学阶梯》，张企泰译，商务印书馆 1989 年版，第 5 页。

〔8〕 ［美］阿拉斯戴尔·麦金太尔：《谁之正义？何种合理性？》，万俊人、吴海针、王今一译，当代中国出版社 1996 年版，第 56 页。

〔9〕 参见江山：《再说正义》，载《中国社会科学》2001 年第 4 期。

律文书是法律正义的书面载体，是正义价值最直接的体现。正义包括实体正义和程序正义。在法律文书的撰写中，实体正义指准确地认定事实，正确地适用法律，公平地解决纠纷，合理地分配当事人的权利与义务；程序正义指诉讼过程自身所体现的合理性、妥当性，是实体正义的保障。故法律文书既要体现实体正义价值，又要体现程序正义价值。

（一）实体正义价值的体现

实体正义是“以事实为根据，以法律为准绳”在法律文书制作过程中的具体表现。习近平总书记在纪念现行宪法公布施行30周年大会上提出“努力让人民群众在每一个司法案件中都能感受到公平正义”。实体正义落实到具体案件中，即要求“以事实为根据，以法律为准绳”，这是法律文书实体正义价值的具体体现。

1. 准确地认定案件事实。法律文书是不同制作主体为处理法律纠纷而制作的，合理裁判的基础是事实，而事实的认定又源于证据，因此，在法律文书制作过程中反映案件事实时，必须使用确实充分的事实材料，这不仅是法律文书的基础，也是不同主体在制作过程中所要恪守的共同底线。案件事实要清楚，证据要确实充分。《民事诉讼法》第66条规定，“证据必须查证属实，才能作为认定事实的根据。”此项规定体现了证据与事实之间的内在联系。案件事实是诉讼的起点和落脚点，查明事实需要确实充分的证据，证据就是证明案件事实的依据。通过发挥证据的证明作用来证明已经发生的事实，是认定案件事实的基本要求。以民事法律文书为例，法律文书需要的证据必须是查证属实的8种证据类型之一。[10] 证据的来源与获取途径也要合法，否则，将受到非法证据排除规则的规制。证据确实充分，才能为准确认定案件事实提供保障，体现公平正义的价值。司法实践中，利益冲突、各执一词的当事人，会有不同的诉求，为解决矛盾纠纷，实现公平正义，要求法官依据证据规则对证据进行评价。因而，各类裁判文书不能仅仅简单罗列证据，而应当对当事人举证、质证的情况作出具体的反映和分析评断，通过看得见的说理展示法律文书的实体正义。

2. 正确地适用法律。法律文书是法律适用的书面表现，正确地适用法律就是为案件处理寻找依据。为统一法律适用标准，保证公正司法，提高司法公信力，加快推进审判体系和审判能力现代化，结合人民法院工作实际，最高人民法院2020年9月14日颁布了《关于完善统一法律适用标准工作机制的意见》，对解决法律适用的统一标准作出了具体规定。不同的法律工作者的基本职责就是运用自己掌握的法律专业技能，根据案件事实，寻找正确适用的法律。首先，要忠实地运用法律，既不能为个人意志所左右，擅断专横，更不能屈从任何私益，徇私舞弊。其次，在法律文书内容的制作上，应明确说明适用法律的依据，对所适用的法律进行合理解释和逻辑推演。法律解释是法律适用的核心部分，通过解释法律，说明事实和适用法律的逻辑联系，解释为什么要适用此法律，而不适用彼法律。法律适用的过程通过法律文书的正确解读而展现。最后，要恰当运用说理方法和技巧，切实体现条款中的“法意”，即立法机关的立法意图，这需要综合考虑社会背景、价值取向等因素，从专业视

---

〔10〕《民事诉讼法》第66条规定：“证据包括：（一）当事人的陈述；（二）书证；（三）物证；（四）视听资料；（五）电子数据；（六）证人证言；（七）鉴定意见；（八）勘验笔录。”

角恰如其分地论证解释,达到政治效果、法律效果和社会效果的统一。

(二)程序正义价值的体现

程序正义价值是法律文书的内在价值,判断法律文书程序正义价值的标准独立于评价法律文书结论的价值标准。法律文书是否达到程序正义的要求,关键要看那些受到法律文书结论直接影响的人,包括当事人和诉讼参加人等的合法权利是否得到了应有的保护,所涉及的程序过程以及事项是否清楚、完整。[11] 换句话说,法律文书的程序正义价值的体现表现为法律程序的必要性达标和完善性达标。

从法律程序的必要性看,法律文书给予了每个人同等的地位和平等的机会。法律文书强调格式的规范性,就是要保证程序规则的正义性。法治强调每个人应有的权益得到公正的维护,应尽的义务得到平等的履行,应负的责任得到合理的分配。法律程序是形成某种法律决定的过程、步骤和程式,通过不同的法律程序设计,对法律行为实施过程中的权利和义务作出合理的分配。例如,民事诉讼专门设计了举证、质证环节,就是为了保证诉辩双方有平等、充分阐述意见的机会。又如,仲裁程序强调调解环节,就是要依法推进当事人和解。法律程序是用来实现实体法规定的工具,法律程序本身的"善"取决于它在准确发现事实真相和正确适用实体法方面的能力,当事人获得程序保障的最终目的在于实现其实体性权利。[12] 程序正义存在程序正当性和合理性的独立标准,法律文书的固定样式蕴含稳定结构、必要的内容、特定的要素等丰富信息,这些都是法律文书程序正义价值的重要体现,以使法律正当程序得到恰当的遵守和实际的执行。

从法律程序的完善性看,法律文书的说理论证保证了当事人平等享有合法的权利。罗尔斯提出的两个正义原则是:"每个人对与其他人所拥有的最广泛的基本自由体系相容的类似自由体系都应有一种平等的权利";"社会和经济的不平等应当这样安排,使它们(1)被合理地期望适合于每一个人的利益;并且(2)依系于地位和职务向所有人开放"。[13] 英美法系国家实行判例制度,要求在判决书中详细地分析过去的先例、法律规则的含义以及对特定案件的适用性;还要从具体的案件出发,阐发或归纳出具有普遍指导意义的法律规则,使裁判依据和理由令人信服。大陆法系国家经历了从行使权力到裁决说理的过程,说理是法律文书不可或缺的内容,要求法官必须对案件裁决所依据的理由以书面形式说明,并详细论证法官自由心证的形成。判决书是司法正义的最终载体,陈述判决的理由是实现公平的精髓。只有通过充分的说理才能将"纸上的法律"转化为解决实际纠纷的"活的法律"。2021 年《核心价值观指导意见》更是强调,裁判文书应当针对争议焦点,结合社会主义核心价值观,重点说明裁判事实认定和法律适用的过程和理由,特别强调论证过程的重要性。[14]

---

[11] 马宏俊:《法律文书制作》,北京大学出版社 2014 年版,第 21 页。

[12] 陈瑞华:《程序正义的理论基础——评马修的"尊严价值理论"》,载《中国法学》2000 年第 3 期。

[13] [美]约翰·罗尔斯:《正义论》,何怀宏、何包钢、廖申白译,中国社会科学出版社 2009 年版,第 47 页。

[14] 参见《核心价值观指导意见》第 7 条。

二、效益价值

从经济学上看,考虑的效益是解读投入与产出的关系,即如何以较少的投入获取最大的产出价值。诉讼效益价值体现为如何配置司法资源,以尽量短的时间和少的人力、物力、财力来获取最大化的成果。法律文书的效益价值主要体现在通过恰当合理的文书形式与论证内容推动法律行为的高效进行。

法律文书通过固定文书样式中带有共性的写作要素,如起诉书的标题、公诉机关、被告人、辩护人,判决书的案由与案件来源、审判组织与审判方式、上诉或申诉事项等,达到提高制作效率的目的。不同类型法律文书格式样本的颁布,为制作法律文书提供了模板与指导,从整体上体现了法律文书的效益价值。最高人民法院、最高人民检察院、公安部、司法部等以规范性文件的形式颁布法律文书的格式样本,为法律文书的制作提供了方便,降低了制作成本,节约了时间,提高了效率。

除了共性内容和制作要求之外,相关法律、法规、规范性文件对法律文书个性化内容的制作也提出了基本的原则,为具体案件的个性化内容写作提供指导。如规定裁判文书说理应回应争议焦点、内容繁简适当;写作应先主后次、先重后轻、重视内在逻辑和法理论证;应使用简洁明快、通俗易懂的语言,丰富修辞论证,提升语言表达和释法说理的接受度和认可度等。法律文书的效益价值以正义价值为基础;正义和效益并重,是新时代法治建设在法律文书中的生动体现。

三、秩序价值

秩序原意为整齐、规则、有条不紊的状况。法律文书的秩序价值体现在通过制作主体对法律的解读,营造充分、正当、合理的法律实施环境和良好氛围,使法律权威真正树立在公众心中,从而建立良好法律秩序。法律文书的秩序价值主要包括现实与理想两个层面的目标:其一,作为现实目标的法律文书秩序价值,体现为满足公众关于法律文书规范有序的现实需要。其二,作为理想追求的法律文书的秩序价值,体现为公众对法律文书秩序正当性的永恒追求。[15]

1. 从现实目标看,体现为法律文书所载内容有秩序地实现。法律文书内容通过对实体法、程序法的合理解释和说理,体现对权利和义务的保障,使法律文书良好的秩序价值得以实现。从人民法院视角看,法律文书秩序价值的体现就是要按照统一规则确保法律适用规范,确保同类案件运用社会主义核心价值观释法说理的一致性。由于法律规范是抽象的、概括的,是对一般的人或事而不是对具体的人或事的规定,运用和解释法律必须使用理性的方法,尽可能排除个人偏见。从形式的合理性看,法律文书合理性的构筑必须运用法律、充分尊重理性。比如,运用逻辑学、哲学和社会学等学科的研究成果,总结人类思维所必备的基本语言、逻辑和哲学思维方式的基本精神,并把这些学科的原则和规律运用于制作法

〔15〕 参见马宏俊主编:《法律文书学》(第3版),中国人民大学出版社2019年版,第31页。

律文书,使其在合理论证、适用法律中得到可借鉴的方法,有效平衡司法裁判的政治效果、法律效果和社会效果,以推动社会稳定和可持续发展。

2. 从理想目标看,体现为法律文书对法律正当性的理想秩序的永恒追求。良好的法律秩序是新时代法治建设的理想目标。法律文书制作是法律文书秩序的具体反映,具体法律文书是法律秩序的基本粒子,这些粒子之间虽然互相独立,但也有密切联系,共同构成法律文书秩序的系统。新时代中国特色社会主义法治建设中的法律制度还需要不断发展与完善,需要不断追求更能满足自身需求的新的法律文书秩序。法律文书把实现法治秩序目标的理论与实践相结合,将法律理论和法律现实相关联,结为共同体,使法律文书整体解释和具体要素之间呈现有条不紊的良好状态,不断促进法律文书良好秩序价值的实现。

第四节 法律文书的作用

法律文书的作用,是法律文书的制作和使用过程中所体现出来的效用。法律文书在实施法律和规范社会活动及行为等方面的作用广泛,它是实施法律的具体凭证,是系统记录法律过程的档案,是考察法律工作的重要尺度,是展示法律公平正义的载体,是法治宣传教育的重要形式。

一、法律文书是实施法律的具体凭证

制定和颁布法律的目的在于实施,法律的实施要依靠国家机器,法律文书是国家法律规范实施和法律职能行使的具体凭证。

法律文书是国家法律规范实施的具体凭证。法律纠纷中,对实体纠纷的处理及程序保障都必须通过法律文书的形式反映出来。它再现从抽象法条转为具体行为的过程与结果,反映出法律规范实际运行的状态。法律文书具有很强的能动性,既要叙述清楚法律事实;又要充分论述适用法律的理由。法律部门和法律授权的专门组织依法制作诉讼案件和非诉讼案件的法律文书,体现的就是具体实施法律的功能。法律文书将法律规定适用于具体案件中,把社会关系运行纳入法治的轨道,通过制作法律文书的方式表现出来。法律文书作为实施法律的工具,起着不可忽视、无可替代的作用。

法律文书是法律职能行使的具体凭证。公安机关、检察机关和审判机关办理刑事、民事、行政等诉讼案件,仲裁机构办理仲裁案件,公证机关办理非诉讼事件,行政复议机关办理行政案件,公民、法人维护自身权益或签订合同等,都不能不使用法律文书。对于审判机关而言,人民法院实现审判职能的每一步骤和行为,无一不借助于裁判文书这一工具。如民事裁判文书具体反映《民事诉讼法》《民法典》等法律的规定,确定民事权利义务关系,制裁民事违法行为,维护当事人的合法权利。刑事裁判文书是保护人民、惩罚犯罪、维护社会

治安和保卫社会主义制度的重要手段。对于检察机关而言，人民检察院侦查、审查逮捕、审查起诉、法律监督等一系列诉讼活动，也都必须依照法律规定的程序进行，每道程序必须以相应的法律文书作为实施的根据。

二、法律文书是系统记录法律过程的档案

法律文书是法律活动的文字载体和忠实记录。根据我国法律的规定，诉讼案件和非诉讼案件的过程和结果，都必须依法用准确的书面语言记载下来、形成法律文书以付诸实施，这样才具有法律效力或法律意义。

法律文书记录办案活动，成为反映办案过程和结果，启动和推进后续法律活动的重要手段。法律活动是由若干程序构成的整体，是一个动态的过程，而法律文书是这一过程的如实反映。实践中，相关法律部门在办理各种诉讼案件过程中，每一个环节都要制作相应的法律文书，如实记录办案活动的情况。这些法律文书既是对本阶段活动的忠实记录，又是进行下一阶段活动的文字凭证和前提条件。以刑事案件为例，从立案侦查开始，公安机关应制作侦查计划等法律文书；检察机关提起公诉后，应制作起诉书等法律文书；交付人民法院审判后，应制作裁判文书等各种法律文书。诉讼过程中，还会有大量的审查、讯问犯罪嫌疑人以及询问有关证人的笔录等法律文书的制作。这些都表明法律文书是记录法律活动整个进程的文字载体，是形成合理合法的法律行为的有效记录。

当然，法律文书的系统化记录还有赖于一套完整的案卷，因其储存着诉讼或非诉讼案件的全部信息，记录诉讼或非诉讼活动的全过程，反映整个案件的完整处理情况。在办理各种诉讼、非诉讼案件中，每一步骤和环节都要制定相应的法律文书，因而法律文书的制作是具有连续性的。如诉讼参与人可以通过查阅存档的本案法律文书了解案情，掌握诉讼的整个发展进程；或者通过查阅裁判文书网上类似案件的法律文书，借鉴其中的经验和诉讼方案，从而确定进一步的诉讼策略和诉讼主张。而完整的公证文书案卷，则记载了公证机关办理公证事项的活动，使法律行为或者有法律意义的文书和事实的真实性、合法性得以确认；完整的仲裁文书案卷，则是企业之间合同争议和涉外经济贸易及海事合同争议仲裁活动的忠实记载。法律文书对于总结法律执行情况、纠正法律活动中的偏差，具有十分重要的作用，特别是证票类文书，不仅是办案的真实记录，而且是必不可少的办案凭证，各种合同、笔录以及相关的法律文书，无不真实反映纠纷当时的各种社会关系、社会治安状况和国家法律、法规的执行情况。法律文书不仅是实施法律行为的依据，还为检查、监督法律执行情况提供了文字依据，成为总结法律工作经验、检查法律执行情况、纠正错误等必不可少的重要档案资料。总之，法律文书被作为国家档案的重要组成部分予以保存，其中有的重要法律文书还将永久保存，这不仅对处理案件有直接的现实作用，而且有着不可忽视的历史价值。

三、法律文书是考察法律工作的重要尺度

法律文书是进行各种法律活动和处理法律事务的书面记载。通过法律文书，可以考察

法律工作者履行职责的情况、制作法律文书的能力；法律文书成为考察法律工作的尺度，是体现和检验法律工作者办案质量的重要标准。司法机关和行政执法机关代表国家行使司法权和行政权而制作和使用的法律文书，是国家意志的体现，对各种法律活动的启动、运行以及法律实务问题的解决都起到至关重要的作用。作为执法活动记录的法律文书，其既是衡量司法和执法是否坚持“以事实为依据，以法律为准绳”原则的重要依据，也是有关部门是否认真执行国家法律、法规，是否严格依法办案、正确惩治犯罪、处理纠纷的重要依据。

法律文书也是法律工作者法律能力的重要体现。在法律实践中，无论是公安机关的侦查工作，还是检察机关的批准逮捕和起诉工作；无论是审判机关的审理或判决，还是公证机构的公证工作、仲裁机构的仲裁工作以及律师事务所为案件当事人代理的辩护、代书等工作，都离不开法律文书。对法律工作者来说，法律文书制作不仅要符合文书样式的要求，更要体现法律业务素质和文字水平。法律文书制作得合格与否，往往会影响当事人对实施法律水平的评价，进而影响对国家法治发展状况的认识。事实认定清楚、法律依据充分、情理并茂、格式正确的法律文书，会提升当事人和社会公众对法治的认知和信任度。

四、法律文书是展示法律公平正义的重要载体

法律文书通过法律活动的顺利进行，展示法律的公平正义。高质量的法律文书是办理诉讼和非诉讼案件质量的保证，是展示公平正义的载体。

法律文书直接关系到法律公平正义的实现。法律文书与公平正义有着十分紧密的联系，如裁判文书是人民法院行使国家审判权的体现，是公平正义的文字载体，关系到人民法院严格依法办案、秉公执法、刚正不阿的正义形象。法律文书通过严谨的说理和论证，在妥善协调社会各方面的利益关系，及时处理社会各方矛盾，防控人民内部矛盾激化，有力维护和推进社会公平正义的实现等方面，都起到重要的促进和保障作用。法律文书已然成为公民、法人和其他组织的合法权益得以保障的证明，是国家政治稳定的标志，是公平正义、民主法治的重要特征和要素，是促进和谐社会构建的有效工具。

法律文书通过充分说理，确保当事人及其他诉讼参与人依法享有权利，督促义务人履行义务。如民事判决书通过对诉辩双方的举证、质证内容表示明确的意见，阐释作出裁判的理由，进而支撑裁判结果，展示公平正义。不同类型的法律文书，制作目的不同，但都需要展示如何正确查清案情、准确适用法律，体现“以事实为根据，以法律为准绳”的原则和“法律面前人人平等”的原则，保障社会主义法治建设顺利进行。法律文书通过记录诉讼与非诉讼案件处理过程来反映法律程序的良好运行，体现法律文书的强制性，实现对法律权威的维护。不同类别的法律文书所起的作用也不同，如公安机关实施拘留、逮捕行为时，必须出具相应的法律文书以表明其行为的合法性，这种文书就成为执法主体行为正义的具体载体。

五、法律文书是法治宣传教育的重要形式

在我国推进全面依法治国的进程中，法律文书具有促进法治宣传、促进社会法治水平

提高的重要作用。法律文书在保障合法权利、制裁违法行为的同时，也起到了重要的宣传、警戒和预防作用。2021年《核心价值观指导意见》提出，最高人民法院、各高级人民法院应当定期收集、整理和汇编运用社会主义核心价值观释法说理的典型案例，加强宣传教育工作，进一步带动人民群众将法治精神融入社会生活，培育和营造自觉践行社会主义核心价值观的法治环境。[16]

法律文书是国家法律、法规的具体化，通过法律文书解读法律法规的具体规定，探究法律规定之后的法律精神，达到宣扬法治思想、预防违法犯罪、倡导公平、促进和谐社会的作用。法律文书成为教育公民、宣传法治的有效形式。法律文书的内容体现了国家法律、法规的精神和法律、法规的执行情况，其宣传方式除了靠正面讲解各种法律条文的具体规定之外，还需依靠法律文书中解读的具体处理法律事务的内容来阐述法律规定蕴含的法律思想和法律精神。法律文书往往能起到更加生动、有力的法治宣传和教育作用。在法治宣传方面，无论是具有法律效力的法律文书，还是仅具有法律意义的法律文书，都有不容低估的宣传作用。较之于单纯讲解法律条文的规定，法律文书一般都是和具体案件结合在一起的，其宣传效果更加生动、鲜活，对民众的行为会产生积极、直接的影响。法律文书对具体的法律事务和法律活动作出具体规定，这些规定与普通公民、法人或其他组织的利益有直接的联系，如人民法院的判决书、裁定书、调解书以及布告、公告等，就是法治宣传的重要材料。人民法院开庭宣读判决结果和判决理由时，有助于旁听的群众和案件当事人增长法律知识、增强法律意识，有利于提高人民群众同违法犯罪行为作斗争的积极性和自觉性。法律文书使公众更加深切地感受法律的公平正义和权威性，更加自觉地遵守法律，更加积极主动地配合、支持国家法律部门的各项活动。

法律文书不仅对当事人，也对社会公众的行为发生直接或间接的引导和影响，在促进法治宣传的同时担当着彰显社会法治水平的重要使命。当事人、社会公众可以从具体案件的法律文书中感知法治进程，解读法治讯息，从辨析法理的司法判决中感受到司法的公开、公平和正义，增强对建设法治国家的信心。最高人民法院非常重视裁判文书公开，2016年修订的《最高人民法院关于人民法院在互联网公布裁判文书的规定》，要求应当上网的生效裁判文书依法、及时在中国裁判文书网公布，这是司法改革的一项实质性举措，对于切实落实公开审判原则、推广典型案例影响深远。中国裁判文书网已成为世界上最大的裁判文书数据库，将会发挥更加积极的作用。

法条阅读

[16] 参见《核心价值观指导意见》第15条、第16条、第17条。

研讨与练习

1. 如何实现法律文书的法律属性和写作属性的融合？
2. 法律文书较之于其他学科的特殊性体现在哪里？
3. 法律文书的规范特征主要表现在哪里？
4. 如何实现法律文书的效益价值？
5. 你认为法律文书最重要的作用是什么？
6. 新时代全面依法治国建设进程对完善法律文书的内容和形式有哪些影响？

第二章　法律文书的制作要求

本章教学目标

法律文书的制作要求，是制作法律文书应该遵循的总原则和基本规律，对各类法律文书具有普遍的指导意义。本章分别阐述了法律文书的主题与材料、事实与法律、结构与章法等问题。通过本章学习，应当以社会主义核心价值观为指引，理解法律文书的主题与材料的辩证关系、事实与法律的缠结现象、结构与章法的内在联系，站在法律文书交叉学科的整体视角，遵循法律文书表述的原则和规律，制作高质量的法律文书。

第一节　法律文书制作要求概述

法律文书的制作要求，是指制作法律文书需要满足的具体愿望或条件。[1] 法律文书学科具有交叉学科的属性，但就其本质来说，属于实践法学的范畴，是一门法学学科。从某一学科的单一视角审视法律文书，只能看到法律文书制作的局部问题。研究法律文书制作应该有学科交叉的整体视角，既需要关注法学，如实体法、程序法、法理学等领域的法律文书制作问题，又需要关注写作学、逻辑学、修辞学甚至社会学等领域的法律文书制作问题。

法律文书是连接依法处理诉讼或非诉讼案件的过程与结论之间的必要环节，是法律程序不可或缺的组成部分。可从不同角度对法律文书的制作要求进行分析，包括但不限于以下方面：从主题与材料的角度看，法律文书应当围绕主题进行，但选材不能任性，应当体现“以事实为根据，以法律为准绳”的原则。从事实与法律的角度看，法律文书制作应当不断往返于事实和法律之间，恰当反映事实与法律之间的缠结关系，服务于法律文书主题的需要。从结构与章法的角度看，法律文书是共性与个性共同作用的统一体，共性（规范性）与个性（特殊性）并存于法律文书之中，法律文书制作必然呈现一定的结构张力，如何认识和展示结构张力是法律文书制作的一项基本要求。法律文书制作，既要遵循文章写作的一般

---

〔1〕 所谓要求，作为名词，是指所提出的具体愿望或条件。参见中国社会科学院语言研究所词典编辑室编：《现代汉语词典》（第7版），商务印书馆2016年版，第1521页。

规律，也要符合法律文书的特殊要求。本章主要从法律文书的特殊要求出发，以叙议类法律文书为主，重点介绍法律文书制作的基本要求。[2]

第二节 法律文书的主题与材料

一、法律文书的主题

法律文书的主题，是法律文书制作主体对所办理诉讼或非诉讼案件结论的说明。一般来说，法律文书的主题位于文书正文的最后一部分，要用精练的语句集中说明，如起诉意见书、起诉书、判决书的主题。有时，法律文书的主题也会前置，如诉状的主题。判决书主题举例如下：

一、维持河北省廊坊市中级人民法院(2016)冀10刑初80号刑事附带民事判决第一项中对被告人朱凤山犯故意伤害罪的定罪部分；

二、撤销河北省廊坊市中级人民法院(2016)冀10刑初80号刑事附带民事判决第一项中对被告人朱凤山犯故意伤害罪的量刑部分；

三、上诉人(原审被告人)朱凤山犯故意伤害罪，判处有期徒刑七年。(刑期从判决执行之日起计算。判决执行以前先行羁押的，羁押一日折抵刑期一日，即自2016年5月9日起至2023年5月8日止。)[3]

法律文书主题的具体内容与案件性质、法律程序、争议焦点等具有密切联系，诉讼或非诉讼案件办理的结论是什么，法律文书的主题就是什么。如公安机关向检察机关提出起诉的建议，对犯罪嫌疑人的起诉建议决定就是起诉意见书的主题；检察机关向法院提起公诉，对被告人的起诉决定就是起诉意见书的主题；当事人向法院提起诉讼，诉讼请求就是诉状的主题；审判机关对被告人作出有罪判决，定罪量刑的判决结果就是判决书的主题；等等。由此可见，法律文书虽然与其他文章写作一样都有主题，但法律文书的主题不能随意确定，而必须有相关的事实和法律依据。也就是说，案件事实和法律规定(事实材料和法律材料)是第一位的，是主题的决定因素；主题的产生是第二位的。但主题一经产生，就成为统率全文的中心，选取事实、法律材料时就要围绕主题进行。

法律文书主题是整个法律文书的核心，处于重中之重的位置，法律文书主题应当符合以下要求：

1. 准确性要求。基于人的认识能力的局限性，案件处理结论的准确性是相对的，因而法

---

[2] 杜福磊、赵朝琴主编：《法律文书写作教程》(第2版)，高等教育出版社2013年版，第50~77页。

[3] 河北省高级人民法院刑事判决书，(2017)冀刑终135号。同时参见朱凤山故意伤害(防卫过当)案，最高人民检察院指导性案例即检例第46号(2018)。

律文书主题的准确性也是相对的,这是首先需要明确的。法律文书制作时,主题已经产生,制作法律文书必须将案件处理结论(如判决结果)作为主题。法律文书主题的准确性要求,就是指制作主体对案件处理结论要如实说明,反映主题内容与所办理案件结论的一致性。

2. 明晰性要求。主题的明晰性要求,是指说明主题要清楚明白,不能有歧义。如果主题语义含糊、模棱两可,案件处理结果就无法有效执行,执法活动就无从谈起。有些情况下,法律或文书样式对主题的写作内容与方式(如刑事判决结果)作了明确规定,主题的明晰性较容易体现;有些情况下,法律或文书样式没有作明确规定(因案情复杂多变也无法规定),主题的明晰性尤其要引起重视。

3. 有序性要求。法律文书主题的结构往往有着内在的规律,要求写作时讲究一定的次序。如上述刑事判决书的主题是围绕二审改判的情况进行写作,首先是维持一审判决的判项,其次是撤销一审判决的判项,最后是二审改判的判项。在二审改判的判项里,先写定罪的内容,后写量刑的内容,还要在括号里说明有期徒刑刑期的折算办法与起止日期。

二、法律文书的材料

法律文书的材料,是指支撑、证明、服务于法律文书主题的所有资料。制作法律文书的材料,大体上可以分为两类:一类是事实(证据)材料,包括各制作主体认定的案件事实(证据)材料、诉讼或非诉讼当事人反映的事实(证据)材料等;另一类是法律材料,指诉讼案件或非诉讼案件涉及的有关法律条款,主要包括实体法和程序法条文。虽说与案件有关的事实(证据)、法律材料都与主题有关,但不能将所有材料简单地堆砌在法律文书中,而要对这些法律文书的材料认真地加以选择,做到恰当、准确、无误,使材料真正为主题服务。

(一)选材的标准和方法

1. 刑事法律文书的选材

刑事法律文书的选材标准是区分“罪”与“非罪”、“此罪”与“彼罪”。在制作有罪的刑事法律文书时,应选取有罪的事实材料,舍弃非罪的事实材料。对犯有多种罪名或者多起罪行的当事人,首先应选取其主要罪行材料,其次选取其次要罪行材料。选材时要突出主罪,兼顾次罪。有的法律文书,如起诉书、刑事判决书,将被告人一般的违法乱纪行为等也作为主要材料;有的法律文书主题认定的是故意杀人罪,选择的却是故意伤害罪的事实材料等,都是不恰当甚至错误的。在制作无罪的刑事法律文书时。应注意依照刑法具体规定,紧密结合案情,有针对性地选择当事人不构成犯罪或因证据不足而不能认定有罪的事实和法律材料,以证明其无罪的主题。

2. 民事、行政法律文书和非诉讼法律文书的选材

民事、行政法律文书和非诉讼法律文书的选材标准是区分“是”与“非”。民事、行政法律文书和非诉讼法律文书的共同特点是,各方当事人对案件核心问题的是非对错有不同意见,因而可以合并分析它们的选材问题。这类法律文书选材的基本方法是:突出争执焦点,分清是非责任。应当以当事人之间发生纠纷的实质性材料为主线,进行全面、认真的选材,特别是涉及当事人各方争执的焦点问题,应作为重点材料加以选取;认真分析各方争议的

事实及理由，依照审查认定的事实和证据，对案情所对应的法律条款等进行认真的分析比较和严格选择。

(二)选材的要求

1. 以主题为中心进行选材

以主题为中心，是法律文书选材的关键。无论是诉讼案件，还是非诉讼案件，在制作法律文书时，结论都已经确定，也就是主题已经是确定的。面对已经确定的主题，选材时别无选择，只能以主题为中心对材料进行取舍；而不能以材料为中心，对主题进行修正。对法律文书而言，主题确立之后，就要将或简或繁的事实材料和法律材料进行鉴别、取舍，去粗取精，去伪存真。选材的依据就是主题的内容和法律有关规定，背离这个依据，选材就可能离题万里，劳而无功。

选材要以证明主题为需要，法律文书中选取的事实材料必须确实可靠，不能假设、编造，不允许夸大、缩小；同时又要运用充分、真实、合法的证据，通过对证据的分析论证来证明事实。特别是对于那些处理实体问题的叙议类法律文书来说，“事实清楚、证据确实充分”往往是文书制作的基本要求。这个基本要求，也是法律文书选材的一个实质性标准。法律文书中选取的材料，只有符合了这个标准，文书主题才能站得住脚，才能令人信服。这和文学作品中的选材原则有着严格区别，文学作品要求的真实是“本质的真实”，允许编造或虚构故事情节。而法律文书中的事实、证据材料要求的是“法律真实”，强调要对相关事实“如实”反映，这种事实需要有确实、充分的证据予以证明。

还有一种情况，制作主体明知有些事实、证据可能是不真实的，仍要作为材料加以选择，这往往是因为程序法精神和法律文书格式的需要。对这些材料进行对比分析后，可使据以定案的证据更加明确，也起到服务、证明主题的效果。例如，在法院判决书中，必须要反映控辩双方或诉辩各方争议的事实，在选材时，对各方围绕焦点进行的争论意见都应反映在文书中。从逻辑上讲，各方对立的观点肯定有对有错、有真有假，但如果不反映这些争议的事实，就无法体现各方当事人平等的诉讼地位，无法反映诉讼法的原则和精神。因此，对这些材料的选取也是必要的。从某种意义上讲，这些材料是为了辩明真假是非而选取的材料，是体现程序正义价值而选取的材料，当然是符合法律文书制作要求的。

2. 选材的一致性和针对性

选取法律材料，主要是为了准确地说明对案件性质的认定、对是非正误的分辨是有法律依据的。所以，只有准确地、有针对性地选取法律材料，才能充分有力地证明案件性质，辨析罪与非罪，分清是非正误。

无论是事实、证据材料，还是法律材料，最终都是为了证明案件的处理结论是正确的。选取法律材料时，不仅要注意法律材料的具体内容，还要特别注意所选法律材料能否与事实材料、证据材料保持应有的一致和协调，使法律材料与事实材料、证据材料形成一个有机的整体，共同证明主题的准确性。

不同性质的法律文书，在法律材料的选择上会有不同的特点；即便是相同性质的法律文书，案件的复杂程度也决定着法律材料的选取角度与难度；根据法律文书格式的具体要求，选取法律材料时还要同格式相适应。因此，需要加强选材的针对性。例如，(2017)冀刑终135号刑事判决书，根据二审部分改判的结果，选材时既要围绕改判“朱凤山犯故意伤害罪，判处有期徒刑七年”的主题进行重点选材，还要围绕一审判决、检察机关、上诉人、被告人等的意见进行全面选材。具体来说，在事实、证据材料的选材上，要针对二审认定朱凤山的防卫过当行为进行重点选材，判决书中对相关事实证据的写作比较具体详细；在实体、程序法律材料的选材上，要针对二审改判量刑的结果进行重点选材，判决书中具体列举了相关的《刑法》《刑事诉讼法》条文。[4]

案例阅读

三、法律文书主题与材料的辩证关系

法律文书主题与材料之间是一种辩证的关系，以法律文书主题即案件处理结论的产生为分界线，案件处理结论产生以前，材料决定主题；案件处理结论产生以后，主题决定材料。

(一)法律文书主题的产生由材料决定

法律文书制作是诉讼案件或非诉讼案件的真实反映，既要遵守法律规定，又要遵循法律文书的制作规律。法律文书的主题不是凭空而来，其准确性也并非自然而然就有，其得出及其准确性由材料决定、受材料限制。从时间维度看，先有法律文书的材料，后有法律文书的主题，反映的是诉讼、非诉讼案件处理结论产生以前法律文书主题与材料的关系。

法律文书一般都是事后文书，是案件发展到某一阶段后，制作主体根据已经发生的事实和该事实应该适用的法律而写成的。因此，主题的得出经历了法律程序和缜密、科学的提炼过程。制作主体通过对事实材料和法律材料的提炼，最后才得出案件处理结论即主题。因而，在理解材料和主题的关系时，严禁主题先行、先入为主。颠倒了主题与材料的这一层关系，是法律严格禁止的。根据《最高人民法院关于完善人民法院司法责任制的若干意见》的规定，制作诉讼文书时，故意违背合议庭评议结果、审判委员会决定的，或者因重大过失导致裁判文书主文错误并造成严重后果的，应当依纪依法追究相关人员的违法审判责任。[5] 根据《最高人民法院司法责任制实施意见(试行)》的规定，根据合议庭、赔偿委员会、审判委员会多数意见制作并签署裁判文书是承办法官应当履行的审判职责之一。[6]

法条阅读

实践中，提炼主题是一个非常复杂的问题。它是一个由表及里、透过现象看本质的过程，既涉及实体法律，又涉及程序法律。例如，一个刑事公诉案件判决结果的得出，需要侦查机关提供的材料、公诉机关提供的材料、被告人及其辩护人提供的材料。但是，最终定案的根据是审判机关经过合法程序审理终结后认定的事实(证据)材料和与事实相对应的法律材料。审判机关的庭审活动就是一个提炼主题的过程。同样，侦查阶段公安机关制作的起

---

〔4〕 河北省高级人民法院刑事判决书，(2017)冀刑终135号。同时参见朱凤山故意伤害(防卫过当)案，最高人民检察院指导性案例即检例第46号(2018)。

〔5〕《最高人民法院关于完善人民法院司法责任制的若干意见》(法发〔2015〕13号)，2015年9月21日起生效。

〔6〕《最高人民法院司法责任制实施意见(试行)》，2017年8月1日起试行。

诉意见书，审查起诉阶段检察机关制作的起诉书，以及辩护人提出被告人无罪、罪轻或者应当减轻、免予处罚的辩护词，都是对材料提炼后得出的主题。所以，法律文书主题的产生源于制作主体认定或认可的事实、法律；主题的准确性肯定是相对的，而非绝对的，“先有材料、后有主题”反映出法律文书制作的基本规律和基本要求。

（二）法律文书材料的选择须围绕主题

主题虽然是从材料中得出的，但是主题一旦确定后，制作法律文书就要围绕主题选择恰当的材料，以突出主题并证明主题的正确性。从时间维度看，法律文书主题产生以后，制作法律文书时，主题就统率着材料的选择。前一时间维度（主题产生的时间维度）与这一时间维度是一种先后递进的关系，反映的是主题即案件处理结论产生以后法律文书主题与材料的关系。

1. 法律文书材料的选择须围绕主题，是法律文书反映文章写作规律的必然要求。法律文书制作应当尊重和反映文章写作的一般规律，这是法律文书写作属性的内在要求。法律文书制作同样需要经历取材与炼意、运思与谋篇、行为与定稿三大环节六个步骤，“围绕主题选材”就是文章写作一般要求在法律文书制作中的普遍反映，法律文书制作同样需要遵循。主题是制作法律文书的核心要素。主题确立之后，无论是结构和章法的安排还是事实材料和法律材料的选择，都必须以主题为中心。围绕主题选材，遵循法律文书的制作规则，正确处理主题与材料的关系，才能使法律文书的制作目的明确、重点突出、语言准确、详略得当。相关制度对此也有明确要求，《核心价值观指导意见》第 3 条规定，“各级人民法院应当坚持以事实为根据，以法律为准绳。在释法说理时，应当针对争议焦点，根据庭审举证、质证、法庭辩论以及法律调查等情况，结合社会主义核心价值观，重点说明裁判事实认定和法律适用的过程和理由。”《释法说理指导意见》第 7 条规定：“诉讼各方对案件法律适用无争议且法律含义不需要阐明的，裁判文书应当集中围绕裁判内容和尺度进行释法说理。诉讼各方对案件法律适用存有争议或者法律含义需要阐明的，法官应当逐项回应法律争议焦点并说明理由。法律适用存在法律规范竞合或者冲突的，裁判文书应当说明选择的理由。民事案件没有明确的法律规定作为裁判直接依据的，法官应当首先寻找最相类似的法律规定作出裁判；如果没有最相类似的法律规定，法官可以依据习惯、法律原则、立法目的等作出裁判，并合理运用法律方法对裁判依据进行充分论证和说理。法官行使自由裁量权处理案件时，应当坚持合法、合理、公正和审慎的原则，充分论证运用自由裁量权的依据，并阐明自由裁量所考虑的相关因素。”

法条阅读

2. 法律文书材料的选择须围绕主题，是法律文书反映法律适用内容的必然要求。每一个案件都涉及很多事实材料和法律材料。但哪些材料可以用，哪些材料不可以用，取舍的依据是法律。事实材料的选用既有质的标准，又有量的标准，归纳起来必须达到事实清楚、证据确实充分的效果。只有这样才能客观、公正地反映案件的全貌，才能达到表现主题的要求。法律材料的选择也是同样的，要针对认定的事实运用法律进行界定，最后才能得出处理结论。对法律材料的选择，既包括实体法方面的，也包括程序法方面的；有时是明确的规定,有时由法律精神体现出来。只有依照法律的规定或精神,围绕主题选择材料,才能使法律文书事实清楚、说理透彻、定性准确、处理恰当。相关制度对此也有明确要求,如《最高人民检察院关于加强检察法律文书说理工作的意见》第2条第1项要求,检察机关法律文书说理要依法进行,说理应当依据法律或者司法解释的规定,围绕检察法律文书涉及的案件事实、证据、程序和法律适用等进行。

法条阅读

第三节　法律文书的事实与法律

一、法律文书中的事实

(一)实体事实与程序事实

法律文书中的事实包括实体事实与程序事实,实体事实与程序事实在叙议类法律文书中都是应当叙写的必备要素。

1. 实体事实即案件事实,刑事案件的案件事实,是指行为人是否构成犯罪的事实,包括定罪、量刑或无罪的事实;民事、行政和非诉讼案件的案件事实,是指当事人之间法律关系及其发生纠纷的过程与结果。有的法律文书样式会对案件事实的具体要素作出明确规定,提出事实叙述的明确要求。虽然个案情况千差万别,但是都需要依照这些要求进行叙事。如检察机关起诉书格式(自然人犯罪案件普通程序适用)中关于案件事实的叙述要求:

经依法审查查明:

……(写明经检察机关审查认定的犯罪事实。包括犯罪时间、地点、经过、手段、目的、动机、危害后果等与定罪、量刑有关的事实要素。应当根据具体案件情况,围绕刑法规定的该罪的构成要件叙写。)[7]

2. 程序事实即案件处理经过,是指办理诉讼或非诉讼案件的具体过程。法律规定了不同诉讼或非诉讼阶段应当制作的法律文书,法律文书样式对很多叙议类法律文书的程序事实作出明确要求,多表现为程式化的规范性段落,程式化用语构成了该段落的主要内容,便于制作和提高效率。法院民事判决书格式中关于程序事实的表述如下:

原告×××与被告×××、第三人×××……(写明案由)一案,本院于××××年××月××日立案后,依法适用普通程序,公开/因涉及……(写明不公开开庭的理由)不公开开庭进行了审理。原告×××、被告×××、第三人×××(写明当事人和其他诉讼参加人的诉讼地位和姓名或者名称)到庭参加诉讼。本案现已审理终结。[8]

---

〔7〕 参见《人民检察院刑事诉讼法律文书格式样本(2020版)》起诉书格式(自然人犯罪案件普通程序适用)。

〔8〕 参见《民事诉讼文书样式》民事判决书(第一审普通程序用)。

（二）案件事实是一种法律事实

法律文书中的案件事实究竟是“客观事实”还是“法律事实”，是理解法律文书制作要求的一个关键问题。有必要先了解“客观”的含义。对“客观”一词，可比较以下三种解释：《辞海》的解释是：(1)哲学名词，与主观相对。(2)不带个人偏见，按事物的本来面目去考察，与“主观”相对。[9]《现代汉语词典》的解释是：(1)在意识之外，不依赖主观意识而存在的，与主观相对。(2)按照事物的本来面目去考察，不加个人偏见的。[10]《现代汉语规范词典》的解释是：(1)不依赖人的主观意识而存在的物质世界。(2)不带个人偏见的。[11] 上述关于“客观”一词的解释观点基本一致，据此，可以把“客观事实”理解为：不依赖人的主观意志而存在的事实，是指事物的本来面目和事件发生发展的真实过程。法律事实，是指法律上的事实，是指能够通过法律手段证明的事实。因为法律事实是依靠人来认识和发现的事实，具有分析判断的主观认识特性，所以法律事实并不能与客观事实画等号。法律事实可能与客观事实非常接近，但是通过人的主观认识而产生的法律事实，已经打上了人的主观烙印。无论法律事实如何接近客观事实，它都不是客观事实。换句话说，已经发生的客观事实，人类不可能百分之百地还原它。以下是（2017）冀刑终 135 号刑事判决书中二审法院查明的案件事实部分：

经审理查明，上诉人朱凤山之女朱某与被害人齐某系夫妻，朱某已于 2016 年 1 月提起离婚诉讼，齐某不同意离婚，为此常到朱凤山家吵闹并将朱家玻璃及朱某汽车玻璃砸坏。2016 年 5 月 8 日 22 时许，齐某酒后驾车到大厂县朱凤山家找朱某，朱某不在家中，朱凤山不让齐某进院，齐某在朱凤山家门外吵骂后被劝离。当日 23 时许，齐某驾车返回，攀爬朱凤山家大门欲强行进入，朱凤山报警并持铁叉阻拦，齐某爬上院墙用瓦片掷砸朱凤山。朱凤山持从屋内拿取的尖刀一把，上前与跳入院中的齐某发生撕扯，朱凤山持尖刀刺中齐某胸部一刀，造成齐某升主动脉、右心房及肺脏被刺破致急性大失血死亡。作案后，朱凤山在家中等待被公安机关抓获归案。[12]

从理论和逻辑上讲，法律文书中的案件事实并不是客观事实本身，而是司法人员等制作主体通过法律手段，运用推理分析而认识的事实，是一种“法律事实”或“证据事实”；法律文书所追求的真实，应该是法律真实。客观真实只是一个理想，法律真实才是一种科学的判断标准。据此，诉讼活动定案的根据是法律事实。法律文书是法律活动的文字载体，所反映的事实也是法律事实。

（三）间接反映法律精神

法律文书对事实的叙述，即叙事，并非孤立的存在，而是要通过叙事间接反映法律精

〔9〕《辞海》（缩印本），上海辞书出版社 1989 年版，第 1021 页。

〔10〕《现代汉语词典》，商务印书馆 2016 年版，第 741 页。

〔11〕《现代汉语规范词典》，外语教学与研究出版社 2014 年版，第 751 页。

〔12〕河北省高级人民法院刑事判决书，（2017）冀刑终 135 号。参见朱凤山故意伤害（防卫过当）案，最高人民检察院指导性案例即检例第 46 号（2018）。

神。叙事虽然不直接引用法律规定或进行法律分析论证，但法律文书根本属性即法律属性的决定性作用会通过叙述内容间接体现出来。通过叙述案件事实反映法律精神，是法律文书间接反映法律精神的重要方式。不同的法律文书，案件事实各不相同，区别的根源就在于法律精神。比如，对刑事法律文书中犯罪事实的叙述，特别是那些复杂、典型、重大的刑事案件，表面上看，似乎叙述的技巧比内容的法律性更加重要，原因是案卷材料浩繁，要厘清案情的来龙去脉、轻重主次，属于写作理论的范畴。实际上正好相反，制作主体在制作法律文书时，头脑中首先要明确的是罪与非罪的界限，始终需要结合犯罪构成的基本理论对案件材料进行认真分析取舍，而后才是考虑具体的叙述方法和技巧。即便在具体写作时，也要以犯罪事实的基本要素为对象，来具体叙述犯罪事实的内容。在这里，制作主体需以叙述犯罪事实要素为外部表现形式，而将实体法律精神的内容蕴含在法律文书叙事的字里行间，通过这样间接的方式反映法律精神对案件事实的决定作用，是法律文书与其他文体叙事的本质区别。

间接反映法律精神，意味着法律文书的叙事要在法律空间内进行，不能片面地把叙事看作一般的写作问题。《刑事诉讼法》第 53 条明确规定："公安机关提请批准逮捕书、人民检察院起诉书、人民法院判决书，必须忠实于事实真象。故意隐瞒事实真象的，应当追究责任。"在法律文书中选择事实材料、进行事实认知、表述案件事实时，要注意不能矫枉过正，不能让事实"变形"。认知范式决定对象呈现，进而决定理论样态，叙事和分析其实也都是运思语言的不同形式，无所谓高下之分。就法律文书而言，叙述事实始终没有离开过案件事实法律评断的决定性影响，始终没有离开制作主体对案件性质的明确认定。法律文书中叙事的背后有"法律精神"这只"看不见的手"在起作用，只不过是用一种以过程、情节和场景"自然而然"编排而演示出来的形式，来隐藏制作主体对案件的分析和判定。不可能有脱离法律规定、法律推理、法律分析而存在的法律文书叙事，只不过从表面上来看，法律文书中好的叙事就是尽可能少插入介入性理论，只让案件事实自身来展示结果何以如此的解释。[13]

二、法律文书中的法律

（一）反映实体法规定

制作法律文书的目的是解决法律问题，因此不可能脱离实体法律制作法律文书；反映实体法成为法律文书制作的重要内容，实体法律规定或精神决定着法律文书实体性内容的表述。例如，起诉书的制作应引用《刑法》的相关条文作为提起公诉的实体法依据；二审刑事判决书的制作应引用《刑法》定罪、量刑的相关条文作为二审判决的实体法依据。从动态的视角看，如果法律发生了变化，法律文书的内容必须随之改变。例如，2021 年 2 月 4 日，天津市河北区人民法院依法审结一起申请指定遗产管理人案件，该案是《民法典》生效后，天津市法院审结的首起指定遗产管理人案，法院判决指定天津市河北区民政局为徐某的遗

〔13〕 参见赵朝琴：《司法裁判的现实表达》，法律出版社 2010 年版，第 128 页。

产管理人,《民法典》相关规定就是该案判决书制作的实体法律依据。[14] 又如,《刑法修正案(十一)》已由中华人民共和国第十三届全国人民代表大会常务委员会第二十四次会议于2020年12月26日通过,自2021年3月1日起施行。这就意味着,《刑法修正案(十一)》施行以后,其对刑事责任年龄下限的调整成为追究相关行为人刑事责任的实体法依据,法律文书应当反映这一新的规定。可见,依照实体法规定的内容或精神制作法律文书,不仅是保证法律文书内容准确的必要条件,更是支撑案件处理结论的法律依据。

法条阅读

(二)反映程序法规定

制作每一份法律文书都是在具体程序中进行的,不可能脱离法律程序制作法律文书;反映程序法成为法律文书的重要内容,程序法规定或精神决定着法律文书程序性内容的表述。例如,起诉书需要引用《刑事诉讼法》的相关条文作为提起公诉的程序法依据;二审刑事判决书需要引用《刑事诉讼法》的相关条文作为二审判决的程序法依据。又如,2021年《刑事诉讼法司法解释》实施以后,新增的条文是法律文书应当反映的法律依据;即便是内容没有改动只是条文序号改变,法律文书也要按照新的序号引用。这样制作法律文书,都是法律文书的根本属性使然,是法律文书反映法律精神的必然要求。程序法有时会对法律文书的内容作出原则性规定,必须遵照执行。比如,《民事诉讼法》第155条就是为民事判决书的基本内容而设置的。[15] 类似这样的规定在诉讼法中还有不少,足见法律文书与诉讼法之间的关系是非常特殊、极为密切的,也进一步证明"必须依法制作"在法律文书制作要求中的重要地位。

法律文书制作要符合程序法规定的条件。《刑事诉讼法》第81条规定了逮捕的条件,制作公安机关的提请批准逮捕书就应当依照法律规定的逮捕条件进行。法律文书制作必须履行一定的法律手续。《刑事诉讼法》第122条规定,讯问笔录应当交犯罪嫌疑人核对,对于没有阅读能力的,应当向他宣读。如果记载有遗漏或者差错,犯罪嫌疑人可以提出补充或者改正。犯罪嫌疑人承认笔录没有错误后,应当签名或者盖章。侦查人员也应当在笔录上签名。犯罪嫌疑人请求自行书写供述的,应当准许。必要的时候,侦查人员也可以要犯罪嫌疑人亲笔书写供词。讯问笔录要成为一份有效的法律文书,上述法律手续的履行必须成为文书的必要组成部分。《民事诉讼法》第150条第3款规定,法庭笔录由当事人和其他诉讼参与人签名或者盖章。拒绝签名盖章的,记明情况附卷。《民事诉讼法》第179条规定,第二审人民法院审理上诉案件,可以进行调解。调解达成协议,应当制作调解书,由审判人员、书记员署名,加盖人民法院印章。调解书送达后,原审人民法院的判决即视为撤销。诸如宣读、补漏、签字、署名、印章等问题,虽说在法律文书中占很少篇幅,掌握起来也不难,

[14] 李倩:《〈中华人民共和国民法典〉实施以来 天津首起指定遗产管理人案审结》,载网易2021年2月6日,https://www.163.com/dy/article/G254322N0534J2ID.html。

[15] 《民事诉讼法》第155条规定:"判决书应当写明判决结果和作出该判决的理由。判决书内容包括:(一)案由、诉讼请求、争议的事实和理由;(二)判决认定的事实和理由、适用的法律和理由;(三)判决结果和诉讼费用的负担;(四)上诉期间和上诉的法院。判决书由审判人员、书记员署名,加盖人民法院印章。"

但是其作用却不可小视，否则，将会涉及法律文书是否准确反映程序法规定、法律文书是否具有法律效力这样的根本问题。

（三）直接反映法律精神

法律精神是法律文书的实质和灵魂。法律文书对法律精神的直接反映，是指在法律文书中直接引用法律规定或对法律进行分析论证，法律规定、法律条文的具体内容或适用法律的具体意见在法律文书中清晰可见。换句话说，法律文书中直接反映法律精神，就是要在法律文书中明确引用、解释、分析法律规定，明确阐释法律适用的具体内容。例如，(2017)冀刑终135号刑事判决书中，二审法院引用《刑法》第20条第2款、第55条第1款、第56条第1款、第67条第1款、第234条第2款之规定作为改判的实体法依据，就是直接反映法律精神的方式。[16] 比较而言，法律文书中引用、解释法律规定是对法律精神集中、直接地反映，具有很高的辨识度，写作方法相对简单、易于把握；法律文书中分析法律规定、阐释法律适用，虽然也是直接、明示法律精神，辨识度也比较高，但是表述内容比较详细，写作方法比较复杂、不易把握，尤其是疑难、复杂案件的法律论证更是如此，需要下功夫才能完成。例如，(2017)鲁刑终151号刑事判决书，二审法院评判意见的第二部分是“关于法律适用”的内容，判决书从上诉人于欢的行为是否具有防卫性质、是否属于特殊防卫、是否属于防卫过当、是否构成故意杀人罪、是否构成自首五个方面，用约2000字的篇幅展开法律论证，分析评判原审法院、检察机关和辩方意见，说明是否应予纠正或采纳的具体理由。[17]

在直接反映法律精神的问题上，法律文书的“法律理由”起着关键作用；在“法律理由”的表述问题上，“法律推理”起着关键作用；在“法律推理”的方式问题上，“三段论”式的法律推理起着关键作用。因为“三段论”式的法律推理属于演绎式的法律推理，而演绎推理的大小前提之间是一种包容、涵盖的逻辑关系，只要大小前提正确，结论就不可能有什么问题。当然，还要看到“三段论”式的法律推理具有机械性，要研究在法律文书制作中如何克服机械性。法律发现、法律解释、法律论证、价值衡量等，在很大程度上都是建构法律推理大前提的活动。[18] 事实认定是运用证据推理寻求事实真相的过程，主要任务是为法律推理提供小前提；法律适用则是根据事实真相（小前提）检索和解释法律规则（大前提），并运用“三段论”推理得出法律结论的过程。[19]

三、事实与法律的辩证关系

（一）缠结关系

对于叙议类法律文书而言，必然要涉及对事实与法律关系问题的认识。毋庸置疑，事

---

〔16〕 参见河北省高级人民法院刑事判决书，(2017)冀刑终135号；朱凤山故意伤害（防卫过当）案，最高人民检察院指导性案例即检例第46号(2018)。

〔17〕 参见山东省高级人民法院刑事附带民事判决书，(2017)鲁刑终151号；于欢故意伤害案，最高人民法院指导案例93号(2018年)。

〔18〕 参见陈金钊、焦宝乾：《中国法律方法论研究学术报告》，载《山东大学学报》2005年第1期。

〔19〕 参见张保生：《事实认定及其在法律推理中的作用》，载《浙江社会科学》2019年第6期。

实与法律是法律文书制作的两个基本元素,事实是基础,法律是依据,单有事实或单有法律都不能完成法律文书由事而理、依理而断的推理、分析、判断过程,即使形成文字,也不能称其为法律文书。问题在于,法律文书叙写事实,既不是单纯写作学的问题,也不是单纯法学的问题,而需要综合考量。法律文书中的法律既包括实体法,也包括程序法;法律内容的写作只有与事实相联系,才有实际意义。例如,(2017)鲁刑终151号刑事判决书中"关于法律适用"部分有一句这样的表述:"于欢是在人身安全面临现实威胁的情况下才持刀捅刺,且其捅刺的对象都是在其警告后仍向前围逼的人,可以认定其行为是为了制止不法侵害。"这是在判决书前文认定事实证据的基础上所作的法院评判意见,也就是说,二审法院认为,于欢的行为"是为了制止不法侵害",这一判断就得有相应的事实予以支撑。判决书前文的事实、证据与此处的评判意见在根本目的上是一致的,都是为了反映法律文书的法律属性,为了反映法律精神,只是反映的方式有别;事实、证据是间接反映法律精神,法律适用的说理是直接反映法律精神。正如拉伦茨认为的,所有经过法律判断的案件事实都有类似的结构,都不仅是单纯事实的陈述,毋宁是考量法律上的重要性,对事实所作的某些选择、解释及联结的结果。[20]

(二)适应关系

案件事实与法律规定在现实中不一定就是对应的,"生活事实并非天然由规范所生或由规范所调整而来"。[21] 在进行"三段论"推理之前,需要先解决法律判断的大前提与小前提之间相适应的问题。然而,要使具体的案件事实与抽象的法律条文建立起对应关系,从来就不是一件容易的事情。无论是认知事实还是发现法律,法律文书中的事实与相关法律规范之间并不是一种简单的对应关系,认知事实需要法律判断,而发现法律需要联结事实,事实与法律之间存在一种彼此渗透、互相缠结的现象。法官必须要对法律事实与法律规范进行交互分析,将实然事实与应然规范相比对,解释事实与解释法律就必然是一种"交互的诠释"过程。[22]

"事实"与"法律"在法律文书中之所以会缠结在一起,一方面是因为法律文书中的事实要素与相关法律有着密切的联系,另一方面是因为不可能撇开法律规定去理解和叙述案件事实。事实判定中借用叙事的高明之处,就在于在事实认定者所建构的故事版本的前文描述中就已经为案件的真相埋下了伏笔。[23] 无论是法官、检察官还是律师,在各自的文书中展开他们的叙事之前早已为案件故事定下了基调,这种基调既是叙事所围绕的中心,也为叙事策略选择划定了范围。也就是说,一方面,法律文书反映事实的形成过程必须依赖法律精神的指引;另一方面,法律精神需要借助案件事实这个介质才能得以具体体现,抽象的法律精神必须与具体的案件事实相联系才有现实意义。

---

〔20〕 参见[德]卡尔·拉伦茨:《法学方法论》,陈爱娥译,商务印书馆2003年版,第161页。

〔21〕 参见胡学军:《在"生活事实"与"法律要件"之间:证明责任分配对象的误识与回归》,载《中国法学》2019年第2期。

〔22〕 参见杨建军:《法律事实的解释》,山东人民出版社2007年版,第230页。

〔23〕 参见栗峥:《超越事实:多重视角的后现代证据哲学》,法律出版社2007年版,第113页。

法律事实以证据事实为基础，在生活事实与法律规范的“视界交融”中确立。法律事实构建起了证据事实与法律规范之间的桥梁，也把法律和事实这两个原本不同的事物紧密地联系在一起。正是在这个过程中，法律条文中抽象的事实构成要件变成了具体案件中的法律事实。也可以说，法律事实正是在证据事实和法律文本的“左顾右盼”中得以确立。法律事实认定过程是对生活事实进行“裁剪”的过程。“裁剪事实”的现象不仅仅是中国法官的特有现象，而且是一切法官或者一切依法律作判断的人士的共同现象。[24]

（三）往返关系

依法办理诉讼与非诉讼案件的过程和处理结论的最终形成，需要不断地“往返于事实和法律之间”，确认案件事实的过程一直都没有离开法律观念的指引和法律构成要件的指导，法律文书的法律属性在此潜在地发挥着决定性的作用。在适用范围上，不仅复杂的案件需要这样，即便是十分简单的案件同样需要这样。道理很明显，一方面，法律文书反映事实的形成过程必须依赖法律的指引；另一方面，法律需要借助于案件事实这个介质才能具体体现，必须与具体案件事实相联系才有现实意义。以司法裁判过程为例分析，还可以得出一个推论：无论是司法过程中的哪一方，在陈述或叙写事实时都离不开法律（当然是选择各自认为最合适的法律）的决定性指引，都需要不断往返于事实和法律之间。虽然最终的司法裁决只能有一个结论，但是往返于事实与法律之间，进而形成事实认知和法律判断是客观的。由此还可以有下面的推论：（1）事实认定与法律适用的内在勾连，是每一个参与到诉讼与非诉讼案件处理过程当中的法律角色都必须面对和自觉或不自觉采用的一种方法，这种方法的存在具有必然性。（2）同一事实面前，不同认知主体由于存在不同的法律判定，而会产生对案件事实与法律适用关系的不同理解，使事实与法律的缠结现象在案件处理过程中变得更加复杂多样。[25] 无论如何，法律规定是法律文书事实千变万化的依据，这是实体法律规定对案件事实起决定作用的一个重要体现；就程序法律规定而言，这种规定和体现就更加直接，在三大诉讼法和相关程序法中随处可见。国外的程序法对法律文书的规定也体现了这个要求，大陆法系、英美法系都是如此，只不过各有侧重而已。

第四节 法律文书的结构与章法

一、法律文书的结构

法律文书的结构，是指法律文书内部的组织方式与构造，是制作主体根据主题对材料进行组织的具体载体形式。法律文书的结构往往通过法律文书格式固定下来，其结构程式

〔24〕 参见耿宝建：《在法律与事实之间——司法裁判中事实认定过程的法理分析》，载《河北法学》2008 年第 1 期。

〔25〕 参见赵朝琴：《司法裁判的现实表达》，法律出版社 2010 年版，第 149 页。

化的特征十分明显。法律文书的结构分为首部、正文和尾部三大部分。以一审刑事判决书为例,其结构如图 2－1 所示：

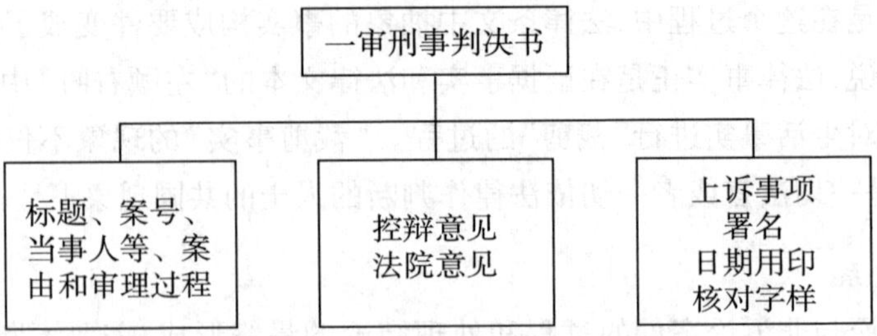

图 2－1 一审刑事判决书结构

法律文书各部分的基本要素及其次序也比较固定,一般情况下,法律文书主要由首部、正文、尾部构成。

（一）法律文书的首部

法律文书的首部包含多个要素,有个性要素,也有共性要素。案件性质不同、法律程序不同、具体案情不同,首部要素会呈现一定的区别。以一审刑事判决书为例,首部的结构如图 2－2 所示：

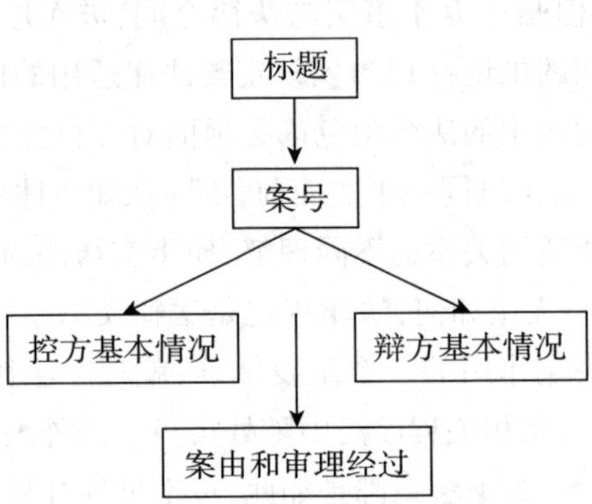

图 2－2 一审刑事判决书首部结构

法律文书首部的共性要素包括：

1. 标题

法律文书的标题一般由两个要素组成,一是文书的制作单位,二是文书名称。有些法律文书的标题只有一个要素,即文书名称。这种情况在诉状类文书、公证书等法律文书中比较常见,如“民事起诉状”“公证书”等。在其他文书中偶尔发生,如公安机关的“通缉令”。

2. 编号

编号（或称案号）,是大多数文书特别是具有法律效力的法律文书的必备要素。通常情况下,文书编号应包含如下要素：年度全称、制作机关简称、文书性质代字和案件序号。由于文书格式的制定机关不同,文书编号诸要素的具体结构、顺序也各异,甚至用的括号也不一样。

有些法律文书则没有文书编号的要求,如诉状、辩护词、代理词等文书。有没有文书编号,应依照具体法律文书格式的要求确定。

3. 当事人的基本情况

(1)自然人的基本情况一般包括如下要素:姓名、性别、出生年月日、民族、工作单位和职务或者职业、住址等。有些文书还会有更细致的要求,如起诉书,还需要根据情况写明被告人曾受到刑事处罚的情况、与本案定罪量刑相关的行政处罚的情况,以及因本案采取强制措施的情况等。

(2)法人与非法人组织的基本情况均应分为两大要素,分段写明。以民事裁判文书为例,当事人是法人的,写明名称和住所,并另起一行写明法定代表人的姓名和职务。当事人是其他组织的,写明名称和住所,并另起一行写明主要负责人的姓名和职务。[26]

当事人是个体工商户、起字号的个人合伙等,也要按照有关法律文书的样式要求规范写作。

4. 辩护人、诉讼或非诉讼代理人的基本情况

无论是诉讼代理人,还是非诉讼代理人,只要其作为当事人的代理人,都应该在文书的当事人事项之后,列明其相关情况。如行政判决书样式要求,委托代理人系律师或基层法律服务工作者的,只写明其姓名、工作单位和职务。当事人的代理人系当事人的近亲属的,应在代理人的姓名后括注其与当事人的关系。代理人系当事人所在社区、单位以及有关社会团体推荐的公民的,应写明代理人的姓名、性别、出生年月日、居民身份证号码、民族、工作单位和住址。[27]

5. 案由等内容

所谓"案由",是指案件的性质。法律文书首部的最后一个要素,一般要写清案由和案件来源等程序性内容,这项内容以简明扼要的文字指明案件性质,反映案件处理的有关程序。民事判决书(第一审普通程序用)样式的该部分内容规定如下:

原告×××与被告×××、第三人×××……(写明案由)一案,本院于××××年××月××日立案后,依法适用普通程序,公开/因涉及……(写明不公开开庭的理由)不公开开庭进行了审理。原告×××、被告×××、第三人×××(写明当事人和其他诉讼参加人的诉讼地位和姓名或者名称)到庭参加诉讼。本案现已审理终结。[28]

需要指出的是,上述首部要素在不同的案件中会有不同的表现,制作时要严格依照具体文书样式的要求进行。

(二)法律文书的正文

法律文书的正文是法律文书的主体部分。叙议类法律文书是法律文书写作难度相对

---

〔26〕 最高人民法院修改后民事诉讼法贯彻实施工作领导小组编:《民事诉讼文书样式》,人民法院出版社 2016 年版,第 3 页。

〔27〕 最高人民法院行政审判庭编:《行政诉讼文书样式(试行)》,人民法院出版社 2015 年版,第 4 页。

〔28〕 最高人民法院修改后民事诉讼法贯彻实施工作领导小组编:《民事诉讼文书样式》,人民法院出版社 2016 年版,第 248 页。

较大的类型，下面将以叙议类法律文书为主进行介绍。叙议类法律文书正文的结构既有单线形态，也有复线形态。划分单线形态和复线形态，主要是依据正文要素内容是哪一诉讼或非诉讼主体的意见。无论哪一类型的叙议类法律文书，都必须反映案件处理决定方的意见，也可能反映其他各方的意见。处理决定方的意见是正文的主线，其他各方的意见是正文的辅线。单线形态如起诉书仅有处理决定方（检察院）的意见一条线，复线形态如一审判决书则是主线（法院意见）、辅线（诉辩意见）并存。无论是主线还是辅线，在正文某一方意见的具体线索上，都可以划分为事实、证据、理由和结论等基本要素，这些要素也是法律文书正文写作的基本元素。

以起诉书和一审、二审刑事判决书为例，其正文部分的结构如图 2－3、图 2－4、图 2－5 所示：

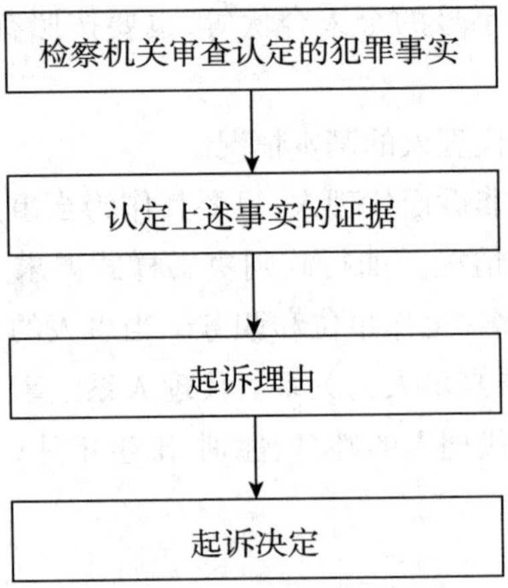

图 2－3　起诉书正文结构

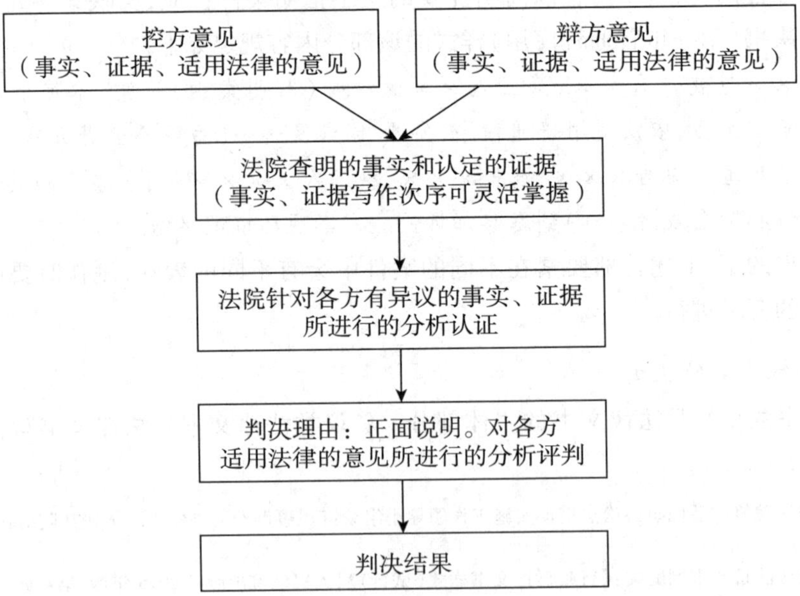

图 2－4　一审刑事判决书正文结构

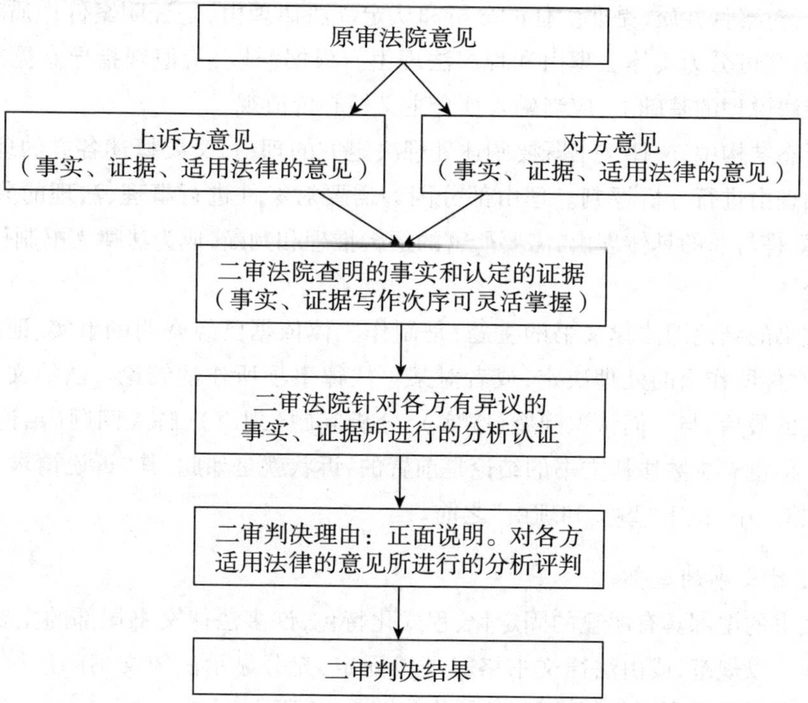

图2－5　二审刑事判决书正文结构

1. 事实

法律文书中的事实要素与相关实体法有密切的联系，不可能撇开实体法的规定去理解法律文书的事实要素。实体事实即案件事实的认定离不开具体的法律程序，不同类型法律文书的事实要素呈现不同的特点，这又同程序法的规定有直接关系。复线形态结构中，既要叙写处理决定方认定的事实，又要叙写各方争议的事实，还要对各方争议的事实进行分析认定。争议的事实需要如实地在法律文书中予以反映，也同程序法的规定有直接关系。

2. 证据

证据，是大多数叙议类法律文书的重要组成部分。虽然不同制作主体、不同性质案件的法律文书对证据的要求不尽相同，但证据已经越来越受到重视，并且成为法律文书改革的重要领域。新颁布的相关法律文书样式，对证据都给予了相当的关注和重视，如进一步明确了证据的内容、表述方法和写作重点，为增加法律文书的证明力提供了良好的制度条件。

复线形态结构中，法律文书既要写明处理决定方确认的证据，又要写明各方的证据主张（包括举证、质证内容），还要对各方争议的证据进行分析认定。法律文书中究竟应该先写事实，还是先写证据，在实践中有不同的做法。无论先写事实、后写证据，还是先写证据、后写事实，都应当体现证据对事实的证明作用，都应当展示证据与事实的一致性。

3. 理由

理由，被称作法律文书的“灵魂”，是集中、鲜明体现法律文书法律属性的部分。法律文书的理由包含两大部分：事实理由和法律理由。事实理由，是针对案情，在高度概括事实要素的基础上，对案件性质、是非责任的分析和认定。法律理由，是证明案件性质和法律责任的法律依据，又可分为实体法理由和程序法理由。根据《核心价值观指导意见》的规定，裁判文书在依法说理的基础上，应当融入社会主义核心价值观。

复线形态结构中，法律文书既要阐述处理决定方的理由，又要概述各方的理由，还要对各方争议的理由进行分析评判。理由部分因为需要对案件进行事理、法理的分析，需要论证罪与非罪、是与非的具体理由，需要严密的逻辑推理和判断，成为法律文书制作的难点。

4. 结论

法律文书的结论即法律文书的主题，是制作主体依据已经查明的事实、证据和有关法律规定，对案件所作出的处理决定，或者对某一法律事项所作的结论。法律文书的结论一般位于正文的最后，与人们认识问题（事实）、分析问题（理由）、解决问题（结论）的逻辑顺序相一致。但也有少数法律文书的结论是前置的，诉状就是如此，其"诉讼请求"（诉状的主题）在诉状格式中，位于"事实和理由"之前。

（三）法律文书的尾部

法律文书的尾部具有明显的固定化、程式化特色，许多法律文书尾部的主要内容，都由相关程序法予以规范，或由法律文书格式予以固定，充分显示法律文书的法律效力或法律意义。以一审刑事判决书为例，尾部的结构如图 2－6 所示：

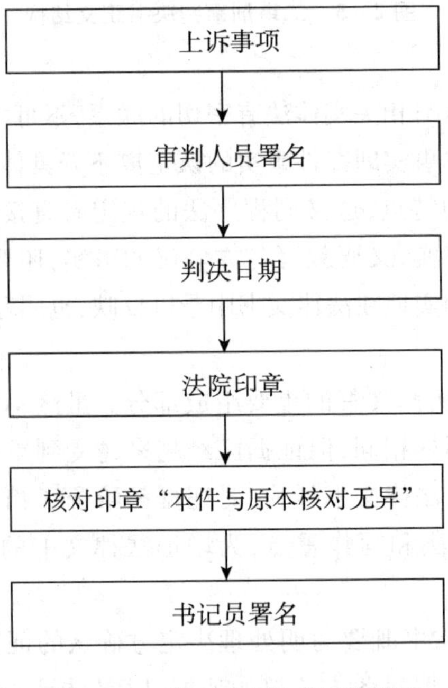

图 2－6　一审刑事判决书尾部结构

法律文书的尾部一般由以下要素组成：

1. 说明有关事项。根据法律文书的具体要求，这里的"有关事项"可能会有多种表现形式。例如，说明法律文书的效力，交代上诉、申诉事项，写明致送机关等。像一审判决书，需要交代上诉事项；民事调解书、二审判决书，需要说明其生效方式或者法律效力；起诉书、起诉意见书,需要写明致送机关等。

2. 署名。署名是法律文书的必备要素,包括制作机关署名、承办人员署名(或盖签名章)、相关人员签名等。对此,诉讼法、法律文书格式一般都有明确的规定。

3. 日期。一般是文书制作或者发出的日期。日期包括年、月、日,一般用小写汉字依次写明。

4. 用印。一般是加盖法律文书制作机关的印章。

5. 附项。附项是某些法律文书的构成要素,如起诉意见书、诉状、行政判决书等。一般包括羁押处所(刑事案件)、移送卷宗册数、证据清单、法律条文等内容,具体事项因案而宜。

二、法律文书的章法

法律文书的章法,是指法律文书制作主体根据主题对材料进行安排的若干方法。法律文书的章法并无定格,而在于制作主体的运用。法律文书尽管在选材上受到限制,结构比较固定,用语有程式化的特点,但这些并不意味着要把某一类诉讼或非诉讼案件的处理情况写成千篇一律、死板僵化的文书,而是应该在行文中体现案件个性特征,体现章法多样的特点。填空类、表格类法律文书由于其内容简单,程式化用语占主导地位,在行文章法上没有多大的灵活性。多样化的章法主要体现在叙议类法律文书中,如起诉书、判决书、诉状、辩护词等。多样化的章法并非毫无头绪,还是有迹可循的。下面是法律文书中几种常见的章法。

(一)由事而理,依理而断

"由事而理,依理而断"是法律文书中最常见的行文章法。这里的"事",是指案件事实,具体指诉讼案件、非诉讼案件的事实,在法律文书结构中体现为"事实"要素。一般情况下,法律文书中的事实需要证据来证明,证据和事实是一一对应的关系,因此这里的"事"是由证据证明的"事",其中包含有证据的内容。"理",包括事理、法理、情理等方面,在法律文书结构中体现为"理由"要素。"断",是指诉讼或非诉讼案件的处理决定,在法律文书结构中体现为"结论"要素。叙议类法律文书一般的章法结构是:先叙述案件事实,再论述具体理由,最后说明处理结论,三个方面相互递进,呈现"事→理→断"三个层次,这样的行文章法,也反映出人们认识问题(事)、分析问题(理)、解决问题(断)的一般规律。

(二)先重后轻,先主后从

"先重后轻,先主后从"是针对当事人或案情有轻重、主次之分时常用的章法。在刑事法律文书中,是指先主罪(主犯)、后次罪(从犯)材料的安排方法;在民事、行政、非诉讼法律文书中,就是指先重点(主要)材料、后其他(次要)材料的安排方法。以事实材料为例,突出主罪(主犯)、兼顾次罪(从犯),适用于犯罪嫌疑人、被告人犯有多种罪名或多起罪行的刑事法律文书。具体方法是:把主要犯罪事实放在事实叙述之首,并依先重后轻的顺序依次排列。详细写明主要犯罪事实和关键情节,略写次要犯罪事实;对于情节基本相同的犯罪事实，应用具体叙述与概括叙述相结合的方式安排章法结构。民事、行政、非诉讼法律文书事实材料的安排方法，有大致相同的思路。事实材料如此，理由、证据材料的章法安排也是如此，这样安排源于案件定罪量刑或定性处理的需要。

（三）揭露矛盾，明确争点

法院民事、行政和刑事法律文书的结构相对复杂，呈现为诉、辩、审多条线索交织运行的状态。例如，正文部分，不仅要写明作出裁判结论法院的意见，还必须写清各方意见（二审再审文书还包括原审法院意见）。在章法安排上，这一部分并不是简单地把各方当事人的意见进行简单堆砌和罗列，而要将争议焦点进行重点介绍。这里的重点不是争执各方各自认为的重点，而是制作主体站在人民法院的角度，综合案情实际，把争执各方的矛盾揭示出来，并进一步明确争议焦点即“争点”。这样安排，既避免了“胡子眉毛一把抓”，又加强了针对性，为人民法院查明争议事实、明辨是非、明确责任、阐明判决理由树好靶子，提供了评断目标或对象。又如，二审民事判决书的正文部分，既要写原审法院意见，又要写上诉及答辩意见，还要写二审法院意见，对结构层次的要求比较高，在依照判决书格式制作的基础上，可依次这样安排章法：概述原审法院意见、对比写作上诉方意见和对方意见、归纳争议焦点、围绕争点分析论证、具体写明二审法院意见（包括事实、证据、理由、判决结果）。具体案件的案情千变万化，章法运用当然要适时而变，但“揭露矛盾，明确争点”是基本的要求，也是诉讼制度要求使然。

（四）说理充分，彰显个性

“说理充分，彰显个性”的章法，在叙议类法律文书中的表现十分突出。并非所有法律文书都需要详细的说理，但在辩护词、代理词、判决书、抗诉书、法律意见书等法律文书中，说理内容则占有相当大的比例，其文书质量的高低往往也取决于说理是否充分、是否具有个性色彩。从写作学视角看，这些法律文书本身就是说理性很强的论说文，带有很强的思辨性，说理充分是必要的，彰显个性是应该的。不同类型的法律文书，说理的内容各不相同，要做到说理充分、彰显个性，肯定离不开对案件的准确把握，只有熟悉具体案情才可能反映案件的特殊性。在具体的章法安排上，可从证据、事实、法律、情理等方面展开说理。

法律实践中，具体案件需要充分说理的环节各不相同，应具体对待，不能搞形式主义。有时候针对犯罪动机详细说理并回应控辩双方关于犯罪动机的争议，就可以达到说理的效果；有时候针对因果关系详细说理并回应控辩双方关于因果关系的争议，才能达到说理的效果；有时候则需要针对全案的事实，从事理、法理、情理各方面详细说理并回应相关争议，才能达到说理的效果。好的说理是围绕处理结论充分回应各方意见的说理，是彰显个案特殊性的说理，是事理、法理、情理、文理相交融的说理，是政治效果、法律效果、社会效果有机统一的说理。[29] 例如，（2019）豫 1503 民初 8878 号民事判决书的说理（部分）：

---

〔29〕 参见《核心价值观指导意见》。

罗×作为未成年人，自我保护能力相对较弱，需要成年人对其予以特别保护。孙×见到郭××与罗×相撞后，为保护罗×的利益，让郭××等待罗×的母亲前来处理相撞事宜，其行为符合常理，不仅不具有违法性，还具有正当性，应予以肯定与支持。[30]

案例阅读

该案例后来入选最高人民法院指导性案例（142 号），其在分清是非的基础上，对"死者为大"传统思想支配下的裁判理念予以否定，明白无误地表明了司法的态度，对劝阻人的善行和义举给予肯定和鼓励，对正确适用法律、弘扬社会主义核心价值观作出了生动诠释。

三、法律文书的结构与章法的辩证关系

（一）制约关系

在结构与章法的制约关系中，结构表现为静态的，章法表现为动态的，章法运用受结构制约。不同章法的运用不仅受案情的影响，更受文书结构的制约。法律文书各种章法的运用不能超越其结构规定的界限。从结构的外部形态来讲，首部、正文、尾部三部分使文书结构完整合理。在制作文书时不能只顾选材、论理而不顾首尾完整、首尾照应。从结构规定的内容来看，无论什么章法的运用，都不能任意增加和减少有关要素。不同章法的运用，只能根据不同案件采用不同的谋篇布局，不能随意取舍必备的内容。结构是规范，章法是手段；手段以规范为依据，规范为手段提供实施的空间，两者是一种制约与被制约的关系，这也是法律文书的法律属性对写作属性具有决定性作用的必然体现。

（二）补充关系

在结构与章法的补充关系中，结构体现原则性，章法体现灵活性，原则性与灵活性互为补充。法律文书的结构及具体要素都是基本固定的，大部分由有关部门下发的统一文书格式固定，有的则是由法律的规定固定。一方面，在制作文书时要严格按照要求，不能随意增减，应体现法律文书结构的原则性特征。另一方面，法律文书并非千篇一律、千人一面、死板僵化的，如同流水线上生产的产品一样。任何案件都有自身的特殊情况，有简有繁。即使是同一种、同一类、同一性质的案件，由于当事人不同、争议焦点不同，相应的处理结果很可能就不同。因此，法律文书中就要反映不同案件或事件的特殊性。案情的特殊性和复杂性，决定了法律文书在行文上章法的多样性，体现法律文书章法的灵活性特征。结构原则性与章法灵活性有机统一于法律文书中，构成一个密不可分的整体，两者之间是互为补充、相辅相成的关系。

法律文书的结构是在长期的制作实践中慢慢形成的，符合法律文书制作规律，又被相关部门认可甚至固定下来。它不是单纯的写作学的概念，而是贯穿着法律精神并以执行法律为核心。正因为法律文书是遵循法律精神而制作的，所以法律文书结构的安排要以表现文书的主题——依法办理诉讼或非诉讼案件——为核心，为表现主题而服务。同结构的设

〔30〕 河南省信阳市平桥区人民法院民事判决书，(2019)豫 1503 民初 8878 号。

置一样，法律文书制作过程中，章法的运用也是为表现主题服务的。围绕主题、突出主题、表现主题，就需要运用合理的章法，如恰当地对材料进行剪裁、合理地布局文书层次结构、有序地安排主次详略、娴熟地运用表述方法等，从而使文书达到事实清楚、证据充分、法律适用准确、逻辑严密、说理有力、结论准确恰当的效果。

研讨与练习

1. 简述法律文书主题与材料的辩证关系。
2. 如何理解法律文书中的法律事实？
3. 如何理解法律文书中的法律推理？
4. 简析法律文书正文的单线结构与复线结构类型。
5. 阅读指定案例文书，结合文书讨论社会主义核心价值观如何融入法律文书说理。
6. 阅读指定案例文书，结合文书讨论法律文书正文的结构特色。

第三章 法律文书的表述方法

本章教学目标

要求学生通过本章内容的学习，掌握叙述、议论、说明三种法律文书表述方法的基本概念、主要方法和基本要求。要求学生结合实践，能够在法律文书阅读中区分三种不同的法律文书表述方法；能够在写作法律文书时灵活运用叙述、议论、说明的表述方法，正确表达法律文书的内容，实现法律文书的功能。

第一节 法律文书表述方法概述

一、表述方法

表述即表达叙述。“方法就是主体依据对客体发展规律的认识而为自己规定的活动方式和行为准则。”[1]广义表述方法，是指人类利用文字、语言、行动等符号将内在的思想、情感外化所采用的方式。狭义表述方法，主要是指文章的写作方法，即文章在写作过程中所运用的表达方式与手段。表述方法是文章构成的必备要素，大多数文章会运用两种或多种表述方法，篇幅较短的文章大多可能采用单一的表述方法。叙述、说明、议论、描写和抒情是文章写作中常用的表述方法。不同的文体对这五种表述方法的运用略有不同，如记叙文中常使用叙述、描写、抒情的表述方法；议论文中常使用议论、说明的表述方法。

二、法律文书的表述方法

（一）法律文书表述方法的概念

法律文书是司法机关、行政机关、自然人、法人或者其他组织等依照法定程序，适用法律规范所制作的具有法律效力或者法律意义的文书。[2] 写作实践证明，法律文书写作之

〔1〕 杨春贵主编：《马克思主义与社会科学方法论》，高等教育出版社2012年版，第18页。
〔2〕 参见马宏俊主编：《法律文书学》（第3版），中国人民大学出版社2019年版，第1页。

难，并非难在格式掌握，而主要难在语言表达。[3] 表述方法在法律文书表达中具有重要作用，法律文书的表述方法是法律文书写作过程中为实现特定目的、充分传递法律信息、成功进行诉讼或非诉活动所运用的表达方式。只有选择适当的表述方法，才便于阅读者理解法律文书的内容，实现法律文书的功能。区别于其他文体，法律文书写作是为了保障法律的正确实施，保证诉讼活动的有序进行，记录诉讼活动与非诉活动，而不以抒发情感、描绘场景为要求，因此在表述方法的选取上有所侧重。

（二）法律文书表述方法的特点

1. 各具特色

为了保证文书内容的准确性，发挥法律文书特有的价值，法律文书中常运用的表述方法有叙述、说明和说理三种。每种表述方法都有独特的作用，具体来说，叙述用于展现案件事实的产生、发展和结果；说明用于解说事物或事理的性质、特点及状态，文书中当事人基本情况的介绍以及处理意见的提出，使用的就是说明的表述方法；说理即论证理由，是指依据论据加以论证从而证明论点的过程。

2. 交叉运用

法律文书的表述方法是写作法律文书的基础，法律文书作者往往运用多种表述方法。换言之，法律文书的表述方法并不是各自独立存在，而是综合交叉运用，在实践中的表现千变万化。例如，起诉意见书的首部会采用说明的表述方法介绍犯罪嫌疑人的姓名、性别、出生日期、籍贯、住址等基本信息；案件事实部分主要采用叙述的表述方法，强调依据犯罪主体、犯罪的主观方面、犯罪客体、犯罪的客观方面四个构成要件展开叙事；理由则采用说理的表述方法，围绕犯罪嫌疑人的行为涉嫌犯罪、应当追究其刑事责任、依法提起公诉这个主题展开。具体的法律文书中，表述方法的使用也会有所侧重，常用的表述方法是叙述、说明和说理，也会兼顾其他表述方法。

三、法律文书表述方法的种类

如前所述，写作法律文书的目的是适用法律解决争议和处理相关问题，而不是抒发情感、描述环境。法律文书不仅是记录具体法律活动、法律事实的工具，还具有向社会公众进行法治宣传的作用。因此，法律文书中很少涉及描写和抒情两种艺术色彩较为浓厚的表述方法。通常使用的表述方法包括以下三类。

（一）叙述

叙述是法律文书中最基本的表述方法，也是形成法律文书最关键的表述方法。叙述就是将事件的前后经过通过一定的形式展现出来，法律文书中的叙述多用于展现行为主体行为、特定事件产生、发展和结果的全过程。叙述通常包括时间、地点、人物、事件的起因、经过和结果六要素。法律文书的叙述因案件性质的不同，其叙述要素也有所差异。法律文书叙

---

〔3〕 刘永章编著：《诉讼文书解析》，人民法院出版社 1999 年版，第 3 页。

述的对象既包括实体事实即案件事实，也包括程序事实。程序事实的叙述相对简单，本章主要介绍案件事实的叙述。案件事实是能够引起法律关系产生、变更或消灭的法律事实。诉讼案件中，对案件事实的叙述受诉讼目的、叙述者的视角以及叙述者的语言表达能力等因素的限制。因此“法律事实并不是自然生成的，而是人为造成的，一如人类学家所言，它们是根据证据法规则、法庭规则、判例汇编传统、辩护技巧、法官雄辩能力以及法律教育成规等诸如此类的事物而构设出来的，总之是社会的产物。”〔4〕

（二）说明

说明是法律文书中常见的表述方法。说明是对客观的事物或抽象的事理作出的解释，从而使人们对事物的外貌、结构、种类、功能、成因或者事理的定义、特点、分类、作用等产生科学性、条理性的认识。法律文书的说明包括对人的说明和对物的说明，以及对法理常情的阐释。无论是对何种对象的说明，都要选用适当的说明方法，达到简明、具体、真实的要求。法律文书中常见的说明方法包括列举、描摹、解释、分类、比较等。

（三）说理

说理是法律文书中重要的表述方法。法律文书的说理是指剖析事物、论述事理，证明其主张或观点的表达方式，论点明确、论据充分、论证严密且符合逻辑，是说理的基本要求。法律文书的说理包括运用形式逻辑规则进行的法律推理，以及依据价值平衡的方法进行的法律推理两类，前者被称为形式推理，后者被称为辩证推理或实质推理。不同法系的国家在法律文书的说理模式选取上有所差异，英美法系国家多采用归纳推理的模式，大陆法系国家多采用演绎推理的模式。我国法律文书的说理模式以演绎推理最为典型的三段论（大前提、小前提和结论）模式为主。

第二节　法律文书的叙述

一、法律文书叙述的概念与特征

（一）法律文书叙述的概念

叙述多用来记叙主体的行为或者某一特定事件的产生、发展和结果。为便于全面客观地叙述事实，通常采用第三人称叙述，但有些法律文书也采用第一人称进行叙述，如调查报告、结案报告等。法律文书叙述的方式主要包括顺叙、倒叙、插叙、分叙、补叙等。如：

---

〔4〕　梁治平编：《法律的文化解释》，生活·读书·新知三联书店1994年版，第80页。

案例阅读

原告雷某某(女)和被告宋某某于2003年5月19日登记结婚,双方均系再婚,婚后未生育子女。双方婚后因琐事感情失和,于2013年上半年产生矛盾,并于2014年2月分居。雷某某曾于2014年3月起诉要求与宋某某离婚,经法院驳回后,双方感情未见好转。2015年1月,雷某某再次诉至法院要求离婚,并依法分割夫妻共同财产。宋某某认为夫妻感情并未破裂、不同意离婚。

雷某某称宋某某名下在中国邮政储蓄银行的账户内有共同存款37万元,并提交存取款凭单、转账凭单作为证据。宋某某称该37万元,源于婚前房屋拆迁补偿款及养老金,现尚剩余20万元左右(含养老金14,322.48元),并提交账户记录、判决书、案款收据等证据。

宋某某称雷某某名下有共同存款25万元,要求依法分割。雷某某对此不予认可,一审庭审中其提交在中国工商银行尾号为4179账户自2014年1月26日起的交易明细,显示至2014年12月21日该账户余额为262.37元。二审审理期间,应宋某某的申请,法院调取了雷某某上述中国工商银行账号自2012年11月26日开户后的银行流水明细,显示雷某某于2013年4月30日通过ATM转账及卡取的方式将该账户内的195,000元转至案外人雷某齐名下。宋某某认为该存款是其婚前房屋出租所得,应归双方共同所有,雷某某在离婚之前即将夫妻共同存款转移。雷某某提出该笔存款是其经营饭店所得收益,开始称该笔款已用于夫妻共同开销,后又称用于偿还其外甥女的借款,但雷某某对其主张均未提供相应证据证明。另,雷某某在庭审中曾同意各自名下存款归各自所有,其另行支付宋某某10万元存款,后雷某某反悔,不同意支付。[5]

(二)法律文书叙述的特征

1. 着重叙事

叙述包括叙事和叙人。法律文书的叙述侧重于展现案件事实的产生、经过和结果,因此法律文书的叙述以叙事为主,目的是把具体情况客观全面地呈现出来,将各种法律关系交代清楚。与其他文体不同,法律文书的叙述较少写人,虽然法律关系的主体是法律关系中不可或缺的要素,但为了避免文书制作目的与语体风格相矛盾的问题,法律文书多采用说明的表述方法介绍当事人的身份及背景。

2. 直陈其事

法律文书的叙述无须渲染,应当开门见山:首先,该特征是法律文书叙述的目的决定的。法律文书叙述的目的是让阅读者了解涉及的法律关系的产生、变更和消灭的过程,因此不需要过多铺垫性、烘托性的语句,应当直接切入正题。其次,直陈其事是为了便于阅读者快速抓住文书重点,使不同阅读者得出对该事件近乎一致的认识。正如有的学者所言,法律文书的阅读者都是十分繁忙的人,大多希望能够迅速而直接地把握文书内容,他们甚至没有时间去琢磨文字背后的含义,也不愿平白无故地将文书再读一遍。[6] 因此法律文书

[5] 雷某某诉宋某某离婚纠纷案,最高人民法院指导案例66号(2016年)。

[6] 参见[美]小查理德·K. 诺伊曼:《法律推理和法律文书写作:结构·策略·风格》,中信出版社2003年版,第52页。

的叙述应当直陈其事，不得含蓄隐晦。

3. 概述为主

叙述以叙述程度为标准分为概括叙述和详细叙述，法律文书的叙述通常以概述为主、详叙为辅。法律文书的叙述是以法律规范为中心的叙事，因此只需要按照对应的法律规范将案件的相关情节叙述清楚即可，不必在无关细节上赘述。但文书中对一些特定情节，如定罪量刑情节，因为其直接涉及案件的定性与最终的处理结果，亦可具体叙述。但这里的具体叙述并不是像文学作品一样使用精雕细刻的手法刻画当事人内心的波澜起伏，而是通过外在的语言及行动还原其动机和主观目的。

二、案件事实的构成

（一）案件事实的要素

案件事实是各方主体于司法过程中在法律意义上再现生活事实的过程，是依赖于语言进行陈述的经验推论过程，体现了不同主体对生活事实的认知。〔7〕 根据争议性质的不同，案件事实可以分为刑事案件事实和非刑事案件事实两类。每一类案件事实都有对应的叙述要素，刑事案件事实的叙述要素包括：时间、地点、动机、目的、手段、过程、结果、涉及的人和事、事后态度等；非刑事案件事实的叙述要素则包括：纠纷发生的时间、地点、内容、原因、过程、情节和后果等。案件事实的叙述因案而异，应结合案件事实的特殊性选取要素进行叙述，并非每次进行案件事实叙述都要详细完整地介绍每个叙述要素。

（二）案件事实的基本内容

1. 刑事诉讼中的案件事实

（1）构成要件事实

根据我国《刑法》的规定，被指控犯罪的构成要件事实主要包括犯罪客体、犯罪主体、犯罪的客观方面和犯罪的主观方面四个部分。这是判断犯罪嫌疑人、被告人等的行为是否构成犯罪的首要标准，也是刑事法律文书叙述的重点。刑事法律规范针对每一项罪名都规定了相应的构成要件，当事人触犯的罪名不同，其构成要件也存在一定差异，因此法律文书在叙述时也要有所区别，要有针对性地根据每一罪名的构成要件展开叙述。

（2）量刑情节事实

量刑情节事实，是指根据犯罪行为的社会危害性和人身危险性程度的不同，对犯罪嫌疑人、被告人等作出的从重、从轻、减轻以及免除处罚的各种情节事实，主要包括法定情节事实和酌定情节事实。量刑情节事实对于犯罪人是否应当量刑、应当判处何种刑罚具有重要的作用，因此，如果案件出现了上述量刑情节事实，法律文书的叙述就应当予以呈现。

（3）排除行为的违法性、可罚性和行为人刑事责任的事实

惩罚犯罪与保障人权是刑法的两项基本任务，为了保障无罪的人免受刑事追究，刑法明文规定了排除行为的违法性、可罚性和行为人刑事责任的相应规范。如果案件事实涉及

---

〔7〕 参见武飞：《论司法过程中的案件事实论证》，载《法学家》2019年第6期。

上述内容,那么法律文书叙述者就不能忽略这些事实。

2. 民事诉讼中的案件事实

(1)案件的主要事实

民事案件的主要事实,是指民事法律规定的据以确定当事人之间民事法律关系性质、各自权利义务和民事责任等内容的事实,包括当事人之间是否存在权利义务关系,其权利、义务的具体表现及范围,案件争议的焦点和分歧等。民事诉讼中的案件事实主要是围绕当事人的主张确定的,与当事人之间的权利义务密不可分。民事诉讼对于确定当事人双方的权利义务关系具有重要作用,因此案件的主要事实是民事法律文书中应当着力叙述的重要内容。

(2)案件的相关事实

民事案件的相关事实,是指不直接涉及当事人双方争议的实体问题,但在程序上可以保障诉讼活动顺利进行的事实。相关事实主要包括两类:一是当事人双方的基本情况,二是当事人提出的程序性事实。这些事实同样需要运用证据加以证明,也是法律文书叙述的重要内容。

(3)免证的事实

免证事实,即为了减轻当事人的证明负担,提高诉讼效率,民事法律规范规定了不需要当事人承担举证责任便可以认定的事实。[8] 免证事实,有的是显著事实,是社会公认的事实;有的已被法定机关认定其真实性,是法院可以直接采用的事实,故不需要提供证据加以证明。但免证事实不等于免述事实,法律文书的叙事也应涵盖免证事实。

3. 行政诉讼中的案件事实

(1)被告应证明的案件事实

行政机关代表国家行使公权力,其作出的行政行为,既可以为行政相对人设定、确认权利,也可以限制、减损行政相对人的权利或增加其义务。因此,行政机关在作出行政行为时首先要有依据并且符合法定程序。在行政诉讼中,被诉行政行为的合法性应当由行政机关承担举证责任。因此,行政机关在答辩状中应当注重叙述与被诉行政行为的合法性相关的案件事实。

(2)原告应证明的案件事实

除起诉符合法定条件外,行政诉讼中作为原告的行政相对人通常不承担证明责任,而只在特殊情况下会承担一部分证明责任。例如,在起诉行政不作为的行政诉讼中,原告还应提供其在行政程序中曾经向被告提出申请的证据材料;在行政赔偿诉讼中,原告要提供其遭受损害的证据材料。这些案件事实也要在行政起诉状及裁判文书中叙述清楚。

---

[8] 《民事诉讼证据规定》第10条规定:"下列事实,当事人无须举证证明:(一)自然规律以及定理、定律;(二)众所周知的事实;(三)根据法律规定推定的事实;(四)根据已知的事实和日常生活经验法则推定出的另一事实;(五)已为仲裁机构的生效裁决所确认的事实;(六)已为人民法院发生法律效力的裁判所确认的基本事实;(七)已为有效公证文书所证明的事实。前款第二项至第五项事实,当事人有相反证据足以反驳的除外;第六项、第七项事实,当事人有相反证据足以推翻的除外。"

三、案件事实的叙述方法

（一）刑事案件的主要叙事方法

1. 自然顺序法

自然顺序法，也被称为时间顺序法，是指按照案件事实发生和演进的时间顺序来叙述案情的方法。自然顺序法是叙述案件事实的基本方法，能够清晰地呈现案件事实的全貌，便于读者阅读和认识案件事实发生、发展的过程。刑事案件中，一人一次一罪、多人一次一罪或一人数罪且数罪之间有因果联系的案件宜采用自然顺序法叙事。

2. 突出主罪法

突出主罪法，也被称为突出主要事件法，是指为了突出主要罪行，将主要罪行提前，次要罪行后移；主要事实详写，次要事实略写。该方法常适用于犯罪嫌疑人、被告人触犯数罪且罪行轻重区别较大的案件。突出主罪法不受时间顺序的限制，而是以罪行轻重为标准，重罪在前、轻罪在后。但罪与罪之间采用分叙的方式，各部分仍要按照时间顺序叙事。

3. 突出主犯法

突出主犯法，也被称为突出主要当事人法，是指在多个当事人的情况下，以主犯为线索，围绕主犯的行为展现整个案件事实的叙述方法。犯罪集团等涉案人员众多的刑事案件，如果运用自然顺序法，则很难清晰展现各犯罪嫌疑人在共同犯罪中的地位和作用，使阅读者感觉头绪纷繁，甚至对案情产生疑惑。以主犯为线索进行叙事，可以清晰地推演出犯罪活动各个环节中犯罪嫌疑人的地位、作用，并突出主犯的罪行，使阅读者对案件事实形成一个整体印象。刑事案件涉及多人一罪、多人多罪的，常使用该方法。

4. 标明罪名法

标明罪名法，是指在犯罪嫌疑人、被告人实施两个不同种类的犯罪行为时，可采取列明每一具体罪名，逐一叙述犯罪嫌疑人、被告人所实施犯罪行为的案件事实的方法。该方法可以清楚地呈现行为人所实施的每一犯罪行为，并且有利于从整体上把握行为人的全部罪行。运用标明罪名法需要注意以下几点：一是犯罪嫌疑人、被告人实施了两种以上不同罪名的犯罪行为，二是两种罪名之间不存在明显的轻重之分，三是犯罪嫌疑人、被告人实施两种以上犯罪行为的时间间隔较短。如〔9〕：

一、盗窃罪

2019 年 4 月以来，被告人唐××多次以给人办信用卡为由，获得他人的手机、身份信息及支付宝账户密码，然后趁人不备，操作他人账户获得贷款后转至自己账户，其后将操作记录全部删除，被告人唐××盗窃他人钱财共计 20,800 元。具体事实分述如下：

案例阅读

2019 年 5 月 9 日，被告人唐××以帮被害人韩××办信用卡为由来到韩××上班的内衣店，韩××将手机交给唐××进行操作，并将自己的银行卡、身份信息、支付宝账户密码

〔9〕 参见湖南省湘潭县人民法院刑事判决书，(2019) 湘 0321 刑初 343 号。

告诉了对方，唐××趁韩××在招呼其他客人时，用其手机在支付宝旗下的网商贷贷款4000元，并将钱转至自己的账户，后将所有的交易记录全部删除，韩××被盗4000元。

2019年5月20日，被告人唐××以帮被害人李××支付宝账户提额为由，约李××见面，见面后李××将手机交给唐××操作，并将自己的身份信息告诉了唐××，唐××趁李××不察，用其手机在支付宝旗下的借呗贷款12,000元，并将钱转至自己的账户，后将所有的交易记录全部删除，李××被盗12,000元。

2019年6月5日，被告人唐××以帮被害人周×1办信用卡为由来到周×1家中，周×1将手机交给唐××进行操作，并将自己的银行卡、身份信息及支付宝账户密码告诉了唐××，唐××趁周×1不察，用其手机下载了"360借条"App，贷款4800元，并将钱转至自己的账户，后将该App以及交易记录全部删除，周×1被盗4800元。

二、诈骗罪

2019年4月，被告人唐××多次以非法占有为目的，虚构自己有门路可以帮人办理低首付贷款购车的事实，骗取他人购车首付款后用于个人开支，被告人唐××诈骗他人财物共计28,000元。具体事实分述如下：

2019年4月18日，被告人唐××以帮被害人周×2办理车贷需交首付款为由，约周×2见面，诱骗周×2将17,800元首付款支付给自己，事发后唐××退还了8000元给周×2，将剩下的9800元挥霍一空。

2019年4月23日，被告人唐××以帮被害人瞿××办理车贷需交首付款为由，约瞿××见面，诱骗瞿××将9000元首付款（由瞿××的朋友何××垫付）支付给自己，并于2019年4月29日以交车辆保险费为由，诈骗了瞿××1000元，2019年5月6日以交上牌费为由，诈骗了瞿××200元，瞿××共计被骗1200元，何××被骗9000元，该钱被唐××挥霍一空。

（二）非刑事案件的主要叙事方法

1. 自然顺序法

自然顺序法是法律文书中最基本的叙事方法，除刑事案件外，民事、行政案件等非刑事案件一般情况下也采用该方法叙述案件事实。不管是民事诉讼案件，还是公证、仲裁事项，都运用该方式展现案件事实的全貌。自然顺序法能够按照时间顺序清晰地将事件从头至尾全面呈现，完整反映案件事实的全局。自然顺序法是非刑事案件法律文书叙事方法的基础。

2. 纵横交错法

纵横交错法，是指以时间为顺序的纵向叙述和以介绍法律关系、诉辩意见为主的横向叙述交错适用的方法。例如，将案件事实的发展变化情况与双方当事人的争议焦点相结合的叙述方法，就属于纵横交错法。具体而言，该方法以双方当事人和时间顺序为标准分为横纵两轴，横轴上分为平行的两部分，分别介绍双方当事人的基本情况，纵轴上按照时间顺序介绍当事人双方法律关系的产生；而后横轴上交代双方法律关系的内容；接着纵轴上介绍双方纠纷的发生、发展和目前状态；最后横轴上展示相关细节和双方的分歧。该方法主要叙述民事、行政案件以及仲裁争议，以纵横交错的方式叙述纠纷的产生、发展和结果。如：

原告与被告赵××系朋友。2018 年 10 月 23 日，被告赵××向原告借款，原告转账给被告 20 万元。后在原告催讨还款过程中，被告赵××后补了一份落款时间为 2018 年 9 月30 日的借条，借条载明：因被告赵××近来手头不便，而向原告借款 20 万元，免息借款，期限为 2 年，于 2020 年 9 月 30 日前归还本金。被告赵××的收款账户显示，此期间赵××的对外付款有消费、网上快捷支付、还贷等多种用途。借款到期后，被告赵××未清偿借款本息。

案例阅读

另被告赵××与潘××于 2017 年 11 月 29 日登记结婚，2020 年 1 月 2 日协议离婚。两被告离婚时确认，购置于 2016 年的房产归被告潘××所有，其他个人名下财产归各自所有，在婚姻关系存续期间个人所负债务各自承担，还确认了向案外人潘×1、潘×2 等人的借款为夫妻共同债务。[10]

3. 分项叙述法

分项叙述法，主要运用于叙述历时较长、案件复杂、专业性强的事实。该方法将案件事实划分为两大类，首先叙述当事人之间不存在争议的案件事实；然后根据双方争议焦点列出一系列子标题，每个子标题下具体叙述争议案件事实的产生和经过。民事案件注重保障双方当事人的处分权，所以对双方均不存在争议且不违反法律规定的事实，裁决者可以直接予以认定，故采用该方法。运用分项叙述法，要注意尽可能地还原案件事实的原貌，注意前后叙述的完整性、连贯性与一致性，避免给阅读者造成困惑。

四、案件事实的叙述要求

（一）内容完整，明确具体

叙述的目的是完整展现特定主体行为的起因、经过、结果以及相关事件的产生、发展变化的全貌。因此，完整性是案件事实叙述的首要要求，如果法律文书的叙事内容残缺，客观上则难以实现法律文书写作的目的。叙事的完整性要求法律文书作者必须明确具体、清楚地叙写各叙述要素，特别是对案件处理具有重大意义的叙述要素，不能含混不清。当然，明确具体并非指所有的叙述要素都要加以叙述、平均用笔，而是要有所取舍、详略得当，将案件事实叙述清楚、完整。

（二）用词准确，言辞简洁

法律文书叙事所选取的词语往往要做到含义确定、程度分明，叙事用词须保持客观、实事求是的态度，既不能肆意扩大，也不能随意限缩，力求接近客观事实。语言风格上要做到言辞简洁，不过多修饰。但言辞简洁必须要以准确、明白、易懂为前提，不能片面追求文字的简洁。法律文书叙事多使用程度明确的动词、名词、数量词，但并不排斥形容词、副词，像“大”“小”“多”“少”“十分”“极其”“非常”等词语，就是文书叙事常使用的词语。要注意，一些感情色彩浓厚的形容词或副词不宜使用，这类词语描述性强、文学色彩浓厚，与法律文书叙述言辞简洁、不加渲染修饰的风格不符。

---

〔10〕 参见宁波市海曙区人民法院民事判决书，(2020)浙 0203 民初 5614 号。

(三)因果明确,叙事寓理

因果关系是两个事件之间的作用关系,有因必有果,有果必有因。刑事案件中行为人实施的先前行为和最终的危害结果之间是否存在因果关系、存在多大程度的因果关系,对于认定案件的性质和当事人的责任大小具有重要的影响。因此,法律文书叙事应当将因果关系交代清楚,使读者容易理解,不至于发生混淆。此外,叙述案件事实的过程应当蕴含法理,做到叙事与寓理相结合。法律文书叙事蕴含法理,是法律文书属性对法律文书叙事的必然要求。在争议的双方当事人之间、当事人和司法机关之间,对于争议的认识会不一致甚至产生严重分歧。叙事蕴含法理,当然不会也不应在叙事时表明立场,对反映案件事实与文书法律适用部分的逻辑关系是至关重要的。

第三节　法律文书的说明

一、法律文书说明的含义与特征

说明,是指对事物、事理的解说,包括两种,一是说明事物的形态、特征、功能和状态等要素;二是说明事理的本质、特点、来源、演变、异同等内容。说明是法律文书中常用的表述方法,在法律文书中,首部、尾部一般采用说明的表述方法。例如,刑事判决书首部对公诉机关、被告人基本事项的说明。此外,现场勘查、检查、搜查等笔录制作几乎都运用这种方法。法律文书的说明对象分为对当事人身份的说明及对客观情况的说明。

(一)对当事人身份的说明

1. 对身份或基本情况的说明。文书中对当事人的身份或基本情况进行说明,目的在于明确法律关系的主体,通过核实当事人的身份信息和基本情况,避免发生文书对象错误的问题。例如,在判决书的首部会注明当事人的姓名、性别、出生日期、民族、工作单位、居住地等基本信息,运用的就是说明的表述方法,交代了当事人的基本情况。

2. 对人身关系的说明。人身关系,是在社会生活中形成的、与人身密不可分且不具有财产属性的社会关系。常见的人身关系包括婚姻关系、亲属关系、继承关系、收养关系等。当事人双方之间是否具有特定的人身关系是法律文书写作中需要重点澄清的事项,如公证文书中涉及人身关系的部分就需要特别予以说明。

(二)对客观情况的说明

1. 对证据情况的说明。证据是依法认定案件事实的依据。根据诉讼法的规定,证据必须经查证属实才可以作为定案的依据。解说当事人双方在诉讼活动中举证、质证以及法官进行认证的全过程,就是对证据情况的说明。

2. 对法律关系内容的说明。法律关系的内容,即法律关系的主体所享有的权利和承担的义务。法律关系的内容如果与当事人之间的争议密切相关,那么在文书写作中应当作出说明。例如,合同条款中约定了特殊的争议解决条款,在法律文书写作中就应当说明。

3. 对专业知识的说明。法律活动中不可避免地会涉及各种各样的专业知识,这些专业知识因其本身的专业性,导致本专业以外的人往往会产生理解和判断上的障碍。因此,就需要该领域内的专业人员对此作出解释,这种解释适用的就是说明的表述方法。常见的对专业知识的说明,包括对鉴定结论、伤情结果、产品质量、物质形态的解释。

二、法律文书说明的主要方法

(一)列举

列举,是法律文书中常用的一种说明方法,主要是将说明对象涉及的全部内容逐一列举、以静态方式予以呈现的方法,如民事判决书中对原、被告双方身份关系的说明。

(二)描摹

描摹,是运用简洁的文字介绍说明对象的外部特征或形状的方法。描摹可以生动形象、详细具体地说明对象的形态或特征。如:

门厅南北长456厘米,东西宽100厘米。门厅东墙上距北墙110厘米处有一个房门,宽70厘米、高200厘米,为单扇向东开的塑钢门,呈虚掩状;该房门内侧把手上、距地面72厘米处有白色纤维附着(经拍照后原物提取)。[11]

(三)解释

解释,常用于对专业名词的界定,是指依据官方界定的概念与标准或社会大众能够接受的观点介绍说明对象的概念、特征等,使读者对抽象的概念形成明确的认知。

(四)分类

分类,往往用于事项(如证据)较多、对象内容复杂、从单方面不易介绍清楚的情形。分类可按照对象的形态、性质、成因、功用等属性,将之分成若干类进行说明。分类可以清晰地介绍说明对象的特点与对象不同类别间的差异性,使说明更有条理、层次清晰,更具有说服力。法律文书中可将证据依种类或证明对象的不同分类进行说明。如[12]:

第一组证据,证明××合作社未实施违法行为:

证据1. ××合作社营业执照及石××身份证复印件;

证据2. ××合作社《小型动物养殖场生产记录》、《××县新型农业经营主体扶贫带动政策扶持申请表》、2017年至2020年《××镇畜禽规模养殖场免疫登记表》;

案例阅读

证据3. ××县人民检察院现场勘验检查笔录及照片。

第二组证据,证明××县人民检察院向××县农业农村局发出诉前检察建议:

---

〔11〕 参见沈公(刑)勘〔2007〕108号现场勘验检查笔录。

〔12〕 参见湖北省阳新县人民法院行政判决书,(2020)鄂0222行初23号。

证据4. ××县人民检察院阳检行公(2020)42022200005号检察建议书及送达回证。

第三组证据,证明××县农业农村局收到检察建议后仍未依法履职,导致国家和社会公共利益仍受到侵害:

证据5. ××铁路监督管理局行政处罚案件;

证据6. 现场勘验调查笔录;

证据7. ××县农业农村局《关于华实种养殖专业合作社情况的回复》。

(五)比较

比较,是指将两种以上相同或不同的事物、现象进行比较,以凸显说明对象特征的说明方法。比较可以生动形象地说明对象的特点,使之更客观清晰、通俗易懂。

三、法律文书说明的基本要求

(一)简明有序

说明使用的是解释性的文字,简明有序是其首要要求。简明,是指说明的文字力求用最精练的文字将对象解释、介绍清楚。简明不是一味追求文字简练,文字简练是手段,意思明确才是目的。[13] 法律文书中说明的文字不仅要求不啰唆,还要做到意思明确。此外,说明的文字还要注重有序性,特别是说明复杂的对象时,要按照客观事物发展的规律或者联系进行解释,要注重语言的条理性和内容的有序性。常见的说明顺序,包括由轻而重的递升式、由重而轻的递降式、由后而前的推进式以及由前推后的倒逆式四种。

(二)客观完备

说明就是客观地介绍事物的特征,客观性是其基本要求之一。客观性要求尽可能接近实际,以科学的态度反映对象的真实状态。客观性不仅是立法者和社会大众追求的重要价值,也是法律理念的重要体现。法律文书说明要从实际出发,客观地说明事物的特征与性质。说明的目的是使读者了解对象的全貌,因此说明的内容必须全面,不能以偏概全、有所疏漏。说明复杂的事物或过程,也要遵循完备的要求,做到有详有略,全面清晰地介绍;即使是略写的部分,也应当将必须说明的事项详细列明。

(三)明确具体

说明性的文字应当遵守明确性要求,即要求文字含义清晰、层次分明。一方面,说明时难免会使用专业术语,但法律文书作者应当尽可能用简洁的文字将需要说明的对象解释清楚,做到通俗易懂且不啰唆。另一方面,说明性的文字还应具有排他性,即明白无误、不生歧义,避免给实际工作造成困惑、带来损失。说明性文字还应当遵守具体性要求,即应当结合具体的对象有针对性、有目的性地解释其内容、特征,不能仅仅从宏观角度泛泛而谈。

---

[13] 参见周道鸾主编:《法律文书教程》(第2版),法律出版社2007年版,第37页。

第四节　法律文书的说理

一、法律文书说理的含义与特征

法律文书的说理，是指法律文书作者将案件事实情况、证据、数据、法学理论、法律规范等材料适用于具体的案件，进行论证并得出结论的过程。说理是法律文书的灵魂。以裁判文书为例，说理就是将法院查明的事实与裁判结果联系在一起的桥梁。[14] 区别于其他文体的说理，法律文书说理在文字上力求客观、公正、简练，在表达上不偏激、不片面。

（一）法律文书说理的三要素

1. 论点

论点是说理性文章的灵魂，是作者表明的主张或观点。法律文书的论点是对案件作出的判断或主张，即法律文书作者对特定的法律问题或事项进行判断后提出的观点或主张。一篇法律文书中可以有若干个论点，包含一个中心论点以及围绕该中心论点进行论述的多个分论点。中心论点处于主要地位，分论点都是为中心论点服务的，处于从属地位，因而在文书写作中要正确处理好中心论点与分论点的关系，要注意分论点的设置与论述方法。不同的法律文书因其写作主旨的不同，论点也各具特色。例如，起诉书的论点主要是说明犯罪嫌疑人的行为已涉嫌犯罪，依法应当提起公诉；民事判决书的论点是对双方当事人的权利义务关系进行判断处置等。

法律文书中的论点应当满足以下条件：首先，论点应当合法，即论点的内容要符合现行有效的法律规范的规定，不能与法律相抵触。此处的法，不仅包括狭义上的法律，还包括行政法规、部门规章、其他规范性文件以及法律的基本原则和基本理念。其次，论点应当合理，应当兼顾合法性与合理性；仅仅形式上合法，实质上违背公平、正义理念，不符合社会公众的预期，则难以被公众认同。再次，论点自身要鲜明，不能模棱两可、含混不清，必须一针见血。最后，论点要具有可证性，必须反映案件的本质，合乎逻辑，可以依靠论据加以论证。

2. 论据

论据是用来论证论点的材料。法律文书的论据，是指法律文书作者支持论点的事实和理由。论据分为事实论据和道理论据两种，法律文书中的论据包括案件事实情况、证据、数据、法学理论、法律规范、司法解释等。

论据的选取应当满足以下条件：首先，论据必须真实可靠，选取论据必须严谨，相应材料必须经过查证属实、准确无误；真实性是论据具有说服力的基础，倘若论据错误，即使推

---

〔14〕　参见白泉民：《刑事裁判文书改革的价值取向与路径方法》，载《人民司法（应用）》2016年第4期。

导出论点,论点也会被人质疑。其次,论据要具有典型性,作为论据的事实或材料必须要具有代表性,客观上反映事物的本质,只有这样才具有说服力,经论证才能更好地得出论点。最后,论据必须充分有力,其选取必须紧密围绕论点。论据的多少以充分有力为标准,并不是越多越好;只要选取的论据可以充分有力地印证论点,使观点和根据达成统一即可。

3. 论证

论证是运用论据证明论点的方法和过程。法律文书中的论证,就是依照认定的事实确定应当适用的法律规范,并据此推出结论的过程,这一过程又被称作法律论证或法律推理。论据是论点的具体体现,论点是论据的集中结论,论证揭示了论点和论据之间的逻辑联系,将二者构成了一个统一的整体。[15] 论证必须遵循形式逻辑规律,按照论证方法论述问题。常见的论证方法,包括引用、举例、比喻、反驳等;充分的论证能够达到分析透彻、思维严密、有理有据的效果。

(二)法律文书说理的角度

法律文书说理的角度,主要包括依法论理、依事论理和依情论理三种模式。实践中,既可以选取某一特定的角度进行说理,也可以综合运用"法律""事实""人情"三种不同的角度,论证法律文书作者提出的观点或主张。

1. 依法论理

法理是法律的重要元素,法律是"理"与"力"的结合,这里的"理"是有根据的,是以事实和规律为依据,"力"是由国家强制力作为保证的。[16] 法律文书说理必然以法理为依据;法理的形式不仅包括制定法本身,还包括法律的基本原则、基本理念。因法律本身存在文义的模糊性、不周延性以及滞后性的弊端,法学的基本理论与精神可以加以弥补,因此可以作为法律文书说理的依据。法律文书说理中法律规范的选取,必须要具有相关性、充分性以及可论证性,应按照法律条款的具体内容阐述道理。

2. 依事论理

"事理就是事情的来龙去脉,是案件纠纷的是非曲直。事理是所有道理的基础,一个案件的事理不清,其道理就没有根基。"[17] 除了依法论理外,依事论理也是法律文书常用的说理角度。法律纠纷本身是一个事件,具有其相应的道理,法理也是从事理中提炼出来的。法律文书说理要根据案件事实进行分析,阐明道理,不能脱离案件事实。此外,依事论理要从社会大众视角出发,必须符合社会的整体性认知。

3. 依情论理

法律文书的说理不能忽略人情的重要作用。人情文化是中国的传统文化之一,是维护人与人之间相互联系的一个纽带。人情文化中蕴含了大量的哲理,是维系复杂的社会交往秩序的重要工具。因此,法律文书中的说理引用一般的情理是不可避免的,但依情论理要

[15] 参见周道鸾主编:《法律文书教程》(第2版),法律出版社2007年版,第33页。

[16] 参见孙国华、许旭:《法是"理"与"力"的结合》,载《法学家》2001年第3期。

[17] 胡云腾:《论裁判文书的说理》,载《法律适用》2009年第3期。

以遵守法律规范为前提。

二、法律文书说理的主要方法

（一）引用论证法

引用论证法，是指在法律文书中引用法律条文、自然规律、科学发现、历史事件等来论证己方提出的观点或主张的说理方法。法律文书说理中，法律条文是最常见的展开论证、阐明论点的论据。但法律条文是针对一般情况的，说理时需要对其内容进行具体阐释。解释的依据包括法律、法规、司法解释等的规定；如果面临法律未加规定的新问题，也可以从法学的基本理念、基本精神的角度出发，综合各方面的知识来论证己方的观点与主张。如〔18〕：

无效宣告行政程序启动时符合资格条件的请求人是否因有关诉讼标的的法律关系发生变化而丧失资格。

《民事诉讼法司法解释》第249条第1款规定："在诉讼中，争议的民事权利义务转移的，不影响当事人的诉讼主体资格和诉讼地位。人民法院作出的发生法律效力的判决、裁定对受让人具有拘束力。"该规定体现了民事诉讼中的当事人恒定原则，该原则和精神对于行政诉讼亦有参照作用。根据该原则和精神，在行政诉讼程序中，人民法院受理相关诉讼后，为保证诉讼程序的稳定和避免诉讼不确定状态的发生，当事人的主体资格不因有关诉讼标的的法律关系随后发生变化而丧失。相反，如果允许当事人的主体资格因随后有关诉讼标的的法律关系发生变化而丧失，导致已经进行的行政诉讼程序归于无效，将对程序的稳定性和结果的确定性产生严重的不利影响，造成司法资源的浪费。同时，有关诉讼标的的法律关系发生变化后，新权利人的利益可以通过程序设计予以保障。例如，新权利人可以申请替代原当事人承担诉讼，人民法院根据案件具体情况决定是否准许。人民法院予以准许的，原当事人已经完成的诉讼行为对新权利人具有拘束力。对于专利无效宣告行政程序而言，其具有双方当事人参与和专利复审委员会原则上居中裁决的特点，属于准司法程序。当事人恒定原则对于该程序亦有参照借鉴意义。否则，同样可能导致专利无效宣告行政程序的不稳定及行政资源的浪费。因此，对于无效宣告行政程序启动时符合资格条件的请求人，即便随后有关诉讼标的的法律关系发生变化，其亦不因此当然丧失主体资格。本案中，假定××公司在提出无效宣告请求时确实是涉案作品的著作权人或者利害关系人，即便其随后将该作品著作权转让给案外人，亦不会因此而丧失以权利冲突为由提出无效宣告请求的请求人主体资格。二审判决以××公司所主张的涉案著作权已经转让为由，否定××公司以涉案外观设计专利与其在先著作权相冲突为由提出无效宣告请求的请求人资格，适用法律错误，应予纠正。

案例阅读

（二）举例论证法

举例论证法，是指直接运用已证明的案件事实或相关情况来印证所提出的观点或主张

〔18〕　参见最高人民法院行政裁定书，（2017）最高法行申8622号。

的说理方法。由于列举的材料源于案件争议对象本身，这样的论证说理直截了当，从而使文书论证更具体、更有说服力，是法律文书说理常见的方法之一。如[19]：

案例阅读

孙××并不存在侵害郭××生命权、健康权的故意或过失：

孙××此前并不认识郭××，更不了解其身体健康状况，阻止郭××离开现场只是为了让其等待受伤男童的家长到来，孙××对郭××本人不存在任何加害的故意；在发现郭××突然倒地后，孙××第一时间就拨打了"120"急救电话，已尽到合理的救济义务。孙××对郭××的死亡无法预见，也不存在任何疏忽或懈怠，孙××在主观上无任何过错。

（三）比喻论证法

比喻论证法，是指借助一个与需要进行论证的对象相近或相似的事例进行比喻，从而阐明观点或主张的论证方法。通过比喻论证法，可以使说理更通俗易懂、生动形象，更容易被人接受，特别是针对那些直接从事实、法律和理论等角度论证以表明看法或澄清道理十分困难的情形。采用比喻论证法要注意以下两点：首先，要注意比喻的事物和比喻论证的对象之间的相通之处；其次，要注意推理的严谨性与合规范性。

（四）反驳论证法

反驳论证法，是指先指出对方的论点错误或论据虚假，然后对此进行反驳的方法，常见于辩护词、答辩状、上诉状、抗诉书、裁判文书、仲裁文书等法律文书中。论点错误，是指通过论据无法推导出论点而产生的错误论证。论据虚假，是指在证明过程中，把虚假的判断当作论据的逻辑错误。反驳论证法必须指出其论据错在何处，为何不足为据，或根据事实，引用法律合乎逻辑地推导，以得出的正确结论反驳对方论点。

三、法律文书说理的基本要求

（一）重点突出，详略适当

篇幅较长是法律文书特别是案情复杂的法律文书的特色，因此法律文书的说理要详略得当，对重要内容进行充分论证，其他内容一带而过。唯有突出重点、针对性强，才能实现法律文书说理的效果。

（二）逻辑清晰，逐层深入

逻辑清晰是法律文书说理的首要条件。在论证观点时，说理者先要形成清晰的条理，然后逐层深入，使论证的推演环环相扣，保持逻辑上的严密性，增强说理的整体性。这样的说理便于法律文书阅读者厘清说理者的思路，知晓结论所依据的事实、证据材料，达到令人信服甚至全盘接受的效果。若说理上前后矛盾、强词夺理或者以偏概全，论点很容易被质疑和推翻。

---

〔19〕 参见河南省信阳市平桥区人民法院民事判决书，(2019)豫1503民初8878号。

（三）注重关联，以理服人

法律文书中的关联性，就像是连接法律规定与案件事实的纽带，是判定三段论推理中小前提和大前提是否吻合的标志。[20] 法律文书作者在说理时，要准确、恰当地指出案件事实与法律规定的关联性，只有将二者一一对应进行说理，得出的观点才会使阅读者心服口服，达到以理服人的效果。

研讨与练习

1. 简述法律文书的表述方法。
2. 案件事实的构成内容有哪些？
3. 叙述案件事实的主要方法有哪几种？
4. 试论法律文书说理的主要方法。
5. 法律文书中有哪些常用的说明方法？
6. 论法律文书说理的要素与角度。

〔20〕 参见马宏俊：《法律文书制作》（第2版），北京大学出版社2014年版，第49页。

中编　诉讼法律文书实务

第四章　刑事法律文书实务

本章教学目标

要求学生通过本章内容的学习，理解刑事法律文书的概念、分类与制作原则，掌握刑事侦查文书、刑事检察文书、刑事律师文书、刑事裁判文书的基本知识和制作方法，能够熟练制作和使用刑事法律文书，尤其是能够熟练制作和使用刑事诉、辩、审文书，如呈请立案报告书、提请批准逮捕书、起诉书、公诉词、刑事附带民事诉状、辩护词、刑事判决书、刑事裁定书等文书。

第一节　刑事法律文书概述

一、概念

刑事法律文书，是指刑事诉讼过程中，侦查机关为履行刑事侦查职能、人民检察院为履行刑事检察职能、律师为维护刑事案件当事人合法权益、人民法院为履行刑事审判职能而依法制作的法律文书。

刑事法律文书是具有法律意义或法律效力的法律文书。具有法律意义的刑事法律文书，如起诉书、上诉状等，是刑事诉讼程序不可或缺的重要组成部分；具有法律效力的刑事法律文书，如逮捕证、刑事判决书等，一经发生法律效力，即由国家强制力保证执行。刑事法律文书对于刑事案件当事人来说，是关系生杀予夺、人身自由和政治权利的法律决定；对于侦查、检察、律师、审判人员来说，是履行法律职责、维护合法权益、展示法律公正、反映政治业务的具体载体；对于国家和社会来说，是惩罚犯罪、保护人民、宣传教育群众的生动教材。

二、分类

依照刑事诉讼程序的先后顺序，本章依次介绍刑事侦查文书、刑事检察文书、刑事律师文书、刑事裁判文书四个方面的内容。

刑事侦查文书，主要介绍公安机关在刑事侦查阶段制作的法律文书。从侦查工作法律程序的角度，刑事侦查文书可分为受理、立案、侦查、结案等多种文书。从法律文书运用所表现的具体形式上，刑事侦查文书又分为凭证式、通用式、问话笔录式、工作记录（文字叙述）式等多种形式，特别是通用法律文书（万能表）的制作与使用，在法律程序的实施与运用过程中尤为重要。

刑事检察文书，主要介绍人民检察院履行刑事检察职能所制作的法律文书。检察机关的文书很多，只有在刑事诉讼过程中制作的文书才属于刑事检察文书。根据不同标准，刑事检察文书可以有不同分类。从诉讼阶段上，可以分为侦查文书、审查逮捕文书、审查起诉文书、诉讼监督文书等；从文书性质上，可以分为刑事诉讼文书、刑事证据文书、刑事工作文书等；从制作方法上，可以分为填充式文书和叙述式文书。

刑事律师文书，包括律师代书文书与律师自书文书，前者如刑事诉状、申请书、附带民事起诉书，后者如辩护词、代理词、笔录等。其中，刑事诉状、申请书分别是某一类文书的总称，如刑事诉状包括刑事自诉状、上诉状、申诉状、答辩状等，刑事申请书包括取保候审申请书、羁押必要性审查申请书、回避申请书、调取证据申请书、证人出庭作证申请书、排除非法证据申请书、重新鉴定申请书、刑事再审申请书等。

刑事裁判文书，主要指刑事判决书和刑事裁定书。刑事判决书，按照内容可分为有罪判决书和无罪判决书；有罪判决书又可分为科刑判决书和免刑判决书。按照审判程序可分为第一审刑事判决书（包括适用简易程序的刑事判决书）、第二审刑事判决书、再审刑事判决书和刑事附带民事判决书。刑事裁定书则可分为第一审刑事裁定书、第二审刑事裁定书、死刑复核刑事裁定书、核准法定刑以下判处刑罚的刑事裁定书、再审刑事裁定书、减刑假释裁定书、减免罚金裁定书、中止审理裁定书以及终止审理裁定书等。

三、制作原则

刑事法律文书是刑事诉讼活动中制作和使用的法律文书，一方面，具有刑事诉讼文书的共性特征；另一方面，刑事诉讼的阶段不同、目的不同、制作主体不同等，决定具体文书有不同的结构、内容要素和制作要求。

（一）围绕主题，体现刑事法律属性

刑事法律文书与民事、行政法律文书一样，都需要围绕主题、依法制作。由于诉讼案件性质不同，刑事法律文书所体现的法律属性不同于民事、行政法律文书。刑事法律文书需要通过（直接或间接）反映刑事实体法、程序法规定和精神的方式，体现刑事法律属性；而民事、行政法律文书需要通过（直接或间接）反映民事、行政实体法、程序法规定和精神的方式，分别体现民事、行政法律属性。

（二）繁简分流，区分制作难易程度

刑事法律文书制作应当繁简分流，当繁则繁，当简则简，体现制作难易程度方面的差异性。既可以从文书属性、样式、制作要求等抽象层面，通过制度设计的整体情况来反映繁简差异性；也可以从案件复杂程度、争议焦点、结构线索等具体层面，通过个案案情与处理结论（主题）的关系来反映繁简差异性。从抽象层面看，令状类、表格类、填空类刑事法律文书

的制作相对简单,叙议类刑事法律文书的制作相对复杂。从具体层面看,案情简单、结构单一、争议不大的刑事法律文书的制作相对简单,案情复杂、结构主线辅线交织、争议较大或存在激烈争议的刑事法律文书的制作相对复杂。

(三)充分说理,增强分析论证效果

充分说理对于叙议类刑事法律文书而言,既是重点,也是难点。刑事法律文书中,如报告类文书、公诉意见书、辩护词、刑事裁判文书等,都对说理有较高要求。针对不同的刑事法律文书,应从证据、事实、法律、道德、人情等方面展开充分分析论证,深厚的法律素养与写作功底当然是基础和前提,然而,法律素养与写作功底不会自动转化为高质量的刑事法律文书说理。探究刑事法律文书说理方法、提升刑事法律文书说理能力是增强说理效果的内在要求;完善刑事法律文书说理制度、激发刑事法律文书说理积极性是增强说理效果的外部保障。

第二节　刑事侦查文书

一、概述

(一)概念

刑事侦查文书,是指具有法律授权的专门执法机关工作人员(刑事案件侦查人员),在查处刑事案件过程中,对侦查工作的记载、说明和总结的书面材料。

刑事侦查文书,是具体实施法律规定和实现刑事执法职能的手段和工具,是体现刑事侦查执法质量的文字记载和依据。

(二)特征

1. 制作主体的专属性

刑事侦查文书的制作主体是具有法律授权的专门执法机关工作人员,如公安机关执法工作人员、监狱部门的执法工作人员。非此范畴者,不能作为该法律文书的制作主体。因此,该法律文书制作主体具有法定的排他性。

2. 制作内容的法定性

刑事侦查文书的制作是落实刑事侦查职能的前提和基础,是刑事程序法与刑事实体法综合适用的结果。制作刑事侦查文书必须依照相关实体法、程序法的规定,还应遵守各类文书设定的样式、内容和制作的要求。

3. 制作要素的专有性

刑事侦查文书由于受到法律要求的特殊限制,制作时要在遵守一般公文写作规律的基础上,用专有的法言法语准确、精练地表述实施法定程序的相关内容要素。

4. 审查审批的严谨性

为确保准确、客观、公正地实施法律程序,刑事侦查文书的制作应依法依规,要经过严格的审查和审批。审查审批包括如下步骤:(1)由接受调查人员本人签字认可。(2)由法定数量的执法人员签字认可。(3)由主管人员依法依规审阅认可,并在相应的表格中签字备查。(4)由负责人依法依规最终审核,其在相应的表格中签字表示同意后,该法律程序方可正式实施。通过上述步骤,确定该法定程序适用是否符合法律要求、是否符合实施条件等诸多环节,如发现问题,应及时变更、纠正或不批准实施该法律程序。(5)留档待查,为今后复查案件、案例参考等留下原始凭证。

5. 制作模式的固定性

刑事侦查文书具有固定的制作模式,尤其是表格类、填空类文书,这一特征更加突出。一方面,这种固定模式是对法律程序应有的反映,必然受以下因素影响:(1)法律程序适用需由法定授权的相应层级审批许可。(2)法律程序适用的重复性。(3)不同的法律程序根据案件调查需要并用。(4)法律程序使用的文字表述相似或相通。另一方面,这种固定模式具有相对性,制作者根据违法犯罪主体、客观方面等不同,适用相应的法定程序,形成文书格式相对固定而叙述说理各有特色的特征。相对性还指,法律机关会对文书格式不断调整,这是一个动态的发展过程,旨在使刑事侦查文书表达更趋合理、准确、便捷、高效。

(三)分类

1. 广义、狭义角度的分类

广义上,刑事侦查文书可分为以下三类:(1)前期侦查阶段刑事侦查文书。一般指受理、立案以及调查询问、证据调取、查询等阶段相应的文书。(2)中期侦查阶段刑事侦查文书。一般指犯罪嫌疑人相对确定后,对嫌疑人采取刑事拘留、逮捕等强制措施后的案件侦查阶段,包括延长羁押等法律手续的延续与变更阶段相应的文书。(3)后期侦查阶段刑事侦查文书。一般指向同级检察院提起公诉阶段相应的文书,包括未经逮捕强制措施的直接起诉(可简称直诉),以及向同级检察院提起公诉后的退回补充侦查、变更强制措施、撤销案件等方面的文书。

狭义上,刑事侦查文书可分为以下三类:(1)法律强制措施类。例如,呈请传唤报告书、呈请刑事拘留报告书、提请批准逮捕书、提请批准延长侦查羁押期限意见书等。(2)适用某一法定程序类。例如,接受刑事案件登记表、呈请立案报告书、呈请搜查报告书、移请起诉意见书等。(3)专项工作类。例如,讯问笔录、询问笔录、搜查笔录、犯罪嫌疑人权利义务告知书等。

2. 文书使用范围的分类

从侦查法律文书的使用范围看,可分为内部审批类与对外使用类两大部分。

(1)内部审批类。此类文书是指呈请________报告书,即通用法律文书。

这类文书的特点是:第一,这类法律文书基本上是不完全的格式化文书,作者可根据需要在制作时有限度地自由发挥。第二,各种项目预先设置,以栏目的形式体现,作者根据需要依照项目设置填写相关内容。第三，项目内容相对固定，包括违法犯罪嫌疑人的基本情况、主要事实、承办人意见及法律依据等。第四，由各级负责人按照层级分工逐级审批，依照内部规定直至最终一级领导审阅。各级负责人审阅后，签署是否实施的具体意见，或者是变更的具体指示。

（2）对外使用类。此类文书是指各类法律凭证、通知书、告知书等。

这类法律文书的特点是：第一，典型的格式化文书，作者只能依照要求进行填写。第二，项目内容固定，凭证或送达通知等类型的法律文书还要加盖负责查办案件单位的公章，一般由存根、正页、副本等组成。公章加盖在正页，根据需要还要加盖执法单位法人名章，同一组法律凭证的连接处要加盖骑缝章。随着科技手段的介入，刑事侦查文书制作日趋电子化，科技手段的支撑有助于监督程序法在执法过程中准确、高效实施。与此同时，还应从执法者综合能力提升、法律应用与实际结合、法律文书说理的复杂和个性等方面，系统推进刑事侦查文书的改革完善。由于目前凭证式法律文书电子化程度较高，存根部分的应用趋于萎缩。基于对刑事侦查文书历史发展的梳理，本节在介绍凭证式法律文书制作过程中，保留了部分凭证式法律文书对存根部分制作方法与相关注意事项的介绍，以期举一反三，避免重复。重点对附卷联从首部、正文、尾部三个角度进行阐述，兼顾其他方面。第三，侦查人员在执法工作中向执法对象或相关人员出示法律文书，通知或告知其应履行的法定义务或执行某项法律规定等法定事宜。第四，法律凭证类等法律文书配有相应的审批表，即在上级领导许可执行后，才能制作相应的法律凭证。第五，涉案人员的权利义务告知书，告知当事人应履行的义务、享有的权利相关各项法律条款的书面材料。

二、呈请________报告书

示范举例

（一）概念

呈请________报告书，是指刑事侦查人员根据与查办案件有关工作的具体事项、命名文书名称、注明工作事项的内容，由上级进行审批决定是否进行该项工作所制作的内部法律文书。

法律设定的各项程序规定以及公安机关内部规定，是侦查执法办案工作的基础和依据。在查处刑事案件的工作中，经常会遇到诸多与案件侦查有关的工作事项。这些工作事项临时性强，涉及程序法的适用，与案件查处密不可分且极为重要。是否可以适用相应的法律程序开展侦查工作，应报请上级领导批示。

呈请________报告书的审批形式是适应法律要求、落实公安机关内部执法监督机制、确保依法正确履职的基本保障手段。程序法规定的内容项目繁多，不可能事先对应法律规定项目逐一印制出各类审批表的具体名称，每适用一项法律规定就制作相应的内部审批类法律文书。呈请________报告书就是在这一侦查执法工作特殊需求的前提下，经过制作者多年的工作经验积累形成的相对格式化的公安侦查通用法律文书模式，习惯称为“万能表”。通用灵活且实用的形式，可以适应繁杂的案件侦查工作需要。该类文书将相同或常用的部分予以固定和格式化设置，其他部分则由执法者根据案件实际情况和呈批事项自由选择应用。实践中，呈请________报告书与凭证式法律文书配合使用，要求有一份呈请________报告书，就要有一份凭证式法律文书与之相对应，即“一表一证”。

(二)内容、结构及制作方法

呈请________报告书格式中，法律文书的名称是制作文书的关键，由简要案情这一文书正文核心的导引部分决定。这一核心部分以表述简要案情为导引，说明侦查工作需要适用何种法律程序，而需要适用的法律程序，即该法律文书名称。由于侦查工作事项具有临时性强、法律无法规定过于具体，需要执法人员根据需要临时决断等特点，简要案情只是其文书正文核心的导引部分，也不可能将有关的工作事项，事先以格式化的形式逐一印制成相应的法律文书内容。因此，需要有一种事先相对格式化的文书范本。

1. 首部

(1)审批部分

领导批示。由分(县)局领导签署意见、姓名、日期。该部分内容属于侦查机关县级及以上单位领导签署的审批意见。根据法律及有关规定的具体要求，在侦查刑事案件的工作中大部分法律程序的适用，需要由县级及以上侦查机关领导最终审核同意后才能履行。填注时需要表明具体意见、本人签字、注明日期。

审核部门意见。一般是法制部门工作人员在审阅相关材料之后提出意见，并签署姓名、日期。法制办(处)或专职法制岗位人员，按照相关权限分工，对具体承办单位提出意见，对相关材料审查把关；提出具体意见后，报县级或县级以上侦查部门领导批示。

承办单位负责人签署意见、姓名、日期。填注办案部门主管领导依据审批权限，对具体案件承办人所提适用法律程序意见是否同意的具体表述，或是填注报请上级领导予以具体批示的表述。

(2)文书名称

根据需要适用的法律程序或具体工作内容予以命名，即由制作者在呈请________报告书的空白部分，根据拟适用的相关法律要求的文书内容，填注该法律文书的名称。例如，“搜查”“传唤”“刑事拘留”等。

(3)犯罪嫌疑人基本情况

该部分主要包括犯罪嫌疑人姓名(犯罪嫌疑人使用的假名，或是网络案件中使用的网名可予以注明)、性别、出生日期、住址、职业、身份证件种类及号码、文化程度，可根据需要加入简历、家庭成员等，文字应尽量做到简洁明了。

应注意以下问题：第一，在侦查工作初期的法律文书中，如果犯罪嫌疑人身份尚未核实，身份的表述应与初期未核实的姓名内容使用字样相一致。第二，在侦查工作进入中、后期，对犯罪嫌疑人主体身份已核实后，应当按照已核实后的犯罪嫌疑人名称字样填注有关内容。第三，至侦查后期仍未能核实犯罪嫌疑人主体身份，依照《刑事诉讼法》的规定，可按照其自述身份转入下一法律程序，但不得中断对其身份的核查工作。[1] 第四，关于简历、家庭成员，根据实际情况制作，无特殊情况可不填注家庭成员。

2. 正文

(1) 简要案情

简要案情是文书的核心部分，也是"七要素"(时、地、人、因、情、历、果)的具体应用。该部分要表述的内容有：案发时间，相关人员，作案地点，案件的起因，情节、过程，后果，如何将违法当事人查获归案，嫌疑人对涉嫌犯罪事实的供述情况。

第一，关于案发时间的表述。举例如下：

例1：20××年11月21日16时许。

分析：此种表述应注意相关时间用语的使用，不得出现类似"15时30分许"的表述方式。"许"字的使用应理解为该时间无法以准确的时间予以说明；"15时30分"的表述已经是对时间的精确说明，无须再加"许"字。

例2：20××年11月间。

分析：此种表述适用于犯罪事实清楚而具体时间无法确定的案件。

例3：20××年1月及20××年11月间。

分析：此种表述适用于一段时间内多次作案且无法确认具体时间的案件。

例4：20××年3月至20××年6月，以及20××年9月21日至20××年11月间。

分析：此种表述适用于多次作案且有时间间隔的案件。

例5：20××年5月以来。

分析：此种表述适用于持续、连续作案的案件。

第二，关于相关人员的表述。相关人员指犯罪嫌疑人、被害人，举例如下：

例1：犯罪嫌疑人柳××伙同××(在押或在逃)。

例2：犯罪嫌疑人伙同张×(在押)并纠集李×(在押或在逃)及另六人(均在逃)。

被害人表述为事主、失主、被害人。

应注意的是，不得滥用"等"字。"等"字的使用，意味着还有其他内容未涵盖在语句要表达意思的范围内。法律文书中，在针对某一个嫌疑人制作审批表时，"七要素"涉及对其他嫌疑人到案(或在逃)情况的表述必须逐一说明。其表述次序是在押人员姓名、在逃人员姓名(或绰号)。对于在逃人员姓名或绰号均不掌握的，才可以使用"等"字表述，但必须用括号注明"在逃"或"均在逃"。这一问题在制作刑事案件呈请________报告书的理由与依据部分特别要予以重视。例如，犯罪嫌疑人张某受犯罪嫌疑人刘某(在押)纠集，并伙同黄某等人(均在逃)……

第三，关于作案地点的表述。地点问题涉及案件管辖地，必须首先表述行政区划的名

---

[1] 《刑事诉讼法》第160条规定："在侦查期间，发现犯罪嫌疑人另有重要罪行的，自发现之日起依照本法第一百五十六条的规定重新计算侦查羁押期限。犯罪嫌疑人不讲真实姓名、住址，身份不明的，应当对其身份进行调查，侦查羁押期限自查清其身份之日起计算，但是不得停止对其犯罪行为的侦查取证。对于犯罪事实清楚，证据确实、充分，确实无法查明其身份的，也可以按其自报的姓名起诉、审判。"

称,要求按照公安机关统一颁布的街巷名称,尽量将地址表述清楚。如无法具体化,也应表述为某一具体地点的附近或某侧。举例如下:

例 1:×区××里 1 号楼 2 门一层。

例 2:×区×胡同 2 号院门内(或院门外)。

例 3:×区×路公共汽车×侧车站附近。

例 4:先后在×区××里 1 号楼、×区×胡同 2 号院、×区×路公共汽车×侧车站附近。

第四,关于案件起因、情节过程的表述。分述如下:

案件起因,即对主观故意的表述,这是认定案件性质的参考依据,如酒后滋事、无故寻衅、损毁公私财物等。无故将他人打伤与因故发生口角后互殴将他人打伤,前者应认定为扰乱公共秩序,后者系侵犯他人人身权利。有些案件原因不明显,或无明确侵害对象,可不必注明起因,直接进入对过程的表述。

情节过程,是指对案件发生过程及主要情节的表述,必须用精练的语言对较为复杂的案件过程进行叙述。可视具体案情予以详略得当的表述。如系共同违法犯罪,则应在每个审批表中注明该人的责任,以确定该人应受到的相应处罚。如本栏目空间条件允许,应将作案工具及是否收缴的情况予以注明。举例如下:

例 1:由犯罪嫌疑人张×望风,犯罪嫌疑人柳×(在押)用改锥(已缴获)撬锁盗窃事主师××的×牌×型号电动自行车一辆(已缴获,经鉴定值人民币 2500 余元并发还失主)。

例 2:由张×(在押)介绍,邹××与卖淫妇女孙××(在押)相识,邹××在××区×××宾馆 2011 房间,与张×嫖宿。

相应的法定条件情节,必须在此处予以明确的叙述。法定条件情节的表述,直接影响承办人意见中处罚结果的适用,即对当事人处罚种类与处罚幅度的适用。

第五,关于结果的表述。结果,指违法犯罪行为的实施对社会造成的危害结果。[2] 法律文书中所指的结果,通常是指违法犯罪行为对明确的侵害对象造成的侵害的后果。应注意以下问题:

对于有直接侵害对象的案件,在表述结果时应引用专门机关出具的鉴定意见中专业表述用语。刑事案件中,还应当注意对特殊法定条件状态的表述,如犯罪中止、未遂等。

一些案件中无明确的侵害对象,其结果是对客体侵害的抽象结果。该类案件法律文书的表述中,只涉及对违法行为实施过程的表述。

在涉及对人或物进行侵害的案件中,需要引用伤情结论及价值数额。原则上,需要物价部门的正式鉴定意见,如法医鉴定、物价部门出具的价值证明。

第六,关于如何将违法当事人查获归案的表述。举例如下:抓获时间,可表述为于当日;被当场发现(抓获);于同年××月××日;于××××年××月××日。抓获方式,可表述为传唤到案;自首到案;拘传到案。

第七,关于犯罪嫌疑人供述情况的表述。该部分内容涉及法定从轻情节的认定,在前

---

〔2〕 参见段钢:《公安问话笔录制作与实例分析》,中国人民公安大学出版社 2019 年版,第 82~132 页。

述要素写清之后，需另起一行写明。举例如下：

例1：经讯问，犯罪嫌疑人官××供认上述事实。

例2：经讯问，犯罪嫌疑人官××拒不供认上述事实，但现有证据能予以证实。

（2）理由及依据

该部分提出适用法律程序或实施某项工作的理由，说明法律依据。“依据”部分应简要阐明适用该法律规定的相关理由，准确引用法律依据或规定，并列明相关条款。制作时，要求对《刑法》《刑事诉讼法》相关条款表述清楚，适用理由与适用法律准确。引用法律条文要做到：引用《刑法》条文适当；引用《刑事诉讼法》条文准确。

（3）处理结论

明确提出承办人的具体意见，如“提议对犯罪嫌疑人及××刑事拘留。”

3. 尾部

（1）注明县级及县级以上公安机关所属办案单位的名称。

（2）由制作者注明案件承办人员的姓名，一般为两人。

（3）注明日期：该法律文书制作的具体日期。

（三）注意事项

1. 体现文书的严肃性

呈请________报告书的严肃性，既包含法律本身的严肃性，也包含法律文书的严肃性。法律文书付诸实施，可能意味着对人身自由乃至生命的剥夺，意味着是否能以高度的责任心对待被害人。制作法律文书时，必须将严谨缜密的态度体现在字里行间，不得有丝毫马虎。

2. 情节表述清晰准确

呈请________报告书应准确体现法定情节，适当体现酌定情节。例如，抢劫罪适用死刑的具体规定，必须在相关的取证工作中形成严谨的证据体系，为依法处罚打好基础。酌定情节应当是自由裁量权适用的基础和依据，在适用自由裁量权时如何能够做到既不放纵犯罪嫌疑人，充分保护被害人的利益，也不使犯罪嫌疑人受到冤枉，除了执法者须有高度的责任心，酌定情节的表述也起重要作用。酌定情节如能通过相应的证据予以支撑，在程序进程中则便于监督执法者自由裁量权的依法适用。

3. “有则详”“无则略”

“有则详”，即对与案件有关的问题应详细记录。详细记录并非一字不漏，而是有重点地以书面语言予以记录予以体现，特别是在制作呈请________报告书和其他请示类的法律文书时，尤应注意。“无则略”，即对与案件无关的内容不予记录。如在制作呈请________报告书时，简历部分不必从犯罪嫌疑人上小学时起逐一表述；如历史上从事的职业与违法犯罪无关，或者本人没有违法犯罪记录的，应以最简单的书面语言予以表述。

4. 语言规范、准确

一要杜绝错别字。二要保持用字用词的一致性。三要避免用词欠妥，造成意思表达不准确或者表达错误。不能掺杂任何不必要的辞藻，防止夸大或者是缩小等可能影响案件认定的现象发生,更不允许标新立异。四要字迹工整。

三、受理、立案法律文书

示范举例

受理、立案法律文书,主要介绍受案登记表、呈请立案报告书、立案决定书、呈请不予立案报告书、不予立案通知书、呈请移送案件报告书和移送案件通知书。

(一)受案登记表

受案登记表,是指侦查日常执法办案工作中,依据刑事法律规定记载接受案件及相关工作内容的法律文书。

受案登记表的作用,在于记载接受举报违法事实的基本情况,以及报请批示是否作为治安案件开展初步调查工作(初查)。受案登记表一式两份,一份由受理单位留存,另一份附入案卷。

1. 首部

首部包括文书名称、接受举报违法事实公安机关的名称(加盖接受举报违法事实公安机关的公章)、文书编号、案件来源。

案件来源部分,按照文书设定的7项内容,在相应的方框处打钩(√)即可。(1)报案人(基本情况)。包括姓名、性别、出生日期、身份证件种类、证件号码、工作单位、联系电话、现住址。(2)移送单位。如该类案件非本单位直接受理,而是外单位受理后移送的转来案件,按该项目设置要求,注明移送单位情况。(需要注意:记录电话时,应记载能够尽快与报案人联系的电话号码。)(3)接报民警、接报时间、接报地点。

2. 正文

正文即简要案情(或报案记录),包括以下内容:

(1)报案时间(如系现案,应为案发时间)、发现(或发生)案件的地点、发现(或发生)案件的经过。

(2)涉案人员的基本情况、受害情况(具体损失)和其他需要表述的重要内容。

(3)报案人提供的证据情况。此处记录的内容应当与本案中"接受证据材料清单"的内容相一致。

(4)受案意见。制作时按照文书设定的5项内容,在相应的方框处打钩(√)即可。移送外单位的,注明接受单位名称。不属于本栏目设定的前4项内容的其他处置形式,予以简要说明。

3. 尾部

(1)署名、日期。填写受案民警的姓名和受案的时间。

(2)受案审批。一般是接受案件单位主管领导根据现有的证据,决定是否采纳"受案意见",并作出具体审批意见的相关文字表述,并签署姓名、时间。

(二)呈请立案报告书

呈请立案报告书,是指用于请示是否将报案人所报内容列为刑事案件并开展侦查工作所制作的内部法律文书。

呈请立案报告书,系相对格式化的法律文书,是典型的万能表格式在刑事侦查文书中的运用。

1. 首部

(1)批示审核部分。包括领导批示、审核意见和办案单位意见,可参照呈请________报告书制作。其中,办案单位意见需表述办案部门主管领导对具体案件承办人提出适用法律程序的意见是否同意,以及报请上级领导予以具体批示的内容。依据《刑事案件程序规定》,有些法律程序的适用可以由县级以上公安机关所属的承办单位负责人审批,对于符合此项规定的呈批建议,由案件具体承办人所在单位负责领导在此作出同意与否的表述即可。填注时,需要表明具体意见、本人签字、注明日期。

(2)文书名称。在事先印制的"呈请________报告书"字样中填写"立案",填写后的完整文书名称为"呈请立案报告书"。

2. 正文

鉴于前期侦查工作的特点,呈请立案报告书的正文包括接报案情和初步工作情况、简要案情(能够认定的案件事实)、立案根据和结论。

(1)接报案情和初步工作情况。制作本项目时,要向报案人或有关证人全面了解案情,仔细、全面对现场情况进行勘查,提取证物与痕迹,在确定或拟定侦查工作方向的基础上,使用简练的文字予以表达。特别是对于具有现场的案件,必须做到一次性现场勘查,防止因勘查不细影响侦查方向。

(2)简要案情(能够认定的案件事实)。本项目是对案件进行初步调查后,对于能够认定的案件事实进行的表述。所谓能够认定的案件事实,是指足以表明、能够确认本案件为刑事案件的事实。应围绕文书主题、根据立案条件进行制作,不必对案件事实逐一描述。详细情况,可翻阅侦查(执法)案卷中的相关材料。

(3)立案根据和结论。立案的法律根据是《刑事诉讼法》第109条,立案决定是该文书的结论。

3. 尾部

尾部包括呈请批示字样,承办单位、承办人署名和制作日期。其中,承办人不得少于2人,案件主责警官姓名在第一位。

(三)立案决定书

立案决定书,是指侦查机关决定立案时制作的法律文书。

立案决定书,与呈请立案报告书、受案登记表、接受证据清单、受案回执配合使用,系典型格式化的凭证式法律文书。该文书由两联组成:存根联和附卷联。

1. 立案决定书(存根联)

立案决定书(存根联)包括如下内容:

(1)文书标题和编号。文书名称前部冠以县级公安机关名称。县级公安机关对外使用的刑事案件立案决定书统一编号,一般以年度为一个编号周期。

(2)案件名称、犯罪嫌疑人基本情况。一般以嫌疑人的姓名与案件性质作为案件名称。犯罪嫌疑人的基本情况包括姓名、性别、住址、单位。对于犯罪嫌疑人尚未明确的案件,可暂不填写。

(3)审批事项。包括立案批准人、批准时间。立案批准人,填写呈请立案报告书"领导批示"栏目中的批准人姓名。批准时间,填写呈请立案报告书"领导批示"栏目中批准人签批的时间。

(4)办案人、办案单位。办案人即案件承办人,与呈请立案报告书中办案人姓名一致。办案单位,填写案件承办人所在单位,一般是各单位刑侦部门。

(5)制作时间、填发人。文书制作时间,应与呈请立案报告书中领导批示时间一致。填发人是指文书制作者。

2. 立案决定书(附卷联)

示范举例

(1)首部。包括制作机关名称、文书名称及编号。文书编号应与存根联编号一致。

(2)正文。包括决定立案适用的法律依据和立案决定。制作文书时,将不用的部分以斜线划去。填注案件名称时,要求与存根联填注的案件名称相一致。

(3)尾部。应加盖县级或县级以上公安机关的行政公章。制作日期应与存根联部分填发时间一致。

制作时应注意,立案决定书存根联与附卷联之间的衔接处为法律文书的组成部分,应依照要求以汉字书写法律文书编号,并加盖县级或县级以上公安机关的行政公章作为骑缝章。

(四)呈请不予立案报告书

呈请不予立案报告书,是指用于对报案人所举报内容经初步甄别后,公安机关认为不属于刑事案件,报请上级领导批准不予立案侦查所制作的内部法律文书。

该文书是典型的万能表格式法律文书。

1. 首部

首部包括:(1)审核批示。(2)法律文书名称,由制作者填注"不予立案"字样。

2. 正文

正文包括:(1)接报案件认定的简要案情。简要叙述接报案件和初步侦查所认定的事实。(2)不予立案的理由和法律依据。简要叙述经过进一步侦查与甄别发现的情况,一般是与法定立案标准不相符的事实或者是法定不予立案的情节。

3. 尾部

尾部包括:承办单位、承办人(不得少于2人,案件主责警官姓名在第一位)、法律文书制作日期。

（五）不予立案通知书

1. 概念

不予立案通知书，是指侦查机关依法通知控告人或举报人，其举报或控告内容符合不予立案法定条件的法律文书。

不予立案通知书，与呈请不予立案报告书相配合且对外使用，是完全格式化的法律文书，由存根联、附卷联、交控告人留存联三部分组成。下面介绍附卷联的制作。

2. 不予立案通知书的附卷联的内容、结构及制作方法

（1）首部。包括：①制作机关名称。其是县级或县级以上公安机关名称。不得标注县级与县级以上公安机关下属具体承办部门名称。②文书名称。③编号。县级公安机关对外使用的刑事案件不予立案决定书统一编号，一般以年度为一个编号周期。

（2）正文。包括：①横线部分填注控告人（移送单位）姓名（名称）。②控告人向公安机关指控相关情况的时间。③接受案件的方式。制作时将不用部分用斜线划去。④指控问题的名称表述。⑤由制作者填写不予立案的简要理由，一般填注“不符合刑事案件立案标准”或“不构成刑事案件”。

（3）尾部。包括：①申请法律救济的时间。制作时将不用部分用斜线划去。注意：该法律文书中此处设定的时限，系《刑事案件程序规定》中设定的时限，而非《刑事诉讼法》就当事人申请法律救济设定时间方面的限制。②受理法律救济单位的名称。填注申请人依法选择的可受理其法律申请相关司法机关的名称。③县级（或以上）公安机关印章。④时间。应填写呈请不予立案报告书中领导批示的时间，且要求存根、副本、正本的相关栏目填写一致。⑤由控告人在“本事项通知书已收到”字样后签名并注明日期。

拓展阅读

（六）呈请移送案件报告书和移送案件通知书

1. 呈请移送案件报告书

呈请移送案件报告书，是指经审查发现所受理案件不属于本单位管辖，或者不属于公安机关管辖，报请上级是否同意移交案件所制作的内部法律文书。

（1）首部。审核批示部分和法律文书名称。

（2）正文。犯罪嫌疑人基本情况、简要案情、移交理由与依据。

（3）尾部。承办单位、承办人、法律文书制作日期。

2. 移送案件通知书

移送案件通知书，属于对外移交案卷以及留存备查的凭证式法律文书。该文书与呈请移送案件报告书配合使用，是事先印制的纸质凭证式法律文书。共有 4 联：存根联；交报案人、控告人、举报人或移送单位联；交送往单位联；送往单位填写后退回附卷联。现以送往单位填写后退回附卷联为例说明制作方法。

（1）首部。制作机关名称、文书名称及编号。

（2）正文。接受案件公安机关的名称、移送案件法律文书文号、案件名称。

（3）尾部。接受案件公安机关（送往单位）的印章、日期，实际接受案件的时间，随案移送的案卷册数与全部页数的登记。

四、侦查取证法律文书

示范举例

侦查取证法律文书，主要介绍呈请搜查报告书、搜查证、搜查笔录、接受证据材料清单、呈请辨认报告书、辨认笔录、呈请鉴定报告书、鉴定聘请书、鉴定意见通知书。

（一）呈请搜查报告书

呈请搜查报告书，是指侦查机关就符合搜查法定条件的场所准备适用搜查程序前，报请领导批准搜查所制作的内部法律文书。该文书是公安通用法律文书万能表的具体运用方式。

依据《刑事诉讼法》第136条、第138条的规定，为进一步获取证据，依据法律规定可以对犯罪嫌疑人以及可能隐藏罪犯或者是隐匿犯罪证据的人的身体、物品、住处和其他有关的地方进行搜查。依据《刑事诉讼法》第138条第2款的规定，在执行拘留和逮捕时，遇有紧急情况，可凭借拘留证、逮捕证进行搜查，执行搜查时必须制作搜查笔录。

首部、尾部参照报告类文书制作。正文一般由犯罪嫌疑人基本情况、搜查理由与依据组成。

（二）搜查证

1.概念

搜查证，是指侦查机关执行搜查法律程序时，对搜查对象（对搜查场所，则是法定代表人）出示的法律文书。

搜查证是执行搜查时对外出示的凭证式法律文书，与呈请搜查报告书、搜查笔录配合使用。如需在现场调取证据，还应当制作接受证据材料清单。搜查证由存根和附卷联两部分组成，下面介绍附卷联的制作。

2.内容、结构及制作方法

（1）首部。制作机关名称、文书名称及编号。

（2）正文。填写事先印制的法律条款，由制作者填注搜查的具体地址（或相关处所、对象的具体名称）。

（3）尾部。包括批准执行搜查的公安机关行政印章、制作日期（与呈请搜查报告书领导批示时间一致）。由被搜查人或其家属依照栏目设置注明执行搜查的具体时间，签署姓名。

3.注意事项

（1）在执行刑事拘留或逮捕时附带进行搜查，应制作工作记录予以说明，随附搜查笔录、接受证据材料清单，不必另行开具搜查证。

（2）执行搜查时，应当有被搜查人或其家属在场。如系被搜查人亲属在场，应由执行搜查的侦查员在搜查证下方注明签字人与犯罪嫌疑人的关系。如搜查人或其家属无法到达搜查现场,必须聘请第三方证人在场见证搜查情况,并由证人在搜查证下方和搜查笔录上签字。

(3)执行搜查后如获取了相关证据,应当及时制作讯问、询问笔录,在笔录中将嫌疑人藏匿的证据、发现的涉案证据特征,以及客观媒介在案件中具体表述清楚。

(三)搜查笔录

搜查笔录,是指侦查机关依法执行搜查程序时,记录搜查过程的法律文书。

搜查笔录,与呈请搜查报告书、搜查证配合使用,记录搜查过程,是执行搜查这一法定程序的具体体现。如果在搜查中发现了与案件有关的线索或证据,要予以提取作为证据使用,还要与接受证据材料清单配合使用。

1. 首部。包括下列事项:(1)法律文书名称。(2)搜查的起止时间。(3)执行搜查的公安机关名称、侦查人员姓名(不得少于2人)。(4)搜查证批准的日期、文号。(5)见证人(一般是被搜查人或其家属)、被搜查地。

2. 正文。包括下列事项:(1)搜查的简要情况:简要记录搜查的过程。(2)注明接受证据情况,详见接受证据材料清单。(3)注明接受证据材料清单已交被搜查人或其家属。

3. 尾部。包括下列事项:(1)侦查人员签字。(2)被搜查人或其家属签字。如果遇到犯罪嫌疑人或其家属拒绝签名的情况,应当由侦查员在笔录上注明。(3)见证人签字。一般是所在地居民委员会的工作人员或其他与案件无关的见证人。(4)记录人。即搜查笔录的制作者。

(四)接受证据材料清单

接受证据材料清单,是指侦查机关依法执行搜查程序时,用于登记接受证物情况的法律文书。

接受证据材料清单与呈请搜查报告书、搜查证、搜查笔录配合使用。接受证据材料清单一式三份,一份附卷,一份交证据提交人,一份交公安机关保管人员。

1. 首部

文书具体名称(已事先印制)。

2. 正文

(1)编号。按照报案人提供的证据数量由制作者分类、依次编写号码。该号码应当与装载该证据的包装上编写的号码,在书写、文字运用等细节上严格保持一致。

(2)名称,即证物的具体名称。应注意:①严格按照物品生产国家或厂家的统一标准予以登记表述。②没有统一标准的,尽量采用能为大众所熟识或广泛应用的称谓,在所有法律文书中保持一致。③涉案物品称谓如发生变化,必须出具工作说明,详细记述变化的原因,并就该变化细节在相关问话笔录中予以翔实的表述。

(3)数量。按实际情况填写。

(4)特征。与名称相配合,使用简明扼要的文字予以叙述。

(5)备注。需要说明的其他问题。

(6)在紧邻填注表格最后一行,以斜划线将未予填注的所有空格处予以划线标注,防止可能出现的失误。

3. 尾部

(1)提交人。即被搜查人或其家属。应注意:①必须由本人签名,该签名字样应当同对应的问话笔录上本人签名使用字样绝对一致。②本人不能签字时,可参照下列方式:由制作法律文书的工作人员注明“以上登记内容已向本人宣读,经本人确认无误”字样,并签制作者姓名、注明日期。相关情节应当在相关讯问、询问笔录中予以表述。

(2)保管人。接受案件的执法办案单位负责证物管理人员签字、注明日期。应注意:①该日期的填写应当与提交人、受案民警注明的日期一致。其目的在于落实赃证物管理规定,做到赃证物移交的即时性,防止赃证物被非法挪用使其证据功能受到影响,确保执法工作公正、廉洁。②做到赃证物的专业保管,防止赃证物变质、遗失,杜绝出现执法过错责任。

(3)受案民警。接受报案的民警(问话笔录的制作者),绝不能由他人代签。应注意:①扣押物品依次编好序号,逐项登记填写,一物一格,中间不能出现空格。②在贴近最后一项扣押物品的下方格内,注明“以下空白”字样,或者用斜线划至栏目底格。③物品名称,要写清扣押的物品或文件的准确名称。每种物品或文件的数量应当使用中文大写(见实例相关栏目)。详细写明物品的商标、规格、形状、新旧程度、产地等,或文件的制作者、字号、制作日期以及是否为复印件等有关特征。

(五)呈请辨认报告书

呈请辨认报告书,是指侦查机关依法实施辨认程序前,用于报请领导批准适用该程序所制作的内部法律文书。

在侦查过程中,在讯问和询问笔录不能够准确描述犯罪嫌疑人或涉案证据(物品)特征的情况下,为确定犯罪嫌疑人主体、明确法律责任或涉案证据情况,由被害人或证人对犯罪嫌疑人进行辨认,辨认也可以在共同犯罪嫌疑人之间进行。辨认既可以是对行为人,也可以是对涉案物品、文件、场所、尸体等。

首部、尾部参照报告类文书制作。正文由犯罪嫌疑人基本情况、处理理由(呈请辨认的理由)与依据组成。

(六)辨认笔录

1. 概念

辨认笔录,是侦查机关用于记录辨认过程和辨认结果的法律文书。

辨认笔录,与呈请辨认报告书配合使用。该类法律文书由“笔录”模式转化而来,其设置类似于“万能表”,但与“万能表”有所不同,属于公安执法过程中说明性质的法律文书。

2. 内容、结构及制作方法

(1)首部。填写执行辨认公安机关的名称、执行具体法定程序的名称、法律文书的名称。

（2）正文。包括下列事项：①辨认的起止时间。指具体实施辨认的起止时间。②辨认地点。辨认嫌疑人应当在公安机关的指定地点，辨认物品或其他证物时一般也应当在公安机关进行（特殊情况下根据具体条件确定辨认地点）。③办案民警或者勘验、检查人姓名及工作单位。填写执行辨认办案人员姓名。如果执行此项工作的执法人员是专业技术工作人员，并非案件承办人，则填写实际执行人。工作单位填写实际执行人所在单位。④检查或者辨认对象。执行检查时，检查对象应当与检查地点表述一致。制作时用斜划线划去不用的部分。⑤当事人/辨认人基本情况（姓名、性别、身份证件种类及号码）。用斜划线划去不用的部分。⑥见证人基本情况（姓名、性别、身份证件种类及号码）。依照见证人的实际情况填写。⑦事由和目的。填写适用或执行相关法定程序的理由，或要完成任务的具体指向。⑧过程和结果。表明执行辨认的具体过程，以及完成辨认后指向的结果。

（3）尾部。按照项目设置要求，由相关人员签署姓名、日期，不得代签。

3. 注意事项

（1）法律文书尾部的签字必须由本人签署姓名，不得代签。主持辨认的侦查员不得少于2人。

（2）几名辨认人对同一辨认对象进行辨认时，应当分别进行，避免相互之间可能出现的干扰。

（3）辨认犯罪嫌疑人时，被辨认的人数不得少于7人；对犯罪嫌疑人的照片进行辨认时，照片不得少于10张。

（4）被辨认对象相互之间个体特征差异不能悬殊，如果被辨认人有特殊体貌特征，应在辨认时适当安排具有类似体貌特征的人员作为辨认对象，但不可过分突出被辨认人的特殊体貌特征。

（七）呈请鉴定报告书

呈请鉴定报告书，是指侦查机关在适用鉴定程序前，报请上级领导批准适用该程序所制作的内部法律文书。

为查明案情，公安机关根据侦查需要，对涉案证物聘请专业人员进行专项说明或进行鉴定，用以确定案件中的因果关系。因而，呈请鉴定报告书是用于报请领导批准就某一问题进行鉴定的说明性质的法律文书。

首部、尾部参照报告类文书制作。正文一般由犯罪嫌疑人基本情况、呈请鉴定的理由与依据组成。

（八）鉴定聘请书

鉴定聘请书，是指为查明案情，公安机关根据侦查需要，委托专业人员对案件中涉案物证进行专项说明或进行鉴定的凭证式法律文书。

鉴定聘请书，与呈请鉴定报告书配合使用。该文书由存根联、附卷联、交被聘请人联三部分组成，下面介绍附卷联的制作。

1. 首部。包括制作机关名称、文书名称及编号。

2. 正文。依次写明被聘请人姓名、案件名称、鉴定的具体事宜(简要叙述)、提交鉴定结论的时间。

3. 尾部。包括批准鉴定的公安机关行政公章、日期,以及被聘请人签字及其日期。

(九)鉴定意见通知书

鉴定意见通知书,是指根据法律规定,将有关鉴定意见通知被害人或其法定代理人、犯罪嫌疑人的凭证式法律文书。

鉴定意见通知书,与呈请鉴定报告书、鉴定聘请书配合使用,由存根联、附卷联、交被害人或其法定代理人联、交犯罪嫌疑人联四部分组成,下面介绍附卷联的制作。

1. 首部。包括制作机关名称、文书名称及编号。

2. 正文。包括被害人或其法定代理人、犯罪嫌疑人姓名。法律文书中设置了"指派/聘请"栏目,制作时以斜线将不用部分划去。简要填注鉴定事宜。鉴定的相关专业学科名称(如人身伤害的医学),如不便填写,可注明"相关"字样即可。简要摘记鉴定意见的主要内容。

3. 尾部。包括批准鉴定的公安机关行政公章、日期。事先印制"本通知书已收到"字样。左下方由被害人或其法定代理人签字、注明日期,右下方由犯罪嫌疑人签字、注明日期。

五、侦查强制措施法律文书

示范举例

侦查强制措施法律文书,主要介绍呈请拘传报告书、拘传证、呈请拘留报告书、拘留证、拘留通知书、提请批准逮捕书、逮捕证、逮捕通知书、呈请取保候审报告书、取保候审决定书、取保候审保证书、呈请监视居住报告书、监视居住决定书。其中,提请批准逮捕书是重点。

(一)呈请拘传报告书

呈请拘传报告书,是指侦查机关报请上级领导批准拘传犯罪嫌疑人所制作的内部法律文书。

呈请拘传报告书是通用法律文书(万能表)的具体运用。首部、尾部参照报告类文书要求制作。正文由犯罪嫌疑人基本情况、拘传理由与依据组成。

(二)拘传证

拘传证,是指侦查机关依法对嫌疑人执行拘传时,对嫌疑人出示的凭证式法律文书。

拘传证与呈请拘传报告书配合使用,由存根联、附卷联两部分组成,下面介绍附卷联的制作。

1. 首部。包括制作机关名称、文书名称及编号。

2. 正文。在印制好的内容中填写清楚被拘传人基本情况:姓名、性别、出生日期、住址。

3. 尾部。包括批准执行拘传的公安机关印章、日期(与存根批准日期一致)。被拘传人依照项目要求填写:接到拘传证的时间,签字;拘传到案时间(被拘传人到达公安机关的时间)，签字；拘传(讯问)结束时间，签字。应注意：(1)上述时间栏目均应由被拘传人本人填写。(2)注意拘传结束时间与讯问笔录时间应保持一致。同时要注意与下一法定强制措施时间的衔接。(3)被拘传人不能签字时，应当由执行人在法律文书上注明，并在讯问笔录中对此情节予以表述。

(三)呈请拘留报告书

呈请拘留报告书，是指侦查机关报请上级领导批准对犯罪嫌疑人执行刑事拘留所制作的内部法律文书。

呈请拘留报告书是万能表在实际执法工作中的应用。首部、尾部参照报告类文书要求制作。正文写作要注意：由于在刑事拘留环节犯罪嫌疑人基本确定，犯罪事实有了初步的轮廓，应简明扼要地予以表述，可分为犯罪嫌疑人基本情况、拘留理由与依据。

(四)拘留证

拘留证，是指侦查机关依法对嫌疑人执行刑事拘留时，向嫌疑人出示的凭证式法律文书。

拘留证，与呈请拘留报告书配合使用。由存根联、附卷联、交看守所联(副本)三部分组成，下面介绍附卷联的制作。

1. 首部。包括制作机关名称、文书名称及编号。

2. 正文。包括：(1)执行刑事拘留的法律依据。(2)犯罪嫌疑人基本情况：姓名、性别、出生日期、住址。(3)在拘留决定即“执行拘留”后填写羁押处所。

3. 尾部。包括：(1)执行刑事拘留强制措施的单位名称；加盖批准执行刑事拘留的公安机关公章，注明日期。(2)由被拘留人依照项目要求填写：被宣布刑事拘留的时间，签字(指纹捺指印)。(3)由看守所执法人员依照项目要求填写：被拘留人姓名、执行收押民警的姓名、看守所行政公章(或者是收押专用章)、执行收押的日期。

(五)拘留通知书

拘留通知书，是指侦查机关对嫌疑人执行刑事拘留后，依法通知其家属或所在单位的凭证式法律文书。

依据法律规定，对犯罪嫌疑人执行拘留后应当在24小时内通知其家属，拘留通知书与呈请拘留报告书、拘留证配合使用，由存根、附卷联、交被拘留人家属联三部分组成，下面介绍附卷联的制作。

1. 首部。包括制作机关名称、文书名称及编号。

2. 正文。填注《刑事诉讼法》具体条款。填注犯罪嫌疑人被执行刑事拘留的实际时间、涉嫌的罪名、犯罪嫌疑人姓名、执行刑事拘留的场所名称。

3. 尾部。填写批准拘留的公安机关行政公章或专用章、日期(填写执行拘留时间)。被拘留人家属于接受通知书时签字、注明实际接收日期。如未在法定时限内执行本法定程序，应注明原因，并由承办人签字、注明日期。

（六）提请批准逮捕书

提请批准逮捕书，是指侦查机关对符合逮捕法定条件的犯罪嫌疑人，依法向检察机关提请批准逮捕所制作的法律文书。

对犯罪事实基本清楚、符合《刑事诉讼法》第 81 条规定，应当追究刑事责任的犯罪嫌疑人，侦查机关向检察院履行提请逮捕的法律手续。逮捕的目的是对犯罪事实进一步审查，为移送起诉做好准备。检察院对侦查机关提请逮捕案件的书面审查，是履行其刑事侦查监督的重要手段。

示范举例

1. 首部

（1）制作机关名称、文书名称及编号。

（2）犯罪嫌疑人基本情况。包括：犯罪嫌疑人姓名（别名、曾用名、绰号等），性别，出生日期，出生地，身份证件种类及号码，民族，文化程度，职业或工作单位及职务，居住地（包括户籍所在地、经常居住地、暂住地），政治面貌（如是人大代表、政协委员，一并写明具体级、届代表、委员），违法犯罪经历，以及因本案被采取强制措施的情况（时间、种类及执行场所）。

如有辩护律师，写明其姓名、所在律师事务所或者法律援助机构名称、律师执业证编号。

（3）案由、案件来源和犯罪嫌疑人归案情况。表述为：

犯罪嫌疑人涉嫌×××（罪名）一案，由×××举报（控告、移送）至我局（写明案由和案件来源，具体为单位或者公民举报、控告、上级交办、有关部门移送、本局其他部门移交以及工作中发现等）。……（简要写明案件侦查过程中的各个法律程序开始的时间，如接受案件、立案的时间。具体写明犯罪嫌疑人归案情况。）

2. 正文

包括犯罪事实、证据、提请逮捕的理由和结论。

（1）犯罪事实

以“经依法侦查查明”字样作为开头，详细叙述经侦查认定的犯罪事实。对于只有一个犯罪嫌疑人的案件，犯罪嫌疑人实施多次犯罪的犯罪事实应逐一列举；同时触犯数个罪名的犯罪嫌疑人的犯罪事实，应该按照主次顺序分别列举。对于共同犯罪的案件，写明犯罪嫌疑人的共同犯罪事实及其各自在共同犯罪中的地位和作用后，按照犯罪嫌疑人的主次顺序，分别叙述各个犯罪嫌疑人的单独犯罪事实。

（2）证据

以“认定上述事实的证据如下”为开头，叙述涉案证据，制作时分列相关证据，并说明证据与犯罪事实的关系。犯罪嫌疑人自愿认罪认罚的,简要写明相关情况。[3]

(3)提请逮捕的理由和结论

理由部分以“综上所述”为开头,表述为:

综上所述,犯罪嫌疑人×××……(根据犯罪构成简要说明罪状),其行为已触犯《中华人民共和国刑法》第××条之规定,涉嫌×××罪,可能判处徒刑以上刑罚。现有(证明其犯罪事实的证据、其他证据)证据证明,其……(依据刑事诉讼法第八十一条第一款具体说明其可能具有的社会危险性)或者(……涉嫌×××罪,可能判处十年有期徒刑以上刑罚/可能判处徒刑以上刑罚,曾经故意犯罪或者身份不明)。依照《中华人民共和国刑事诉讼法》第八十一条、第八十七条之规定,犯罪嫌疑人×××符合逮捕条件,特提请批准逮捕。

其中,写作犯罪嫌疑人符合逮捕条件的具体理由时,应区分不同情况进行说理。

①如系根据《刑事诉讼法》第81条第1款五种情形中的某一种作为提请批准逮捕的理由,可参照以下表述方式:

综上所述,犯罪嫌疑人孙××持刀故意损害他人身体健康致被害人李××死亡,其行为已触犯《中华人民共和国刑法》第二百三十四条之规定,涉嫌故意伤害(致死)罪,可能判处徒刑以上刑罚。现有证人常×、王×等证词,以及音视频资料等证据证明,犯罪嫌疑人孙××可能干扰证人作证。

②如系根据《刑事诉讼法》第81条第3款规定的某一情形作为提请批准逮捕的理由,可参照如下表述方式:

综上所述,犯罪嫌疑人孙××持刀故意损害他人身体健康致被害人李××死亡,其行为已触犯《中华人民共和国刑法》第二百三十四条之规定,涉嫌故意伤害(致死)罪,可能判处徒刑以上刑罚,曾经故意犯罪。

写清上述理由之后,应接着说明提请批准逮捕的程序法依据和决定事项。具体表述如:

依照《中华人民共和国刑事诉讼法》第八十一条、第八十七条之规定,犯罪嫌疑人孙××符合逮捕条件,特提请批准逮捕。

3. 尾部

(1)致送机关。写明移送的检察院名称。

(2)提请逮捕的公安机关法人名章、公安机关行政公章、法律文书制作日期。

(3)附项。一般包括:①涉案卷宗数量及全部页数、音视频资料情况。②犯罪嫌疑人

---

[3] 《刑事诉讼法》第81条规定:“对有证据证明有犯罪事实,可能判处徒刑以上刑罚的犯罪嫌疑人、被告人,采取取保候审尚不足以防止发生下列社会危险性的,应当予以逮捕:(一)可能实施新的犯罪的;(二)有危害国家安全、公共安全或者社会秩序的现实危险的;(三)可能毁灭、伪造证据,干扰证人作证或者串供的;(四)可能对被害人、举报人、控告人实施打击报复的;(五)企图自杀或者逃跑的。批准或者决定逮捕,应当将犯罪嫌疑人、被告人涉嫌犯罪的性质、情节,认罪认罚等情况,作为是否可能发生社会危险性的考虑因素。对有证据证明有犯罪事实,可能判处十年有期徒刑以上刑罚的,或者有证据证明有犯罪事实,可能判处徒刑以上刑罚,曾经故意犯罪或者身份不明的,应当予以逮捕。被取保候审、监视居住的犯罪嫌疑人、被告人违反取保候审、监视居住规定,情节严重的,可以予以逮捕。”

(注明提请逮捕的犯罪嫌疑人姓名)羁押场所。

（七）逮捕证

逮捕证，是指侦查机关依法对嫌疑人执行逮捕时，对嫌疑人出示的凭证式法律文书。

逮捕证，与提请批准逮捕书配合使用，在检察机关批准逮捕后，由提请批准逮捕的公安机关制作逮捕证，作为执行逮捕和羁押犯罪嫌疑人的法律凭证。逮捕证由存根联、附卷联、交看守所联(副本)三部分组成，下面介绍附卷联的制作。

1. 首部。包括制作机关名称、文书名称及编号。

2. 正文。应注意填写下列内容：(1)批准(或决定)逮捕的检察机关(或法院)的全称。制作时注意批准或决定的司法权限使用方式不同、所对应的单位不同，用斜线划去不用部分时不能出现失误。(2)涉案罪名。(3)犯罪嫌疑人基本情况。(4)执行强制措施场所名称。

3. 尾部。包括：(1)公安机关印章、制作日期(与存根批准时间一致)。(2)由被逮捕人依照项目要求填写：被执行逮捕的时间、签字(捺指印)。(3)由执行强制措施的看守所民警依照项目要求填写：被逮捕人姓名、执行收押民警的姓名、执行收押的日期；加盖看守所行政公章(或收押专用章)。

（八）逮捕通知书

逮捕通知书，是指侦查机关对犯罪嫌疑人执行逮捕的强制措施后，依法通知被逮捕人家属或所在单位的凭证式法律文书。

依据《刑事诉讼法》规定，对犯罪嫌疑人执行逮捕后应当在24小时内通知其家属。[4]该文书与逮捕证配合使用，由存根联、附卷联、交被逮捕人家属联三部分组成，下面介绍附卷联的制作。

1. 首部。包括制作机关名称、文书名称及编号。

2. 正文。应注意填写下列内容：(1)被逮捕人家属姓名。(2)批准逮捕的检察机关名称。(3)对被逮捕人执行逮捕的时间。应当以被逮捕人实际签字时间为准。(4)被逮捕人姓名、涉案性质、羁押处所。

3. 尾部。包括：(1)执行逮捕的公安机关公章或专用章、日期(与存根日期相同)。(2)由被逮捕人家属签字、注明日期。如未在法定时限内执行本法定程序，应注明原因，并由承办人签字、注明日期。

（九）呈请取保候审报告书

呈请取保候审报告书，是指侦查机关报请上级领导批准对犯罪嫌疑人采取取保候审强制措施所制作的内部法律文书。

在侦查工作中，可以对犯罪嫌疑人直接采取取保候审的法定强制措施，也可用于法定

---

[4] 《刑事诉讼法》第93条规定："公安机关逮捕人的时候，必须出示逮捕证。逮捕后，应当立即将被逮捕人送看守所羁押。除无法通知的以外，应当在逮捕后二十四小时以内，通知被逮捕人的家属。"

强制措施的变更。呈请取保候审报告书是“万能表”的具体运用,系用于报请领导批准,根据案件侦查需要对犯罪嫌疑人适用取保候审强制措施,或是在侦查工作过程中对犯罪嫌疑人变更强制措施的公安机关内部法律文书。

首部、尾部参照报告类文书要求制作。正文由犯罪嫌疑人基本情况、取保候审理由与依据组成。

(十)取保候审决定书

1. 概念

取保候审决定书,是指侦查机关决定对犯罪嫌疑人依法适用取保候审强制措施所制作的凭证式法律文书。

取保候审决定书,与呈请取保候审报告书配合使用,由存根联、附卷联、交被取保候审人联、交执行单位联四部分组成,下面介绍附卷联的制作。

2. 取保候审决定书附卷联的内容、结构及制作方法

(1)首部。包括:①制作机关名称、文书名称及编号。②犯罪嫌疑人基本情况:姓名、性别、出生日期、住址、单位及职业、联系方式。按照已核实的主体身份内容填写。

(2)正文。包括:①案件名称、取保候审理由。应按公安部统一要求填写案件名称,在填注取保候审理由时,建议一般情况下填注“涉案情况及侦查工作需要”字样,不宜涉及具体侦查工作的相关内容。②法律依据、起算时间、担保方式。应注意:其一,法律依据。建议一般适用《刑事诉讼法》第66条。其二,起算时间。应当与被取保候审人在本法律文书中签注时间一致。其三,担保方式。担保人担保和保证金担保只能选取其一,不得双选。制作时以斜线划去不用部分。其四,保证人姓名或保证金金额。法律文书事先印制被取保候审人应遵守的法律规定内容和法律责任。

(3)尾部。包括:①公安机关印章、日期。②被取保候审人签字(捺指印)。如被取保候审人不能签字,则应由侦查人员向其宣读,并由侦查人员在法律文书中相应栏目注明。宣读的过程应在相对应的讯问笔录中予以表述。③被取保候审人注明日期。该日期为取保候审起算时间。

3. 注意事项

(1)取保候审决定书应当与被取保候审人义务告知书配合使用。

(2)向犯罪嫌疑人宣布取保候审强制措施时,应制作讯问笔录。在制作讯问笔录时,应当注明将义务告知书交予本人,并根据案件侦查工作需要结合《刑事诉讼法》第71条规定,在笔录中表述被取保候审人应当遵守的有关事项。

(3)依据《刑事诉讼法》第71条规定,在义务告知书中注明被取保候审人应当遵守的规定;如无特殊规定,则应在相应栏目中填注“无”(不得空缺),责令被取保候审人在义务告知书下方签字。

(4)制作保存证件清单时,注明予以保存证件的具体名称。

(十一)取保候审保证书

取保候审保证书,是指侦查机关向犯罪嫌疑人宣布取保候审强制措施,告知嫌疑人和

担保人履行相关法律义务所制作的法律文书。

取保候审保证书一式二份,一份附卷,另一份交保证人。

1. 首部。在文书名称下面的第一段,应注意填写清楚保证人基本情况,包括姓名、性别、出生日期、住址、身份证件名称与号码、单位及职业、联系方式、与犯罪嫌疑人的关系(无亲属关系的,可注明"朋友"字样)。

2. 正文。属于事先印制的保证人应履行的法律责任和自愿承担保证责任的承诺。

3. 尾部。包括作出取保候审的公安机关的名称、保证人签字、日期(取保候审起算时间)。

(十二)呈请监视居住报告书

呈请监视居住报告书,是指侦查机关报请上级领导批准对犯罪嫌疑人适用监视居住强制措施所制作的内部法律文书。

呈请监视居住报告书,用于侦查工作中法定强制措施的变更,也可用于对犯罪嫌疑人直接采取监视居住的法定强制措施。该文书是"万能表"的具体运用。

首部、尾部参照报告类文书要求制作。正文由犯罪嫌疑人基本情况、监视居住理由与依据组成。

(十三)监视居住决定书

监视居住决定书,是指侦查机关对犯罪嫌疑人依法适用监视居住强制措施时所制作的凭证式法律文书。

监视居住决定书用于告知犯罪嫌疑人被采取监视居住法定强制措施,通知执行机关执行监视居住的凭证式法律文书,与呈请监视居住报告书配合使用。该文书由存根联、附卷联、交被监视居住人联、交执行单位联四部分组成,下面介绍附卷联的制作。

1. 首部

(1)制作机关名称、文书名称及编号。

(2)犯罪嫌疑人基本情况。包括:姓名、性别、出生日期、住址。按照已核实的犯罪嫌疑人主体身份填注。

2. 正文

(1)适用法律内容的相关项目。包括:①案由。②监视居住理由。简要注明,可参照取保候审决定书相关部分的制作方法。③法律依据。一般适用《刑事诉讼法》第66条。④执行监视居住的地点。如在其居住地执行,则填注居住地地址;如在指定地点执行,则填注指定之地地址。法律文书中设定了"监视居住/指定居所监视居住"的内容,以斜线将不用部分划去。⑤执行部门。⑥执行监视居住起算时间:被监视居住人在决定书中签注的日期。

(2)法律文书事先印制被监视居住人应遵守的法律规定内容和法律责任。本内容在向犯罪嫌疑人宣布被采取监视居住强制措施制作讯问笔录时,应记录向其宣读该内容的文字表述。

3. 尾部

(1)作出监视居住决定的公安机关行政公章、批准日期。与呈请监视居住报告书领导批示栏目一致。

(2)被监视居住人签字(捺指印)、说明日期(监视居住起算时间)。

六、延长羁押期限常用法律文书

延长羁押期限常用法律文书,主要介绍呈请延长侦查羁押期限报告书、提请延长侦查羁押期限意见书、延长侦查羁押期限通知书。

示范举例

(一)呈请延长侦查羁押期限报告书

呈请延长侦查羁押期限报告书,是指侦查机关依法报请延长对犯罪嫌疑人侦查羁押期限所制作的法律文书。

《刑事诉讼法》第156条、第158条、第159条的规定,是制作呈请延长侦查羁押期限报告书的法律依据。

首部、尾部参照报告类文书要求制作。正文由犯罪嫌疑人基本情况,延长侦查羁押期限理由、依据以及延长羁押的期限组成。

(二)提请延长侦查羁押期限意见书

1. 概念

提请延长侦查羁押期限意见书,是指侦查机关送请同级检察院转报上一级检察院批准延长羁押期限所制作的法律文书。

提请延长侦查羁押期限意见书,与呈请延长侦查羁押期限报告书配合使用。由存根联、附卷联、交检察院联三部分组成,下面介绍附卷联的制作。

2. 内容、结构及制作方法

(1)首部。包括制作机关名称、文书名称及编号。

(2)正文。注意填写以下内容:①同级检察院名称。②批准逮捕的时间及文号、犯罪嫌疑人姓名、被执行逮捕的时间。③延长侦查羁押期限的理由、法律条款、延长羁押的期限。

(3)尾部。包括:提请延长侦查羁押期限的公安机关行政公章、日期,以及同级检察院收件人签字、日期。

3. 注意事项

(1)制作日期要求。一是制作日期应填写呈请延长侦查羁押期限报告书领导批示时间。二是公安机关印章、制作日期要与存根联批准时间一致。

(2)制作时间要求。制作本法律文书及呈请延长侦查羁押期限报告书时,应适当提前。在计算羁押期限的法定时间时,应注意日期的衔接,避免计算失误。

(三)延长侦查羁押期限通知书

延长侦查羁押期限通知书,是指侦查机关依法通知看守所、犯罪嫌疑人批准延长羁押期限所制作的法律文书。

延长侦查羁押期限通知书,是用于告知犯罪嫌疑人被延长羁押期限和通知看守所执行延长羁押期限的法律凭证,与提请延长侦查羁押期限意见书配合使用。由存根联、附卷联、交看守所联三部分组成,下面介绍附卷联的制作。

1. 首部。包括制作机关名称、文书名称及编号。

2. 正文。注意填写以下内容:(1)执行羁押的看守所名称。(2)执行逮捕的时间:填写逮捕证上犯罪嫌疑人签字的日期。(3)犯罪嫌疑人姓名、出生日期。(4)延长侦查羁押期限的理由、法律条款。(5)批准延长侦查羁押期限的检察院名称:填写批准逮捕的检察院上级单位名称。(6)延长羁押的期限和延长期限具体日期。

3. 尾部。包括:(1)提请延长羁押期限的公安机关行政公章、日期(与呈请延长侦查羁押期限报告书中领导批示时间一致)。制作法律文书计算羁押期限的法定时限时,应注意日期的衔接,避免计算失误。(2)犯罪嫌疑人签字(捺指印),填写收到通知书的日期。(3)看守所值班民警加盖看守所行政公章,填注收到通知书的日期。

七、起诉意见书

起诉意见书,是指侦查机关侦查终结,对犯罪事实清楚,证据确实、充分,依法应当追究刑事责任的犯罪嫌疑人,向同级人民检察院移送审查起诉所制作的法律文书。

示范举例

《刑事诉讼法》第162条是制作起诉意见书的法律依据。移送审查起诉的目的,是追究涉嫌犯罪的嫌疑人的刑事法律责任。起诉意见书是侦查机关重要的法律文书,侦查机关移送起诉意见书是检察院审查起诉的前提和基础。

1. 首部

(1)制作机关名称、文书名称及编号。

(2)犯罪嫌疑人基本情况。包括:犯罪嫌疑人姓名(别名、曾用名、绰号等),性别,出生日期,出生地,身份证件种类及号码,民族,文化程度,职业或工作单位及职务,居住地(包括户籍所在地、经常居住地、暂住地),政治面貌(如是人大代表、政协委员,一并写明具体级、届代表、委员),违法犯罪经历,以及因本案被采取强制措施的情况(时间、种类及执行场所)。

(3)案由、案件来源和侦查情况。表述为:

犯罪嫌疑人涉嫌×××(罪名)一案,由×××举报(控告、移送)至我局,……(写明案由和案件来源,具体为单位或者公民举报、控告、上级交办、有关部门移送、本局其他部门移交以及工作中发现等)。……(简要写明案件接受案件、立案的时间,犯罪嫌疑人归案情况;注明案件已经侦查终结。)

2. 正文

(1)犯罪事实和证据

以"经依法侦查查明"字样作为引言,详细叙述经侦查终结认定的犯罪事实和证据。认定的所有犯罪事实,必须做到证据之间相互缜密印证、证据不得存在任何瑕疵。

叙述犯罪事实应注意:对于只有一个犯罪嫌疑人的案件,犯罪嫌疑人实施多次犯罪的,应按照犯罪时间顺序逐一列举。同时触犯数个罪名的,犯罪事实应对同一性质的案件,依照作案时间顺序分别列举。对于共同犯罪的案件,应写明共同犯罪嫌疑人在押、在逃、另案处理等情况，且运用法言法语说明犯罪嫌疑人之间的关系，以及各自在共同犯罪中的地位、作用。如涉及多个犯罪行为，应按照犯罪时间顺序逐一列举。涉及从轻、减轻等相关法律情节的关键内容，要予以表述。

以“认定上述犯罪事实的证据如下”为引言，列举、叙述涉案证据。制作时分列相关证据种类，并注明：“上述犯罪事实清楚，证据确实、充分，足以认定”。需注意，该句话为格式中的固定用语。

(2)关于认罪认罚的表述

起诉意见书电子版模式中有“□是否认罪认罚”的选项。需注意：本栏目为电子版固定模式。如果嫌疑人具有认罪认罚的法定情节，制作者可在电子版栏目内点击方框，自动出现“√”，即可完成该项目制作。如果未设定电子版文书模式，制作者可根据实际情况注明犯罪嫌疑人是否具有该法定情节。

(3)提出起诉意见书的理由和决定事项

以“综上所述，犯罪嫌疑人×××”为引言，说明犯罪嫌疑人涉嫌触犯的《刑法》条款(包括定罪、量刑的法律条款)，依照《刑事诉讼法》第162条之规定，现将此案移送审查起诉。起诉意见书格式中，该部分表述为固定段落，具体表述为：

综上所述，犯罪嫌疑人×××……(根据犯罪构成简要说明罪状)，其行为已触犯《中华人民共和国刑法》第××条之规定，涉嫌×××罪。依照《中华人民共和国刑事诉讼法》第一百六十二条之规定，现将此案移送审查起诉。

3. 尾部

(1)致送机关。

(2)署名、日期及用印。

(3)附项。写明移送卷宗册数、犯罪嫌疑人现在处所等事项。

八、回避与律师会见常用法律文书

回避与律师会见常用法律文书，主要介绍呈请驳回回避申请报告书、回避/驳回申请回避决定书、呈请提供法律援助报告书、提供法律援助通知书、会见犯罪嫌疑人申请表、准予会见犯罪嫌疑人决定书。

示范举例

(一)回避环节的主要法律文书

1. 呈请驳回回避申请报告书

呈请驳回回避申请报告书，是指侦查机关报请上级领导批准驳回当事人申请侦查人员回避某案件侦查所制作的内部法律文书。

实际执法工作中可能出现的两种情况是：决定侦查人员回避，或驳回回避申请，这里主要介绍驳回回避申请的文书制作。呈请驳回回避申请报告书是万能表的具体运用。

首部、尾部参照报告类文书要求制作。正文包括犯罪嫌疑人基本情况、简要案情与申请回避的理由、驳回申请回避的理由与依据。

2. 回避/驳回申请回避决定书

回避/驳回申请回避决定书,是指侦查机关通知申请人驳回其申请回避要求的凭证式法律文书。

回避/驳回申请回避决定书,与呈请驳回回避申请报告书配合使用。该文书由以下部分组成:存根联、附卷联、交申请人联、交被申请人联。其中,附卷联的制作如下:

(1)首部。填写制作机关名称、文书名称及编号相应事项。填写申请人基本情况、被申请人基本情况、提交申请回避的日期、案件名称。

(2)正文。应注意填写:申请回避的理由、调查结果(简要注明)、决定人姓名、决定内容。

(3)尾部。①事先印制有法律救济条款,由制作者注明受理法律救济部门的名称。②作出决定的侦查机关行政公章、作出决定的日期。③申请人签字,注明收到决定书的日期。

(二)律师在公安机关侦查阶段的主要法律文书

1. 呈请提供法律援助报告书

呈请提供法律援助报告书,是指侦查机关依据《刑事诉讼法》有关规定报请上级批准为犯罪嫌疑人提供法律援助的法律文书。该法律文书是万能表的具体运用。

首部、尾部参照报告类文书要求制作。正文包括犯罪嫌疑人基本情况、简要案情以及申请法律援助的理由、法律依据。

2. 提供法律援助通知书

提供法律援助通知书,是指侦查机关通知有关部门依据《刑事诉讼法》有关规定,为符合法定条件的援助对象指定律师提供法律援助的凭证式法律文书。

提供法律援助通知书,与呈请提供法律援助报告书配合使用,为事先印制好的文书,分为存根联、附卷联、交法律援助机构联,下面介绍附卷联的制作。

(1)首部。包括制作机关名称、文书名称及编号。

(2)正文。应注意填写以下事项:①提供法律援助单位名称。②案件名称。依照要求填写,如周××涉嫌抢劫一案。③嫌疑人姓名、性别、出生日期。按照已核实的主体身份填写。④要求提供法律援助的理由和法律依据。法律依据不用部分用斜线划去。⑤犯罪嫌疑人羁押处所:填写执行羁押单位名称。⑥联系人、联系方式:填写执行羁押单位负责律师会见工作人员姓名和联系电话。

(3)尾部。制作机关公章、日期。接收单位工作人员签字、注明收到该文书日期。

(三)会见犯罪嫌疑人申请表

1. 概念

会见犯罪嫌疑人申请表,是指涉及国家安全犯罪、恐怖活动犯罪的案件,在办理律师会见被监视居住的犯罪嫌疑人时制作的,是否批准律师会见犯罪嫌疑人的法律文书。会见犯罪嫌疑人申请表为格式化法律文书。

2. 内容、结构与制作方法

除了印制好的内容外,应注意填写下列事项:

(1)申请人基本情况。包括申请人姓名、性别、出生日期、单位、律师执业证编号。制作时按照相关人员所持证件填写。

(2)犯罪嫌疑人基本情况。包括姓名、性别、出生日期,按照已核实的犯罪嫌疑人主体身份填写。

(3)犯罪嫌疑人涉案罪名、被采取的强制措施名称与时间。按要求填写。

(4)委托人姓名、法律依据:申请人签字、申请日期。其中,委托人姓名应填写犯罪嫌疑人本人或其亲属,或提供法律援助的有关部门。

(5)侦查机关意见。包括:①办案人意见。简要表述同意或不同意的理由,注意文字简洁明了。②办案人单位意见:案件承办部门负责人意见,表述同意或不同意承办人意见。③领导批示:县级以上公安机关负责人批示的最终决定意见。

(四)准予会见犯罪嫌疑人决定书

准予会见犯罪嫌疑人决定书,是指侦查机关依法同意律师会见犯罪嫌疑人所制作的凭证式法律文书。

准予会见犯罪嫌疑人决定书,与会见犯罪嫌疑人申请表配合使用,由以下部分组成:存根联、附卷联、交申请人联、交看守所或执行监视居住单位联,下面介绍附卷联的制作。

1. 首部。包括制作机关名称、文书名称及编号。

2. 正文。应注意填写下列内容:

(1)申请人基本情况。依照法律文书项目设置填写,包括律师姓名、所在律师事务所名称、律师执业证编号。

(2)法律依据和决定事项。填写《刑事诉讼法》第39条具体款项,填写接受会见犯罪嫌疑人姓名,注明负责犯罪嫌疑人强制措施执行单位名称。

3. 尾部。包括制作机关印章、日期;申请人签字、注明收到决定书的日期。

第三节　刑事检察文书

一、概述

(一)刑事检察文书的概念

刑事检察文书,是指人民检察院在刑事诉讼过程中,为依法履行刑事检察职能而制作、使用的法律文书。

人民检察院行使刑事检察职能,如审查批捕、提起公诉、抗诉以及对各类诉讼案件实行法律监督,均需要制作相应的法律文书。刑事检察文书的制作主体为人民检察院,其他单位、个人均不得制作。刑事检察文书属于国家公文,具有法律效力,由国家强制力保障其普遍约束力。

(二)刑事检察文书的分类

2019 年以来,检察机关内设机构经过系统性、整体性、重塑性改革,形成了刑事检察、民事检察、行政检察、公益诉讼检察"四大检察"工作格局,相应地,检察文书也可以分为四大门类,刑事检察文书属于其中重要的组成部分。根据《人民检察院刑事诉讼法律文书格式样本(2020 年版)》,人民检察院刑事诉讼法律文书分为以下几类:一是立案、管辖文书,包括立案决定书、指定管辖决定书等 18 种文书;二是回避文书,包括回避决定书、回避复议决定书 2 种文书;三是辩护与代理文书,包括提供法律援助通知书、许可辩护律师收集案件材料决定书等 16 种文书;四是证据文书,包括纠正非法取证意见书、排除非法证据调查结论告知书等 4 种文书;五是强制措施文书,包括拘传证、拘留决定书等 27 种文书;六是侦查文书,包括询问通知书、扣押决定书等 61 种文书;七是捕诉文书,包括批准逮捕决定书、认罪认罚从宽制度告知书等 88 种文书;八是执行监督文书,包括停止执行死刑建议书、纠正不当减刑裁定意见书等 13 种;九是特别程序文书,包括和解协议书、没收违法所得意见书等 21 种文书;十是控告、申诉文书,包括刑事申诉审查结果通知书、刑事申诉复查决定书等 7 种文书;十一是未检专用文书,包括未成年人诉讼权利义务告知书、未成年人犯罪记录封存决定书等 51 种文书;十二是通用或其他文书,包括检察意见书、检察建议书等 25 种文书。

(三)刑事检察文书的作用

1. 保证刑事诉讼活动依法进行。人民检察院开展刑事诉讼活动,必须依法进行,而且为了确保检察活动的有效性,必须通过国家公文的形式确保得到有效执行,刑事检察文书是检察机关依法开展刑事诉讼活动的书面法律凭据。

2. 检察工作的重要客观记载。刑事检察文书是检察机关开展刑事诉讼活动的客观记载,忠实记录了人民检察院办理刑事案件的全过程,是人民检察院工作的真实记录,是检察机关重要的档案材料。

3. 检验办案质量和复查案件的原始依据。司法改革要求施行检察官办案责任终身负责制,在进行案件质量考评时,或者当事人不服司法处理决定提出申诉并进行复查时,原诉讼过程中的检察文书就是最重要的依据材料,因为只有通过原案材料才能查清案件的来龙去脉,进而查清这个案件的事实真相。

4. 开展法治宣传教育的生动教材。法律文书承载着法治的文明进步,司法具有引领社会价值观的重要使命,事实清楚、证据确实充分、法律文书说理透彻的案件对社会的影响力是潜移默化的,我们应注重通过检察文书让人民群众在每一个司法案件中感受到公平正义。

二、退回补充侦查提纲

(一)概念

退回补充侦查提纲,是指人民检察院在办理审查起诉案件时,认为案件证据不充分,不能形成证据链排除合理怀疑时，决定退回侦查机关补充侦查，引导侦查工作，要求侦查机关提供证据材料、对证据的合法性作出说明等的法律文书。

制作退回补充侦查提纲的法律依据是《刑事诉讼法》第175条和最高人民检察院、公安部印发的《关于加强和规范补充侦查工作的指导意见》。

制作退回补充侦查提纲的意义在于，让侦查机关明白需要补充什么证据、用于证明什么问题、达到什么目标，以更准确、更好地达到补充侦查的目的。

法条阅读

（二）格式、内容及制作方法

根据《人民检察院刑事诉讼规则》和《关于加强和规范补充侦查工作的指导意见》的规定，最高人民检察院对包括补充侦查提纲、退回补充侦查提纲在内的四种工作文书样式作出规范，供各级检察机关在开展补充侦查工作时参照。其中，补充侦查提纲适用于因证据不足而作出不批准逮捕决定的案件，供侦查机关开展补充侦查工作时使用；退回补充侦查提纲适用于审查起诉的案件，需要退回侦查机关补充侦查时使用。两种文书的区别是首部不一样，其他部分内容相同。

退回补充侦查提纲由首部、正文、尾部组成。

1. 首部。包括标题、移送侦查机关名称、案由和案件来源、补充侦查的诉讼法依据以及决定事项。

2. 正文。根据《关于加强和规范补充侦查工作的指导意见》第7条的规定，退回补充侦查提纲一般包括以下内容：

文书格式

（1）阐明补充侦查的理由，包括案件事实不清、证据不足的具体表现和问题；

（2）阐明补充侦查的方向和取证目的；

（3）明确需要补充侦查的具体事项和需要补充收集的证据目录；

（4）根据起诉和审判的证据标准，明确补充、完善证据需要达到的标准和必备要素；

（5）有遗漏罪行的，应当指出在起诉意见书中没有认定的犯罪嫌疑人的罪行；

示范举例

（6）有遗漏同案犯罪嫌疑人需要追究刑事责任的，应当建议补充移送；

（7）其他需要列明的事项。

其中，“补充侦查的方向”部分，主要围绕认定事实、适用法律的疑点和矛盾，以及证据体系存在的问题，概括写明对本案进行补充侦查的理由，阐明补充侦查所需达到的目标。“补充侦查的主要事项和工作”部分，主要围绕认定事实、适用法律存在的问题和证据体系存在的问题，详细、具体、明确地列明需要补充侦查的事项。具体表述为：“请你局（或其他称谓）查明以下事项并重点做好相关工作：1. 为查明……，调取（核查、询问、讯问、梳理）……2. 为核实……，调取（核查、询问、讯问、梳理）……”“相关工作要求”部分，结合具体办案情况，分条列明补充侦查中需要达到的要求。

3. 尾部。写明联系人、联系电话、决定单位和补充侦查的日期。

（三）注意事项

1. 清晰明确。退回补充侦查提纲具有很强的可操作性，要求制作时必须把检察机关的意见表述清楚，使侦查机关能够按照提纲补充、完善证据。

2. 客观规范。退回补充侦查提纲应写明各项证据的收集要求，做到客观、规范。对于指控证据要补充收集，对于有利于犯罪嫌疑人的辩护证据同样也要补充，以反映案件的全貌和客观事实。

3. 符合法律。对于已经因为程序违法而丧失证据效力无法再补充的证据，如扣押物品清单无见证人的签名等，不能要求侦查机关违法补充。

4. 加强说理。退回补充侦查提纲应当写明补充侦查的理由、案件定性的考虑、补充侦查的方向、每一项补证的目的和意义，对复杂问题、争议问题作适当阐明；具备条件的，可以写明补充侦查的渠道、线索和方法。

三、不起诉决定书

（一）概念

不起诉决定书，是指人民检察院刑事检察部门在审查案件后，由检察人员根据案件的事实和证据，依照《刑事诉讼法》相关规定，对不予追究刑事责任的；犯罪情节轻微，依照刑法规定不需要判处刑罚或免除刑罚的；证据不足，不符合起诉条件的；犯罪嫌疑人自愿如实供述涉嫌犯罪的事实，有重大立功或者案件涉及国家重大利益，经最高人民检察院核准的被不起诉人作出不起诉决定时，所制作的法律文书。

制作不起诉决定书的法律依据，是《刑事诉讼法》第 16 条、第 177 条第 1 款、第 177 条第 2 款、第 175 条第 4 款、第 182 条和《刑法》第 20 条第 2 款、第 21 条第 2 款、第 22 条第 2 款、第 24 条第 2 款、第 27 条第 2 款、第 28 条、第 67 条第 1 款、第 68 条等规定。

法条阅读

（二）内容、结构及制作方法

因据以不起诉的法律根据不同，制作不起诉决定书所要载明的内容也有所不同。针对四种不同的不起诉决定，相应的不起诉决定书也分为四种。

1. 法定不起诉决定书

（1）首部。按照文书样式，依次写清标题、编号、被不起诉人基本情况、辩护人基本情况、案由和案件来源等要素。

文书格式

①被不起诉人的基本情况。在本部分应当写明其姓名、性别、出生年月日、公民身份号码、民族、文化程度、职业或工作单位及职务（国家机关工作人员利用职权实施的犯罪，应当写明犯罪期间在何单位任何职）、户籍地、住址（被不起诉人住址写居住地；如果户籍所在地与暂住地不一致，应当写明户籍所在地和暂住地），以及是否受过刑事处罚，采取强制措施的种类、时间、决定机关等。

②辩护人的基本情况。本部分包括辩护人的姓名、单位等要素。

③案由和案件来源。该部分是一段程式化用语,有固定的内容和表达模式,即"本案由×××(监察/侦查机关名称)调查/侦查终结,以被不起诉人×××涉嫌××罪,于××××年××月××日向本院移送起诉"。如果是自侦案件,此处写"被不起诉人×××涉嫌××一案,由本院调查/侦查终结,于××××年××月××日移送起诉或不起诉。"如果案件是其他人民检察院移送的,此处应当将指定管辖、移送单位以及移送时间等写清楚。另外,在本部分还要写明移送审查起诉及本院受理的时间,如果案件曾经退回补充侦查,应当写明退回补充侦查的日期、次数以及再次移送起诉的时间。

示范举例

(2)正文。本部分包括以下内容:案件事实;不起诉的理由、法律依据和决定事项;查封、扣押、冻结的涉案款物的处理情况。

①案件事实。如果是根据《刑事诉讼法》第16条第1项即监察/侦查机关移送起诉,认为行为构成犯罪,经检察机关审查后认定行为情节显著轻微、危害不大,不认为是犯罪而决定不起诉的,则不起诉决定书应当先概述监察/侦查机关移送起诉意见书认定的犯罪事实(如果是检察机关的自侦案件,则这部分不写),然后叙写检察机关审查认定的事实及证据,重点反映显著轻微的情节和危害程度较小的结果。如果是行为已构成犯罪,本应当追究刑事责任,但审查过程中有《刑事诉讼法》第16条第2~6项法定不追究刑事责任的情形,因而决定不起诉的,应当重点叙明符合法定不追究刑事责任的事实和证据,充分反映出法律规定的内容。如果是根据《刑事诉讼法》第177条第1款中的没有犯罪事实而决定不起诉的,应当重点叙明不存在犯罪事实或者犯罪事实并非被不起诉人所为。

②不起诉的理由、法律依据和决定事项。本部分主要是就检察机关作出不起诉决定的理由、法律依据和决定事项进行表述。

③查封、扣押、冻结的涉案款物的处理情况。《刑事诉讼法》第177条第3款规定,人民检察院决定不起诉的案件,应当同时对侦查中查封、扣押、冻结的财物解除查封、扣押、冻结。

(3)尾部。由告知事项、人民检察院名称、制作日期、人民检察院公章等要素构成。

告知事项。本部分主要是根据《刑事诉讼法》的相关规定,对相关当事人进行权利告知的内容。《刑事诉讼法》第180条规定,"对于有被害人的案件,决定不起诉的,人民检察院应当将不起诉决定书送达被害人。被害人如果不服,可以自收到决定书后七日以内向上一级人民检察院申诉,请求提起公诉。人民检察院应当将复查决定告知被害人。对人民检察院维持不起诉决定的,被害人可以向人民法院起诉。被害人也可以不经申诉,直接向人民法院起诉"。该条规定了对被害人权利告知的内容。因此,在不起诉决定书中就应当作如下表述:"被害人如果不服本决定,可以自收到本决定书后七日以内向××××人民检察院申诉,请求提起公诉;也可以不经申诉,直接向××××人民法院提起自诉。"

2. 相对不起诉决定书

相对不起诉决定书中,被不起诉人的基本情况、辩护人的基本情况、案由和案件来源等部分的内容,与法定不起诉决定书的内容一致,可参照制作。重点介绍正文部分和告知事项相关内容的制作。

(1)案件事实。本部分重点写明有关被不起诉人具有的法定情节和检察机关酌情作出不起诉决定的具体理由的事实。要将检察机关审查后认定的事实和证据写清楚,不必叙写调查/侦查机关移送审查时认定的事实和证据。对于证据不足的事实,不能写入不起诉决定书中。在事实部分表述犯罪情节时,应当以犯罪构成要件为标准,还要将体现其情节轻微的事实及符合不起诉条件的特征叙述清楚。叙述事实之后,应当将证明“犯罪情节”的各项证据一一列举,以阐明犯罪情节如何轻微。相对不起诉决定是检察机关运用自由裁量权的表现,因此,在相对不起诉决定书中,对事实的阐明、证据的列举和犯罪情节轻微的描述都应当全面、客观、充分。

(2)不起诉理由、法律依据和决定事项。本部分应当重点对被不起诉人具有的认罪认罚、从轻、减轻或者免除刑事处罚具体情节进行表述。尤其要结合证据和本案事实,对于认定被不起诉人具有从轻、减轻或免除处罚的情节进行说明和论证,具体表述为:“本院认为,被不起诉人实施了《中华人民共和国刑法》第××条规定的行为,但犯罪情节轻微,具有××情节(此处写明认罪认罚,从轻、减轻或者免除刑事处罚具体情节的表现),根据《中华人民共和国刑法》第××条的规定,不需要判处刑罚(或者免除刑罚)。依据《中华人民共和国刑事诉讼法》第一百七十七条第二款的规定,决定对×××(被不起诉人的姓名)不起诉。”

(3)查封、扣押、冻结的涉案款物的处理情况。与法定不起诉决定书相同,根据是《刑事诉讼法》第177条第3款的规定。

(4)告知事项。虽然相对不起诉决定书不属于对被不起诉人行为的定罪,被不起诉人在法律上是无罪的,但由于不起诉决定书中仍然对被不起诉人的行为作了构成犯罪的评价,故根据《刑事诉讼法》第180条、第181条的规定,该文书中应当对被不起诉人和被害人的权利都履行告知义务。这也是相对不起诉决定书区别于其他两种不起诉决定书所在。具体表述为:“被不起诉人如不服本决定,可以自收到本决定书后七日内向本院申诉。”“被害人如不服本决定,可以自收到本决定书后七日以内向××××人民检察院申诉,请求提起公诉;也可以不经申诉,直接向××××人民法院提起自诉。”

3.存疑不起诉决定书

存疑不起诉决定书中,被不起诉人的基本情况、辩护人的基本情况、案由和案件来源等部分的内容,与法定不起诉决定书的内容一致,可参照制作。重点介绍正文部分和告知事项相关内容的制作。

(1)案件事实。存疑不起诉决定书是因证据不足、不符合起诉条件而作出的,因此检察机关对于案件的事实情况无法作出认定,本不起诉决定书就没有相应的案件事实情况。

(2)不起诉理由、法律依据和决定事项。对于非检察机关直接受理立案侦查的案件,具体表述为:“本案经本院侦查终结后,在审查起诉期间,经两次补充侦查,本院仍认为本案证据不足,不符合起诉条件。依照《中华人民共和国刑事诉讼法》第一百七十五条第四款的规定,决定对×××不起诉。”在不起诉决定的理由部分,应当对证据不足、不能认定构成犯罪的地方予以明确说明。

（3）查封、扣押、冻结的涉案款物的处理情况。与法定不起诉决定书相同，根据是《刑事诉讼法》第177条第3款的规定。

（4）告知事项。根据《刑事诉讼法》第180条的规定，本不起诉决定书应当对被害人进行权利告知。其具体表述为："被害人如不服本决定，可以自收到本决定书后七日以内向××人民检察院申诉，请求提起公诉；也可以不经申诉，直接向××人民法院提起自诉。"

4 最高检核准不起诉决定书

最高检核准不起诉决定书中，被不起诉人的基本情况、辩护人的基本情况、案由和案件来源等部分的内容，与法定不起诉决定书的内容一致，可参照制作。重点介绍正文部分相关内容的制作。

（1）案件事实部分。概括叙写案件事实，并写明被不起诉人自愿如实供述涉嫌的犯罪事实，并具有重大立功等，有必要作不起诉处理的事实。要将检察机关审查后认定的事实和证据写清楚，不必叙写侦查机关移送审查时认定的事实和证据。证据不足的事实，不能写入不起诉决定书中。在事实部分表述犯罪情节时，应当以犯罪构成要件为标准，还要将体现其有必要作不起诉处理的因素叙述清楚。叙述事实之后，应当将证据一一列举。

（2）不起诉理由、法律依据和决定事项。具体表述为"本院认为，×××实施了《中华人民共和国刑法》第××条规定的行为，因自愿如实供述涉嫌犯罪的事实，并有重大立功（或案件涉及国家重大利益），经最高人民检察院核准，决定对×××（被不起诉人的姓名）不起诉。"

（3）查封、扣押、冻结的涉案款物的处理情况。与法定不起诉决定书相同，根据是《刑事诉讼法》第177条第3款的规定。

（三）注意事项

不起诉的理由是不起诉决定书中最重要的部分。一份不起诉决定书要做到以理服人、化解矛盾，关键就在于其说理是否充分，法律依据是否恰当。只有通过向当事人充分说明不起诉的理由和依据，才能提高检察机关不起诉决定的公信力，实现办案的法律效果、政治效果和社会效果的有机统一。

最高人民检察院2017年7月制发《最高人民检察院关于加强检察法律文书说理工作的意见》，确定不起诉决定书为"应当着重说理"的检察法律文书。它对文书说理提出基本要求：

1. 阐明事实。要准确说明人民检察院认定的案件事实及相关证据，对证据的客观性、合法性和关联性进行必要分析，说明采信和不采信的理由。

2. 释明法理。要结合法律文书的具体内容和结论，对人民检察院所作决定依据的法律、司法解释条文的具体内容予以列明，解释法律适用的理由和依据。

3. 讲明情理。说理要注重法理情的有机结合，释之以法，晓之以理，动之以情，增强司法办案的人文关怀和社会效果。

4. 繁简适当。对于重大、疑难、复杂案件或者社会关注的案件，以及当事人或者相关机关可能产生异议的案件，应当做好充分的说理准备，必要时，可以召开检察官联席会议进行讨论。说理时要针对焦点问题，充分阐释决定的理由和依据。

5. 语言规范，表达准确，逻辑清晰，通俗易懂。

四、起诉书

（一）概念

起诉书，是指人民检察院对公诉案件经过审查，认为犯罪嫌疑人的犯罪事实已经查清，证据确实、充分，依法应当追究刑事责任，代表国家将犯罪嫌疑人提起公诉，交付人民法院审判时所制作的法律文书。

制作起诉书的依据是《刑事诉讼法》第176条。起诉书是人民检察院在刑事诉讼中制作和使用的最重要的法律文书之一，集中反映了人民检察院对公诉案件进行审查后的结论性意见，是人民检察院行使公诉权的集中体现。

（二）内容、结构及制作方法

基于案件类型、适用程序的不同，起诉书的格式分为五种，分别适用于普通程序案件、认罪认罚程序案件、单位犯罪案件、简易程序案件和刑事附带民事诉讼案件。

1. 普通程序适用的起诉书

普通程序适用的起诉书，是指人民检察院对于应当按照普通程序审理的刑事案件，在提起公诉时制作的指控被告人犯罪行为的法律文书。

文书分为八个部分：首部、被告人基本情况、案由及案件的审查过程、案件事实、证据、起诉的要求及根据、尾部、附注事项，分别按照首部、正文、尾部的结构逐一介绍。

文书格式

示范举例

（1）首部

首部由制作文书的检察院名称、“起诉书”、文书编号、被告人的基本情况、案由及案件审查过程组成。

①被告人的基本情况。写明被告人的姓名（别名、绰号）、性别、出生年月日、公民身份号码、民族、文化程度、职业或者工作单位及职务、是否系人大代表或政协委员、户籍地、住址、曾受到的刑事处罚以及与本案定罪量刑相关的行政处罚的情况和因本案采取强制措施的情况等。

②案由及案件审查过程。准确表述侦查机关移送审查起诉的时间；若有变更管辖的，说明转至审查起诉的时间；有多名被告人的，则分别写明被告人姓名及罪名；告知被告人有权委托辩护人、被害人及其法定代理人或近亲属有权委托诉讼代理人、附带民事诉讼的当事人及法定代理人有权委托诉讼代理人；讯问被告人和听取被告人、被害人意见；写明辩护人、诉讼代理人意见以及退回补充侦查、延长审查起诉期限（日期、理由）等程序性事项。

（2）正文

正文由案件事实、证据、起诉理由和决定事项组成。

①案件事实。写明经检察机关审查认定的犯罪事实，包括犯罪时间、地点、经过、手段、目的、动机、危害后果等与定罪、量刑有关的事实要素。应当根据具体案件情况，围绕《刑

法》规定的该罪的构成要件叙写。对于不在　案中处理的同案人,应注明“另案处理”。

②证据。应按证据的类型,结合将要列举证据的顺序分项写。结合具体案件,写明证据的来源。通常的写法是,在全部犯罪事实叙述完毕之后写,但也可以用“一罪一证”及“一事一证”的写法。

③起诉理由和决定事项。先对行为的性质、危害程度、情节轻重,结合犯罪的构成要件进行概括性表述,突出本罪特征,语言精练、准确。多个被告人的,一般是每名被告人各起一自然段分别写;若多名被告人触犯的是相同罪名,一般是每名被告人各起一自然段分别写;若多名被告人触犯的是相同罪名,也可在一自然段内综合叙述。提起公诉的法律依据必须明确无误,具体到条、款、项。决定事项表述为:“提起公诉,请依法判处。”

(3)尾部

尾部写明送达法院名称、起诉书签发的日期、承办案件检察官和检察官助理的姓名、附注事项。其中,附注事项部分,要在附注中说明被告人现在处所,具体包括在押被告人的羁押场所或监视居住、取保候审的处所。写明全案移送案卷的册数。注明证人、鉴定人、需要出庭的有专门知识的人的名单,需要保护的被害人、证人、鉴定人的名单。注明是否提起附带民事诉讼及主体、附带民事诉状的份数、有关涉案款物的情况等。

2. 认罪认罚程序适用的起诉书

认罪认罚程序适用的起诉书,在结构、内容等方面与普通程序适用的起诉书基本相同,现将其写作特点介绍如下:

(1)案由及案件审查过程。应当叙写告知被告人认罪认罚可能导致的法律后果以及听取被告人及其辩护人意见的情况;被告人没有辩护人的,应当写明听取值班律师意见的情况。被告人同意适用速裁、简易或普通程序审理的情况,也应当写明。

(2)案件事实。应当写明被告人到案后自愿如实供述自己的罪行,与被害人达成和解协议或者赔偿被害人损失,取得被害人谅解等事实要素。

(3)证据。应当在起诉书中阐明证据的名称、种类,并概述证明的内容,并写明被告人对指控的犯罪事实和证据没有异议,并自愿认罪认罚。

(4)起诉的要求和根据。对于酌定量刑情节,根据案件的具体情况,在起诉书中予以说明;阐述具体量刑建议,包括主刑、附加刑的刑种、刑期,以及刑罚执行方式;建议判处财产刑的,写明确定的数额。也可以单独附量刑建议书,量刑建议不在起诉书中表述。

(5)附注事项。应附上认罪认罚具结书。

3. 单位犯罪案件适用的起诉书

单位犯罪案件适用的起诉书,在结构、内容等方面与普通程序适用的起诉书基本相同,现将其写作特点介绍如下:

(1)被告单位、被告人的情况。写明被告单位的名称、住所地、法定代表人姓名、职务;诉讼代表人基本情况,包括姓名、性别、年龄、工作单位、职务等。先写被告单位、法定代表人及作为被告人的责任人员的情况,再叙述一般的自然人被告人的情况。

(2)案件事实。重点写清单位犯罪的事实和有关责任人员构成犯罪的事实。起诉的要求及根据，一般是按照先单位犯罪、后自然人犯罪的顺序叙述。

4. 简易程序适用的起诉书

简易程序适用的起诉书，是指人民检察院对于可以按照简易程序审理的刑事案件，在提起公诉时制作的指控被告人犯罪行为的法律文书。其与普通程序的起诉书不同之处，主要在于起诉的要求及根据部分，要明确地写明检察机关对于影响量刑因素的具体意见；对于法定及酌定情节的意见都应写入；在附注部分，写明全案移送案卷的册数。

5. 刑事附带民事诉讼案件适用的起诉书

（1）首部。由提起附带民事诉讼检察机关的名称、“附带民事起诉书”、附带民事诉讼的案号、当事人的基本情况组成。当事人的基本情况，主要写明附带民事诉讼被告人的基本情况，包括姓名、性别、出生日期、民族、文化程度、职业、工作单位及职务、户籍地、住址、是否刑事案件被告人等。被害单位的基本情况，包括被害单位的名称、所有制性质、住所地、法定代表人姓名及其职务等。

（2）正文。包括诉讼请求、事实证据和理由、起诉决定等内容。诉讼请求部分，对于要求被告人赔偿损失的数额应当具体明确。事实证据和理由部分，应写明检察机关审查认定的导致国家、集体财产损失的犯罪事实及有关证据。

（3）尾部。写清送达法院、承办案件检察官和检察官助理的姓名、起诉日期等。

（三）注意事项

1. 叙述事实应把握方法

案件事实部分是起诉书的重点。对起诉书所指控的所有犯罪事实，无论是一人一罪、多人一罪，还是一人多罪、多人多罪，都必须逐一列举。叙述案件事实，要按照合理的顺序叙述，把重罪放在前面，把次罪、轻罪放在后面；多人多罪的，应当按照主犯、从犯或者重罪、轻罪的顺序叙述，突出主犯、重罪。如果案件为多起事实的，可根据案件不同情况，按照先单位犯罪后自然人犯罪、先共同犯罪后单独犯罪、先主犯后从犯、先重罪后轻罪及犯罪事件的先后等合理顺序叙述，突出单位犯罪、共同犯罪、主犯及重罪。

2. 区分叙事与议论的方式

案件事实的叙述部分不要出现法律评价的语言，不得出现议论性质的文字，这是叙述案件事实时应遵循的一项写作规范。在起诉书的写作实践中，经常出现以法律评价代替客观叙述的现象。例如，直接使用《刑法》条文中对犯罪构成的表述或者与罪名相同的词语，如“盗窃”“诈骗”“抢劫”“以非法占有为目的”等。客观叙述不同于犯罪构成要件的表述，后者是法律的抽象，前者是具体的行为状态。在行为的构成中，应以犯罪构成要件为逻辑背景，尽量以白描的方法客观叙述行为的发生过程。虽然行为要符合犯罪构成要件，但更为重要的是体现具体化、个别化的要求，突出行为的关键细节，表明行为实施的自然过程。

五、量刑建议书

（一）概念

量刑建议书，是指人民检察院对提起公诉的被告人，依法就其适用的刑罚种类、幅度及执行方式等向人民法院提出建议所制作的法律文书。

制作量刑建议书的法律依据是《刑事诉讼法》第176条第2款和《人民检察院刑事诉讼规则》第364条。2018年《刑事诉讼法》修订时，充分吸纳了刑事案件速裁程序和认罪认罚从宽制度试点的内容，从立法层面明确了检察机关量刑建议的地位和作用。量刑建议对于规范量刑活动、制约法院量刑裁量权、实现量刑公正具有重要的价值，特别是随着认罪认罚从宽制度的施行，量刑建议成为这项制度适用的必要前提。

（二）内容、结构及制作方法

量刑建议书包括首部、被告人姓名、行为触犯的法律、涉嫌罪名、法定刑、量刑情节、建议的法律依据、建议的主刑种类及幅度、执行方式、附加刑种类、尾部等。下面从首部、正文、尾部三个部分逐一介绍。

1. 首部

包括标题、编号。

2. 正文

包括行为触犯的法律、涉嫌罪名、法定刑、量刑情节、建议的法律依据、建议的具体内容。

（1）行为触犯的法律、涉嫌的罪名及法定刑。法定刑为依法适用的具体刑罚档次。

（2）量刑情节。量刑情节包括法定从重、从轻、减轻或免除处罚情节和酌定从重、从轻处罚情节。如果还有其他量刑理由的，可以列出。

（3）建议的法律依据。包括刑法、相关立法和司法解释等。

（4）建议的具体内容。包括主刑、附加刑、执行方式。主刑包括拘役、管制、有期徒刑等，执行方式是指是否适用缓刑，附加刑可以只建议刑种种类。如果建议单处附加刑或免于刑事处罚，则不建议主刑、执行方式和并处附加刑。

3. 尾部

尾部应当署具体承办案件的检察官姓名；量刑建议书的年月日，为审批量刑建议书的日期。

（三）注意事项

1. 被告人犯有数罪的，应当分别指出其触犯的法律、涉嫌罪名、法定刑、量刑情节，对指控的各罪分别提出量刑建议后，可以根据案件具体情况决定是否提出总的量刑建议。

2. 一案中有多名被告人的，可以分别制作量刑建议书，也可以在同一份量刑建议书中集中表述。

3. 对于认罪认罚案件，量刑建议一般应当为确定刑。

被告人认罪认罚的，人民检察院应当就主刑、附加刑、是否适用缓刑等提出量刑建议。人民检察院提出量刑建议前，应当充分听取犯罪嫌疑人、辩护人或者值班律师的意见，尽量协商一致。

人民检察院一般应当提出确定刑量刑建议。提出量刑建议，应当说明理由和依据。被告人认罪认罚没有其他法定量刑情节的，人民检察院可以根据犯罪的事实、性质等，在基准刑基础上适当减让提出确定刑量刑建议。有其他法定量刑情节的,人民检察院应当综合认罪认罚和其他法定量刑情节,参照相关量刑规范提出确定刑量刑建议。

对新类型、不常见犯罪案件,量刑情节复杂的重罪案件等,也可以提出幅度刑量刑建议。量刑情节部分可以相对简化,具体表述为:

"被告人自愿如实供述涉嫌的犯罪事实,对指控的犯罪没有异议,接受刑事处罚,建议判处被告人……。"

4. 本文书一式二份,一份附卷,一份送达人民法院。

六、刑事抗诉书

(一)概念

刑事抗诉书,是指人民检察院认为人民法院的刑事判决或裁定确有错误时,按照法定诉讼程序,要求重新审理、纠正错误时制作的法律文书。

法条阅读

制作刑事抗诉书的法律依据是《刑事诉讼法》第 228 条、第 232 条、第 254 条第 3 款和《人民检察院刑事诉讼规则》第 584 条、第 587 条、第 597 条、第 599 条等规定。

刑事抗诉书是检察机关行使审判监督职权的重要工具,是引起人民法院第二审程序或再审程序的法律文书之一,对于纠正确有错误的刑事判决或裁定、保证法律的准确实施,起着十分重要的作用。

(二)格式、内容及制作方法

1. 二审程序抗诉书

二审程序抗诉书,是指人民检察院认为同级人民法院第一审尚未生效的判决、裁定确有错误,向上一级人民法院提起抗诉时所制作的法律文书。

制作二审程序抗诉书的法律依据是《刑事诉讼法》第 228 条和《人民检察院刑事诉讼规则》第 587 条,二审程序抗诉书是检察机关纠正人民法院未生效一审裁判文书、切实履行审判监督职能的重要检察法律文书。二审程序抗诉书由首部、正文、尾部组成。

文书格式

(1)首部

首部包括标题,编号,原审判决、裁定情况等。

标题中的文书制作机关,应写明所在省(自治区、直辖市)的名称,不能只写地区级市、县、区院名;涉外案件要冠以"中华人民共和国"字样。

关于原审判决、裁定情况。第一,不写被告人的基本情况。第二,如果检法两家认定罪名不一致,应该分别表述案由。第三,如果调查/侦查、起诉、审判阶段没有超时限等程序违法现象时,不必写明公安、检察院与法院的办案经过,只简要写明法院判决、裁定的结果。

(2)正文

正文包括审查意见、抗诉理由、结论性意见、法律根据、决定和要求事项等。

审查意见。这一部分的内容是检察机关对原审判决(裁定)的审查意见,目的是明确指出原审判决(裁定)的错误所在,告知二审法院,检察院抗诉的重点是什么。这部分要观点鲜明,简明扼要。

抗诉理由。针对事实确有错误、适用法律不当或审判程序严重违法等不同情况,阐述抗诉理由。

示范举例

第一,如果法院认定的事实有误,则要针对原审裁判的错误之处,提出纠正意见,强调抗诉的针对性。对于有多起"犯罪事实"的抗诉案件,只叙写原判决(裁定)认定事实不当的部分,认定事实没有错误的,只需写明"对……事实的认定无异议"。突出检、法两家的争议重点,体现抗诉的针对性。对于共同犯罪案件,也可以作类似处理,即只对原判决(裁定)漏定或错定的部分被告人犯罪事实作重点叙述,对其他被告人的犯罪事实可简写或者不写。关于"证据部分",应该在论述事实时有针对性地列举证据,说明证据的内容要点及其与犯罪事实的联系。刑事抗诉书中不能追诉起诉书中没有指控的犯罪事实。如有自首、立功等情节,应在抗诉书中予以论述。

第二,如果法院适用法律不当,主要针对犯罪行为的本质特征,论述应该如何认定行为性质,从而正确适用法律。要从引用罪状、量刑情节等方面分别论述。

第三,如果法院审判程序严重违法,抗诉书就应该主要根据《刑事诉讼法》及有关司法解释,逐个论述原审法院违反法定程序的事实表现,再写明影响公正判决的现实或可能性,最后阐述法律规定的正确诉讼程序。

结论性意见、法律根据、决定和要求事项。刑事抗诉书中结论性意见、法律依据应当简洁、明确。在要求事项部分,应写明"特提出抗诉,请依法判处"。

(3)尾部

尾部包括署名、日期、院印、附注等。

①署检察院名称、写明日期并盖院印。

②附注。对于未被羁押的原审被告人,应将住所或居所明确写明。证据目录和证人名单如果与起诉书相同,可不另附。

2. 审判监督程序抗诉书

审判监督程序抗诉书,是指最高人民检察院认为各级人民法院、上级人民检察院认为下级人民法院已生效的刑事判决(裁定)确有错误的,按照审判监督程序向同级人民法院提起抗诉时所制作的法律文书。

制作审判监督抗诉书的法律根据是《刑事诉讼法》第254条第3款和《人民检察院刑事诉讼规则》第597条。审判监督程序抗诉书由首部、正文、尾部组成。

(1)首部。包括标题、编号、原审被告人基本情况、诉讼过程、生效判决或裁定概况等。

①原审被告人基本情况。应写明原审被告人出生日期、住址等;原审被告人的公民身份号码、户籍地;刑满释放或者假释的具体日期等。

②诉讼过程、生效判决或裁定概况。如果是一审生效判决或裁定,不仅要写明一审判决或裁定的主要内容,还要写明一审判决或裁定的生效时间。如果是二审终审的判决或裁定,应该分别写明一审和二审判决或裁定的主要内容,此外,还应该写明提起审判监督程序

抗诉的原因。

(2)正文。包括对生效判决或裁定的审查意见、抗诉理由、结论性意见、法律根据、决定和要求事项等。

①对生效判决或裁定的审查意见(含事实认定)。一是事实认定与证据。对于原审判决、裁定中认定的事实或新发现的事实、证据,应该作比较详细的介绍。二是审查意见。这一部分的内容是检察机关对原判决(裁定)的审查意见,目的是明确指出原判决(裁定)的错误所在,告知再审法院、检察院抗诉的重点是什么。这部分要观点鲜明、简明扼要。

②抗诉理由。针对事实确有错误、适用法律不当或审判程序严重违法等不同情况,叙写抗诉理由。《最高人民检察院关于刑事抗诉工作的若干意见》第5条第3项规定,抗诉书应当重点阐述抗诉理由,增强说理性。因此,抗诉书的重点在于说理,即运用证据和法律论证人民法院的裁判错在何处,同时对如何纠正要明确表明观点。论述抗诉理由时,应当强调说理性,对判决、裁定可能存在的错误进行具体、充分的论证,这样才能表明观点、分清是非,促使人民法院采纳人民检察院的主张,纠正错误的裁判。

③结论性意见、法律根据、决定和要求事项。可参照二审程序抗诉书制作,但法律依据与二审程序抗诉书不同,应准确适用。

(3)尾部。可参照二审程序抗诉书制作。

(三)注意事项

1. 增强抗诉书说理的针对性。抗诉理由是抗诉书的核心部分,应当针对原判决、裁定认定事实确有错误、适用法律不当和量刑畸轻或者审判程序严重违法等不同情况来论述抗诉理由,可以适当分段分项叙写。

2. 增强抗诉书说理的逻辑性。抗诉书对案件事实的分析、论证,必须结合证据进行,切忌脱离证据谈事实,使抗诉意见给人以主观色彩浓厚的印象。抗诉理由的论证方法因案而异,关键是要把人民检察院认为原判决、裁定确有错误的理由叙说清楚,做到逻辑清晰、观点明确、依据充分、文字简练。

第四节　刑事律师文书

一、概述

(一)概念

刑事律师文书,从广义上说,既包括律师代书(刑事书状),也包括律师自书(律师刑事法律文书)。

刑事书状,是指当事人为维护自身合法权益所制作的刑事诉状、申请书。法律实践中,为当事人提供法律服务的执业律师是代写刑事书状的专业人员。

律师刑事法律文书，是指在刑事诉讼活动中，律师为维护当事人的合法权益，在代理权限范围内，以自己名义向人民法院提交的辩护词、笔录等法律文书。

刑事书状、律师刑事法律文书，是刑事案件当事人维护自身合法权益和律师代理职能的具体体现，是启动和展开刑事案件相关诉讼程序的书面凭证，对依法维护当事人合法权益、展示律师刑事案件代理职能、进一步促进刑事案件办案质量提升和推进深化司法改革，都具有重要意义。

（二）制作要求

1. 法律性。要在客观认定案件事实的基础上准确、直接地适用法律，用以推理论证文书的结论，切忌使用含混不清的词语进行表达。

2. 规范性。严格规范格式，形式服务于内容。以最高人民法院等国家机关统一发布的法律文书格式为主要制作规范，兼顾灵活性，根据具体案情的特殊性选择适当的格式。刑事诉状、申请书已由相关部门制定统一格式。辩护词、笔录等虽无统一格式，但也有约定俗成的制作规范。

3. 客观性。根据案件事实基本要素，简明扼要、客观准确地对案情进行概括和描述，不要遗漏关键性情节，不宜发表主观情绪化的言论。

4. 说理性。说理是刑事书状、律师刑事法律文书的实质和灵魂。应充分运用证据依法认定案件事实，准确适用法律分析案情和认定案件性质，力求事实和法律的有机统一。

二、取保候审申请书

（一）概念

取保候审申请书，是指刑事诉讼过程中被羁押的犯罪嫌疑人、被告人及其法定代理人、近亲属或其委托的辩护人，依法向人民法院、人民检察院、公安机关递交的请求对犯罪嫌疑人、被告人解除羁押而采取取保候审强制措施所制作的法律文书。

取保候审申请书制作的法律根据，是我国《刑事诉讼法》第 67 条。[5]

（二）内容、结构及制作方法

取保候审申请书由首部、正文和尾部三部分组成。

1. 首部

（1）标题。居中写明“取保候审申请书”。

（2）申请人的基本情况。包括申请人的姓名、性别、民族、出生日期、身份证号码、职业、住址等内容。如果申请人为律师，需写明律师姓名和所在律师事务所名称及通信地址或联系方式。

示范举例

---

〔5〕《刑事诉讼法》第 67 条规定，人民法院、人民检察院和公安机关对有下列情形之一的犯罪嫌疑人、被告人，可以取保候审：（1）可能判处管制、拘役或者独立适用附加刑的；（2）可能判处有期徒刑以上刑罚，采取取保候审不致发生社会危险性的；（3）患有严重疾病、生活不能自理，怀孕或者正在哺乳自己婴儿的妇女，采取取保候审不致发生社会危险性的；（4）羁押期限届满，案件尚未办结，需要采取取保候审的。

2. 正文

(1)申请事项。被取保候审的犯罪嫌疑人姓名及其涉嫌的案件、羁押场所等基本情况。

(2)申请理由。围绕《刑事诉讼法》第67条规定的四种情形展开论理,并列明保证方式。有保证人的,写明保证人身份,包括姓名、性别、年龄、工作单位、住址等;交纳保证金的,写明保证金具体数额。

(3)保证内容。具体为我国《刑事诉讼法》第71条所规定。〔6〕

3. 尾部

(1)致送机关。即人民法院、人民检察院或公安机关,以案件所处阶段为准。

(2)申请人、保证人(如有)签名。如果申请人为律师,写明律师姓名及所在律师事务所名称,并加盖律所专用章。

(3)申请时间。

(4)如有相关材料一并提交,可在此注明附件及目录。

(三)注意事项

1. 诉求具体明确,叙事简明扼要。在申请书中对案情的描述不宜过细,一般不涉及具体细节,应着重论述与取保候审申请理由相关联的情节。

2. 理由论述充分,引用法条精准。申请理由的论述要紧紧围绕法律规定的取保候审条件展开,旨在论证该案的被告人符合法定的取保候审条件,无羁押必要性。

3. 附项条理清晰,相关材料翔实。应把对被告人取保候审有利的证据材料,依法提交相关司法机关。提交时将附件列明序号。证据较多时,可分组编排,并注明证据与案件及申请取保候审理由的关联性。

三、刑事附带民事起诉状

(一)概念

刑事附带民事起诉状,是指刑事案件被害人因人身权利受到侵犯或财物被犯罪分子毁坏而遭受物质损失时,请求人民法院依法判处刑事案件被告人承担刑事责任并附带赔偿损失所制作的法律文书。

(二)内容、结构及制作方法

1. 首部

(1)标题。居中写明"刑事附带民事起诉状"。

(2)刑事附带民事诉讼原告人、刑事附带民事诉讼被告人基本情况。包括姓名、性别、年龄、民族、籍贯、身份证号、职业、家庭住址、联系方式等。

示范举例

〔6〕《刑事诉讼法》第71条规定,被取保候审的犯罪嫌疑人、被告人应当遵守以下规定:(1)未经执行机关批准不得离开所居住的市、县;(2)住址、工作单位和联系方式发生变动的,在24小时以内向执行机关报告;(3)在传讯的时候及时到案;(4)不得以任何形式干扰证人作证;(5)不得毁灭、伪造证据或者串供。

2. 正文

(1)诉讼请求。

(2)事实和理由。写明案件的起因、经过、后果等,并根据法律和法规,列出追究被告人刑事责任和要求赔偿的依据。

3. 尾部

(1)致送法院。

(2)刑事附带民事诉讼原告人署名,并注明时间。

(3)附项。

(三)注意事项

1. 明确"被害人"身份。刑事附带民事诉讼原告人和刑事案件被害人并非同一概念。后者的概念外延更广。当被害人因人身权利受到侵犯或者财物被犯罪分子毁坏而遭受物质损失时,可提起刑事附带民事诉讼,此时为双重身份,既是被害人,又是附带民事诉讼原告人。因犯罪行为导致被害人的财产被非法占有、处置的,不能提起刑事附带民事诉讼,此时被害人身份仅为被害人,而不是刑事附带民事诉讼的当事人。

2. 内容要全面。刑事附带民事诉状不同于代理词。前者侧重于事实经过及观点的提出,而后者侧重于观点的论述。

3. 提交要及时。刑事附带民事诉讼的制度设计,系将经济赔偿与被告人的定罪量刑一并处理,为了减轻或从轻处罚,被告人及其亲属往往会积极主动赔偿,所以被害人应及时提起附带民事诉讼。否则,一旦被告人被送交执行刑罚,将不利于被害人获得经济赔偿。

四、辩护词

(一)概念

辩护词,是指辩护律师根据事实和法律,在法庭辩论阶段依法发表的对其被告人有利的法律意见。

辩护词是律师辩护意见的理论化、系统化,是律师辩护工作的标志性产品,反映了律师的专业水平和能力,是体现辩护制度价值的重要法律文书。

根据《刑事诉讼法》第37条的规定,辩护人的责任是根据事实和法律,提出犯罪嫌疑人、被告人无罪、罪轻或者减轻、免除其刑事责任的材料和意见,维护犯罪嫌疑人、被告人的诉讼权利和其他合法权益。辩护律师在侦查和审查起诉阶段,可根据案情需要向公安或检察机关提交辩护意见书,在审判阶段应当向人民法院提交辩护词。辩护意见书、辩护词是律师辩护职能的重要体现和载体,这里主要介绍辩护词。

(二)内容、结构及制作方法

辩护词属于叙议类法律文书,辩护理由是其核心内容。

示范举例

1. 首部

(1)标题:写明“辩护词”。

(2)称呼:尊敬的审判长、审判员(人民陪审员)。

(3)申明辩护人受何人委托或为法院所指定,出庭为其辩护,简要说明辩护人所做的前期工作,陈述对全案基本看法。

2. 正文

辩护词的正文即辩护理由。辩护理由是对案件证据分析、事实认定、法律适用过程和逻辑推论的阐述,说理性是辩护词的本质特征,应运用社会主义核心价值观释法说理。

(1)分析案件证据以认定事实,剖析法理、情理、哲理以适用法律。

(2)律师可运用检索手段在司法大数据的裁判中搜寻相似的同类判例,从中抽象出共性的裁判意见,供法官参照。

(3)提出量刑意见。法院的量刑意见、检察院的量刑建议以及认罪认罚从轻制度的实施日趋规范化,律师的量刑意见也应当成为辩护词的重要组成部分。

3. 尾部

(1)辩护主张。概括辩护核心观点,对案件的事实认定和法律适用发表结论性意见,向法院提出对被告人的处理建议。

(2)致送法院、辩护人姓名、日期。也可增加页眉、页脚,标注辩护人联系方式及所在律师事务所名称。如有附件材料,可注明附件及目录。

(三)注意事项

1. 注重庭审过程中对辩护观点的修改和补充。庭前制作的辩护词肯定要接受庭审的检验,不能在法庭上机械运用、照本宣科。法庭上演说和辩论的内容还应在庭辩之后进行整理和沉淀。

2. 充分发挥标题目录和提要的导读作用。让法官在辩护词的目录中就可以了解到辩护律师的基本观点、依据和思维逻辑。为引起法官的特别注意,论点和论据要区别开来,尽量把观点列为标题,以免把观点“淹没”在论据当中。

3. 辩护词要关注个案背后的社会意义。法院的判决不是法条的简单适用,而是充分考虑社会效果的司法判断,是特定的社会背景条件和法律内涵的衡平。所以,升华辩方观点的社会意义,是与主流社会最大的“求同”。辩护词作为私权代表的理性思辨,不但表达律师对个案的理性思考,而且应彰显律师职业的社会责任担当。

4. 律师要根据案件所处的具体阶段提出相关法律意见。侦查阶段和审查起诉阶段的辩护意见书,实质上是“初级辩护词”。考虑到尚未对案件事实形成全面而系统的认识,不宜对受托当事人的合法权益作出最终的评价,所以,提交辩护意见书时要讲究策略,注意留有余地,以切实维护被告人的合法权益。如根据《刑事诉讼法》第 42 条之规定,如有犯罪嫌疑人不在犯罪现场、未达到刑事责任年龄、属于依法不负刑事责任的精神病人的证据,辩护人应当在辩护意见书中阐明,并向公安机关或检察机关提交。

五、刑事附带民事诉讼代理词

（一）概念

刑事附带民事诉讼代理词，是刑事附带民事诉讼原告代理人向法院提交的，针对被告人的定罪量刑及民事赔偿的书面意见。

（二）内容、结构及制作方法

1. 首部

(1)标题。居中写明“刑事附带民事诉讼代理词”。

(2)称呼语。如：“尊敬的审判长、审判员”。

(3)概述律师所做的工作。

2. 正文

正文即代理理由。先开宗明义提出观点，既要针对被告人的定罪量刑发表意见，又要针对民事赔偿发表意见。然后针对所提观点，详细阐述代理理由。代理理由应注意反映刑事附带民事诉讼代理词的双重特点。一方面，要针对被告人定罪量刑发表意见，注意和公诉意见的协调。另一方面，要针对所涉民事赔偿部分发表意见，注意和民事代理意见的对应。

3. 尾部

(1)致送法院。

(2)代理人署名，并注明时间。

(3)附项。

第五节　刑事裁判文书

一、概述

刑事裁判文书，是指人民法院代表国家行使审判权，依照国家刑事法律审判刑事案件，为解决案件诉讼程序问题和诉讼实体问题作出的具有法律效力的书面处理决定。

刑事裁判文书是刑事裁判实务的具体体现，是解决刑事实体问题和程序问题的载体。在刑事诉讼过程中，对诉讼参与性、程序集中性、过程严格性、制作内容繁杂性、公正的塑造与构建等都有很高的要求。就整个刑事诉讼程序而言，立案、侦查、起诉、审判、执行过程，审判处于中心地位，起着终结者的作用。某种意义上看，刑事裁判文书就是刑事裁判实务的重要体现，在整个刑事法律文书体系中，居于中心地位。

二、第一审刑事判决书

(一)概念

第一审刑事判决书,是指第一审人民法院依照《刑事诉讼法》规定的第一审程序,对审理终结的刑事案件,根据已经查明的事实、证据和有关法律的规定,确认被告人是有罪还是无罪,构成何种罪,并科以刑罚、免除刑罚或者宣告无罪的实体问题作出的书面决定。

《刑事诉讼法》第200条规定:“在被告人最后陈述后,审判长宣布休庭,合议庭进行评议,根据已查明的事实、证据和相关法律规定,分别作出以下判决:(一)案件事实清楚,证据确实、充分,依照法律认定被告人有罪的,应当作出有罪判决;(二)依照法律规定被告人无罪的,应当作出无罪判决;(三)证据不足,不能认定被告人有罪的,应当作出证据不足、指控的犯罪不能成立的无罪判决。”

(二)内容、结构及制作方法

第一审刑事判决书分首部、正文、尾部三个部分。首部包括标题、案号、诉讼参与人基本情况、案由、案源及审判经过;正文包括控辩意见、事实和证据、判决理由、判决结果;尾部包括交代有关事项、审判人员署名、日期、印章、书记员署名。下面以一审公诉案件适用普通程序的刑事判决书为例进行介绍。[7]

文书格式

1. 首部

(1)标题

标题由制作法院与文书名称组成,即“××××人民法院”“刑事判决书”。标题应分两行写,第一行写法院名称,一般应与院印的文字一致,基层法院则应冠以省、自治区、直辖市的名称。涉外案件还应冠以“中华人民共和国”的国名。

(2)案号

案号由立案年度、法院简称、案件性质、审判程序和案件顺序号组成。年度,即用公元纪年全称,四个阿拉伯数字用圆括号括住,如(2021);法院简称,应与行政区划的简称一致,如浙江省简称“浙”,雷山县简称“雷”;案件性质,刑事案件用“刑”来表示,以区别于民事、行政案件;审判程序,指反映案件的审判处于何种诉讼阶段上,一审案件用“初”字;案件顺序号,指按照受理案件的时间编的顺序号,如第1号、第2号。例如,江苏省扬中县人民法院2021年立案第110号刑事案件,就可表述为“(2021)扬刑初110号”。案号实行一案一号。案号应写在“刑事判决书”下一行的右端,其最末一字与下面的正文各行看齐。

(3)诉讼参与人基本情况

①公诉机关项。由人民检察院提起刑事公诉的案件,直接写“公诉机关××××人民检察院”。公诉机关指的是代表国家向人民法院提请追究被告人刑事责任的检察机关,这

---

〔7〕 参见最高人民法院《法院刑事诉讼文书样式》之一审刑事判决书样式。

是由《人民检察院组织法》和《刑事诉讼法》明确规定的。

②被告人项。应写明被告人姓名、性别、出生年月日、民族、籍贯、文化程度、职业或者工作单位和职务、住址，何时因本案所受强制措施情况，现在何处。被告人项的书写应根据不同情况酌予增减。一是被告人姓名一定要写准确。一般只写一个名字，与案情有关的别名、化名（特别是间谍案件）或者绰号，应在其姓名后面用括号加以注明；但与案情无关的名字则不要写上。二是被告人的职业，一般应写工人、农民、个体工商户等。如有工作单位的，则应写明其工作单位和职务。三是被告人“出生年月日”，一般应写清具体的出生年月日。被告人犯罪时是否年满18周岁，涉及是否适用死刑、是否应当从轻处罚的问题；是否年满16周岁、14周岁或者12周岁，涉及是否应负刑事责任的问题。确实查不清楚出生年月日的，可以写年龄。对未成年被告人，应写出生年月日。四是被告人有法定或者酌定从重处罚情节的，应写明其事由和时间。五是因本案所受强制措施的情况，应写明被拘留、逮捕等羁押时间，而不能仅写被逮捕的日期。因它涉及刑期的折抵和刑期的准确计算问题。六是被告人的住址应写住所所在地；住所所在地和经常居住地不一致的，写经常居住地。七是被告人是机关、团体、企业或者事业单位的，应写其全称和所在地址；其下续列“法定代表人”或者“代表人”项，即单位的主要负责人，并写明其职务。如果直接负责的主管人员和其他直接责任人员构成犯罪，且一并判决的，应续项书写他们为“被告人”项。八是一案多人的共同犯罪案件，应按主犯、从犯顺序列项书写。九是被告人是外国人的，应在其中译名后用括号写明其外文姓名、国籍、护照号码。

③辩护人项。辩护人，是指接受委托或经法院指定的辩护人。辩护人是律师的，写“辩护人×××，××律师事务所律师”。辩护人如果是人民团体或者被告人所在单位推荐的，或是经人民法院许可的公民，则应写明其工作单位和职务；如果是被告人的监护人、亲友，除应写明其姓名和职务外，还应当写明其与被告人之间的关系。辩护人如系人民法院指定的，应写“指定辩护人”。如果同案被告人有两人以上并各有辩护人，就应分别在各被告人项的下一行列项书写辩护人的情况。

（4）案由、案源及审判经过

书写这一内容的目的是体现审判程序是否合法。它既关系到审理期限的计算，又关系到是否贯彻执行公开审判的原则，还关系到是否依法保障了诉讼参与人的诉讼权利。具体包括：①案由，即案件性质，应写明起诉的案由。②案源，即案件的来源，写明由人民检察院提起公诉及其起诉日期（为法院签收起诉书等材料的日期）。③审判组织，是合议庭审判，还是独任审判？④审判方式，是依法公开审理，还是不公开审理？⑤各方到庭情况，分到庭、不到庭、中途退庭情况，首先写明人民检察院是否派员出庭支持公诉和履行职责情况，如系检察长、副检察长、助理检察员出庭支持公诉的，则应分别表述为“检察长”“副检察长”“代理检察员”；其次写明被告人和辩护人、鉴定人、翻译人员等是否到庭参加诉讼。出席的被告人、辩护人有多人的，可以概写为“上列被告人及其辩护人到庭参加诉讼”。具体表述为：

××××人民检察院以×检×诉〔　　〕××号起诉书指控被告人×××犯××罪，于××××年××月××日向本院提起公诉。本院依法组成合议庭，公开（或者不公开）开庭审理了本案。××××人民检察院指派检察员×××出庭支持公诉,被害人×××及其法定代理人×××、诉讼代理人×××,被告人×××及其法定代理人×××、辩护人×××,证人×××,鉴定人×××,翻译人员×××等到庭参加诉讼。现已审理终结。

2. 正文

正文包括控辩意见、事实和证据、判决理由、判决结果。

(1)控辩意见

首先,概述控方的意见。控方意见主要包括公诉机关检察院意见或者自诉方自诉人意见,指控或者控告被告人犯罪的事实、证据和适用法律的意见。其次,概述被告人对指控的犯罪事实予以供述、辩解、自我辩护的意见和有关证据、辩护人辩护的意见以及有关证据。目的是突出控辩的焦点,以便法院在认定事实、列举证据和阐述判决理由时更有针对性,也增加了刑事判决的透明度,保护了控、辩双方的诉讼权利,体现出控辩式审理方式的特点和裁判文书的公开性、客观性、全面性。

(2)事实和证据

事实和证据是刑事判决的前提,是判决理由和判决结果的基础。有罪判决的事实和证据部分,是确认被告人的行为构成犯罪和处以刑罚的根据,把事实证据叙清、写明是制作刑事判决书的关键。该部分以"经审理查明……"开头,包括三个方面内容:首先写明经法院审理查明的事实;其次写明据以定案的证据及其来源;最后对控辩双方有异议的事实和证据予以分析论证。具体要求:

第一,叙述要素清楚。叙述事实时,应写明案件发生的时间、地点,被告人的动机、目的、手段,实施行为的过程、危害结果和被告人在案发后的表现等内容,并以是否具备犯罪构成要件为重点,兼叙影响定性处理的各种情节。

时间,必须写得具体准确。任何案件都是在一定时间实施的,虽然它会因不同的案件而有所区别,但一般都要具体写出年、月、日、时,有的则要写到分。有时,时间本身就可以证明被告人有无作案的可能。

地点,必须写得确切。任何犯罪都是在一定地点实施的。犯罪的地点可以证明被告人行为的社会危害程度。地点尤其是地名,易混、相近、同音的较多,必须认真对待。

动机,必须书写已经查明的能推动犯罪人实施犯罪行为的内心起因。不同的犯罪往往有不同的动机;相同的犯罪行为,动机也不一定一样。杀人罪的动机,有的出于报复,有的出于奸情,有的出于图财,要把能够反映行为人的社会心理素质、法治观念、道德品质以及个人倾向等主观特征的真实犯罪动机写清楚,为定罪科刑打下基础。

目的,是必须查明的犯罪行为人主观上所希望达到的某种结果。犯罪目的是犯罪主观方面的重要因素,是构成希望结果发生的犯罪所必备的主观要件。犯罪目的只存在于直接故意的犯罪中,而间接故意犯罪和过失犯罪的结果并不是犯罪人希望达到的。没有犯罪目的的,可以不写。

手段,是必须查明的犯罪行为人实施犯罪行为的方式方法。犯罪的手段能鲜明地反映出被告人的犯罪经验和主观恶性的大小。有的犯罪手段特别狡猾、特别狠毒,必须如实写明。

实施行为的过程，是必须查明的犯罪行为人实施犯罪各阶段的情况。一个完整的故意犯罪，要经过一个犯罪的起意、准备、实行、完成的发展过程。不同的犯罪有不同的犯罪过程，同样的犯罪也有不同的犯罪过程。要注意犯罪过程的阶段性、连贯性和系统性，如犯罪的准备、犯罪的实施、犯罪后逃跑以及毁灭罪证等，以便了解犯罪行为人实施犯罪的全过程。叙述时，既要写明决定犯罪性质的情节，又要写明其他涉及量刑方面的情节较轻、情节严重、情节特别严重、情节特别恶劣等方面的情况。

危害结果，是必须查明的犯罪行为对社会所造成的危害后果的基本状态。若是数个犯罪，则要写明某个危害行为与某个危害结果的因果关系。写危害结果要如实反映出犯罪行为是"尚未造成严重后果""造成严重后果""使国家和社会遭受严重损失"，还是"后果特别严重"等情况。

被告人在案发后的表现，应写明被告人在案发后的基本态度和交代罪行的程度。要写明被告人是全部坦白交代、一般交代，还是拒不交代的情况；对交代后翻供的，要在查清原委后加以说明。

第二，犯罪构成要件明确。犯罪构成要件既包括《刑法》总则规定的犯罪预备、未遂和中止这些独立的犯罪构成形态要件，又包括《刑法》分则规定的每一种罪的具体犯罪构成要件。犯罪构成是分清罪与非罪、此罪与彼罪界限的具体标准，叙述犯罪事实不能离开这个标准。以下事实不能写在判决书上：只有被告人供述，没有其他证据的；只有一般轻微违法行为，不构成犯罪的，或者属于思想认识、道德品质、生活作风、缺点错误的；已过追诉时效，依法不应追究的犯罪事实；历史上已经处理过的行为；应按党纪、政纪处理的或者与本案无关的事实。在突出重点时，要兼顾叙写影响定性处理的各种情节。

第三，叙事详略得当，符合特别要求。叙述事实必须重点突出、层次清楚，一般按时间先后顺序进行。一人犯数罪的，应按罪行主次的顺序叙述；一般共同犯罪案件，应以主犯为主线进行叙述；集团犯罪案件，可先综述集团的形成和共同的犯罪行为，再按主犯、从犯或者罪重、罪轻的次序分别叙述各个被告人的罪行。叙述事实要注意保守国家秘密，保护被害人的名誉。涉及侦查手段、侦破情况，隐私案件（如强奸、流氓）中淫秽、猥亵行为的具体情节，被害妇女、幼女的名字等，都不要写在判决书上。叙述事实的文字要准确、朴实，不夸大、不缩小，如实反映案件的客观事实。关键情节必须具体叙述，一般过程或次要情节必须概括叙述。财物数量、品名、作案时间，应力求使用确切词语。

第四，证据要确实、充分。主要表现在：重证据、重调查研究而不轻信口供；必须经过法庭查证属实，排除仅由间接证据定案且证据之间有矛盾的情形，应当综合分析，去伪存真；证据与被证明的事实具有必然的、有机的联系，能够互相印证，环环紧扣；要尽可能写得明确、具体，不能抽象笼统。总之，证据的写法，应因案而异，案情简单或者控辩双方没有异议的，可以集中表述；案情复杂或者控辩双方有异议的，应具体分析论证；一人犯数罪或者共同犯罪案件，可以分项或者逐人逐罪表述证据或者对证据进行分析论证。对控辩双方没有争议的证据，在控辩主张中可不予表述，以避免不必要的重复。写作证据时，应注意不要在无意中诲淫诲盗、介绍犯罪方法，注意保守国家秘密，保护报案人、控告人、举报人、被害人、证人的安全和名誉。

(3)判决理由

理由是判决的灵魂。首先，需要明确判决理由写什么。刑事裁判文书理由的写法不同于诉辩类文书理由的写法。其具有双针对性，一方面针对事实的性质和特点，另一方面针对对立双方的意见。刑事裁判文书要写三方理由，第一方为审方理由，要针对事实的性质和特点来表述自己的理由，即定罪量刑的意见；第二、三方理由为对立双方理由即诉辩理由，刑事一审裁判对立双方即控辩双方，控方为检察院或者自诉人，辩方为被告人和辩护人。其次，需要明白判决理由怎么写。第一方即审方理由要详写，主要写明审方根据庭审确认的事实、证据、法律规定，如何论证被告人是否犯罪，犯什么罪，应当从轻、从重处罚等理由，都需要针对案件事实的性质和特点来写。对立双方理由即诉辩理由要概括写，还要写明审方对诉辩双方意见的评述，正确的要分析、采纳，错误的要分析、否定。

其具体层次，可以表述为表4-1：

表4-1 第一审刑事判决书说理层次

层次	事实理由	法律理由	结论
第一层	事实概括(审方)	适用实体法	是否犯罪、犯什么罪
第二层	情节要点(审方)	适用实体法	应当从宽或从严处理
第三层	评析要点(对立双方)	适用法律	正确的，采纳；错误的，否定
第四层	为了保护被侵害客体的利益(审方)	适用法律	判决结果

具体步骤如下：

第一，确定罪名。应以我国《刑法》和《确定罪名规定》为依据。一人犯数罪的，一般先定重罪，后定轻罪；共同犯罪案件，应在分清各被告人的地位、作用和刑事责任的前提下，依次确定主犯、从犯、胁从犯、教唆犯的罪名。法院认定的罪名与公安、检察机关认定的罪名不一致的，应当有理有据地作出分析说明。确定罪名必须针对犯罪的事实、性质、情节，运用犯罪构成理论，以《刑法》分则各条规定的罪状特征，对被告人的行为作出法律上的评断。理由的论述一定要有针对性、有个性，应结合具体案情，充分摆事实、讲道理，使理由具有思想性和说服力。既要说明被告人犯罪行为的社会危害性，又要论证被告人的行为是否构成犯罪，犯的是什么罪，是一罪还是数罪；既要抓住要害，分析论证，重点剖析，又要分析事理，依法论理，以理服人。要根据事实讲道理，使理由与事实相一致、理由与结论相一致。所谓理由与事实相一致，是指阐述理由要遵循“以事实为根据”的原则，根据犯罪事实去分析、评定犯罪行为的实质。所谓理由与结论相一致，是指根据理由的分析、评论，得出应当判处某种刑罚的结论。

在共同犯罪案件中论证判决理由时，还要注意分清各个被告人应负的罪责。在一般共同犯罪和犯罪集团案件中，虽然有多名被告人，但他们在共同犯罪过程中所起的作用和所处的地位是不同的：有的是首要分子，有的是一般成员；有的是主犯，有的是从犯、胁从犯或者教唆犯;在共同经济犯罪中,各个被告人所得的赃款赃物和非法经营的数额以及追缴赃款赃物的情况也各不相同。因此,在论证判决理由时,就要实事求是地分析,严格分清各个共同犯罪人应负的罪责,尤其要突出首要分子和主犯应负的罪责,以体现区别对待的政策精神。

第二,确认量刑的情节。如果被告人具有从轻、减轻、免除处罚或者从重处罚等一种或数种情节的,应当分别或者综合予以认定,以体现对犯罪分子实行惩办与宽大相结合的立法精神,促使被告人认罪服法。

第三,评判诉辩意见。对公诉机关指控的罪名成立的应当表示肯定;不构成犯罪或者指控的罪名不当的,应当有理有据地作出分析认定。对于被告人的辩解、辩护人的辩护所提出的对定罪量刑方面的主要意见和请求,合理的应当表明予以采纳;不合理的则要有理有据地予以说服批驳。

第四,写明判决的法律依据。判决的法律依据即定罪量刑应适用的具体法律条文;能否准确地引用法律条文,直接关系能否正确定罪量刑。

其一,要做到准确、完整、具体。准确,就是要恰如其分地适合判决结果;完整,就是要把据以定性处理的法律规定和司法解释引全;具体,就是要引出《刑法》分则条文外延最小的规定,即凡条下分款分项的,都应写明第几条第几款第几项;若条文只分项不分款,则应写明第几条第几项。

其二,要有一定的条理和次序。一份判决书应当引用两条以上法律条文的,应先引用有关定罪与确定量刑幅度的条文,后引用从轻、减轻、免除处罚或从重处罚的条文;判决结果既有主刑,又有附加刑内容的,应先引适用主刑的条文;后引适用附加刑的条文,适用以他罪论处的条文,先引用本条条文,再按本条的规定,引用相应的他罪条文;一人犯数罪的,应逐罪引用法律条文;共同犯罪的,可集中引用有关的法律条文,必要时也可逐人逐罪引用法律条文。全国人大常委会有关修改、补充刑法的"决定""补充规定"等单行刑法和非刑事法律中的刑法规范,在适用上与《刑法》具有同等效力,仍应按上述原则引用。在引用的法律依据中,既有法律规定又有司法解释的,应当先引用法律规定,再引用相应的司法解释。引用的法律名称一律用全称,不能用简称。如引用刑法,应写为"《中华人民共和国刑法》"。对同时适用修订前后刑法的,对修订前的刑法称"1979 年《中华人民共和国刑法》"。

(4)判决结果

判决结果是判决的结论,又称判决"主文",是人民法院根据已经查明的事实和法律的有关规定,对被告人作出的有罪或者无罪,犯了什么罪,适用什么刑罚或者免除处罚的处理决定,是判决书的实质部分。对判决结果的书写必须做到与事实、理由相一致,与法律规定相适应。事实、理由是认定被告人有罪或者无罪的根据;法律是定罪量刑的准绳,三者不能有任何矛盾。

第一审刑事判决书的判决结果部分,应分三种情况写明以下内容:

第一,定罪判刑的,表述为:

一、被告人×××犯××罪,判处……(写明主刑、附加刑)。

（刑期从判决执行之日起计算。判决执行以前先行羁押的，羁押一日折抵刑期一日，即自××××年××月××日起至××××年××月××日止）。

二、被告人×××……（写明追缴、退赔或者没收财物的决定，以及这些财物的种类和数额）。

第二，定罪免刑的，表述为：

被告人×××犯××罪，免予刑事处分（如有追缴、退赔或者没收财物的，续写为第二项）。

第三，宣告无罪的，无论是适用《刑事诉讼法》第200条第2项还是第3项，均应表述为：

被告人×××无罪。

3. 尾部

（1）交代有关事项

主要指交代上诉权、上诉期限和上诉审法院等。写明："如不服本判决，可在接到判决书的第二日起十日内，通过本院或者直接向××××人民法院提出上诉。书面上诉的，应当提交上诉状正本一份，副本×份。"

如果适用《刑法》第63条第2款规定在法定刑以下判处刑罚的，应当在交代上诉权之后另起一行写明："本判决依法报请最高人民法院核准后生效。"

（2）审判人员署名

独任审判员或者合议庭组成人员署名。合议庭成员有陪审员的，署名为"人民陪审员×××"；合议庭成员有助理审判员的，署名为"代理审判员×××"；助理审判员担任合议庭审判长的，与审判员担任合议庭审判长一样，署名为"审判长×××"；院长（副院长）或者庭长（副庭长）参加合议庭的，应担任审判长，署名为"审判长×××"。

（3）日期以及印章

应写明判决决定的日期。在审判人员的下方写明判决的签发日期，加盖人民法院印章。另外，还要加盖戳记之章。在正本末页的年月日的左下方、书记员署名的左上方，盖上"本件与原本核对无异"的戳记，以示负责。戳记的位置不能乱盖，和校对之章（用于涂改的地方）都应按规定加盖。

（4）书记员署名

在年月日的下方，由书记员署名。注意，不要将书记员署名的位置同审判人员并列。

（三）注意事项

1. 准确写明判决结果

（1）判处的各种刑罚，应按法律规定写明全称，不能简略。例如，判处"死刑，缓期二年执行"，不能简写为判处"死缓"；判处"死刑"的，不能写为判处"死刑，立即执行"；判处"有期徒刑"的，不能写为判处"徒刑"。

（2）有期的刑罚应当写明刑种、刑期及主刑的折抵办法和起止时间。经二审或者再审改判的，再作相应变动。如系判处死刑缓期二年执行或者判处管制的，则可按下述方法表述。判处死刑缓期二年执行的，表述为："死刑缓期二年执行的期间，从高级人民法院核准之日起计算。"判处管制的，表述为："刑期从判决执行之日起计算；判决执行以前先行羁押的,羁押一日折抵刑期二日,即自××××年××月××日起至××××年××月××日止。"

(3)根据《刑事诉讼法司法解释》第295条第6项、第7项的规定,对被告人因未达到刑事责任年龄,不予刑事处罚的被告人是精神病人,在不能辨认或者不能控制自己行为时造成危害结果,不予刑事处罚的,均应当在判决结果中宣告"被告人不负刑事责任",被告人符合强制医疗条件的,应当依照本解释第二十六章的规定进行审理并作出判决,根据上述解释第10项的规定,对被告人死亡的案件,根据已查明的案件事实和认定的证据材料,能够确认被告人无罪的,应当在判决结果中宣告"被告人无罪"。

(4)追缴、退赔和没收的财物,应写明其名称和数额。财物多、种类杂的,可在判决书上写明其种类和总额,并另列清单作为判决书的附件。

(5)数罪并罚的,应当分别定罪量刑(包括主刑和附加刑),然后按照《刑法》总则关于数罪并罚的规定量刑;对决定执行的刑罚,不应"估堆"量刑。

(6)一案多人的,应当以罪责的主次或者应判刑罚的轻重为顺序,逐人分项定罪判处。

(7)机关、团体、企业或者事业单位构成犯罪被判处刑罚的,先应当写明单位犯的是什么罪,对单位判处罚金的种类和数额,然后续项列写对单位直接负责的主管人员和其他直接责任人员的定罪判刑。

2. 反映单位犯罪特点

对单位犯罪裁判文书的制作,应当反映单位犯罪特点。[8] 具体来说:

(1)首部。应依次写明被告人(单位或自然人)的下列事项:

被告人……(写明单位名称、所在地地址)。

法定代表人(或者单位负责人)……(写明姓名、工作单位和职务)。

被告人……(写明直接负责的主管人员、其他直接责任人员的姓名、性别、出生年月日、民族、籍贯、文化程度、职业或工作单位和职务、住址、因本案所受强制措施情况、现在何处等)。

当"法定代表人"与作为本案被告人的"直接负责的主管人员"是同一人时,仍应分别在"被告人(单位)"项下的"法定代表人"项和"被告人(直接负责的主管人员)"项予以表述,不能表述为"法定代表人(本案被告人)"。

(2)事实。应写明经法院审理查明的有关单位犯罪的事实和直接负责的主管人员、其他直接责任人员犯罪的事实。"直接负责的主管人员"除对单位犯罪应承担罪责外,还有其他犯罪事实的,则应单独列项表述。

(3)理由。在论证被告人(单位)及其直接负责的主管人员、其他直接责任人员的行为是否构成犯罪、犯什么罪的同时,还要根据《刑法》总则和分则条文的具体规定,对本案是否构成单位犯罪和实行"双罚制"进行重点阐述。

---

[8] 参见《法院刑事诉讼文书样式》之一审刑事判决书样式。

在引用法律的条款项时，对于刑法规定的对犯罪单位和“直接负责的主管人员和其他直接责任人员”的处罚条款项不同时，应当分别予以表述。

(4)判决结果。注意以下三种情形的表述：

第一，定罪判刑的，表述为：“一、被告人(单位)×××犯××罪，判处罚金×××元，……(写明缴纳期限)；二、被告人×××犯××罪，判处……(写明主刑、附加刑以及刑期折算办法、刑期起止日期)三、被告人×××……(写明追缴、退赔或者没收财物的决定，以及这些财物的种类和数额)。”

第二，定罪免刑的，表述为：“一、被告人(单位)×××犯××罪，免予刑事处分；二、被告人×××犯××罪，免予刑事处分。(如有追缴、退赔或者没收财物的决定，应在以上各项之后续项写明)。”

第三，宣告无罪的，无论是适用《刑事诉讼法》第200条第2项还是第3项，均应表述为：“一、被告人(单位)×××无罪；二、被告人×××无罪。”

三、第二审刑事判决书

(一)概念

第二审刑事判决书，是指第二审人民法院根据当事人或者人民检察院对第一审人民法院作出的尚未发生法律效力的判决所提出的上诉或者抗诉，经审理查明原判决在认定事实或者适用法律上有错误，依照我国刑事诉讼法规定的第二审程序作出的书面决定。

《刑事诉讼法》第227条规定：被告人、自诉人和他们的法定代理人，不服地方各级人民法院第一审的判决、裁定，有权用书状或者口头向上一级人民法院上诉。被告人的辩护人和近亲属，经被告人同意，可以提出上诉。附带民事诉讼的当事人和他们的法定代理人，可以对地方各级人民法院第一审的判决、裁定中的附带民事诉讼部分，提出上诉。对被告人的上诉权，不得以任何借口加以剥夺。

《刑事诉讼法》第228条规定：地方各级人民检察院认为本级人民法院第一审的判决、裁定确有错误的时候，应当向上一级人民法院提出抗诉。

第二审人民法院对上诉、抗诉案件，应当就第一审判决认定事实是否清楚、适用法律是否正确、诉讼程序是否合法进行全面审查，不受上诉或者抗诉范围的限制，并依法作出判决或者裁定。共同犯罪案件只有部分被告人上诉的，也应当对全案进行审查，一并处理。第二审人民法院通过第二审刑事判决，可以及时有效地纠正第一审刑事判决可能发生的轻罪重判、重罪轻判，或者将无罪定为有罪、将有罪定为无罪等错误，切实保证国家法律的正确贯彻执行，切实保证人民法院正确行使审判权，有利于准确地惩罚犯罪分子，有效地保护被告人的合法权益，使无罪的人不受刑事追究、轻罪的人不受重罚；有利于上级人民法院监督和指导下级人民法院的刑事审判工作，提高审判质量。

(二)内容、结构及制作方法

第二审刑事判决书分首部、正文、尾部三个部分。首部包括标题，案号，诉讼参与人基本情况，案由、案源及审判经过。正文包括原审意见和诉辩意见、事实和证据、判决理由、判决结果。尾部包括交代有关事项、审判人员署名、日期、印章、书记员署名。第二审刑事判决书与第一审刑事判决书的内容、结构基本相同,但也有二审文书的特点,下面以二审改判普通程序刑事判决书为例进行介绍。[9]

1. 首部

(1)标题。写法同第一审刑事判决书。

(2)案号。写法参考第一审刑事判决书,应注意将案号中表审级的"初"字改为"终"字。

文书格式

(3)诉讼参与人

①抗诉人和上诉人等的称谓及身份事项。按照抗诉机关、上诉人、原审被告人的顺序依次书写,并标明上诉人在原审中的诉讼地位。

第一,检察机关提出抗诉而被告人未上诉的,第一项写"抗诉机关",第二项写"原审被告人"。

第二,公诉案件的被告人提出上诉的,第一项写"原公诉机关",第二项写"上诉人(原审被告人)"。未成年的被告人的法定代理人或者指定代理人提出上诉的,第一项写"原公诉机关";第二项写"上诉人",并用括号注明其与被告人的关系;第三项写"原审被告人"。被告人的辩护人或者近亲属经过被告人同意提出上诉的,第一项写"原公诉机关";第二项写"上诉人",并用括号注明其与被告人的关系;第三项写"原审被告人"。

第三,自诉案件的自诉人提出上诉的,第一项写"上诉人(原审自诉人)",第二项写"原审被告人"。被告人提出上诉的,第一项写"上诉人(原审被告人)",第二项写"原审自诉人"。自诉人和被告人都提出上诉的,第一项写"上诉人(原审自诉人)",第二项写"上诉人(原审被告人)"。自诉案件的当事人的法定代理人或者指定代理人提出上诉的,第一项写"上诉人",并用括号注明其与被代理人的关系;第二项写被代理人,如"原审自诉人";第三项写"原审被告人"。

第四,共同犯罪案件中的数个被告人提出上诉的,第一项写"原公诉机关",第二项写"上诉人",并用括号注明其在原审中的诉讼地位;没有提出上诉的被告人,在第三项写"原审被告人",以便二审在对全案进行审查时,一并处理。

第五,人民检察院和当事人同时提出抗诉和上诉的,根据最高人民法院的司法解释,应按抗诉程序进行审理。因此,第一项写"抗诉机关",第二项写"上诉人"。

第六,附带民事诉讼的当事人提出上诉的,第一项写"上诉人",第二项写"被上诉人",即对方当事人,并分别在括号内注明其在原审中的诉讼地位。附带民事诉讼当事人的法定代理人提出上诉的,与自诉案件当事人的法定代理人的书写相同。

上列当事人的身份事项,均应写明姓名、性别、出生年月日、民族、籍贯、文化程度、职业或工作单位及职务、住址和因本案所受强制措施情况、现在何处等。

②辩护人项。在辩护人项中应写明姓名、工作单位和职务。这与第一审刑事判决书的

[9] 参见《法院刑事诉讼文书样式》二审刑事判决书样式。

书写相同。无辩护人的，此项不写。

(4)案由、案源及审判经过

具体可表述为："××××人民法院审理××××人民检察院指控原审被告人×××犯××罪一案，于××××年××月××日作出(××××)×刑初字第××号刑事判决。原审被告人×××不服，提出上诉。本院依法组成合议庭，公开(或者不公开)开庭审理了本案。××××人民检察院指派检察员×××出庭履行职务。上诉人(原审被告人)×××及其辩护人×××等到庭参加诉讼。现已审理终结。"

如系被告人×××的辩护人或者近亲属提出上诉，相应内容表述为："原审被告人×××的近亲属(或辩护人)×××征得原审被告人同意，提出上诉。"

如系被害人及其法定代理人请求人民检察院提出抗诉，人民检察院根据《刑事诉讼法》第229条规定决定抗诉的，相应内容表述为："被害人(或者其法定代表人)×××不服，请求××××人民检察院提出抗诉，××××人民检察院决定并于××××年××月××日向本院提出抗诉。"

如系抗诉案件，相应内容表述为："出庭支持抗诉。"

未开庭审理的，相应内容表述为："经过阅卷，讯问原审被告人，听取其他当事人、辩护人、诉讼代理人的意见，认为事实清楚，决定不开庭审理。现已审理终结。"

2. 正文

(1)原审意见和诉辩意见

首先，概述原判决的基本内容，即认定的事实、证据、理由和判决结果。其次，概述上诉(或者抗诉)的主要理由和辩护的主要意见。

(2)事实和证据

本部分首先要写明经二审法院审理查明的事实。其次要写明二审据以定案的证据。最后要对上诉或抗诉理由与原判有争议的内容进行分析论证。

依照我国《刑事诉讼法》第236条第1款第2项、第3项的规定，二审改判的案件为原判决认定事实不清或证据不足；或者原判决认定事实没有错误，但适用法律有错误或量刑不当的案件。因此，第二审刑事判决书对案件事实的叙述，与第一审刑事判决书在要求和侧重点上都有所不同，既要针对上诉或者抗诉的主要理由重点叙述，又要不受上诉或者抗诉范围的限制。叙写事实时，在全案审查和审理的基础上，要完整地反映案情的全貌，系统地反映全案的事实经过，包括案件发生的时间、地点，原审被告人行为的动机、目的、手段，实施行为的过程、危害结果，原审被告人在案发后的态度，以及投案自首、检举立功等情况。在叙述方法上，要区别案件的不同情况，采取不同的写法，做到突出重点、详略适当。如上诉或者抗诉对原判认定的事实没有提出异议，二审经审查也确认原判认定的事实没有错误的，事实部分可以概括叙述。如上诉或者抗诉对原判认定的事实全部否认的，应针对上诉或者抗诉的主要理由，用二审查证核实的证据材料，逐一写明案件事实，提出认定或者否定原判事实的根据和理由。如上诉或者抗诉认定原判认定的事实有部分不符的，二审应就没有争议的事实略述，有争议的事实详述，并针对上诉人或者抗诉人提出否定这些事实的根据进行分析论证，阐明肯定或者否定的理由。

(3)判决理由

①明确写什么。二审刑事裁判文书理由应写明在“本院认为”引语之后，首先写明第一层即二审法院意见，要根据二审查明的事实、证据和有关法律规定，论证原审法院判决在认定事实、证据和适用法律方面是否正确，原审被告人是否犯罪、犯什么罪；其次写明一审法院、诉辩对立各方关丁适用法律、定性处理方面的意见，应当表示是否予以采纳，并阐明理由；最后写明为维护客体利益，根据法律规定，得出改判结果。

②明确怎么写。二审法院意见为详写，主要写明二审法院根据庭审确认的事实、证据、法律规定论证被告人是否犯罪、犯什么罪，应当从轻或从重处罚。要针对二审案件事实的性质和特点来写，对比得出原审判决是否正确。要概括写明对诉辩双方的理由与意见的评述，正确的要分析、采纳，错误的要分析、否定。

其具体层次，可以表述为表4－2：

表4－2 第二审刑事判决书说理层次

层次	事实理由	法律理由	结论
第一层	二审事实概括(审方)	适用实体法	是否犯罪、犯什么罪
第二层	二审情节要点(审方)	适用实体法	应当从宽或从严处理
第三层	评析要点(一审、诉辩双方)	适用法律	正确的采纳；错误的否定
第四层	为了保护被侵害客体的利益(审方)	适用法律	判决结果

具体写法可以分为三种情况：第一，对于原判决认定事实没有错误，但适用法律确有错误，或者量刑不当，上诉或者抗诉有理的，应当依法写明原判决的不当之处及其改判的理由。第二，对于原判决认定事实不清或者证据不足，上诉或者抗诉有理的，应写明原判决哪些事实不清(是部分还是全部)、证据不足，以及改判的根据和理由。第三，对于原判决认定事实和适用法律均不当的，则应充分说明否定原判决的根据和理由。

对于改判的案件，除应阐明改判的根据和理由外，还要写明改判所依据的法律条文，即分别引用《刑事诉讼法》和《刑法》的有关条文，作为改判的法律依据，在顺序上，要先引用程序法，再引用实体法。引用法律条文，必须写明判决所依据的法律条款项。

第二审刑事判决书的理由部分要有针对性，有的放矢。应重点针对一审判决在认定事实或者适用法律上的错误，以及上诉、抗诉的意见和理由，进行充分论证。同时，也应注意避免文字上不必要的重复。

(4)判决结果

我国《刑事诉讼法》第236条第1款第2项和第3项规定，第二审人民法院对不服第一审判决的上诉、抗诉案件，经过审理后，应当按照下列情形分别处理：“原判决认定事实没有错误，但适用法律有错误，或者量刑不当的，应当改判。”“原判决认定事实不清楚或者证据不足的，可以在查清事实后改判；也可以裁定撤销原判，发回原审人民法院重新审判。”从审判实践看，需要变更原判决的，主要是指：混淆罪与非罪的界限；混淆此罪与彼罪的界限;应按一罪处罚而按数罪并罚的,或者相反,应按数罪并罚而按一罪处罚的;量刑不当的;具有法定从轻、减轻、免除处罚或者从重处罚情节,原审法院没有考虑的;等等。依照法律规定和审判实践经验,第二审刑事判决书的主文有三种情况,在书写上必须准确、完整。

①原判决认定事实没有错误,但适用法律有错误,或者量刑不当的,应当改判。

第一,全部改判的,先要撤销原审法院的判决,然后写明改判的内容。表述为:

一、撤销××××人民法院(××××)×刑初××号刑事判决;

二、上诉人(原审被告人)×××……(写明改判的内容)。

刑期折算办法从……(写明刑期折算办法起止日期)。

第二,部分改判的,具体写明维持原判的哪一项,撤销原判的哪一项以及如何改判。表述为:

一、维持××××人民法院(××××)×刑初××号刑事判决第×项(写明维持的具体内容);

二、撤销××××人民法院(××××)×刑初××号刑事判决第×项(写明撤销的具体内容);

三、上诉人(原审被告人)×××……(写明部分改判的内容)。

刑期折算办法从……(写明刑期折算办法起止日期)。

原审判决结果未分项表述而第二审作部分改判的,表述为:

一、维持××××人民法院(××××)×刑×××号刑事判决中的……(写明维持的内容);

二、撤销××××人民法院(××××)×刑×××号刑事判决中的……(写明撤销的内容);

三、……(写明改判的内容)。

在共同犯罪案件中,确认原判决对部分被告人定罪处刑正确,对某一被告人或者部分被告人定罪处刑不当的,改判时,同样应当维持原判正确的部分,撤销原判不当的部分,再相应予以改判。

②原判决事实不清楚或者证据不足的,可以在查清事实后由第二审人民法院直接改判。表述为:

一、撤销××××人民法院(××××)×刑初××号刑事判决;

二、上诉人(原审被告人)×××……(写明改判的内容);

刑期折算办法从……(写明刑期折算办法起止日期)。

③原判决认定事实、性质(罪名)和适用法律均不当,原审被告人无罪的,应当撤销原判,宣告上诉人无罪。写为:

一、撤销××××人民法院(××××)×刑初××号刑事判决;

二、上诉人(原审被告人)×××无罪。

3. 尾部

（1）交代有关事项

主要是交代判决的法律效力。在判决结果之下，另起一行写明："本判决为终审判决。"

如果本判决是在法定刑以下判处刑罚的案件，应在"本判决为终审判决"之后，续写"本判决依法报请最高人民法院核准"。

如果第二审法院是高级人民法院（含解放军军事法院），改判的结果中有判处死刑的被告人的，就应在"本判决为终审判决"之后，另起一行写明："关于以××罪判处被告人×××死刑，剥夺政治权利终身的判决，由本院依法报送最高人民法院核准"。

如果第二审法院是高级人民法院，改判的结果中有判处死刑缓期二年执行的被告人的，只写"本判决为终审判决"即可，不必续写："本判决为核准以××罪判处被告人×××死刑，缓期二年执行，剥夺政治权利终身的判决。"

如果第二审法院是最高人民法院，维持或者改判的主文中，有判处死刑，剥夺政治权利终身的被告人的，根据《刑法》第 48 条第 2 款规定的精神，即可据此判决以最高人民法院院长名义，颁发执行死刑命令，交付一审法院执行。无须另写"本判决并为核准以××罪判处被告人×××死刑，剥夺政治权利终身的判决"。

（2）审判人员署名

主要是合议庭组成人员署名。依照我国《刑事诉讼法》第 183 条第 4 款中"人民法院审判上诉和抗诉案件，由审判员三人或者五人组成合议庭进行"的规定，应当由参加合议庭的审判员（或者代理审判员），按审判长、审判员的顺序分别署名，不发生由人民陪审员和独任审判的问题。

（3）日期、印章、书记员署名，与第一审刑事判决书相同。

（三）注意事项

1. 必须针对上诉理由写事实。这是第二审刑事判决书的一个重要特点。但在实践中往往容易忽略这一点。如"以其犯罪后向单位自首并交出赃款为理由提出上诉"，但在判决中叙述事实时，对上诉人是否投案自首和是否退赃、退赃多少，却只字未提，事实的叙述没有针对性。

2. 针对不同情况写明判决结果。对一审判三年以下有期徒刑、二审宣告缓刑的案件，应当先撤销原判，然后由二审判处徒刑、宣告缓刑。但在审判实践中，有的却先维持原判，再宣告缓刑。这是不妥当的。因为缓刑是一项刑罚制度，二审将实刑改为缓刑，不能认为仅仅是执行方法的改变，实际上是原判适用法律不当，根据《刑事诉讼法》第 236 条第 1 款第 2 项的规定，应当改判。对检察机关起诉两个罪，一审判决认定一个罪，检察院因此提出抗诉的案件，经二审法院审理，认为抗诉有理，确定原审被告人犯有两个罪的，也应当先撤销原判，再按数罪并罚的原则，决定应执行的刑罚。但在审判实践中，有的先维持原判，再"加判刑"，这是不正确的。因为一个案件只能有一个生效的判决作为执行的根据。如果二审改判时不先撤销原判，而是在维持原判的基础上"加判刑"，就会产生两个互相矛盾的判决并存的问题。

四、再审刑事判决书

（一）概念

再审刑事判决书，是指人民法院依照刑事诉讼法审判监督程序的规定，对于已经发生法律效力的判决，经过审查发现存在事实或法律上的错误，进行重新审判，就解决案件实体问题制作的具有法律效力的文书。

《刑事诉讼法》第256条规定，“人民法院按照审判监督程序重新审判的案件，由原审人民法院审理的，应当另行组成合议庭进行。如果原来是第一审案件，应当依照第一审程序进行审判，所作的判决、裁定，可以上诉、抗诉；如果原来是第二审案件，或者是上级人民法院提审的案件，应当依照第二审程序进行审判，所作的判决、裁定，是终审判决、裁定”。

（二）内容、结构及制作方法

1. 首部

（1）标题

标题写法与第一审、第二审刑事判决书相同。

（2）案号

案号要体现再审程序的特点。按照第一审程序再审改判的，写为：“（××××）×刑再初×号”；按照第二审程序再审改判的，写为：“（××××）×刑再终××号”。

（3）诉讼参与人

按照第一审程序再审的刑事判决书：第一，在公诉案件中，第一项写“原公诉机关”，第二项写“原审被告人”。若本案是上级人民检察院提起再审的，第一项写“抗诉机关”，第二项写“原审被告人”。第二，在自诉案件中，第一项写“原审自诉人”，第二项写“原审被告人”。若有辩护人、委托代理人项的，与一审写法一样。

按照第二审程序再审的刑事判决书：第一，在公诉案件中，第一项写“原审公诉机关（原抗诉机关）”，第二项写“原审上诉人（原审被告人）”。若本案系上级人民检察院抗诉而提起再审的，第一项写“抗诉机关”，第二项写“原审被告人”。第二，在自诉案件中，第一项写“上诉人（原审自诉人或原审被告人）”，第二项写“原审被告人或原审自诉人”。若有辩护人、委托代理人项的，与一审写法一样。

（4）案由、案源及审判经过

按一审程序再审的，表述为：“××××人民检察院指控原审被告人×××犯××罪一案，本院于××××年××月××日作出（××××）×刑初××号刑事判决。该判决发生法律效力后，……（写明提起再审的依据）。本院依法另行组成合议庭，公开或者不公开开庭审理本案。××××人民检察院检察长指派检察员×××出庭履行职务，被害人×××，原审被告人×××及其辩护人×××等到庭参加诉讼。本案现已审理终结。”

提起再审的根据，有如下两种情形：第一，第一审人民法院决定再审的，写为：“本院于××××年××月××日作出（××××）×刑监××号再审决定，对本案提起再审。”第二，上级人民法院指令再审的，写为：“××××人民法院于××××年××月××日作出

(××××)×刑监××号再审决定,指令本院对本案进行再审。”

按二审程序再审的,表述为:“××××人民检察院指控被告人×××犯××罪一案,××××人民法院于××××年××月××日作出(××××)×刑初××号刑事判决,本院于××××年××月××日作出(××××)×刑终字第××号刑事判决(或者裁定)。上述判决发生法律效力后,……(写明提起再审的依据)。本院依法另行组成合议庭,公开或者不公开开庭审理本案。××××人民检察院检察长指派检察员×××出庭履行职务,被害人×××,原审被告人×××及其辩护人×××等到庭参加诉讼。本案现已审理终结。”

提起再审的根据,有如下四种情形:第一,第二审人民法院决定再审的,写为:“本院于××××年××月××日作出(××××)×刑监字第××号再审决定,对本案提起再审。”第二,上级人民法院指令第二审人民法院再审的,写为:“××××人民法院于××××年××月××日作出(××××)×刑监字第××号再审决定,指令本院对本案进行再审。”第三,上级人民法院提审的,写为:“本院于××××年××月××日作出(××××)×刑监字第××号再审决定,提审了本案。”第四,人民检察院按照审判监督程序提出抗诉的,写为:“××××人民检察院于××××年××月××日按照审判监督程序向本院提出抗诉。”

2. 正文

(1)原审生效判决基本内容和诉辩意见

首先,概述原审生效判决的基本内容,主要写明事实、证据、理由和判决结果。其次,概述再审中原审被告人的辩解和辩护人的辩护意见,人民检察院在再审中提出的意见应当一并写明。

(2)事实和证据

本部分应详细写明再审认定的事实和证据。

(3)判决理由

第一,明确写什么。再审刑事判决书理由的写法具有双针对性,一方面针对再审事实的性质和特点,另一方面针对原审法院意见和诉辩双方的意见。再审刑事判决书要写三方理由,第一方为再审法院理由,针对事实的性质和特点来表述理由即定罪量刑的意见;第二方、第三方理由为原审法院理由和诉辩双方理由,即原审生效判决与监督程序中诉辩双方意见。

第二,明确怎么写。第一方即再审法院意见为详写,要写明再审法院根据庭审确认的事实、证据、法律规定论证被告人是否犯罪、犯什么罪,应当从轻或从重处罚,针对再审案件事实的性质和特点来写。第二方、第三方即原审法院和诉辩双方意见要概括写,还要写明再审法院对原审法院意见和诉辩双方的适用法律理由与意见的评述,正确的要分析、采纳,错误的要分析、否定。

其具体层次，可以表述为表 4－3：

表 4－3 再审刑事判决书说理层次

层次	事实理由	法律理由	结论
第一层	再审事实概括（审方）	适用实体法	是否犯罪、犯什么罪
第二层	再审情节要点（审方）	适用实体法	应当从宽或从严处理
第三层	评析要点（原审、诉辩双方）	适用法律	正确的采纳；错误的否定
第四层	为了保护被侵害客体的利益（审方）	适用法律	判决结果

（4）判决结果

再审刑事判决书的判决结果的表述与第二审刑事判决书基本相同，既要写明撤销判决理由，又要写明改判的结果。在部分维持、部分撤销的判决书中，维持和撤销的结果都要写明。如果维持部分和撤销部分的界限不明确或有交错复杂情况的，应一并撤销，重新改判。需要注意的是，由于是再审案件，其判决结果中的撤销、维持所针对的都是原判已生效的判决或者裁定，应当具体写明。

3. 尾部

再审刑事判决书尾部的制作，应当根据再审是适用一审程序还是二审程序，参照第一审刑事判决书或第二审刑事判决书尾部的内容和写法进行制作。

五、刑事裁定书

（一）概念

刑事裁定书，是指人民法院为解决刑事案件在审理和执行过程中的程序问题和部分实体问题，依法作出的书面决定。

拓展阅读

刑事裁定书，从内容上分，有解决程序问题的裁定和解决实体问题的裁定（如维持原判、核准死刑、减刑、假释、减免罚金）。从程序上分，有第一审裁定、第二审裁定、死刑复核裁定、再审裁定和中止审理裁定、终止审理裁定。

刑事裁定书是人民法院常用的文书之一，其格式、基本要素与刑事判决书基本相同，但内容与制作方法一般比较简单。

（二）内容、结构及制作方法

刑事裁定书分首部、正文、尾部三个部分。首部包括标题、案号、诉讼参与人基本情况、案由；正文包括事实、理由、裁定结果；尾部包括交代有关事项、审判人员署名、日期、印章、书记员署名。第一审刑事裁定和第二审刑事裁定适用的范围不同，制作时应注意区分。

文书格式

1. 首部

（1）标题。写明“××××人民法院”“刑事裁定书”。

（2）案号。可参照第一审刑事判决书。

（3）诉讼参与人基本情况。如准许自诉人申请撤诉的裁定书，写明自诉人和被告人的姓名、性别、出生年月日、地址、籍贯、职业或工作单位和职务、住址等。

(4)案由。应表述为:"自诉人×××于××××年××月××日以被告人×××犯××罪,向本院提起控诉。"

2. 正文

正文要用简洁、明确的文字,写明裁定的事实、理由和裁定结果。

(1)事实

准许撤诉或按撤诉处理的,简写自诉人申请准许撤诉或者按撤诉处理的事实和理由。

(2)理由

驳回自诉的,写为:"本院认为,……(简述驳回自诉的事实和理由。写明裁定所依据的法律根据,即依照《刑事诉讼法》第××条第×款第×项的规定)。"

准许撤诉或者按撤诉处理的,写为:"本院认为,……(简述是否准许撤诉或者按撤诉处理的理由)。依照……(写明裁定所依据的法律条款项)的规定。"

中止审理的,写为:"本案在审判过程中,因……(写明需要中止审理的理由)。"

终止审理的,写为:"本案在审理过程中,被告人×××于××××年××月××日死亡。据此,依照……(写明裁定所依据的法律条款项)的规定。"

(3)裁定结果

驳回自诉刑事案件的,写为:"驳回自诉人×××对被告人×××的控诉。"

准许自诉人申请撤诉的,写为:"准许自诉人撤诉。"

按撤诉处理的,写为:"对自诉人的控诉按撤诉处理。"

中止审理的,写为:"本案中止审理。"

终止审理的,写为:"本案终止审理。"共同犯罪案件,写为:"对被告人×××终止审理。"

3. 尾部

(1)交代有关事项。驳回自诉、准予撤诉和按撤诉处理的,要交代上诉权。终止审理的,写明"本裁定送达后即发生法律效力"。

(2)署名。独任审判员、合议庭成员署名。

(3)日期及印章。日期写明裁定决定的时间,且用汉字写明日期;印章一般包括审判法院的印章、戳记之章、校对之章,具体盖法按规定。

(4)书记员署名。书记员作为校对之人,应当最后署名。

六、刑事附带民事调解书

(一)概念

刑事附带民事调解书,是指人民法院在审理刑事附带民事诉讼案件过程中,依照刑事诉讼法、民事诉讼法和最高人民法院司法解释的具体规定,经主持调解,当事人双方自愿达成协议所制作的具有法律效力的文书。

刑事附带民事调解书主要适用于刑事自诉案件,具体为:依照第一审程序审理的告诉才处理的,被害人有证据证明的轻微刑事案件中有附带民事诉讼内容的自诉案件,以及依照第二审程序审理的自诉刑事附带民事诉讼案件。但是,不适用于《刑事诉讼法》第210条第3项规定的案件,即被害人有证据证明对被告人侵犯自己人身、财产权利的行为应当依法追究刑事责任,而公安机关或者人民检察院不予追究被告人刑事责任的案件,因为这种案件实质上仍属于公诉案件。

(二)内容、结构及制作方法

刑事附带民事调解书分首部、正文、尾部三个部分。首部包括标题,案号,当事人基本情况,案由、案源及审判经过;正文包括事实、理由、调解结果(协议内容);尾部包括确认事项、交代有关事项、审判人员署名、日期、印章、书记员署名。下面主要以第一审刑事附带民事调解书为例进行介绍。

文书格式

1. 首部

(1)标题。写明:"××××人民法院""刑事附带民事调解书"。

(2)案号。写为:"(××××)×刑初字第××号"。

(3)当事人的基本情况。写明自诉人和被告人的姓名、性别、出生年月日、地址、籍贯、职业或工作单位和职务、住址等。

(4)案由、案源及审判经过。应写为:"自诉人×××以被告人×××犯××罪,并造成经济损失为由,于××××年××月××日向本院提起控诉。本院受理后,依法实行独任审判(或者组成合议庭),公开(或者不公开)开庭进行了审理。"

2. 正文

(1)事实。一是写明连接语"经审理查明",突出经"审理后"查明事实的情况。二是概述经法院审理查明的事实,使之更加符合凡是法院认定的事实必须经过法院查证属实的立法要求。三是写明双方当事人对认定的事实没有异议或者基本上没有意见的情况。

比较来看,第一审刑事附带民事调解书的事实部分,要求概述法院审理查明的事实,而不必叙述控辩双方的主张。如果根据案件的具体情况,或者当事人要求,需写明其各自主张的,调解书中对控辩内容概括写明即可。第二审刑事附带民事调解书的事实部分,要分段写明原判认定的事实和第二审审理查明的事实。首先,对原判认定的事实和证据,包括因被告人的行为给被害人造成直接经济损失的事实,应尽量概括。其次,应写明原审判决的结果,并概括上诉人提出的上诉理由、辩护意见以及对方当事人的答辩意见。最后,另起一段写明二审审理查明的事实,包括原审被告人的犯罪行为给被害人造成直接经济损失的事实,以及双方当事人对法院审理查明的事实有无异议的情况。

(2)理由。概述被告人认错,愿意承担民事赔偿责任和双方互相谅解的情况。

(3)调解结果。具体写明协议内容。"双方当事人自愿达成如下协议:一、被告人×××向自诉人×××赔礼道歉;二、自诉人×××自愿放弃对被告人×××的指控;三、被告人×××赔偿自诉人×××……(写明赔偿数额、支付方式和给付期限)。"

3. 尾部

(1)写明确认事项。写为:"上述协议不违反有关法律规定,本院予以确认。"

(2)交代有关事项。写为:"本调解书经双方当事人签收后即具有法律效力。"

(3)署名、日期、印章和书记员署名。写法可参照第一审刑事判决书。

(三)注意事项

1. 首部事项要齐全。如自诉人有诉讼代理人或法定代理人,被告人有委托的辩护人的,应在相应的当事人项下另行写明。如果自诉人与附带民事诉讼原告人、被告人与附带民事诉讼被告人不是同一人时,也应另行写明附带民事诉讼原告人或者附带民事诉讼被告人身份等基本情况。第二审刑事附带民事调解书首部的内容,应写明第一审审判的结果、案件来源以及第二审审理的经过。对未开庭审理的案件,还应写明"经过阅卷,讯问被告人,听取其他当事人、辩护人、诉讼代理人的意见,认为事实清楚,决定不开庭审理。"

2. 调解原则要体现。一审、二审刑事附带民事调解书的理由部分,都不是以通常的"本院认为"开始阐述理由,而是要求在"经本院主持调解"一句之后,具体写明被告人承认错误并愿意承担民事赔偿责任的态度,以及双方当事人已经互相谅解,自愿达成调解协议的具体内容,体现法院调解的原则。此外,由于调解协议不涉及定罪量刑问题,调解书在理由部分不必引用具体的法律依据。

3. 调解结果要明确。样本已将一审刑事附带民事调解中当事人自愿达成协议的调解结果部分作了统一的规范性要求。人民法院主持调解时,应尽量按规范要求引导当事人自愿达成调解协议,以达到分清是非、明确责任、息讼止争、增强团结的目的。第二审刑事附带民事调解书的调解结果部分,则应突出第二审调解的特点,在"双方当事人自愿达成如下协议"之后,具体写明三方面的内容:"一、原审自诉人×××自愿放弃对被告人×××刑事部分的指控;二、上诉人(原审被告人)×××自愿放弃上诉;三、原审被告人×××赔偿原审自诉人×××……(写明赔偿原审自诉人经济损失的数额、支付方式和期限)。"

研讨与练习

1. 如何理解刑事侦查文书必须依法制作?
2. 刑事侦查文书严格的审核环节指的是什么?
3. 通用侦查法律文书的概念与特点是什么?
4. 指出下面文书实例中"理由与依据"部分存在的问题,并重新制作"理由与依据"。"七要素"不足部分请自行设定。

领导批示	
审核意见	
办案单位意见	

呈请刑事拘留报告书

犯罪嫌疑人基本情况：董××，男，19××年8月26日出生，户籍所在地：××省××市××区××镇大铁村64组4号，现住址：××区××××大街11号院平房，身份证号：×××80419××0826×××。职业：××省××市××××机械厂下岗职工。

简历：自幼上学，初中毕业后在原籍务工，19××年下岗，20××年6月来京，无固定职业至今。

理由与依据：

20××年8月18日13时30分许，报警人赵××(女，30岁，××省礼县江口乡八房村四组128号)打110报警称其老公雷××在××小区赌博被人扣了，经核实，20××年8月17日23时许，贾××(男，49岁，××县人)与雷××等人一起以扎金花方式赌博，嫌疑人张强召集董××等7名东北人持刀和棍抢走人民币1000余元后逃跑。经侦查，于20××年8月19日在××区××号大院一无号平房内将犯罪嫌疑人董××抓获。经讯问，该人对以上违法事实供认不讳。

综上所述，犯罪嫌疑人董××的行为触犯《中华人民共和国刑法》第二百六十三条之规定，涉嫌抢劫罪。现根据《中华人民共和国刑事诉讼法》第八十二条之规定，特呈请对犯罪嫌疑人董××执行刑事拘留。

以上妥否，请批示。

××××

5. 补充侦查提纲和退回补充侦查提纲有什么不同？
6. 起诉书与刑事自诉状有哪些不同？
7. 起诉书中叙述被告人的犯罪事实应当注意哪些问题？
8. 练习制作认罪认罚程序量刑建议书。
9. 简述刑事律师文书的制作要求。
10. 制作刑事附带民事诉状应注意哪些问题？
11. 练习制作辩护词。
12. 刑事裁判思维训练

(1)刑事裁判思维训练一：李××交通肇事案。(参见案例1)

(2)刑事裁判思维训练二：于×故意泄露国家秘密案。(参见案例2)

(3)刑事裁判思维训练三：韦××盗窃案。(参见案例3)

13. 刑事裁判制作训练：根据所提供材料，按照刑事裁判规范制作一份刑事判决书。(参见案例4)
14. 模拟刑事案件卷宗：根据案情模拟卷宗。(参见案例5)

案例1　案例2　案例3　案例4　案例5

第五章 民事法律文书实务

本章教学目标

民事法律文书是法律文书的重要组成部分。本章介绍了民事检察文书与民事公益诉讼检察文书、民事律师文书、民事裁判文书的概念、内容、结构及制作方法等基本内容，旨在使学生认识民事法律文书的共性写作规律，并掌握不同类型民事法律文书的具体写作方法技巧，提高写作能力。

第一节 民事法律文书概述

一、概念

民事法律文书是人民法院、人民检察院、诉讼参加人在民事诉讼及民事公益诉讼活动中，依据事实，适用民事法律法规所制作的具有法律效力或法律意义的文书。

民事法律文书这一概念，有广义和狭义之分。广义的民事法律文书，是指一切涉及民事法律活动的诉讼和非诉讼类法律文书的总称。狭义的民事法律文书仅指在民事诉讼活动中，人民检察院、人民法院、诉讼参加人依法制作的法律文书。本章民事法律文书是指狭义的民事法律文书。

民事法律文书的制作主体，是人民法院、人民检察院、诉讼参加人，诉讼参加人包括当事人和委托诉讼代理人（律师是委托诉讼代理人最常见的类型），这些特定的制作主体，依据其特定的职能、诉讼权利，严格按照法定的程序制作相应的民事法律文书。

民事法律文书的适用范围，仅限于上述主体处理解决民事权益争议的民事诉讼法律活动、维护国家和社会公共利益所涉及的民事公益诉讼活动，以及解决非民事权益争议所适用的与诉讼关联的民事非讼程序活动。

民事法律文书的制作内容和形式，是写作主体根据案件事实及其所适用的法律、法规，通过论证说理，表达明确的观点、诉求或处理结论。上述内容的表达需遵循一定的结构形式，以达成内容与形式的统一，具有突出的规范性特征。如最高人民法院印发的《人民法院民事裁判文书制作规范》《民事诉讼文书样式》《公益诉讼文书样式（试行）》、最高人民检察院印发的《人民检察院工作文书格式样本(2020 年版)》,为各类民事法律文书提供了较为完备、统一的样式和制作的规范标准。

民事法律文书具有法定的强制力和特定的约束力,在依法办理民事诉讼案件、事件时,民事法律文书既是一种必要的工具,也是具体实施法律和实现权利义务的处理结果,具有法律效力或者法律意义。例如,人民法院的民事判决书、民事裁定书一经生效,当事人就必须执行,否则,将承担法律后果。有些法律文书,如委托诉讼代理人发表的代理词、当事人提交的民事起诉状等,不仅是对某一种法律行为的如实记载和反映,也是引起某种法律后果的依据。没有民事起诉状,就没有第一审民事审判程序的发生;没有上诉状,也就不存在第二审民事审判程序的进行。检察机关行使民事检察权所使用的各类民事检察文书,如民事抗诉书是启动人民法院对于民事案件重新审理的有效依据,也是对人民法院审判活动进行法律监督、敦促法院纠正错误的法定手段。

二、分类

按制作主体划分,民事法律文书分为人民法院民事法律文书、检察民事法律文书和诉讼参加人民事法律文书;也可以根据制作主体的职能特点,按文书性质划分为公用文书和民用文书。人民法院代表国家行使审判权,处理解决民事权利、义务的争议,记录审判过程,宣告裁判结果,所制作的民事裁判文书是司法权在个案中的具体体现,是国家意志的体现;检察机关民事检察工作文书,是检察机关履行法定职能的文字凭证;而诉讼参加人使用的民事法律文书,是当事人或者委托诉讼代理人为了维护其自身的合法权益,表达其诉求和主张,向人民法院提交的法律文书,本章主要介绍律师代书和自书的民事法律文书。

按诉讼类型不同,民事法律文书分为民事公益诉讼法律文书、普通类型民事诉讼法律文书。

按适用程序划分,民事法律文书分为第一审程序民事法律文书、第二审程序民事法律文书、再审民事法律文书、执行程序民事法律文书、特别程序民事法律文书等。

按写作体例结构及表达方式划分,民事法律文书划分为叙议类(或者称制作类)、填空类、表格类、笔录类民事法律文书。随着 2016 年最高人民法院《民事诉讼文书样式》颁布,在传统的文书样式类型的基础之上,又出现了令状类(简易)、要素类文书样式。本章内容绝大多数属于叙议类文书,叙事说理是该类文书的重要表达形式,在司法实践中极具代表性。

三、作用

民事法律文书作为法律文书的重要组成部分,其作用主要体现在:

1. 民事法律文书是记录民事法律行为的重要凭证。按照法律规定,从民事案件的立案、证据收集、开庭审理到判决的执行,每一个诉讼环节,都有相应的法律文书的制作,这一系列的法律文书,就像是镶嵌在诉讼程序中的颗颗明珠。它们既是诉讼程序的组成部分,也是诉讼活动的产物,忠实记录了民事案件发生、发展、变化到形成结论的全过程。另外,民事法律文书汇集成的卷宗材料，是检验办案质量的重要尺度。

2. 民事法律文书是培育和践行社会主义核心价值观的重要载体。社会主义核心价值观是社会主义法治建设的灵魂所在。在司法实践中，民事法律文书针对具体的司法案例，运用社会主义核心价值观释法说理，生动诠释核心价值观的价值内涵，是社会主义核心价值观在民事法律活动中的现实表达。通过民事法律活动产生的民事法律文书，是宣传社会主义核心价值观的重要载体，用法律的刚性和权威宣示了国家价值目标、社会价值取向、个人价值准则，传播了社会正能量，增强了人们培育和践行社会主义核心价值观的自觉性。

3. 民事法律文书是衡量文书写作者综合素质的重要标尺。民事法律文书的写作不仅是法律工作者日常的重要工作内容，也是衡量其综合素质的重要标尺。优秀的民事法律文书，要能清楚地反映案件事实，准确归纳争议焦点，正确释法说理，达到政治效果、法律效果与社会效果的融合统一，这就要求制作者具有较高的政治、业务素质和职业道德。

4. 民事法律文书是保护社会公共利益、促进社会和谐的有效工具。民事公益诉讼法律文书是人民检察院、人民法院以规范的方式展示公益诉求、审理过程、特殊规则、论证说理、裁判内容的文字载体。通过对侵害公共利益行为人追究民事责任以救济公共利益，使社会公共利益和国家利益得到更为广泛的保护，有利于维护宪法和法律的权威。民事公益诉讼法律文书所具有的惩戒、预防、指引、示范作用，有利于引导社会公众遵纪守法、规范行为，形成全社会公共利益保护的正能量，推动和保障社会和谐，促进社会的良性发展，实现社会的公平正义。

第二节　民事检察文书与民事公益诉讼检察文书

一、民事检察文书

（一）概述

1. 民事检察文书的概念和特征

民事检察文书，是指检察机关在履行民事诉讼监督职能过程中，依法制作和使用的具有法律效力或法律意义的文书。

根据《宪法》《人民检察院组织法》《民事诉讼法》等有关法律的规定，人民检察院作为国家法律监督机关，有权对民事诉讼、民事执行活动实行法律监督。民事检察文书是检察机关办理各类民事监督案件的文字载体和重要工具，反映、记载民事诉讼监督的过程，并产生相应的法律后果。另外，民事检察文书也是民事检察权运行的重要载体和检察机关释法说理的重要窗口。

民事检察文书既不同于一般的应用性文书，也不同于民事裁判文书。民事检察文书的主要特征体现在：一是合法性。民事检察文书的制作除了符合实体法的规定外，还必须符合程序法的规定，由具有制作资格的主体依照程序严格制作并送达或宣布。民事检察文书一经送达或宣布后即发生法律效力，对司法机关和当事人、诉讼参加人具有拘束力。二是权威性。任何单位和个人在没有法定条件和程序予以变更和撤销的情况下，都必须服从。三是效用性。民事检察文书针对具体法律和事实、对象制作，目的明确，实用性强。除了与案件当事人有着直接利害关系外，对其他诉讼参与人甚至社会公众同样产生影响。四是中间环节性。民事检察文书为启动或终结程序的文书，并非最终裁决当事人权益。

2. 民事检察文书的分类

为了规范对民事诉讼的监督，2013 年 11 月最高人民检察院发布施行了《民事诉讼监督规则（试行）》，2014 年 4 月印发《人民检察院民事诉讼监督法律文书样本（试行）》，2021 年 8 月最高人民检察院发布实施修订后的《民事诉讼监督规则》，2021 年 11 月印发《人民检察院民事诉讼监督法律文书格式样本》。这是各级人民检察院进行民事监督的重要依据，也是各级人民检察院制作民事诉讼监督文书的重要依据。据此，民事检察文书可分为七大类：（1）抗诉类文书。包括民事抗诉书、提请抗诉报告书。（2）检察建议类文书。包括再审检察建议书、检察建议书等。（3）审查终结报告类文书。属内部法律文书，不需要送达给申请人、其他当事人或检察机关以外的其他单位，是仅在检察系统内部使用和流转的法律文书。（4）决定类文书。包括不支持监督申请决定书、回避决定书、中止审查决定书、终结审查决定书等。（5）通知类文书。既包括给申请人、其他当事人的通知，如受理通知书、通知书（告知提出抗诉用）等，也包括给下级检察院的通知，如交办通知书、转办通知书等。（6）函类文书。包括委托调查函、委托鉴定（评估、审计、翻译）函等。（7）其他文书。包括证据材料收据、调阅案卷单、送达回证。

各级人民检察院对民事诉讼进行监督有多种方式，对应的民事检察文书也有许多种，这里重点介绍三种常用的、重要的民事检察文书，即提请抗诉报告书、抗诉书、检察建议书。

3. 民事检察文书的作用

民事检察文书是检察机关在依法履行民事检察职能过程中依据法律规定制作的文书，是检察机关行使民事检察权的重要凭证。民事检察文书经过制作或填写、盖印，依法送达或宣布后就产生了法律效力，有的可以直接启动再审程序，如《民事诉讼法》第 218 条规定，“人民检察院提出抗诉的案件，接受抗诉的人民法院应当自收到抗诉书之日起三十日内作出再审裁定”。民事检察法律文书体现了检察机关对法律的适用和对司法政策的把握，直接关系社会公众利益的调整等。

（二）民事检察提请抗诉报告书

1. 概念

民事检察提请抗诉报告书，是指地方各级人民检察院对同级人民法院已经发生法律效力的民事判决书、裁定书、调解书，经审查认为符合抗诉条件，决定向上一级人民检察院提请抗诉时制作使用的法律文书。

制作提请抗诉报告书的法律依据是《民事诉讼法》第 215 条第 2 款、《民事诉讼监督规则》第 88 条。

制作提请抗诉报告书的主要目的是在阐明法院生效判决、裁定、调解书确有错误情况的基础上，请求上一级人民检察院依法抗诉。提请抗诉报告书既是本级检察机关提请抗诉的载体，也是上一级人民检察院审查案件时的重要参考依据，其内容和质量十分重要，直接展示了检察机关工作能力和水平。

法条阅读

2. 内容、结构及制作方法

民事检察提请抗诉报告书由首部、正文、尾部组成。

（1）首部。包括文书标题、编号、制作机关、文书名称和编号。制作机关应使用全称。如：

××××人民检察院

提请抗诉报告书

×检民监（20××）号

（2）正文。包括诉讼过程、法院历次审理情况、申请监督理由、其他当事人意见、检察机关审查认定的事实以及检察机关意见。

文书格式

（3）尾部。包括制作日期、人民检察院印章、附项。

3. 注意事项

（1）提请抗诉报告书使用范围。本文书根据《民事诉讼法》第 207 条、第 215 条第 2 款的规定制作。人民检察院在向上一级人民检察院提请抗诉时使用。本文书连同提请抗诉检察卷宗报送上一级人民检察院，但不送达给当事人。

（2）提请抗诉报告书质量要求。提请抗诉报告书虽然为内部使用，但对于上一级检察机关是否采纳提请抗诉意见有重要影响，是向上一级检察机关展示办案质量的窗口。应当做到格式规范、行文流畅、说理充分、论证清晰，杜绝文书瑕疵。提请抗诉报告书转述法院裁判文书中内容的，要注意仔细比对，确保转述正确。文书中指代本院的，一律使用“本院”，不使用“我院”表述。

（3）提请抗诉报告书与其他文书的区别。本文书主要内容及制作程序与抗诉书相似，但提请抗诉报告书作为内部报告型文书，所载内容比抗诉书更全面、更细致。提请抗诉报告书内容与案件审结报告有重合内容，但不是审结报告，若承办人或者办案组成员对案件是否提请抗诉有不同认识，应写在审结报告中，不宜写在提请抗诉报告书中。

（三）民事抗诉书

1. 概念

民事抗诉书，是指人民检察院行使民事诉讼监督职权，发现人民法院作出的已经生效的民事判决书、裁定书、调解书存在法律规定监督情形的，依法提出抗诉，要求人民法院再审时向人民法院发送的法律文书。

在对民事诉讼进行监督的过程中，抗诉是最主要也是最有力的一种方式。《民事诉讼法》第 218 条规定，人民检察院提出抗诉的案件，接受抗诉的人民法院应当自收到抗诉书之日起30日内作出再审的裁定。

制作民事抗诉书的法律依据是《民事诉讼法》第215条、第219条,《民事诉讼监督规则》第90条、第91条、第92条。

法条阅读

2. 内容、结构及制作方法

(1)首部。包括标题、编号、案件来源和审查经过。

(2)正文。包括诉讼过程、审查确认的事实、提出抗诉的理由、抗诉的依据和内容等。

关于审查确认的事实,应详细写明检察机关查明的人民法院审判或执行活动的相关过程和情况。

文书格式

关于提出抗诉的理由,即"本院认为"部分,应结合检察机关查明的事实,论述生效判决认定事实或者适用法律错误之处。

(3)尾部。致送法院、日期、人民检察院印章、附项等。

3. 注意事项

(1)明确抗诉观点。在撰写抗诉决定和法律依据时,先要综述抗诉结论性意见,将前一部分指出的错误要点概括写明,进一步阐述抗诉的必要性,然后写明本院抗诉的决定和据以抗诉的法律规定。

(2)注重释法说理。应当根据事实和证据,依据法律、法规对原审裁判在认定事实、采信证据、适用法律、诉讼程序等方面存在的问题,进行分析评议,说明为什么错误,同时论证检察机关抗诉理由的正确性。在释明法理方面,应当条分缕析、简洁明了,注重法理、事理、情理交融。在语言规范方面,应当杜绝错句病句、语法不通、语言歧义、标点运用不当等。

(3)写清移送法院。本文书在决定抗诉之日起15日内连同检察卷宗发送同级人民法院;如是下级人民检察院提请抗诉的案件,应同时将民事抗诉书发送下级人民检察院。

(4)本文书应加盖人民检察院印章。

(四)民事检察建议书

1. 概念

民事检察建议书,是指检察机关履行民事法律监督职能,针对民事审判、民事执行活动及生效民事判决书、裁定书、调解书中存在的违法情形,提出再审、纠正违法等检察建议时制作的法律文书。

检察建议是检察机关履行法律监督职能的重要手段,民事检察建议书是检察机关依法对民事法律活动实施法律监督的具体表现形式,其适用范围广泛。

制作民事检察建议书的法律依据是《民事诉讼法》第215条第3款、第242条,《民事诉讼监督规则》第100条、第101条、第102条。

2. 内容、结构及制作方法

法条阅读

民事检察建议书因监督内容不同而有不同的制作要求。

（1）对审判人员违法行为或执行活动违法的纠正违法检察建议书。

①首部。包括标题、编号、案由、案源和审查经过。

②正文。包括审查认定的案件事实或者经调查核实的事实及其证据，存在的违法情形，提出检察建议的理由、检察建议的依据和具体建议内容等。

关于审查认定的案件事实，应详细写明检察机关查明的人民法院审判或执行活动的相关过程和情况。

文书格式

关于提出检察建议的理由，即“本院认为”部分，应结合检察机关查明的情形，论述审判人员或执行活动存在的具体违法情形应当纠正的理由。

关于检察建议的依据和具体建议内容，即“综上所述”部分，应概括列明人民法院审判或执行活动存在哪些法定监督的情形，引用所依据的法律、法规和有关文件等的规定，写明提出检察建议的具体内容。

③尾部。包括回复检察建议的时间要求、致送法院、日期、人民检察院印章、附项等。

（2）对普遍性问题归纳总结的检察建议书。这类检察建议书的制作，其格式和内容比较灵活，相关格式仅供参考。

文书格式

二、民事公益诉讼检察文书

（一）概述

1. 概念

民事公益诉讼检察文书，是指检察机关办理民事公益诉讼案件需要制作的法律文书。

根据《民事诉讼法》《英雄烈士保护法》《未成年人保护法》等法律规定，人民检察院对于破坏生态环境和资源保护，食品药品安全领域侵害众多消费者合法权益，侵犯未成年人合法权益，侵害英雄烈士等的姓名、肖像、名誉、荣誉等损害社会公共利益的违法行为，可以提起民事公益诉讼。

拓展阅读

2. 民事公益诉讼检察文书的分类

民事公益诉讼检察文书主要包括决定类文书、报告类文书和调查类文书。以下主要介绍两种决定类文书：民事公益诉讼起诉书、刑事附带民事公益诉讼起诉书。

（二）民事公益诉讼起诉书

1. 概念

民事公益诉讼起诉书，是指人民检察院办理民事公益诉讼案件，经过公告等诉前程序后，没有适格主体，或者适格主体不提起诉讼，社会公共利益仍然处于受损害状态的情况下，人民检察院依法向人民法院提起民事公益诉讼时制作的法律文书。

《民事诉讼法》第58条第2款规定，“人民检察院在履行职责中发现破坏生态环境和资源保护、食品药品安全领域侵害众多消费者合法权益等损害社会公共利益的行为，在没有前款规定的机关和组织或者前款规定的机关和组织不提起诉讼的情况下，可以向人民法院提起诉讼”。

《公益诉讼办案规则》第46条和第96条,为民事公益诉讼起诉书提供了法律依据。

2. 内容、结构及制作方法

民事公益诉讼起诉书由首部、正文、尾部组成。

(1)首部。包括标题、编号、公益诉讼起诉人及被告基本情况。

(2)正文。包括诉讼请求、事实与理由两部分。事实与理由,包括检察机关的立案、公告程序、审查认定的案件事实、证据材料及论证过程等。

文书格式

(3)尾部。包括致送法院名称、制作日期、检察院公章等。

3. 注意事项

(1)列明民事公益诉讼的诉讼请求。按照《民事诉讼法》的规定,检察机关在民事公益诉讼中提出的诉讼请求主要包括,要求被告停止侵害、排除妨碍、消除危险、恢复原状、赔偿损失等几个类型。针对不同领域案件,还可以提出以下诉讼请求:一是破坏生态环境和资源保护领域案件,可以提出要求被告以补植复绿、增殖放流、土地复垦等方式修复生态环境的诉讼请求,或者支付生态环境修复费用,赔偿生态环境受到损害至修复完成期间服务功能损失、生态环境功能永久性损失等诉讼请求,被告违反法律规定故意污染环境、破坏生态造成严重后果的,可以提出惩罚性赔偿等诉讼请求;二是食品药品安全领域案件,可以提出要求被告召回并依法处置相关食品药品以及承担相关费用和惩罚性赔偿等诉讼请求;三是英雄烈士等的姓名、肖像、名誉、荣誉保护案件,可以提出要求被告消除影响、恢复名誉、赔礼道歉等诉讼请求。此外,人民检察院为诉讼支出的鉴定评估、专家咨询等费用,可以在起诉时一并提出由被告承担的诉讼请求。

示范举例

(2)简述民事公益诉讼的诉前程序。检察机关在公共利益保护体系中具有最后保障作用。在民事公益诉讼中体现在,法律规定的机关和有关社会组织的公益诉权是优先的,只有在没有有关机关和社会组织或者有关机关和社会组织不提起诉讼的情况下,检察机关才提起诉讼。针对现阶段检察机关办理的法定领域的民事公益诉讼案件,主要有三类诉前程序的方式:一是发布公告,向社会公告检察机关查明社会公共利益受到损害的事实,并告知适格主体可以向人民法院提起诉讼。二是对于符合启动生态环境损害赔偿程序条件的案件,在公告的同时还可以以督促意见等方式告知赔偿权利人可以启动生态环境损害赔偿程序。三是对于侵害英雄烈士等的姓名、肖像、名誉、荣誉的民事公益诉讼案件,由于诉权属于英雄烈士等的近亲属,所以可以直接征询英雄烈士等的近亲属是否提起民事诉讼的意见,如果被侵害的英雄烈士等人数众多、难以确定近亲属,或者直接征询近亲属意见确有困难的,也可以通过公告的方式征询英雄烈士等的近亲属的意见。

(3)写清提起诉讼的事实与理由。需要检察机关进行调查的民事公益诉讼调查主要事项:一是违法行为人的基本情况,即起诉书中被告的基本情况;二是违法行为人实施的损害社会公共利益的行为;三是社会公共利益受到损害的类型、具体数额或者修复费用等;四是违法行为与损害后果之间的因果关系;五是违法行为人的主观过错情况;六是违法行为人是否存在免除或者减轻责任的相关事实;七是其他需要查明的事项。对于污染环境、破坏生态等应当由违法行为人依法就其不承担责任或者减轻责任,以及其行为与损害后果之间不存在因果关系承担举证责任的案件,对于因果关系的判断可以主要调查违法行为与损害后果之间的关联性。

(三)刑事附带民事公益诉讼起诉书

1. 概念

刑事附带民事公益诉讼起诉书,是指人民检察院在刑事案件提起公诉时,对于违法犯罪行为损害社会公共利益的情形,依法向人民法院提起附带民事公益诉讼时制作的法律文书。

制作刑事附带民事公益诉讼起诉书的法律依据是《公益诉讼办案规则》第97条。[1] 人民检察院在刑事案件提起公诉时,对破坏生态环境和资源保护,食品药品安全领域侵害众多消费者合法权益,侵犯未成年人合法权益,侮辱、诽谤英雄烈士等损害社会公共利益的违法行为,可以向人民法院提起刑事附带民事公益诉讼,并应当向人民法院提交刑事附带民事公益诉讼起诉书。

2. 内容、结构及制作方法

刑事附带民事公益诉讼起诉书由首部、正文、尾部组成。

刑事附带民事公益诉讼本质上是民事公益诉讼,因此,民事公益诉讼起诉书中的内容都包含在刑事附带民事公益诉讼起诉书中,另增加本案刑事公诉部分的相关内容即可。

文书格式

3. 注意事项

(1)应当说明诉前程序的相关内容。依据最高人民法院、最高人民检察院联合发布的《关于人民检察院提起刑事附带民事公益诉讼应否履行诉前公告程序问题的批复》,人民检察院提起刑事附带民事公益诉讼,应当履行诉前公告程序。因此刑事附带民事公益诉讼起诉书中应当说明诉前程序的相关内容。如果诉前程序的办理影响公诉案件的审查起诉期限,则应当单独提起民事公益诉讼。

示范举例

(2)应当注意刑事附带民事公益诉讼提出的时间。由于人民法院对刑事诉讼和附带民事公益诉讼一并审理,附带民事公益诉讼应当与刑事公诉同时提出,一般来说不能晚于公诉案件开庭之前。

---

[1] 《人民检察院公益诉讼办案规则》第97条规定:"人民检察院在刑事案件提起公诉时,对破坏生态环境和资源保护,食品药品安全领域侵害众多消费者合法权益,侵犯未成年人合法权益,侮辱、诽谤英雄烈士等损害社会公共利益的违法行为,可以向人民法院提起刑事附带民事公益诉讼。"

第三节 民事律师文书

一、概述

(一)概念、分类和意义

1. 概念

民事律师文书,从广义上说,既包括律师代书即民事书状,也包括律师自书即律师民事法律文书。

民事书状,是指在民事诉讼活动中,当事人为主张自己的民事权利,维护自身的合法权益,向人民法院提交的起诉状、上诉状、答辩状、申请书等各种法律文书。法律实践中,为当事人提供法律服务的执业律师是代写民事书状的专业人员。

律师民事法律文书,是指在民事诉讼活动中,律师为维护当事人的合法权益,在代理权限范围内,以自己名义向人民法院提交的代理词、笔录等法律文书。

民事书状与律师民事法律文书的制作主体,分别是民事诉讼活动中的当事人和律师。法律规定提交书状的主体是当事人,律师可依当事人的授权,代理当事人制作民事书状。

2. 分类

民事书状与律师民事法律文书根据法律文书的内容、地位和作用,可分为实体性法律文书和程序性法律文书;根据提供法律文书的诉讼阶段、程序,可分为一审阶段法律文书、二审阶段法律文书、再审阶段法律文书、执行阶段法律文书以及特别程序和特殊程序中的法律文书。

3. 意义

民事书状与律师民事法律文书是民事法律实施的具体体现,是当事人维护自身合法权益必不可少的依据,是实现公平正义的重要途径。作为一种代表当事人单方意愿的法律行为的文书,它不同于司法机关以国家权力维护其强制力、约束力的文书,只代表文书行文主体自身的利益,其作用是引起法律程序地提起以及法律程序的变化,进而通过诉讼请求得到司法机关的公正审判。

(二)制作要求

民事书状与律师民事法律文书的制作要求,可参见刑事书状与律师刑事法律文书部分。

二、民事申请书

(一)概念

民事申请书,是指当事人及其诉讼代理人提出的要求启动某项民事诉讼程序,以及当事人在诉讼中无权或者无法完成而需要人民法院完成的诉讼工作，依法向人民法院提出请求的法律文书。

一审阶段，实体性民事申请书主要有变更诉讼请求申请书、撤回起诉申请书；程序性民事申请书主要有追加当事人申请书、财产保全申请书、先予执行申请书、管辖权异议申请书、回避申请书、回避复议申请书、公开审理/不公开审理申请书、调取证据申请书、证据保全申请书、延长举证期限申请书、鉴定申请书、证人出庭作证申请书、诉讼中止/终结申请书等。

二审阶段，主要有撤回上诉申请书等；再审阶段主要有民事再审申请书、民事抗诉申请书等；执行阶段主要有强制执行申请书、执行异议申请书、追加被执行人申请书等。

特别程序和特殊程序中，主要有宣告失踪/死亡申请书、撤回宣告失踪/死亡申请书、认定公民无民事行为能力/限制民事行为能力申请书、认定财产无主申请书、司法确认调解协议申请书、实现担保物权申请书、支付令申请书、公示催告申请书、破产申请书等。

（二）内容、结构及制作方法

上述各类申请书由于目的不同，在格式上略有区别，但其基本的内容、结构及制作方法具有共性。

1. 首部

（1）标题。居中写明申请书名称。

（2）申请人的基本情况。包括申请人的姓名、性别、民族、出生日期、职业、住址等内容。申请人、被申请人系单位的，写明单位名称、住所地以及法定代表人姓名。

文书格式

2. 正文

（1）申请事项。内容应明确具体。如××调取证据申请书中申请事项的表述："请求贵院依法到××市×县公安交通警察大队事故科调取事故现场图、现场勘验笔录、各种鉴定报告（包括送达回证）、询问笔录、当事人陈述材料等相关证据。"

（2）事实与理由。依据案件事实及法律论述所申请事项的具体理由。

3. 尾部

（1）致送机关。

（2）申请人署名，并注明日期。

（3）附项，列明证据材料等。

（三）注意事项

1. 内容要简明扼要，文字要精练，诉求要具体明确。

2. 理由论述要逻辑严谨，言之有理，于法有据。

3. 附项部分的相关证据材料以及说明性文件尽量翔实。

三、民事起诉状

(一)概念

民事起诉状,是指当事人向人民法院提交的申明自己权利主张,请求人民法院依法裁判的法律文书。

民事起诉状包括普通民事起诉状、选民资格案件起诉状、执行异议之诉起诉状、代位权诉讼起诉状等。向一审人民法院提起诉讼,须先提交民事起诉状,以启动相关诉讼程序。

(二)内容、结构及制作方法

根据《民事诉讼法》第124条的规定:"起诉状应当记明下列事项:(一)原告的姓名、性别、年龄、民族、职业、工作单位、住所、联系方式,法人或者其他组织的名称、住所和法定代表人或者主要负责人的姓名、职务、联系方式;(二)被告的姓名、性别、工作单位、住所等信息,法人或者其他组织的名称、住所等信息;(三)诉讼请求和所根据的事实与理由;(四)证据和证据来源,证人姓名和住所。"民事起诉状主要包括以下部分:

文书格式

1. 首部

(1)标题。居中写明"民事起诉状"。

(2)原告、被告的基本情况。包括姓名、性别、年龄、民族、职业、工作单位、住所、联系方式,法人或者其他组织的名称、住所和法定代表人或者主要负责人的姓名、职务、联系方式等信息。

2. 正文

(1)诉讼请求。须明确具体,如有多项诉讼请求的,要分别列出。

(2)事实与理由。依据案件事实及法律论述所申请事项的具体理由。

3. 尾部

(1)致送机关。

(2)具状人署名,并注明日期。

(3)附项,起诉书副本×份。

(三)注意事项

1. 全面审查案情,实事求是,慎重确定诉讼策略。由于民事起诉状是民事诉讼的起点,所以,必须在全面审查案情,慎重考量诉求,权衡利弊,确定诉讼目标和路径之后,方可制作。应注意的问题主要有:原、被告的主体资格、诉讼请求和诉讼时效、管辖法院等。

2. 明确列明案由,请求事项于法有据。在诉讼请求上方单列一行写明案由。要根据民法理论来明确法律关系,在起诉状中列明案由。案由要按照最高人民法院发布的《民事案件案由规定》确定。请求事项必须要有法律依据,没有法律依据的请求事项一般得不到人民法院支持。有些案件起诉时,部分赔偿项目的赔偿数额尚难以确定,可以先详细列明赔偿项目,每个项目不列出赔偿数额,而以一个较小的总数额先行起诉,待每个项目的赔偿数额确定后,提出变更诉讼请求申请书和赔偿项目详细清单即可。

3. 重视证据内容，灵活把握写作方法。证据较少时可附后，较多时要编制证据目录。如用大量证据分别从不同方面或阶段来证明问题，可将证据目录分组细化。

四、民事答辩状

（一）概念

民事答辩状，是指民事诉讼的被告、被上诉人针对原告、上诉人的起诉、上诉，阐述自己的事实和理由，予以答复和辩驳的法律文书。

民事答辩状包括一审答辩状、二审答辩状等。下面根据《民事诉讼法》第128条规定，主要以一审答辩状为例进行介绍。

（二）内容、结构及制作方法

1. 首部

（1）标题。居中写明“答辩状”。

（2）答辩人、被答辩人情况。将一审被告列为答辩人，将原告列为被答辩人，说明其基本情况，包括姓名、性别、年龄、民族、职业、工作单位、住所、联系方式；法人或者其他组织的名称、住所和法定代表人或者主要负责人的姓名、职务、联系方式。

文书格式

2. 正文

以“答辩人因原告（或上诉人）诉（或上诉）我××一案，现答辩如下：……”开头，针对起诉或上诉逐项反驳，充分阐述自己的理由。

3. 尾部

（1）致送法院名称。

（2）答辩人署名，并注明日期。

（3）附项。

（三）注意事项

1. 提出答辩状是当事人的一项诉讼权利，不是诉讼义务。根据法律规定，被告或被上诉人均可提交答辩状，也可以不提交，并不影响案件的正常审理。

2. 答辩状中被告或被上诉人自称答辩人，但不要称对方为被答辩人。直接称“原告”或“上诉人”即可，以便与法院的裁判文书称谓保持一致。

3. 根据《民事诉讼法》第210条规定，[2]再审程序中再审被申请人接到法院送达的再审申请书副本后，向人民法院提交的书面答复材料，可参照上述答辩状进行制作。

---

[2] 《民事诉讼法》第210条规定：“当事人申请再审的，应当提交再审申请书等材料。人民法院应当自收到再审申请书之日起五日内将再审申请书副本发送对方当事人。对方当事人应当自收到再审申请书副本之日起十五日内提交书面意见；不提交书面意见的，不影响人民法院审查。人民法院可以要求申请人和对方当事人补充有关材料，询问有关事项。”

五、代理词

（一）概念

代理词，是指民事诉讼当事人的诉讼代理人，在庭审调查的基础上，在法庭辩论阶段针对案件事实认定和法律适用发表的综合性代理意见。

民事案件代理词是代理人站在委托人立场上对整个案件处理意见和观点的理论化、系统化，是向法院提出维护委托人合法权益的重要文书。

（二）内容、结构及制作方法

民事案件代理词与刑事案件辩护词一样，属于典型的叙议类法律文书，没有固定的格式。司法实践中，规范的代理词一般包括首部、正文、尾部。

示范举例

1. 首部

（1）标题。居中写明“代理词”。

（2）称谓。左侧顶格书写“审判长、审判员（或人民陪审员）”并加冒号。

（3）引言。写明律师事务所名称及指派律师姓名，接受何人委托或接受法律援助指定，担任该案诉讼代理人。应简要说明代理人前期所做的工作，并概括写明律师对本案的主要观点。

2. 正文

这是整个代理词的核心部分。应在深刻把握整体案件事实和适用法律问题的基础上布局谋篇，根据不同角度或层次，把代理意见的主要观点划分为几个部分。每一部分都要有一个观点明确的小标题，紧紧围绕分论点进行阐述。小标题的排列顺序也要精心安排。法官关注的争议焦点或者本案的核心问题要排在前面。小标题的排列顺序就是案件的论证逻辑。论证说理要做到于法有据、逻辑严谨、层层递进、重点突出。切忌不分层次，逻辑混乱，简繁不当，重要问题不突出。

3. 尾部

一般可写明：“请合议庭慎重考虑并采纳代理人的上述意见。”右下方由代理人亲笔签名并注明日期。

（三）注意事项

1. 代理词的作用和质量。写作代理词是律师综合素质的体现，是律师代理工作的标志性法律文书，体现律师的专业能力和水平。写好代理词，既要有一定的法律基础，又要具备一定逻辑推理能力，还要具备一定的文字功底，需要不断勤学苦练和反复实践。

2. 代理词的立论与反驳。代理词制作既要有立论，也要有驳论，不要回避对己方不利的问题。被对方诟病的问题往往被视为己方的“软肋”，恰恰是对方律师和法官关注的问题。在庭审中发现有对己方不利的问题，要找出有力的论据在代理词中重点阐述，充分反驳对方观点，给出合法、合理的解释。

3. 代理词的补充和完善。代理词一般在庭后提交，如果案情简单，庭前准备的代理词在庭审发表时不会有大的变化。如果庭审中发现对方提出新的证据和法律依据以及质证意见，庭审中应根据双方辩论情况以及对争议焦点认识的深化，及时提出新的观点并阐述理由，庭前准备的代理词就需要在庭审结束后审慎思考、认真梳理，进行补充和完善。

第四节 民事裁判文书

一、概述

(一)概念、特点及种类

1. 概念

民事裁判文书，是指人民法院行使民事审判权解决民事争议，审理终结后，依据法律、法规和相关司法解释，就当事人的实体权利和义务问题及案件的诉讼程序问题进行处理，作出的具有法定约束力的书面决定。

民事裁判文书是人民法院对当事人的诉讼请求、诉讼争议作出的回应和判断，是依法审判的结论。它不仅是反映诉讼进程、裁判结果及裁判理由的法律凭证，也是连接法院和社会公众的桥梁和纽带。一份叙事清楚、说理充分、写作规范的裁判文书，能够为当事人和广大社会公众所普遍认可、信服和接受，彰显司法权威和公信力。

2. 特点

民事裁判文书一经作出并生效后，即具有法定的强制力，具有司法确认效力或可供执行的特点，负有义务的当事人应该按照裁判结果履行相应的民事义务，否则，人民法院可依职权或者根据当事人的申请采取强制措施，确保裁判内容得以实现。

3. 种类

民事裁判文书种类繁多，按照裁判方式的不同，可分为民事判决书、民事裁定书、民事调解书等。按照诉讼程序阶段的不同，可分为第一审民事裁判文书、第二审民事裁判文书和再审民事裁判文书。按照诉讼程序性质的不同，可分为普通程序的民事裁判文书、简易程序的民事裁判文书、特别程序的民事裁判文书、非诉程序的民事裁判文书和执行程序的民事裁判文书等。按照制作形式的不同，可分为叙述类民事裁判文书、表格类民事裁判文书、填空类民事裁判文书。按照体例结构的不同，可分为令状式、要素式、分离式、省略式等类型。

梳理最高人民法院印发的《民事诉讼文书样式》中的类型，可以追溯到1992年《法院诉讼文书样式(试行)》，该样式规定了刑事、民事、行政、执行4类裁判文书，民事裁判文书有49种，其中民事判决书16种、民事裁定书30种、民事调解书3种。2003年在《民事简易程序诉讼文书样式(试行)》中，规定了16种文书样式，其中民事判决书4种，民事裁定书3种。2012年印发修改后的《民事申请再审案件诉讼文书样式》规定了7种再审民事裁定书。

2016年6月，最高人民法院发布的《民事诉讼文书样式》中，民事判决书47种，民事调解书7种，民事裁定书178种。

2020年3月，最高人民法院印发《公益诉讼文书样式(试行)》，其中，民事公益诉讼文书样式16种，主要包括判决书、裁定书、调解书及开庭、公告等程序性事项文书。

2020年9月，最高人民法院印发的《民事诉讼程序繁简分流改革试点相关诉讼文书样式》，包括民事判决书3种，民事裁定书8种。

(二)地位与作用

民事裁判文书作为满足社会司法需求的法律产品，其制作不仅是法官履行国家审判职责的一项日常性工作，也是人民法院审判工作的重要组成部分。

对人民法院而言，民事裁判文书是实现司法公正、提高司法公信力、树立司法权威的重要载体。对法官而言，民事裁判文书是行使国家审判权、记载纠纷解决思路的重要方式，是展示综合素质、传递审判经验智慧的重要媒介。对于当事人而言，民事裁决文书不仅是平息纠纷的依据，也是记明当事人享有权利和履行义务的凭证。对社会公众而言，民事裁判文书是弘扬社会主义核心价值观、维护国家和社会公共利益的有效工具。一份说理充分的民事裁判文书，通过释法说理、辨析是非、判断曲直，综合考量法、理、情等因素，可以传递正确价值导向，让社会公众在司法案件中感受公平正义，有力维护和推进社会公平正义的实现。

就法学研究角度而言，民事裁判文书是记载司法权力运行过程、展现法治文明、追求司法公正的物质载体与文献资料，其内容与形式受制于民事诉讼法律制度，它既是国家诉讼制度的综合体现，也是国家诉讼法律文化发展的缩影。它浓缩了诉讼程序制度、司法制度以及构成司法制度运作环境的各种经济、政治、文化因素，因此成为窥探司法制度和法律文化的窗口。[3]

二、第一审民事判决书

(一)概念

第一审民事判决书，是指人民法院对审理终结的第一审民事案件，根据查明认定的事实、证据及法律规定，就各方争议的民事实体问题作出的书面处理决定。

人民法院针对民事争议，依据法律、法规和有关司法解释作出的民事判决书，一旦生效，即能确定和分配当事人实体权利义务，是具有法律约束力的司法凭证，是全面记录人民法院审理过程、公开裁判结论和理由、展示司法公正的文字载体。

《民事诉讼法》第155条为民事判决书的制作提供了法律依据。[4]

第一审民事判决书是最为典型的民事裁判文书，按照适用的程序类型，第一审民事判

---

〔3〕 参见傅郁林:《民事裁判文书的功能与风格》，载《中国社会科学》2000年第4期。

〔4〕 《民事诉讼法》第155条规定:“判决书应当写明判决结果和作出该判决的理由。判决书内容包括:(一)案由、争议的事实和理由;(二)判决认定的事实和理由、适用的法律和理由;(三)判决结果和诉讼费用的负担;(四)上诉期间和上诉的法院。判决书由审判人员、书记员署名，加盖人民法院印章。”

决书可分为第一审普通程序用民事判决书、简易程序用民事判决书、简易程序中小额诉讼用民事判决书。2016 年《民事诉讼文书样式》中，专门制定了两类公益诉讼一审民事判决书，即环境类和侵害消费者权益类民事公益诉讼判决书。2020 年《公益诉讼文书样式（试行）》中，除环境民事公益诉讼、消费民事公益诉讼类外，增加了一审检察民事公益诉讼用判决书和一审刑事附带民事公益诉讼分开判决用判决书类型。

（二）内容、结构及制作方法

按照 2016 年《民事诉讼文书样式》和《人民法院民事裁判文书制作规范》的规定，第一审民事判决书由标题、正文、落款三部分组成。

这种结构划分与以往对于民事裁判文书体例结构的划分习惯有所不同，在此之前裁判文书普遍采用的是首部、事实、理由、判决结果和尾部“五要素”划分法，[5] 或首部、正文和尾部“三要素”划分法。[6] 两种传统的划分方法中，首部均包括标题、案号、诉讼参加人及其基本情况，以及案由、审判组织和开庭审理过程等内容；尾部的内容包括诉讼费用的负担、当事人的上诉权利、上诉期间和上诉法院名称以及合议庭成员（或独任审判人员）署名和判决日期等内容。传统结构划分中，标题是首部的内容之一，落款部分是尾部的内容。本节民事裁判文书体例结构仍采用“三要素”划分法，即首部、正文和尾部。

1. 首部

首部包括标题、诉讼参加人及其基本情况、案件由来和审理经过。

（1）标题

标题部分的写作要素，包括制作机关、文书名称和案号。例如，“×××人民法院＋民事判决书＋案号”。法院名称和文书名称分两行书写。

文书格式

法院名称一般应与院印的文字一致，基层人民法院、中级人民法院名称前应冠以省、自治区、直辖市的名称，但军事法院、海事法院、铁路运输法院、知识产权法院、互联网法院等专门人民法院除外。涉外裁判文书，法院名称前一般应冠以“中华人民共和国”国名；案件当事人中如果没有外国人、无国籍人、外国企业或者组织的，地方人民法院、专门人民法院制作的裁判文书标题中的法院名称无须冠以“中华人民共和国”字样。

示范举例

案号由收案年度、法院代字、类型代字、案件编号组成。案号的编制、使用应根据《最高人民法院关于人民法院案件案号的若干规定》等执行。例如“（2021）京 0101 民初 1 号”。依照《民事诉讼法》第 156 条规定，就一部分事实先行判决的，第二份民事判决书开始可在案号后缀“之一”“之二”……以示区别。

（2）诉讼参加人及其基本情况

依次写明诉讼参加人及其基本情况。诉讼参加人包括当事人、诉讼代理人。全部诉讼参加人均分行写明。这是民事判决书中的固定事项，需在遵循基本格式要求的基础上，根

〔5〕　参见最高人民法院办公厅：《法院诉讼文书样式（试行）》，吉林大学出版社 1992 年版。

〔6〕　杜福磊、赵朝琴主编：《法律文书写作教程》，高等教育出版社 2006 年版，第 223 页。

据案件的具体情况进行调整。

第一，当事人的基本情况，包括当事人诉讼地位和基本信息。当事人的诉讼地位，按其在民事诉讼中法律地位列写“原告”“被告”“第三人”，有多个原告、被告、第三人的，按照起诉状列明的顺序写，起诉状中未列明的当事人，按照参加诉讼的时间顺序列写。被告提出反诉且成立的，应标明这一重要情节，即“原告（反诉被告）”“被告（反诉原告）”。

当事人的基本信息，主要是当事人的身份信息，根据具体情况而定。当事人是自然人的，应当写明姓名、性别、出生年月日、民族、职业或者工作单位和职务、住所。外国人写明国籍，无国籍人写明“无国籍”；我国港澳台地区的居民分别写明“香港特别行政区居民”“澳门特别行政区居民”“台湾地区居民”。姓名、性别等身份事项以居民身份证、户籍证明为准。当事人职业或者工作单位和职务不明确的，可以不表述。当事人住所以其户籍所在地为准；离开户籍所在地有经常居住地的，以经常居住地为住所。连续两个当事人的住所相同的，应当分别表述，不用“住所同上”的表述。

当事人有法定代理人或者指定代理人的，应当在当事人之后另起一行写明姓名、性别、职业或工作单位和职务、住所，并在姓名后用括号注明其与当事人的关系。代理人为单位的，写明其名称及其参加诉讼人员的基本信息。

当事人是法人的，写明名称和住所，并另起一行写明法定代表人的姓名和职务。当事人是其他组织的，写明名称和住所，并另起一行写明主要负责人的姓名和职务。

当事人是个体工商户的，写明经营者的姓名、性别、出生年月日、民族、住所；起有字号的，以营业执照上登记的字号为当事人，并写明该字号经营者的基本信息。

当事人是起字号的个人合伙的，在其姓名之后用括号注明“系……（写明字号）合伙人”。

法人、其他组织、个体工商户、个人合伙的名称应写全称，以其注册登记文件记载的内容为准。法人或者其他组织的住所，是指法人或者其他组织的主要办事机构所在地；主要办事机构所在地不明确的，法人或者其他组织的注册地或者登记地为住所。

当事人为外国人的，应当写明其经过翻译的中文姓名或者名称和住所，并用括号注明其外文姓名或者名称和住所。外国自然人应当注明其国籍，国籍应当用全称；无国籍人，应当注明无国籍。

外国自然人的姓名、性别等基本信息以其护照等身份证明文件记载的内容为准；外国法人或者其他组织的名称、住所等基本信息以其注册登记文件记载的内容为准。

港澳地区当事人的住所，应当冠以“香港特别行政区”“澳门特别行政区”。台湾地区当事人的住所，应当冠以“台湾地区”。

当事人有曾用名，且该曾用名与本案有关联的，应当在当事人现用名之后用括号注明曾用名。

诉讼过程中当事人姓名或名称变更的，裁判文书应当列明变更后的姓名或名称，变更前姓名或名称无须在此列明，对于姓名或者名称变更的事实，在查明事实部分写明。

在诉讼过程中，当事人权利义务继受人参加诉讼的，诉讼地位从其承继的诉讼地位。裁判文书中，继受人为当事人；被继受人在当事人部分不写，在案件由来中写明继受事实。

在代表人诉讼中，被代表或者登记权利的当事人人数众多的，可以采取名单附后的方式表述，“原告×××等×人（名单附后）”。

当事人自行参加诉讼的，要写明其诉讼地位及其基本信息。

当事人诉讼地位在前，其后写当事人姓名或者名称，两者之间用冒号，当事人姓名或者名称之后用逗号。

第二，当事人及其法定代理人有委托诉讼代理人的，写明委托诉讼代理人的诉讼地位、姓名和其他基本情况。有两个委托诉讼代理人的，分行分别写明。当事人委托近亲属或者本单位工作人员担任委托诉讼代理人的，应当列在第一位，委托外单位的人员或者律师等担任委托诉讼代理人的列在第二位。

委托诉讼代理人是当事人近亲属的，应当在近亲属姓名后括注其与当事人的关系，写明住所；当事人委托本单位人员作为委托诉讼代理人的，写明姓名、性别及其工作人员身份。其身份信息可表述为“该单位（如公司、机构、委员会、厂等）工作人员”。

律师、基层法律服务工作者担任委托诉讼代理人的，写明律师、基层法律服务工作者的姓名、所在律师事务所的名称、法律服务所的名称及执业身份。其身份信息表述为“××律师事务所律师”“××法律服务所法律工作者”。属于提供法律援助的，应当写明法律援助情况。

委托诉讼代理人是当事人所在社区、单位以及有关社会团体推荐的公民的，写明姓名、性别、住所，并在住所之后注明具体由何社区、单位、社会团体推荐。

委托诉讼代理人变更的，首部只列写变更后的委托诉讼代理人，对于变更的事实可根据需要写明。

委托诉讼代理人后用冒号，再写委托诉讼代理人姓名，委托诉讼代理人姓名后用逗号。委托诉讼代理人为当事人共同委托的，可以合并写明。

（3）案件由来和审理经过

这是记载民事审判程序发展脉络的固定事项，包括案件由来、庭审经过、出庭人员及其他程序事项。这是印证审判程序合法、体现程序正义的重要事项。

案件由来应写明案件名称与来源，案件名称是当事人与案由的概括。如“原告×××与被告×××……（写明案由）一案”。诉讼参加人名称过长的，可以在案件由来部分第一次出现时用括号注明其简称，表述为“（以下简称×××）”。其他单位或组织名称过长的，也可在首次表述时用括号注明其简称。诉讼参加人的简称应当规范，需能够准确反映其名称的特点。案由应当准确反映案件所涉及的民事法律关系的性质，符合最高人民法院有关民事案件案由的规定。经审理认为立案案由不当的，以经审理确定的案由为准，但应在“本院认为”部分予以说明。

案件来源情况，包括新收案件、有新的事实证据重新起诉、上级人民法院发回重审、上级人民法院指令立案受理、上级人民法院指定审理、上级人民法院指定管辖、其他人民法院移送管辖、提级管辖等。例如，一审案件来源为上级人民法院发回重审的，应当写明：“原告×××与被告×××……（写明案由）一案，本院于××××年××月××日作出……（写明案号）民事判决。×××不服该判决，向××××人民法院提起上诉。××××人民法院于××××年××月××日作出……(写明裁定)裁定,发回重审。本院依法另行组成合议庭……”。

案件审理经过,需客观写明立案日期和法庭审理情况。案件审判过程,包括适用程序、程序转换、开庭日期、审理方式、参加庭审人员等。适用程序包括普通程序、简易程序、小额诉讼程序和非诉讼程序等。审理方式包括开庭审理和不开庭审理,开庭审理包括公开和不公开开庭。不开庭的不写,但应写明不开庭的原因。不公开审理的,写明不公开审理的理由,如“因涉及国家秘密,×××申请”“因涉及离婚,×××申请”等。

开庭审理的,应写明当事人及其诉讼代理人出庭参加诉讼情况,包括未出庭或者中途退庭情况;诉讼参加人均到庭参加诉讼的,可以合并写明为“本案当事人和委托诉讼代理人均到庭参加诉讼。”当事人未到庭应诉或者中途退庭的,写明经传票传唤或公告送达传票,无正当理由拒不到庭或者未经法庭许可中途退庭的情况。这一情况表述为:“×××经传票传唤无正当理由拒不到庭参加诉讼。”或者“×××经公告送达开庭传票,未到庭参加诉讼。”中途退庭的,写为“×××未经法庭许可中途退庭。”

对于审理中其他程序性事项,如指定管辖、移送管辖、程序转换、审判人员变更、中止诉讼等情形,应当同时写明。

2. 正文

(1)诉辩意见

分别写明各方当事人意见,包括原告起诉的诉讼请求、事实和理由,被告答辩的事实和理由。反诉或者有第三人参加诉讼的,各自的诉辩意见、陈述意见及事实与理由也要一并写明。具体写作时,按照原告、被告、第三人的顺序依次叙明当事人的起诉意见、答辩意见、陈述意见及所主张的事实和理由,即“原告诉称”“被告辩称”“第三人诉(述)称”。

原告的起诉意见,包括原告诉讼请求、事实和理由。诉讼请求是原告向法院提出保护自己权益的主张,是各方当事人争议的核心与关键,当然也是对方当事人发表反驳辩解意见的对象。现行《民事诉讼文书样式》及《人民法院民事裁判文书制作规范》的要求,改变了传统民事判决书样式中先叙述事实和理由、后写明诉讼请求的写法,将诉讼请求置于事实和理由之前,更加突出了诉讼请求的法律地位。诉讼请求有两项以上的,用阿拉伯数字加点号分项写明。如:“原告×××向本院提出的诉讼请求:1. ……;2. ……;3. ……”原告在诉讼过程中有增加、变更、放弃诉讼请求的,应当连续写明。表述为:“诉讼过程中,×××增加(变更、放弃)诉讼请求……”在当事人的诉讼请求之后,写明其主张的事实和理由。

被告答辩意见,包括对原告诉讼请求的意见、事实和理由。根据被告答辩的情况归纳,一般表述为:“×××辩称,……”未作答辩的,表述为:“×××未作答辩。”被告承认原告主张的全部事实的,写明:“×××承认×××主张的事实。”被告承认原告主张的部分事实的,先写明:“×××承认×××主张的……事实。”后写明有争议的事实。被告承认全部诉讼请求的,写明:“×××承认×××的全部诉讼请求。”被告承认部分诉讼请求的,写明被告承认原告的部分诉讼请求的具体内容。总之,被告答辩意见中对于无争议的事实可以简化或省略,对于有争议的部分则应当详尽,突出针对性。

被告提出反诉的,写明:“×××向本院提出反诉请求:1.……;2.……”后接反诉的事实和理由。再另段写明:“×××对×××的反诉辩称,……”

第三人的陈述意见,用“第三人诉(述)称”,写明第三人的主张、事实和理由。有独立请求权的第三人,写明:“×××向本院提出诉讼请求:……”后接第三人请求的事实和理由。再另段写明原告、被告对第三人的诉讼请求的答辩意见:“×××对×××的诉讼请求辩称,……。”无独立请求权的第三人,写明:“×××述称,……”第三人未作陈述的,写明:“×××未作陈述。”原告、被告或者第三人有多名,且意见一致的,可以合并写明;意见不同的,应当分别写明。

当事人诉辩意见及主张的事实和理由均来自当事人提交的民事起诉状、民事反诉状、答辩状、代理词及当事人在法庭上发表的综合意见。它可能是主体的争议、事实与证据的争议或者是适用法律的争议。无论是哪种性质的争议,都是案件中当事人的争议焦点所在,是案件事实的重要组成部分,也是裁判说理的基础和立足点。因此,必须记述清楚各方争议的事实和理由。对于该项内容的叙述,应当根据当事人发表的意见进行综述。例如,在一起遗嘱继承纠纷案件的第一审民事判决书正文部分,在首部对有关程序事项进行说明的基础上,转入对诉辩意见的归纳,即归纳各方当事人发表的诉讼意见、主张的事实和理由。

(2)诉讼证据和法院认定的事实

证据是认定事实的基础,从某种意义上,以事实为基础实际上就是以证据为根据。离开证据的支持,事实就难以确认。因此,判决书中须写清证据的举证、质证、认证过程,尤其是阐明法院的认证观点及对证据的取舍过程。

继当事人诉辩意见之后,另起一段简要写明当事人提供和法院调查收集的证据名称或内容、当事人对证据的质证意见、法院认定证据的过程。表述为:“本案当事人围绕诉讼请求依法提交了证据,本院组织当事人进行了证据交换和质证。对当事人无异议的证据,本院予以确认并在卷佐证。对有争议的证据,本院认证如下:……”

诉讼证据的写作方法,不仅要列明证据的名称,还要对证据的来源及要证明的内容交代清楚,使证据的举证、质证、认证过程及认定案件事实的过程在判决书中得以公开展现。注意克服司法实践中存在的证据写作“公式化”及“流水账”式的倾向,不能简单用“以上事实,有证据为证”或者“上述事实,有书证、物证、证人证言、鉴定结论等证据予以证实”等模糊方法表述。

证据的具体写作方式应当根据不同情况选择不同的写作方式。譬如,对于当事人提交的证据数量较多的,原则上不需要一一列举,可以附录全案证据或者证据目录,即在附录中添加证据清单。对于当事人无争议的证据,直接写明“对当事人无异议的证据,本院予以确认并在卷佐证”。对有争议的证据,应当写明有争议的证据名称、当事人提出的异议及人民法院对有争议证据认定的意见和理由。如上述继承案一审判决书中记明:原告围绕其诉讼请求依法提交了证据,法院组织当事人进行了证据交换和质证,被告方针对原告的举证,提出了异议并说明了理由;原告针对被告的证据进行质证;判决书中就当事人的举证、质证进行了全面归纳,法院据此认定案件基本事实。

对于人民法院依职权调取的证据、鉴定意见，经庭审质证后，按照当事人是否有争议分别写明。对逾期提交的证据、非法证据等不予采纳的，应当说明理由。对于案情复杂，证据类型较多的，可以采用表格方式进行类型化处理，即在判决书附录中添加证据目录清单，这样能够使复杂多样化的证据内容一目了然。

当事人举证、质证内容后，直接写明人民法院对证据和事实的认定情况。

法院认定的事实即法院审理查明的事实。在证据的审查认定之后，另起一段概括写明法院认定的基本事实，即根据当事人的陈述和审查确认的证据，固定法院确认的案件事实。这是法院赖以确认当事人之间的民事权利和民事义务关系、判定当事人的民事责任、作出裁判结论的前提和基础。如在上述遗嘱继承纠纷案中，根据庭审确认的证据，完整叙述法院认定的案件事实，"对当事人表示真实性无异议的证据，本院予以确认并在卷佐证。根据当事人陈述和经审查确认的证据，本院认定事实如下：……"

该部分内容应当以当事人的诉辩争议为线索，围绕当事人的争执焦点，根据案件具体情况，在结构安排上灵活掌握。

争议的事实较多的，可以对争议的事实分别认定。首先针对无争议的事实和证据予以确认；其次就有争议的部分进行归类，叙明当事人的各自主张及理由；最后阐述法院认定的事实、证据和理由。

对争议的证据和事实，也可以集中在"经审理查明"部分进行综合表述，一并叙明。或者将事实证据分开表述，分开叙写，先单独对争议的证据进行认定，另段概括写明认定的案件基本事实。即表述为："根据当事人陈述和经审查确认的证据，本院认定事实如下：……"对于人民法院调取的证据、鉴定意见，经庭审质证后，按照是否有争议分别写明。

召开庭前会议或者在庭审时归纳争议焦点的，应当写明争议焦点。争议焦点的摆放位置，可以根据争议的内容分别处理。争议焦点中有证据和事实内容的，可以放在当事人诉辩意见之后写明。争议焦点主要集中在法律适用方面的，可以放在"本院认为"部分，先写明争议焦点，再进行说理。

民事案件事实着重叙述各方当事人有争议或者对法律适用有较大影响的重点情节，避免遗漏与当事人争议有关的事实，对当事人无争议或对法律适用影响较小的事实情节，则应当简化或者省略。做到重点突出，繁简得当，层次分明。

文书格式

案件事实的写作形式，还可以根据审判程序特点和繁简分流要求，采用不同的体例。例如，在简易程序及小额诉讼中，根据当事人填写的要素表和要素式庭审等内容，概括案件事实所包含的固定要素，直接采用要素式叙述方法写明事实即可。而在当事人对事实不存在争议的案件中，无须另行叙述案件事实认定的部分，只需要在"本院认为"中直接确认原告主张的事实。

（3）判决理由

民事判决理由是人民法院针对当事人的诉讼请求、在认定事实的基础之上，根据法律、法规和政策等规定，对民事案件的性质、当事人之间的民事法律关系进行确认以及民事责任进行分析确认，并通过逻辑推理得出处理结论的依据。简言之，判决理由就是作出裁判结果的依据。判决结果的正当性、公正性，需要通过判决理由的论证来支持，判决理由公开是审判公开的精髓所在。

判决理由作为连接案件事实与判决结果的桥梁和纽带，是民事判决书的关键。该部分内容分两个层面：事实理由和法律理由。事实理由是对法律事实及证据分析认定的结论；法律理由是解决民事纠纷的法律认识及法律适用。判决说理立足于事实和法律，就事论理，依法论理。

判决理由一般以“本院认为”开头，有争议焦点的，先归纳争议焦点，然后再分别分析认定，最后综合分析认定；没有争议焦点的，直接写明裁判的理由。

对于各方争议的问题，应当围绕各方争议的焦点，针对各方诉辩主张是否成立，其所持的理由是否采纳，根据案件性质、争议的法律关系，依照法律、司法解释规定的法律适用规则分别进行分析，作出认定，阐明支持或不予支持的理由，分清是非，明确责任。必要时，还需对法律条款的内涵进行解释，明晰适用该法律条款的理由。争议焦点之外，涉及当事人诉讼请求能否成立或者与本案裁判结果有关的问题，也应在说理部分一并进行论证。

最高人民法院一直都非常重视裁判文书的说理改革，为增强裁判文书的说理性，提高司法公信力和司法权威，发挥司法裁判的价值引领作用，弘扬社会主义核心价值观，努力让人民群众在每一个司法案件中感受到公平正义，最高人民法院先后印发了《释法说理指导意见》和《核心价值观指导意见》等规范性文件，对于全面引导和规范法官运用社会主义核心价值观释法说理，增强司法裁判的政治效果、法律效果和社会效果的融合统一，具有深远意义。

最高人民法院在《核心价值观指导意见》中指出，裁判说理应当坚持以事实为依据，以法律为准绳，根据案件具体情况，针对争议焦点，根据庭审举证、质证、法庭辩论以及法庭调查等情况，重点说明裁判事实认定和法律适用的过程和理由；在重点类型案件中，坚持以事实为依据，以法律为准绳，立足时代、国情、文化，综合考量法、理、情等因素，强化运用社会主义核心价值观释法说理，以司法公正引领社会公正。

最高人民法院在《释法说理指导意见》中指出，裁判文书要阐明事理，说明裁判所认定的案件事实及其根据和理由，展示案件事实认定的客观性、公正性和准确性；要释明法理，说明裁判所依据的法律规范以及适用法律规范的理由；要讲明情理，体现法理情相协调，符合社会主义核心价值观；要讲究文理，语言规范、表达准确，逻辑清晰，合理运用说理技巧，增强说理效果。〔7〕

裁判文书除了能够印证判决结果的理由，还应包括更加广泛的、符合逻辑体系的道理，如讲学理，从学理层面针对所争议的问题进行规范阐释、辨法析理，使判决具有无可辩

---

〔7〕《释法说理指导意见》第13条规定：“除依据法律依据、司法解释的规定外，可以引用下列论据论证裁判理由，以提高裁判结论的正当性和可接受性：最高人民法院发布的指导性案例；最高人民法院发布的非司法解释类审判业务规范性文件；公理、情理、经验法则、交易惯例、民间规约、职业伦理；立法说明等立法材料，采取历史、体系、比较等法律解释方法时使用的材料；法理及通行学术观点；与法律、司法解释等规范性法律文件不相冲突的其他论据。”

驳性。

(4)判决依据

在分析说理之后,作出判决之前,应当援引法律依据。应根据认定的事实,寻找应适用的法律条文和法律文件,并在判决主文前集中引用法律文件名称和法律条款的顺序号。分项说理的,可以另起一段,综述对当事人诉讼请求是否支持的总结评价,后接法律依据,直接引出判决主文。说理部分已经完成,无须再对诉讼请求进行总结评价的,直接另段援引法律依据,写明判决主文。

法律依据援引是民事判决书重要的内容。依照《裁判文书引用法律文件的规定》,裁判依据的引用渊源,包括法律及法律解释、行政法规、地方性法规、自治条例、单行条例、司法解释等。这是关于民事裁判文书裁判依据引用的专门规定。

根据上述规定,对所适用的法律文件和法律条文应当准确、完整地写明规范法律文件的名称、条款项顺序号;需要加引号引用条文内容的,应当表述准确和完整。引用多个法律文件时,按照法律、法律解释、行政法规、地方性法规、自治条例、单行条例和司法解释的顺序引用。同时引用两部以上法律的,应当先引用基本法律,后引用其他法律;同时引用实体法和程序法的,先引用实体法,后引用程序法。实体法的司法解释可以紧随被解释的实体法之后。对于一个法律文件引用两条以上法律条文的,应当依主次顺序分别引用,主要事实对应的条款在先,次要事实对应的条款在后;行为模式条文在先,法律后果条文在后;人身关系条文在先,财产关系条文在后;权利义务分配条文在先,权利义务实现条文在后;定性条文在先,归责条文在后。[8]

裁判文书中确需引用的规范性文件之间存在冲突,根据《立法法》等有关法律规定无法选择适用的,应依法提请有决定权的机关作出裁决,不得自行在裁判文书中认定相关规范性法律文件的效力。

除此之外,法官还可以引用下列论据论证裁判理由,以提高裁判结论的正当性和可接受性:最高人民法院发布的指导性案例;最高人民法院发布的非司法解释类审判业务规范性文件;公理、情理、经验法则、交易惯例、民间规约、职业伦理;立法说明等立法材料,采取历史、体系、比较等法律解释方法时使用的材料;法理及通行学术观点;与法律、司法解释等规范性法律文件不相冲突的其他论据。

法条阅读

按照《人民法院民事裁判文书制作规范》的要求,裁判文书不得引用《宪法》和各级人民法院关于审判工作的指导性文件、会议纪要、各审判业务庭的答复意见以及人民法院与有关部门联合下发的文件作为裁判依据,但其体现的原则和精神可以在说理部分予以阐述。指导性案例不作为裁判依据引用。[9]

---

〔8〕 参见沈志先主编:《裁判文书制作》(第2版),法律出版社2017年版,第264页。

〔9〕 参见《最高人民法院〈关于案例指导工作的规定〉实施细则》第10条规定:"各级人民法院审理类似案件参照指导性案例的,应当将指导性案例作为裁判理由引述,但不作为裁判依据引用。"

（5）判决结果

判决结果即判决主文，是人民法院对当事人间民事实体权利义务关系分配处理的结论。一审民事判决主文具体类型包括确认、撤销、解除、变更、驳回、给付等，应根据不同的诉讼类型，用肯定、具体、明确的语言准确表述，以便于理解执行。

确认类判决主文，是宣告当事人间某种民事法律关系成立或者有效的判决，如表述为："×××与×××于××××年××月××日订立的建筑工程合同无效。"

撤销类判决主文，是宣告某种民事法律关系无效并予以撤销的判决，如表述为："撤销×××与×××于××××年××月××日订立的房屋买卖合同。"

解除类判决主文，是宣告某种有效的民事法律关系终止的判决，如表述为："准予×××与×××离婚。""解除×××与×××的收养关系。"

变更类判决主文，是宣告民事权利或义务发生变更的判决，如表述为："××××变更为××××""××××归×××所有，××××归×××所有。"

驳回类判决主文，是对于当事人不合法、不合理的诉讼请求，依法予以驳回的判决，如表述为："驳回×××的××××诉讼请求。"

给付类判决主文，是责令当事人向其他当事人履行民事义务或者给付金钱的判决，在民事判决类型中最具有典型性。如当事人承担责任的，应写明当事人承担责任的形式、范围；多名当事人承担责任的，应当写明各当事人承担责任的形式、范围。给付类判决中，有多项给付内容的，应当先写明各项目的名称和金额，再写明累计金额。如"交通费××元、误工费××元……合计××元"。当事人互负给付义务且内容相同的，应当另起一段写明抵付情况。

判决主文中当事人姓名或者名称应当用全称，不得用简称。判决主文有两项以上的，各项前依次使用汉字数字分段写明。单项判决主文和末项判决主文句末用句号，其余判决主文句末用分号。判决主文中可以用括注，对判项予以说明，如："已给付××元，尚需给付××元"；"内容需先经本院审查"；"按双方订立的《××借款合同》约定的标准执行"；等等。金额用阿拉伯数字，金额前不加"人民币"；人民币以外的其他种类货币，金额前加货币种类；有两种以上货币的，金额前加货币种类。

判决主文是对争议解决的处理决定，具有执行效力，切忌模棱两可、语有歧义；判决的项目要有完整性，履行义务的具体内容、方式及期限等不能遗漏；对于金钱给付，应该明确利息计算的起止点、计息本金及利率。

3. 尾部

包括迟延履行责任告知、诉讼费用负担、上诉权利告知、落款。

（1）迟延履行责任告知。判决主文具有金钱给付义务的，应当在所有判项之后另起一行写明："如果未按本判决指定的期间履行给付金钱义务，应当按照《中华人民共和国民事诉讼法》第二百六十条规定，加倍支付迟延履行期间的债务利息。"

（2）诉讼费用负担。此系根据《诉讼费用交纳办法》作出的决定，具体包括案件受理费和其他诉讼费用。诉讼费用不属于诉讼争议的事项，不列入裁判主文，该项内容在判决主文后另起一段写明。

(3)上诉事项告知。对于依法可以上诉的一审判决,在尾部表述为:“如不服本判决,可以在判决书送达之日起十五日内,向本院递交上诉状,并按对方当事人的人数或者代表人的人数提出副本,上诉于××××人民法院。”

(4)落款。由合议庭组成人员或者独任审判员署名;作出裁判的日期,即裁判文书的签发日期,当庭宣判的,应当写审判的日期;参与案件审理的法官助理应署名;书记员应署名;核对戳,加盖“本件与原本核对无异”字样的印戳。

(三)注意事项

1. 不同程序,灵活把握。简易程序、小额速裁、公益诉讼的民事判决书的写作,与普通程序民事判决书的内容与写法大体相同,只是在个别地方有所区别,需根据诉讼程序的特点灵活把握。

2. 明确争点,有的放矢。明确当事人争议焦点,提高说理的针对性。总结归纳争议的焦点,是民事判决充分说理的基础;争议焦点的摆放位置,可以根据争议的内容处理。准确、有效归纳争议焦点,判决要素应始终围绕争点,以争议问题为导向进行逻辑推理,[10]这样能突出裁判理由论证的针对性,做到有的放矢。

3. 释法说理,灵活表达。案情复杂的,采用列明裁判要点的方式;案件事实或数额计算复杂的,采用附表的方式;裁判内容用附图的方式更容易表达清楚的,采用附图的方式;证据过多的,采用附录的方式,呈现构成证据链的全案证据或证据目录等。

4. 繁简分流,详略适当。根据民事案件的社会影响、审判程序、诉讼阶段等不同情况,进行繁简适度的叙事说理,该详则详,当略则略,简案略说,繁杂精说,力求恰到好处。可以根据案件的具体情况合理调整事实认定和判决理由的体例结构,优化叙事说理方式。

5. 多项内容,避免重复。特别注意避免事实部分与判决理由之间的重叠。注意区分事实部分和理由部分的逻辑关系,区分无争议的事实和有争议的事实情节,科学设计各部分内容的组合排列,避免案件事实部分和判决理由中的重复论述。

三、民事公益诉讼判决书

(一)概念

民事公益诉讼判决书,是指人民法院对于受理的民事公益诉讼案件依照民事诉讼法规定的诉讼程序审理终结后,就实体问题作出的书面处理决定。

公益诉讼是与私益诉讼相对的一类诉讼,民事公益诉讼是人民检察院、法律授权的机关或者有关组织为了维护社会公共利益,针对违反法律规定,破坏环境和资源保护,食品药品安全领域侵害众多消费者合法权益,侵犯未成年人合法权益,侵害英雄烈士姓名、肖像、

---

〔10〕 张广、戴蕾:《民事诉讼中“争点型”判决书的制作(下)》,载微信公众号“海坛特哥”2018 年 6 月 7 日,https//www. sohu. com/a/234564445_655070。

名誉、荣誉等行为，向人民法院提起的民事诉讼。[11]

2016年《民事诉讼文书样式》中专门制定了环境污染或者生态破坏、侵害消费者权益两类民事公益诉讼判决书。在此基础上，2020年最高人民法院印发《公益诉讼文书样式（试行）》，共18种文书样式。其中，民事公益诉讼文书16种，民事及刑事附带民事判决书样式共7种，包括社会组织提起的公益诉讼文书样式、检察机关提起的公益诉讼文书样式。从保护公益的类型区分，包括环境公益诉讼文书样式、消费公益诉讼文书样式。同时，明确英烈保护等公益诉讼文书样式的写作参照本样式书写。上述文书样式，为民事公益诉讼判决书提供了标准文本，有利于提高民事公益诉讼裁判文书的质量。

（二）内容、结构及制作方法

民事公益诉讼判决书的内容、结构与制作方法，与同审级的民事判决书基本相同，本节重点介绍环境民事公益诉讼第一审民事判决书的写作。

1. 首部

（1）标题

标题部分与其他民事判决书一致。

（2）当事人和其他诉讼参加人的姓名或者名称等基本信息

当事人部分，与其他民事判决书有所不同。根据《民事诉讼法》及《民事诉讼法司法解释》的规定，[12]有权提起公益诉讼的是人民检察院、法律授权的机关和有关组织，公民个人不能提起公益诉讼。

检察机关提起民事公益诉讼的，表述为："公益诉讼起诉人：××××人民检察院"，无须表述检察机关的住所地、法定代表人及出庭人员等基本情况。

污染环境公益诉讼中，依法在设区的市级以上人民政府民政部门登记、专门从事环境保护公益活动连续5年以上且无违法记录的社会组织，可以作为原告提起环境污染或者生态破坏公益诉讼。其他机关和社会组织参加检察机关提起的民事公益诉讼的，仍表述为"原告：×××，住所地：……"

如果有人民检察院及其他机关、社会组织、企业事业单位支持原告起诉的，在原、被告之后，列写"支持起诉人：×××，住所地：……"法定代表人、诉讼代理人的写法与普通案件民事判决书相同。支持起诉人为人民检察院的，无须表述其住所地、法定代表人等基本情况。

人民法院受理环境民事公益诉讼案件后，依法可以提起诉讼的其他机关和有关组织，可以在人民法院公告之日起30日内向人民法院申请参加诉讼；人民法院准许参加诉讼的，

---

〔11〕《民事诉讼法》第58条第1款规定："对污染环境、侵害众多消费者合法权益等损害社会公共利益的行为，法律规定的机关和有关组织可以向人民法院提起诉讼。"

〔12〕《民事诉讼法司法解释》第284条："环境保护法、消费者权益保护法等法律规定的机关和在关组织对污染环境、侵害众多消费者合法权益等损害社会公共利益的行为，根据民事诉讼法第五十五条规定提起公益诉讼，符合下列条件的，人民法院应当受理：（一）有明确的被告；（二）有具体的诉讼请求；（三）有社会公共利益受到损害的初步证据；（四）属于人民法院受理民事诉讼的范围和受诉人民法院管辖。"

列为共同原告。

(3)案件由来和审理经过

这是一段程式化内容,与其他民事判决书大致相同,依次写明案由、审判组织、审理方式、庭审经过及其他重要程序事项。“案由”需要根据环境污染、生态破坏的行为性质以及具体环境要素而定,可写明大气(水、土壤)污染民事公益诉讼、生态破坏民事公益诉讼等。公益诉讼起诉人提起民事公益诉讼案件,应当在诉前进行公告,对该项内容应当予以载明。如举行庭前会议,也应在审理过程中写明相关情况。

人民检察院提起的各类民事公益诉讼一审判决书中案件由来和审理经过部分综合表述为:

公益诉讼起诉人××××人民检察院与被告×××民事公益诉讼(写明案由)……一案,本院于××××年××月××日立案后,依法适用普通程序,于××××年××月××日书面告知……(相关行政主管部门)。经查,××××人民检察院于××××年××月××日公告了案件相关情况,公告期内未有法律规定的机关和有关组织提起民事公益诉讼。本院依法组成合议庭,于××××年××月××日公开开庭进行了审理,××××人民检察院指派检察员×××出庭履行职务,被告×××及其委托诉讼代理人×××(写明当事人和其他诉讼参加人的诉讼地位和姓名或者名称)到庭参加诉讼。本案现已审理终结。

2. 正文

(1)诉辩意见

诉辩意见需归纳概述,提起诉讼的一方当事人的诉讼请求及主张的事实和理由,以及被告的答辩意见。如果有人民检察院及其他机关、社会组织、企业事业单位支持原告起诉,提交相关书面意见、协助调查收集证据等,在原告意见之后,概述支持起诉人的意见。当事人申请具有专门知识的人出庭的,概述具有专门知识的人就案件所涉专门知识等问题提出的专家意见。具体表述为:

×××向本院提出诉讼请求:1. ……;2. ……(明确原告的诉讼请求)。事实和理由:……(概述原告主张的事实和理由)。

××××支持起诉称,……(概述支持起诉意见)。

×××辩称,……(概述被告答辩意见)。

具有专门知识的人×××发表以下意见:……。

(2)诉讼证据和法院认定的事实

诉讼证据包括证据展示、质证、认证部分,应根据案件的具体情况,公开当事人提交的证据和法院调查收集的证据名称或内容、对方当事人对证据的质证意见。如支持起诉人提交了相关证据,应作为原告的证据在庭审中予以质证、认证,并在法院认定的事实部分作出表述。对于各方当事人无争议的证据直接予以确认;对有争议的证据或重要、关键证据,则应重点分析认证,包括证据的名称、证据的来源、证据形式、证明对象等,写明法院对于证据的采信结论及理由。遵循环境民事公益诉讼特殊的证据规则，[13]写明各类证据情况以及举证、质证完整内容，清晰展现人民法院查明事实的基础，有利于社会公众更好地知晓案件事实。

常见的证据表述方式："原告×××围绕其诉讼请求依法提交了以下证据：1.……；2.……。被告×××为反驳原告主张提交了以下证据：1.……；2.……。本院组织当事人进行了证据交换和质证。对当事人无异议的证据……本院对当事人提交的证据认证如下：1.……；2.……（写明法院是否采信证据，事实认定的意见和理由）。"

证据认定是事实认定的基础，事实由证据构建。民事公益诉讼判决书在诉辩意见后，先进行证据的分析认证，之后写明"经审理查明"的事实，这种由证据到事实的写作顺序，更符合民事案件的审理特征。

（3）判决理由与判决依据

应根据民事公益诉讼案件的特点，围绕当事人争议的焦点，依据认定的事实和相关法律规定，针对当事人的实体请求是否成立进行充分评述，说明判决的理由。

示范举例

在环境公益诉讼中，综合考虑案件具体情节、被告违法程度及主观过错程度、生产经营情况，以及污染环境的范围和程度、生态环境恢复的难易程度、生态环境的服务功能等因素，适用《民法典》《环境保护法》等相关法律规定，援引法律依据，表明最后处理结论。

如上饶市人民检察院与被告张××、张×、毛××生态破坏民事公益诉讼一案民事判决书的判决理由部分，先归纳概括当事人之间的争议焦点，然后针对双方争议的焦点，依次、分层进行评判，逐一作出回应并阐明判决理由。判决理由中对公益诉讼起诉人提出的诉讼请求进行了综合评定，确认三被告"主观过错明显。客观上，张××已在巨蟒峰上打入了26枚岩钉，造成了一定程度上的损害无可辩驳，三被告相互支持、相互协作，在攀登巨蟒峰过程中共同实施了侵权行为，对造成的损害依法应承担连带赔偿责任。鉴于三被告的行为侵害的是社会公众享有的对世界自然遗产的环境权益，且在全国范围内造成了较大的影响，故三被告应通过全国性媒体公开赔礼道歉。""对于上饶市人民检察院申请撤回要求三被告连带支付采取消除危险的措施、建设巨蟒峰智能监测系统的费用510,826.4元的诉讼请求，因该项诉讼请求并不涉及上饶市人民检察院诉请所维护的社会公共利益，本院予以准许。此外，上饶市人民检察院聘请的专家费用属于为诉讼支出的合理费用，应由三被告承担。"

判决依据的引用，需要根据认定的案件事实，在法律、法律解释、行政法规、地方性法规、

---

[13] 在环境公益诉讼中，根据《公益诉讼司法解释》，原告只需提供被告的行为具有损害社会公共利益或者具有损害社会公共利益重大风险的初步证明材料。被告则承担因果关系不存在、免除或者减轻责任事由的举证责任。参见《公益诉讼司法解释》第8条："提起环境民事公益诉讼应当提交下列材料：（一）符合民事诉讼法第一百二十一条规定的起诉状，并按照被告人数提出副本；（二）被告的行为已经损害社会公共利益或者具有损害社会公共利益重大风险的初步证明材料；（三）社会组织提起诉讼的，应当提交社会组织登记证书、章程、起诉前连续五年的年度工作报告书或者年检报告书，以及由法定代表人或者负责人签字并加盖公章的无违法记录的声明。"

自治条例、单行条例和司法解释中,寻找适用的法律文件和法律条文加以援引。

(4)判决结果

应根据不同的案件类型作出处理决定。民事公益诉讼的特殊性,表现在判决书写作的各个方面。如在环境污染、破坏生态民事公益诉讼案件中,原告针对被告已经损害社会公共利益或者具有损害社会公共利益重大风险的行为,请求确认被告承担停止侵害、排除妨碍、消除危险、修复生态环境、赔偿损失、赔礼道歉等民事责任。

承担上述民事责任的方式,无论是预防、惩戒还是补偿、修复,都需要表述完整、准确、具体,能够付诸实施、切实可行,切忌笼统抽象、含混不清。原告在其起诉状中明确请求被告承担本案所涉检验、鉴定费用,合理的律师费用以及为诉讼支出的其他合理费用的,应在判项中一一列明;原告败诉,其所需承担的调查取证、专家咨询、检验、鉴定等必要费用,可以依据《环境公益诉讼司法解释》第 24 条的规定酌情支付,且应在判项中列明。

对于当事人不合法、不合理的诉讼请求,应当予以驳回。

具有给付内容的,需告知迟延履行应承担的责任。

3. 尾部

一审公益民事诉讼合议庭组成人员,根据《人民陪审员法》的规定,适用《民事诉讼法》审理的公益诉讼案件,需要组成七人合议庭。此外,案件有法官助理参与的,在落款处判决日期下,书记员姓名之上,应载明法官助理的姓名。

其他项目与第一审民事判决书基本相同。

(三)注意事项

1. 遵循写作规律,注重个性特点。民事公益诉讼判决书的基本要素与写作规律与其他案件民事判决书基本相同。遵循民事判决书写作的一般规律,突出公益诉讼的个性特点,是该类民事判决书的写作原则。

2. 注重判决结果的可行性。人民法院依法判决被告承担修复生态环境责任的,应将生态环境修复到损害发生之前的状态和功能;若在期限内无法完全修复的,可以准许采用替代性修复方式。在判决被告修复生态环境的同时,确定被告不履行修复义务时应承担的生态环境修复费用;也可以直接判决被告承担生态环境修复费用。生态环境修复费用包括制定、实施修复方案的费用,修复期间的监测、监管费用,以及修复完成后的验收费用、修复效果的评估费用等。

3. 优化叙事、说理的表达方式。在案件事实及判决理由的写作中,力争改变机械单一的文字表述形式,针对不同案件的事实情节,可以采用表格、绘图等多样化、更直观、更简洁的形式,增加表述效果。

4. 避免证据的简单罗列和堆砌,提高证明力。

四、第二审民事判决书

(一)概念

第二审民事判决书,是指第二审人民法院对当事人提出上诉的民事案件,根据《民事诉讼法》规定的第二审民事诉讼程序，审理终结后，依法作出维持、撤销或者改判的书面处理决定。

《民事诉讼法》第177条规定的第二审民事判决书适用的范围，是第二审民事判决书制作的法律依据。[14]

第二审民事判决书是终审判决，其意义在于及时发现第一审法院判决中的错误并予以纠正，体现上级法院对下级法院工作的指导和监督，保护当事人合法权益，提高司法判决的正当性，维护司法判决的权威性。

（二）内容、结构及制作方法

第二审民事判决书结构与第一审民事判决书基本相同。

1. 首部

（1）标题部分。与第一审民事判决书不同的是，在文书案号中用“终”字，显示其审级。即“（××××）……民终……号”。

文书格式

（2）诉讼参加人基本情况。二审中当事人的诉讼地位根据案件的具体情况而定，当事人不服一审判决提起上诉的，表述为“上诉人”，没有提出上诉的对方当事人为“被上诉人”，双方当事人都提出上诉的，均为“上诉人”；没有提出上诉的当事人，按原审中的诉讼地位称为“原审原告”“原审被告”“原审第三人”。先写上诉人，再写被上诉人，后写其他当事人。其他当事人按照原审诉讼地位和顺序写明。为了反映二审当事人在一审中的诉讼地位，在上诉人或者被上诉人称谓之后，括注其在原审中的诉讼地位，如“上诉人（原审原告）”。上诉人在一审中诉讼地位有两个的，按照本诉、反诉的顺序列明，中间以顿号分开。例如，“上诉人（原审被告、反诉原告）”。

示范举例

（3）案件由来和审理经过。写明：“上诉人×××因与被上诉人×××/上诉人×××及原审原告/被告/第三人×××（写明案由）一案，不服××××人民法院（××××）……民初……号民事判决，向本院提起上诉，本院于××××年××月××日立案后，依法组成合议庭，开庭/因涉及……（写明不开庭的理由）不开庭进行了审理，上诉人×××、被上诉人×××、原审原告/被告/第三人×××（写明当事人和其他诉讼参与人的诉讼地位和姓名或者名称）到庭参加诉讼。本案现已审理终结。”

2. 正文

（1）各方意见

各方意见，包括原审判决基本情况、诉辩各方意见。首先，概括写明上诉人的上诉请求、事实和理由，对方当事人的主要答辩及第三人的陈述意见。案件有多个当事人上诉的，按照上诉请求、针对该上诉请求的答辩顺序，分别写明。当事人未答辩的，也要写明。其次，概

---

[14] 《民事诉讼法》第177条规定：“第二审人民法院对上诉案件，经过审理，按照下列情形，分别处理：（一）原判决、裁定认定事实清楚，适用法律正确的，以判决、裁定方式驳回上诉，维持原判；（二）原判决、裁定认定事实错误或者适用法律错误的，以判决、裁定方式依法改判、撤销或者变更；（三）原判决认定基本事实不清的，裁定撤销原判决，发回原审人民法院重审，或者查清事实后改判；……。”

述一审当事人的诉讼请求、一审法院认定的事实、判决理由及一审判决结果。客观反映一审判决基本情况,是二审程序审理的基础,也是明确二审争议焦点、连接一审/二审的纽带。

(2)诉讼证据和法院二审认定的事实

对于二审期间当事人围绕上诉请求提交证据的情况,需要予以说明。表述为:"本院二审期间,当事人围绕上诉请求依法提交了证据。本院组织当事人进行了证据交换和质证(当事人没有提交新证据的,写明:二审中,当事人没有提交新证据)。对当事人二审争议的事实,本院认定如下:……(写明二审法院是否采信证据、认定事实的意见和理由,以及对一审查明相关事实的评判)。"

二审认定的事实是判决的基础,应针对上诉请求和一审认定的事实情况进行表述。

一审认定事实清楚、当事人对一审认定的事实没有争议的,二审可简述或予以肯定即可,写明"本院对一审查明的事实予以确认"。

一审认定的事实有错误的,或者部分正确、部分错误的,二审中应当就其错误的内容进行相应的评判,并予以修正,如"对于原审认定的……事实。本院经审理认定……原审认定的其余事实无误。"对于原审认定事实部分有较大出入的,需要对认定事实重新予以全面叙述。有遗漏的事实情节,需加以补充,如"经审理,原审认定事实无误,本院予以确认。本院另认定事实如下:……"因为出现的新证据导致事实认定发生变化而改判的,需要加以说明。

(3)判决理由与判决依据

第二审民事判决书的理由,应当根据二审认定的案件事实和相关法律规定,对当事人的上诉请求进行分析评判,阐述维持或改判的理由。在前面提到的遗嘱继承纠纷案的二审判决中,判决理由部分,先归纳出双方当事人争议的焦点问题;之后二审法院根据查明的事实,依法认定被继承人所立遗嘱是其真实意思表示,遗嘱有效,一审判决并无不当,应予维持;再据此分析认定上诉人的上诉请求及上诉理由不成立,阐明维持原判的理由。

理由部分应当体现二审终审的审级特点,说理除针对上诉请求及被上诉人的答辩意见展开分析论证外,还需要针对一审判决的基本情况进行分析评判,即一审判决认定的事实是否清楚、适用法律是否正确、程序有无违法、实体处理是否得当,进行总结并表明二审法院的立场和态度,正确的予以肯定,错误的予以纠正,并说明理由。理由部分需要分析论证的内容较多,可以分层次分问题进行论证。之后,对当事人的各项诉讼请求是否支持进行总结评述,表明结论性意见。最后对上诉人的上诉请求是全部成立、部分成立还是不成立进行总结,表明最终处理结论。如"综上所述,×××的上诉请求成立,予以支持(或×××的上诉请求部分成立)。本院依照《中华人民共和国×××法》第×条(适用法律错误的,应当引用实体法)、《中华人民共和国民事诉讼法》第一百七十七条第一款第×项规定,判决如下:……"

(4)判决结果

人民法院根据二审查明的事实,针对原审判决及各方诉辩意见全面评析后,依法作出的终审处理决定。分三种情况:

①维持原判。分两种情形:一种为一审判决认定事实清楚,适用法律正确,维持原判;另一种为一审判决认定事实或者适用法律有瑕疵,但判决结果正确,维持原判。判决结果均表述为:“驳回上诉,维持原判。”

②部分改判。按照维持、撤销、变更、增判的顺序写明。即“一、维持××××人民法院(××××)……民初……号民事判决第×项(对一审维持判项逐一写明);二、撤销××××人民法院(××××)……民初……号民事判决第×项(将一审判决错误判项逐一撤销);三、变更××××人民法院(××××)……民初……号民事判决第×项为……;四、……(写明新增的判项)。”

③全部改判。按照撤销、改判的顺序写明。即“一、撤销××××人民法院(××××)……民初……号民事判决;二、……(写明改判的内容)”。

3.尾部

包括迟延履行责任的告知、诉讼费用负担、终审判决、落款。

(1)迟延履行责任的告知。二审判决中具有金钱给付内容的,属于改判的,应在判决主文之后,另起一行,写明迟延履行责任的告知内容。维持原判的,如果一审中已写明上述告知内容的,二审中可不再重复告知。

(2)诉讼费用负担。根据不同情况写明。维持原判,对一审诉讼费用负担问题无须调整的,不必重复一审诉讼费用负担。如一审诉讼费用负担错误需要调整的,应当予以纠正。部分改判的,写明:“一审案件受理费……元,由……负担(写明当事人姓名或者名称、负担金额)。二审案件受理费……元,由……负担(写明当事人姓名或者名称、负担金额)。”

(3)终审判决。第二审民事判决是终审判决,因此,在尾部应当写明“本判决为终审判决”。

(4)落款。包括审判人员署名及日期,书记员署名等。与第一审民事判决书相同。

(三)注意事项

1.线索层次分明,条理清晰。二审判决书说理具有主次分明的“复线”形态特点。[15]厘清判决书结构形态中的主次线索,把握事实、证据、判决理由和判决结果间的关系,保持文书各部分内容间的承接与呼应,增强文书的逻辑性。

2.突出二审程序特点,强化针对性。根据原审判决的基本情况,针对各方争议的焦点内容灵活写作。判决理由以争议焦点为导向,阐述二审维持、改判的意见并说明理由。

3.判决理由,繁简适度。全面反映二审中各方的诉辩意见,围绕诉讼各方有争议的问题,重点分析论证;无争议的事项,简化说理或者直接认定。针对一审判决中不当或错误的部分,强化说理;而对于一审中正确且已经详尽简述理由的事项,则可以简化说理。

4.判决结果规范全面。二审判决结果应注意做到有破有立,就一审判决中正确的判项予以维持,错误的予以撤销,保持判决结果的完整性。进行改判的,应当对一审判决驳回其他诉讼请求的判项一并进行处理,如果驳回其他诉讼请求的内容和范围发生变化的,应撤

---

〔15〕 参见杜福磊、赵朝琴:《法律文书写作教程》,高等教育出版社2006年版,第30页。

销原判中驳回其他诉讼请求的判项,重新作出处理。

五、再审民事判决书

(一)概念

再审民事判决书,是指人民法院对已经发生法律效力的判决、裁定和调解协议(或调解书,下同),发现确有错误,依照《民事诉讼法》规定的审判监督程序,进行再审后作出的书面处理决定。

再审程序审理的对象是已经发生法律效力的民事判决、裁定和调解协议。启动再审程序的原因是发现已发生法律效力的判决、裁定确有错误,有证据证明调解协议违反自愿原则或者调解协议的内容违反法律规定,损害国家利益、社会公共利益。审理再审案件适用的程序可以是一审程序,也可以是二审程序。按照一审程序进行再审,所作出的判决,当事人不服的可以上诉;按照二审程序再审后所作出的判决为终审判决。

《民事诉讼法》对民事审判监督程序作出专章规定,根据法律规定,引起再审的途径有当事人申请再审,人民法院决定再审(本院决定再审、上级法院指令再审、上级法院提审),人民检察院提出抗诉引起再审等。

再审民事判决书的作用在于纠正错误,保证民事裁判的正确性和合法性,保障当事人的合法权益,维护司法权威。

(二)内容、结构及制作方法

《民事诉讼文书样式》中,再审民事判决书主要有依申请提审判决用、依申请受指令/定法院按一审程序再审用、依申请受指令/定法院按二审程序再审用、依申请对本院案件按一审程序再审用、依申请对本院案件按二审程序再审用、依职权对本院案件按一审/二审程序再审用、依职权提审用、抗诉案件受指令法院按一审/二审程序再审用、依再审检察建议对本院案件按一审/二审程序再审用等。

再审民事判决书在体例结构与写作要素上与一审、二审民事判决书基本相同,其写作内容与方法应当在遵循裁判类文书共性规律的基础上,体现民事再审的特点。

1.首部

(1)标题。标题部分的写法参照一审、二审民事判决书。文书编号中用“民再”字显示其审级。

(2)当事人的法律地位。再审案件的来源不同,当事人的诉讼地位因而也有所不同。依当事人的申请提审的,称“再审申请人(一审、二审诉讼地位)”“被申请人(一审、二审诉讼地位)”,其他当事人按原审诉讼地位表述。例如,按二审程序再审的,列为“二审上诉人”“二审被上诉人”等;按一审程序再审的,列为“原审原告”“原审被告”“原审第三人”。原审遗漏必要共同诉讼人,本次再审追加当事人的,其诉讼地位直接写作“原告”“被告”,而不必表述为“再审原告”或者“追加原告”等。再审当事人法律称谓后面,分别括注其在一审或二审中的诉讼地位。

抗诉再审案件或再审检察建议案件,应当写明抗诉机关、监督机关及申诉人与被申诉人的诉讼地位。

(3)案件由来。写明当事人的姓名及案由、原审判决的编号、提起再审的原因或者依据、审判组织、审判方式、审理经过等。该项内容及写作要素因案而异,需根据案件不同来源及审理情况作相应调整。

如依当事人的申请而提审的,写明:“再审申请人×××因与被申请人×××……(写明案由)一案,不服××××人民法院(××××)……号民事裁定,提审本案。本院依法组成合议庭,开庭审理了本案。再审申请人×××、被申请人×××(写明当事人和其他诉讼参加人的诉讼地位和姓名或者名称)到庭参加诉讼(未开庭的,写明:本院依法组成合议庭审理了本案)。本案现已审理终结。”

2.正文

(1)各方意见

各方意见首先应写明再审请求、事实和理由,概述被申请人的答辩意见和原审其他当事人的意见。其次应叙明原一审、二审的诉讼请求及原一审、二审认定的事实、理由和判决结果。写清当事人在本案以往诉讼中的诉讼请求、事实与理由,尤其要写明原告的一审诉讼请求,当事人在二审程序中的诉辩主张可以视情况简写,但上诉请求不应省略。另外,还应写清本案历次裁判认定的基本事实和裁判的基本理由,说明历次裁判的案号、裁判主文的准确内容。

(2)诉讼证据和法院再审认定的事实

该部分内容围绕当事人的再审诉讼请求及有争议的证据和事实,写明再审法院采信证据、认定事实的意见和理由。根据案件的不同来源,对原一审、二审法院判决认定的相关事实进行评判。

对于本案所涉及原判认定的事实及历次审判过程的叙述,应当根据具体情况灵活处理。着重叙述本次再审认定的事实,概括叙述原审判决中无争议的事实部分。各方对原生效判决的理由存在争议的,重点介绍;无争议的,简要写明。

(3)判决理由与判决依据

判决理由部分用“本院再审认为”引领,写明争议焦点,根据再审查明的案件事实,围绕当事人的再审请求及理由是否成立,再审请求是否予以支持进行评判,同时对原一审、二审判决是否正确作出评价,阐明维持原判或者改判的理由。该部分内容写法与第二审民事判决书相同。

引用的法律、法规、司法解释等应当全面具体。维持原判的,一般只引用程序法条文。再审改判的,应当先引用实体法条文,再引用程序法条文。

(4)判决结果

应当对当事人的全部诉讼请求作出明确具体的处理,注意区分不同情形。

维持原判的,写明“维持××××人民法院……号民事判决”。不写此前的历次裁判。

全部改判的，应首先按照由后向前的顺序撤销历次裁判，其次写明重新判决的内容。〔16〕撤销历次裁判时，如涉及原一审、二审的，按照先二审再一审的顺序，由近及远依次撤销，最后写明重新判决的内容。

部分改判的，如采用“撤销、变更、增加××××人民法院……号民事判决……项”等写法可能导致混乱、难以理解，应撤销前面的所有内容，重新作出判决；也可以写明维持或者撤销原判的某项，然后写明改判的内容。

改判后，如果对当事人的诉讼请求没有全部支持，还应增加“驳回×××的其他诉讼请求”的判项。

3. 尾部

如果有金钱给付内容，需告知迟延履行责任。再审维持原判且有诉讼费用的，只写明再审诉讼费用负担。再审改判的，应当对一审、二审以及本次诉讼费用负担一并作出。

按照一审程序再审的案件，应当向当事人交代上诉事项。按照二审程序再审的案件，写明本判决为终审判决。

落款写法与一审、二审民事判决书相同。

（三）注意事项

1. 记清诉讼脉络，体现程序正义。再审程序的启动源于不同的事由和情形，再审民事案件经历了从一审、二审到再审的诉讼发展过程，因而，再审判决书中应注意分清案件的来源，叙明案件从最初发生诉讼直到本次再审的基本过程，厘清诉讼发展的脉络，记明重大程序事项，保障当事人对审判过程的知情权，提高民事审判的公开性与透明度，体现程序正义。

2. 兼顾写作的共性与个性。应在民事诉讼文书样式的写作框架之内，在遵循法律文书写作的基本要素、主要结构和技术标准的基础上，根据案件的具体情况，适当调整判决书的体例结构；叙事论理，灵活写作，避免僵化，实现裁判表达共性与个性的融合统一。

3. 判决说理，准确规范。判决书应当针对当事人的全部诉讼请求作出明确具体的处理决定，语言表述准确、规范、中立、庄重，避免使用主观臆断的表达方式，避免使用未经分析论证就直接得出结论的空话、套话，对于明显超出普通人理解能力的法律用语，应当进行解释和说明。

六、民事裁定书

（一）概述

1. 概念与特点

民事裁定书，是指人民法院在民事案件诉讼或执行的过程中，就诉讼程序问题和部分实体问题作出判断和处理的书面处理决定。

---

〔16〕 最高人民法院修改后民事诉讼法贯彻实施工作领导小组编：《民事诉讼文书样式》（上册），人民法院出版社2016年版，第576页。

《民事诉讼法》第157条规定了裁定适用的对象或事项，涉及从起诉、管辖、诉讼保全、执行到判决书的补正等10余种事项。[17] 除此之外，《民事诉讼法》还有不少明确规定适用裁定的条文，如第170条规定的裁定将简易程序转为普通程序，第177条第1款第4项规定的裁定将案件发回重审等，都属此类。根据司法解释的相关规定，还有一些程序事项应当适用裁定，如移送及指定管辖、对反诉不予受理等。另外，裁定形式在强制执行程序中也运用得十分广泛。

民事裁定书对于保障当事人的诉讼权利、促进诉讼正义、有效降低诉讼成本、提高程序效率具有重要意义。

民事裁定书和民事判决书都是人民法院解决民事纠纷作出的权威性判断，同属民事裁判文书的重要类型。两者之间的主要区别在于：其一，解决问题的性质不同。民事裁定书主要用于解决有关诉讼程序方面的问题，而民事判决书则用于解决当事人间民事权利和民事义务关系即民事实体问题。尽管民事裁定书中也包含某些实体问题，如先予执行的裁定，但其目的在于消除诉讼中存在的障碍与影响，进而推进诉讼程序顺利进行，与民事判决书所解决的实体问题仍然有所不同。其二，作出的时间不同。民事裁定书在诉讼前、诉讼中、执行程序中，就不同的程序问题均可作出；对同一问题的不同方面，也可以作出不同的裁定。而民事判决书则是在民事案件全部或者部分审理终结后作出的处理结论。其三，结构与内容不同。民事裁定书的内容大多比较简单，一般不要求具体叙述案件事实，结构上不要求事实与理由的区分；民事判决书内容相对比较复杂，注重事实、理由的分析论证。其四，关于上诉的规定不同。除法律明文规定准许上诉的情形外，裁定一般不允许上诉，民事裁定书一经送达即发生法律效力。一审民事判决书除一审终审外，一般都允许上诉。此外，上诉的期限也不同。

2. 分类

民事裁定书适用范围广，类型较多。按照所解决事项的不同，可分为不予受理起诉民事裁定书、准许或驳回管辖权异议民事裁定书、驳回起诉民事裁定书、诉讼财产保全民事裁定书、先予执行民事裁定书、准许或不准许撤诉民事裁定书、中止或终结诉讼民事裁定书、发回重审民事裁定书、简易程序转为普通程序民事裁定书、司法确认调解协议有效或驳回司法确认调解协议申请民事裁定书、再审或驳回再审申请民事裁定书、小额诉讼程序管辖民事裁定书、补正裁判文书失误民事裁定书等。

按照不同的审判程序，民事裁定书分为一审民事裁定书、二审民事裁定书、再审民事裁定书、特别程序民事裁定书、督促程序民事裁定书、执行程序民事裁定书、涉外民事诉讼程序民事裁定书等。

---

〔17〕《民事诉讼法》第157条第1款规定："裁定适用于下列范围：（一）不予受理；（二）对管辖权有异议的；（三）驳回起诉；（四）保全和先予执行；（五）准许或者不准许撤诉；（六）中止或者终结诉讼；（七）补正判决书中的失误；（八）中止或者终结执行；（九）撤销或者不予执行仲裁裁决；（十）不予执行公证机关赋予强制执行效力的债权文书；（十一）其他需要裁定解决的事项。"

3. 注意事项

(1)平衡“双重属性”。民事裁定书的应用范围十分广泛,写作应当符合民事诉讼文书样式要求和制作规范,遵循法律文书写作的一般规律,平衡好法律和写作的“双重属性”。

(2)叙事清楚,论理充分。民事裁定书的正文内容大多比较简单,无须叙述民事法律关系发生、发展、变化的事实情节,但涉及程序方面的事实应叙写清楚,作出裁定的理由依据要充分。具体写法可以根据案件的类型和具体情况合理确定。

(3)规范使用案号。根据《最高人民法院关于在同一案件多个裁判文书上规范使用案号有关事项的通知》,对同一案件出现多个裁定书的,首份裁定书直接使用案号,第二份裁定书开始在案号后缀“之一”“之二”等,以示区别。[18]

(二)不予受理起诉民事裁定书

1. 概念

不予受理起诉民事裁定书,是指人民法院因起诉人的起诉不符合法定的起诉条件,依法作出不予受理的书面处理决定。

《民事诉讼法》第 122 条规定:“起诉必须符合下列条件:(一)原告是与本案有直接利害关系的公民、法人和其他组织;(二)有明确的被告;(三)有具体的诉讼请求和事实、理由;(四)属于人民法院受理民事诉讼的范围和受诉人民法院管辖。”

《民事诉讼法》第 126 条规定,人民法院应当保障当事人依照法律规定享有的起诉权利。对符合《民事诉讼法》第 122 条的起诉,必须受理。符合起诉条件的,应当在 7 日内立案,并通知当事人;不符合起诉条件的,应当在 7 日内作出裁定书,不予受理;原告对裁定不服的,可以提起上诉。

2. 内容、结构及制作方法

民事裁定书与民事判决书的基本结构和写作要素大体相同,由首部、正文、尾部三个部分组成。

(1)首部

标题。写作要素、方法与民事判决书相同,案号类型代字为“民初”。

起诉人及其代理人的姓名或者名称等基本信息。由于案件是在尚未受理阶段,该裁定书是人民法院对收到的起诉状或者口头起诉审查后作出的回应,因而提起诉讼的一方称“起诉人”,首部中不列被起诉人。“起诉人”之后,直接写明收到起诉状或口头起诉的时间、诉讼请求、事实和理由。具体表述为:“××××年××月××日,本院收到×××的起诉状。起诉人×××向本院提出诉讼请求:1. ……;2. ……(明确起诉人的诉讼请求)。事实和理由:……(概述起诉人主张的事实和理由)。”

(2)正文

写明对起诉不予受理的理由、法律依据,即起诉人的起诉不符合法定的起诉条件,引用据以作出不予受理决定的法律依据,作出不予受理的裁定结论。起诉人的起诉具有《民事

---

〔18〕 参见《最高人民法院关于在同一案件多个裁判文书上规范使用案号有关事项的通知》(法〔2016〕27 号)。

诉讼法》第127条中相应情形的，法律依据可以同时引用《民事诉讼法》第127条或者司法解释中的相应规定。

行文需要紧接上文另起一行叙明："本院经审查认为，……（写明对起诉不予受理的理由）。依照《中华人民共和国民事诉讼法》第一百二十二条、第一百二十六条规定，裁定如下：对×××的起诉，本院不予受理。"

（3）尾部

写明上诉事项，行文表述为："如果不服本裁定，可以在裁定书送达之日起十日内，向本院递交上诉状，上诉于××××人民法院。"

落款，由负责审查立案的审判组织署名。简易程序、小额诉讼程序中，落款应当由"审判员"或者"代理审判员"一人署名。

（三）简易程序转为普通程序民事裁定书

1. 概念

简易程序转为普通程序民事裁定书，是指人民法院在适用简易程序审理民事案件过程中，发现案件不宜适用简易程序后，将案件审理转为普通程序而制作的书面处理决定。

《民事诉讼法》第170条规定，人民法院在审理过程中，发现案件不宜适用简易程序的，裁定转为普通程序。《民事诉讼法司法解释》第257条规定，下列案件，不适用简易程序：（1）起诉时被告下落不明的；（2）发回重审的；（3）当事人一方人数众多的；（4）适用审判监督程序的；（5）涉及国家利益、社会公共利益的；（6）第三人起诉请求改变或者撤销生效判决、裁定、调解书的；（7）其他不宜适用简易程序的案件。

《民事诉讼法司法解释》第258条规定，适用简易程序审理的案件，审理期限到期后，双方当事人同意继续适用简易程序的，由本院院长批准，可以延长审理期限。延长后审理期限累计不得超过6个月。

《民事诉讼法司法解释》第269条规定，当事人就案件适用简易程序提出异议，人民法院经审查，异议成立的，裁定转为普通程序；异议不成立的，口头告知当事人，并记入笔录。

上述规定为该民事裁定书提供了法律依据。

2. 内容、结构及制作方法

（1）首部

标题部分，内容要素与民事判决书相同，案号中用"民初"。

诉讼参加人的姓名或者名称等基本信息，与第一审民事判决书相同。

案件由来部分，介绍民事案件立案及适用简易程序审理的情况。表述为："原告×××与被告×××……（写明案由）一案，本院于××××年××月××日立案后，依法适用简易程序。"

（2）正文

根据案件具体情况进行写作。如果是当事人提出简易程序异议，人民法院经审查异议成立转为普通程序的，需写明当事人提出的异议，并概述其主张不宜适用简易程序的事实和理由,以及法院审查认为本案不宜适用简易程序的理由及法律依据。如果是法院发现案情复杂,不宜适用简易程序,依职权将简易程序转为普通程序的,则直接写明法院审查认为不宜适用简易程序的情形及法律依据,之后作出裁定结论。具体表述为:

××××年××月××日,×××提出异议认为,……(概述不宜适用简易程序的事实和理由),本案不宜适用简易程序。(法院依职权发现不宜适用简易程序的,不写。)

本院经审查认为,……(写明不宜适用简易程序的情形),本案不宜适用简易程序。

依照《中华人民共和国民事诉讼法》第一百七十条规定,《最高人民法院关于适用〈中华人民共和国民事诉讼法〉的解释》第二百五十七条、第二百六十九条规定(法院依职权转为普通程序的,引用第二百五十七条、第二百五十八条),裁定如下:本案转为普通程序。

(3)尾部

包括署名及日期。审判组织由转为普通程序后的合议庭组成人员署名。

(四)发回重审民事裁定书

1. 概念

发回重审民事裁定书,是指第二审人民法院或者再审人民法院因原判决认定事实错误,或者认定事实不清、证据不足,或者违反法定程序,可能影响案件正确判决,依法作出撤销原判决,发回原一审人民法院重新审理的书面处理决定。

《民事诉讼法》第177条第1款第3项、第4项规定,原判决认定基本事实不清的,裁定撤销原判决,发回原审人民法院重审,或者查清事实后改判;原判决遗漏当事人或者违法缺席判决等严重违反法定程序的,裁定撤销原判决,发回原审人民法院重审。

《民事诉讼法司法解释》第325条规定,下列情形,可以认定为《民事诉讼法》第170条第1款第4项规定的严重违反法定程序:(1)审判组织的组成不合法的;(2)应当回避的审判人员未回避的;(3)无诉讼行为能力人未经法定代理人代为诉讼的;(4)违法剥夺当事人辩论权利的。第422条规定,必须共同进行诉讼的当事人因不能归责于本人或者其诉讼代理人的事由未参加诉讼的,可以根据《民事诉讼法》第207条第8项规定,自知道或者应当知道之日起6个月内申请再审,但符合本解释第423条规定情形的除外。人民法院因前款规定的当事人申请而裁定再审,按照第一审程序再审的,应当追加其为当事人,作出新的判决、裁定;按照第二审程序再审,经调解不能达成协议的,应当撤销原判决、裁定,发回重审,重审时应追加其为当事人。

《民事审判监督程序若干规定》第4条规定:"人民法院按照第二审程序审理再审案件,发现原判决认定基本事实不清的,一般应当通过庭审认定事实后依法作出判决。但原审人民法院未对基本事实进行过审理的,可以裁定撤销原判决,发回重审。原判决认定事实错误的,上级人民法院不得以基本事实不清为由裁定发回重审。"第5条规定:"人民法院按照第二审程序审理再审案件,发现第一审人民法院有下列严重违反法定程序情形之一的,可以依照民事诉讼法第一百七十七条第一款第(四)项的规定,裁定撤销原判决,发回第一审人民法院重审:(一)原判决遗漏必须参加诉讼的当事人的;(二)无诉讼行为能力人未经法定代理人代为诉讼,或者应当参加诉讼的当事人,因不能归责于本人或者其诉讼代理人的事由,未参加诉讼的;(三)未经合法传唤缺席判决,或者违反法律规定剥夺当事人辩论权利的;(四)审判组织的组成不合法或者依法应当回避的审判人员没有回避的;(五)原判决、裁定遗漏诉讼请求的。”

上述规定是制作和适用发回重审民事裁定书的法律依据。

2. 内容、结构及制作方法

(1)首部

标题部分,写作根据具体适用的程序而定。二审发回重审的,案号用“民终”;再审发回重审,案号用“民再”。

当事人和其他诉讼参加人的姓名或者名称等基本信息,以及案件由来和审理经过的写法,与相同审级的民事判决书一致。

(2)正文

包括案件事实、裁定理由及法律依据、裁定结论。先写明当事人申请再审的请求、事实和理由,被申请人的答辩意见及原审其他当事人的意见。然后着重阐述发回重审的具体理由及法律依据。二审发回重审的,无须叙述当事人的诉讼请求、事实和理由,也无须叙述法院判决认定的事实。

二审发回重审的裁定书,该部分内容行文表述为:

本院认为,……(写明原判决认定基本事实不清或者严重违反法定程序的问题)。依照《中华人民共和国民事诉讼法》第一百七十七条第一款第×项规定,裁定如下:

一、撤销××××人民法院(××××)……民初……号民事判决;

二、本案发回××××人民法院重审。

再审发回重审的案件由来分多种情形,以当事人申请对本院案件再审后发回重审的为例,裁定书中该部分内容行文表述为:

×××申请再审称,……(写明再审请求、事实和理由)。

×××辩称,……(概述被申请人的答辩意见)。

×××述称,……(概述原审其他当事人的意见)。

本院再审认为,……(写明发回重审的具体理由)。

依照《中华人民共和国民事诉讼法》第二百一十四条第一款、第一百七十七条第一款第×项规定,裁定如下:

一、撤销本院(××××)……民终……号民事判决/民事调解书及××××人民法院(××××)……民初……号民事判决;

二、本案发回××××人民法院重审。

(3)尾部

与相同审级的民事判决书一致。

(五)诉讼财产保全民事裁定书

1. 概念

诉讼财产保全民事裁定书,是指人民法院在审理民事案件过程中,依当事人申请或者依职权作出的采取财产保全措施的书面处理决定。

《民事诉讼法》第103条规定,人民法院对于可能因当事人一方的行为或者其他原因,使判决难以执行或者造成当事人其他损害的案件,根据当事人的申请,可以裁定对其财产进行保全、责令其作出一定行为或者禁止其作出一定行为;当事人没有提出申请的,人民法院在必要时也可以裁定采取保全措施。人民法院采取保全措施,可以责令申请人提供担保,申请人不提供担保的,裁定驳回申请。人民法院接受申请后,对情况紧急的,必须在48小时内作出裁定;裁定采取保全措施的,应当立即开始执行。

《民事诉讼法》第104条规定,利害关系人因情况紧急,不立即申请保全将会使其合法权益受到难以弥补的损害的,可以在提起诉讼或者申请仲裁前向被保全财产所在地、被申请人住所地或者对案件有管辖权的人民法院申请采取保全措施。申请人应当提供担保,不提供担保的,裁定驳回申请。人民法院接受申请后,必须在48小时内作出裁定;裁定采取保全措施的,应当立即开始执行。……

《民事诉讼法》第105条规定,保全限于请求的范围,或者与本案有关的财物。

《民事诉讼法》第106条规定,财产保全采取查封、扣押、冻结或者法律规定的其他方法。

上述规定为诉讼财产保全民事裁定书的制作提供了法律依据。

2. 内容、结构及制作方法

(1)首部

①标题部分。该文书案号与相同审级的民事判决书相同,一审为"民初",二审为"民终"。

②当事人及代理人的姓名或者名称等基本信息。当事人申请的,列为"申请人""被申请人";法院依职权决定诉讼保全的,列"原告""被告"。之后写明案由、申请人提出财产保全申请的时间和具体内容,申请人是否提供了担保;提供担保的,还应写明担保的财产名称、数量或者数额、所在地点等。行文表述为:

申请人:×××,……。

……

被申请人:×××,……。

……

(以上写明申请人、被申请人及其代理人的姓名或者名称等基本信息)

……(写明当事人及案由)一案,申请人×××于××××年××月××日向本院申请财产保全,请求对被申请人×××……(写明申请采取财产保全措施的具体内容)。申请人×××、担保人×××以……(写明担保财产的名称、数量或者数额、所在地点等)提供担保。

法院依职权采取保全措施的,表述为:

原告:×××,……。

……

被告：×××，……。

……

……（写明当事人及案由）一案，本院于××××年××月××日立案。

（2）正文部分

包括裁定理由、法律依据和裁定结果。应详细阐明法院采取保全措施的理由，依当事人申请裁定采取财产保全措施的，表述为：

本院经审查认为，……（写明采取财产保全措施的理由）。依照《中华人民共和国民事诉讼法》第一百零三条、第一百零五条、第一百零六条第一款规定，裁定如下：

查封/扣押/冻结被申请人×××的……（写明保全财产、数量或者数额、所在地点等），期限为……（写明保全的期限）。

法院依职权采取保全措施的，表述为：

本院经审查认为，……（写明依职权采取诉讼保全措施的理由）。依照《中华人民共和国民事诉讼法》第一百零三条第一款规定，裁定如下：

……（写明保全措施）。

（3）尾部

写明案件申请费的负担，即"案件申请费……元，由×××负担（写明当事人姓名或者名称、负担金额）。"

交代裁定的执行效力和复议事项，写明："本裁定立即开始执行。如不服本裁定，可以自收到裁定书之日起五日内向本院申请复议一次，复议期间不停止裁定的执行。"

审判组织署名或独任审判员署名、日期等。

（六）中止或终结诉讼民事裁定书

1. 概念

中止或终结诉讼民事裁定书，是指人民法院在民事案件审理过程中，由于出现或者发生特殊情况，需要中止诉讼或者结束诉讼，依法作出暂时中断诉讼或者结束诉讼的书面处理决定。

《民事诉讼法》第153条规定："有下列情形之一的，中止诉讼：（一）一方当事人死亡，需要等待继承人表明是否参加诉讼的；（二）一方当事人丧失诉讼行为能力，尚未确定法定代理人的；（三）作为一方当事人的法人或者其他组织终止，尚未确定权利义务承受人的；（四）一方当事人因不可抗拒的事由，不能参加诉讼的；（五）本案必须以另一案的审理结果为依据，而另一案尚未审结的；（六）其他应中止诉讼的情形。中止诉讼的原因消除后，恢复诉讼。"

《民事诉讼法》第154条规定："有下列情形之一的，终结诉讼。（一）原告死亡，没有继承人，或者继承人放弃诉讼权利的；（二）被告死亡，没有遗产，也没有应当承担义务的人的；（三）离婚案件一方当事人死亡的；（四）追索赡养费、扶养费、抚养费以及解除收养关系案件的一方当事人死亡的。"

《民事诉讼法》第157条第1款规定，裁定适用于下列范围：……（6）中止或者终结诉讼……

2. 内容、结构及制作方法

(1)首部

标题。案号与同审级的民事判决书一致。

诉讼参加人的姓名或者名称等基本信息、案由及立案时间。对于一方当事人死亡的,仍需列写其诉讼地位。

(2)正文

包括事实、裁定理由及法律依据、裁定结论。行文表述为:

本案在审理过程中,……(写明中止或终结诉讼的事实依据)。

本院经审查认为,……(写明中止或终结诉讼的理由)。

依照《中华人民共和国民事诉讼法》第一百五十三条第×项/第一百五十四条第×项、第一百五十七条第一款第(六)项规定,裁定如下:

本案中止/终结诉讼。

(3)尾部

包括诉讼费的处理、落款等。

七、民事调解书

(一)概念

民事调解书,是指人民法院在审理民事案件的过程中,主持调解促使当事人解决纠纷达成协议,或当事人自行和解达成协议,经法院认可后制作的具有法律效力的文书。

调解是人民法院处理民事纠纷、解决实体问题的重要形式之一。调解贯穿于民事诉讼的全过程,不仅第一审程序中可以调解,第二审程序和审判监督程序中也可以调解。除调解和好的离婚案件、调解维持收养关系的案件、能够即时履行的案件以及其他不需要写作调解书的案件外,当事人自行和解达成协议请求人民法院确认、人民法院主持调解达成协议或人民法院委托有关单位主持调解达成的协议,经法院认可后,应制作民事调解书。

《民事诉讼法》第9条规定,人民法院审理民事案件,应当根据自愿和合法的原则进行调解;调解不成的,应当及时判决。第100条规定,调解达成协议,人民法院应当制作调解书。调解书应当写明诉讼请求、案件的事实和调解结果。调解书由审判人员、书记员署名,加盖人民法院印章,送达双方当事人。调解书经双方当事人签收后,即具有法律效力。上述法律规定为民事调解书的制作提供了法律依据。

民事调解书与民事判决书具有同等的法律效力。两者的区别主要在于:其一,解决纠纷的方式不同。前者是人民法院主持调解,对当事人在互谅互让的基础上自愿达成的协议内容予以认可后制作的文书;后者则是人民法院行使审判权,依法作出的司法判决结论。其二,体现的意志不同。前者是当事人就争议的实体权利、义务等问题自愿平等协商,达成协议,是当事人意志的体现形式;后者体现的是国家意志。其三,内容及体例结构不同。与民事判决书相比,民事调解书需突出当事人达成的协议内容,体例结构简明,一般无须写明调解理由。民事判决书写作形态复杂,强调叙事论理。其四,发生效力的时间不同。民事调解书经双方当事人签收后,即具有法律效力。不同程序的民事判决书,生效时间不同,一审民事判决书超过上诉期限,当事人没有上诉的,才发生法律效力;二审民事判决书,经宣判即发生法律效力。

民事调解书是人民法院在民事诉讼活动中使用频率较高的一种法律文书,对于解决民事纠纷、化解矛盾、维护社会和谐稳定、增强公民法治观念等方面,都具有积极意义。

民事调解书按照适用程序,分第一审普通程序民事调解书、第一审简易程序民事调解书、小额速裁程序民事调解书、公益诉讼民事调解书、第二审民事调解书、再审民事调解书、特别程序民事调解书等。

(二)内容、结构及制作方法

民事调解书由首部、正文和尾部三部分组成。标题、落款的写法与民事判决书相同。

1. 首部

标题部分、当事人及诉讼代理人的基本情况、案件由来及审理经过等内容,与相同审级的民事判决书写法相同。庭前调解的,不写庭审情况。

2. 正文

(1)诉讼请求、案件事实

根据案件的具体情况和适用的程序,写明争议的情况。第一审民事调解书中写明原告的诉讼请求、被告答辩意见、第三人的陈述意见及主张的事实与理由。如果案件是在已经开庭审理和查清事实的基础上,经法庭主持调解,双方当事人达成协议的,事实部分直接写明法院确认的事实即可。在小额诉讼案件中,可以不写案件事实,直接写明双方达成的协议内容即可。诉讼请求和案件事实部分的写法力求简洁、概括,不必详写审理过程及证据情况。

至于调解的理由,鉴于各方当事人在诉讼中互谅互让,均作出了妥协让步进而达成和解协议,因而在民事调解书中一般无须分析论证是非对错,这样也更有利于调解协议的执行。

在第二审民事调解书中,写明案由、原审法院判决的基本情况、上诉请求及案件事实等。

(2)调解协议

调解协议即调解结果,是当事人自行和解或经法院主持调解自愿达成的协议条款内容。其内容表述必须做到语义明确、具体,便于当事人执行。条款内容多的,分项加序号列写,之后写明法院对协议内容的确认。

正文部分除当事人基本情况、案件由来等内容外,其余部分具体表述为:

本案在审理过程中,经本院主持调解,当事人自愿达成如下协议/当事人自行和解达成如下协议,请求人民法院确认/经本院委托……(写明受委托单位)主持调解,当事人自愿达成如下协议:

一、……

二、……

(分项写明调解协议内容)

上述协议,不违反法律规定,本院予以确认。

3. 尾部

(1)诉讼费用、生效条件。诉讼费用的负担如果是当事人协商解决的内容,可将其作为调解结果的最后一项内容加序号列写;如果是由人民法院决定的,应当在法院对协议的内容确认之后,另起一段写明。民事调解书的生效条件及效力,表述为"本调解书经双方当事人签收后,即具有法律效力/本调解书经各方当事人在笔录上签名或者盖章,本院予以确认后即具有法律效力(各方当事人同意在调解协议上签名或者盖章后发生法律效力的)"。

(2)落款等写法,与民事判决书相同。

(三)注意事项

1. 根据案情叙述事实。《民事诉讼法》第96条规定,人民法院审理民事案件,根据当事人自愿的原则,在事实清楚的基础上,分清是非,进行调解。由此可见,查明事实,明确是非、责任,是调解的前提和基础。民事调解书对案件事实的叙述,应根据不同案情分别处理。如果案件是经过法院审理查明的事实,应当写明法院查明的案件事实;如果案件在法院受理后,经审查认为法律关系明确、事实清楚,征得当事人同意而主持调解并达成调解协议的,案件的事实部分,可写明当事人争议的事实。在一些调解书中,如小额诉讼案件,则无须叙述案件事实,只需要突出当事人达成的协议内容即可。对于案件事实的叙述,应简明扼要。

2. 协议内容合法。《民事诉讼法》第99条规定,调解协议的内容不得违反法律规定。各方当事人在处分原则的基础上达成解决纠纷的协议,只要协议内容不为法律所禁止,不损害国家、集体或他人的合法利益,即为合法。对于协议内容合法性的确认,表述为"上述协议,不违反法律规定,本院予以确认"。

3. 不同程序灵活表述。对于二审、再审、公益诉讼等程序的民事调解书,需要对当事人诉讼地位、案件由来和具体审理过程部分的表述作相应调整。

研讨与练习

1. 提请抗诉报告书与抗诉书有什么区别?制作抗诉书应当注意哪些事项?
2. 民事检察建议书包括哪几类?各有什么特点?
3. 抗诉书与再审检察建议书有什么区别?制作再审检察建议书应当注意哪些事项?
4. 以财产保全申请书为例,制作一份申请书。
5. 自选案例,制作民事诉状、代理词。
6. 分析民事裁判文书说理中事理、法理、情理、文理的关系。
7. 从写作理念分析民事裁判文书的功能实现。
8. 分析民事裁判文书表达的边界、内容、方法、技巧及其相互关系。
9. 练习制作第一审民事判决书。

第六章　行政法律文书实务

本章教学目标

行政法律文书是法律文书的重要组成部分。本章介绍了行政检察文书与行政公益诉讼检察文书、行政律师文书、行政裁判文书的概念、内容、结构及制作方法等基本内容，旨在使学生认识行政法律文书的共性写作规律，并掌握不同类型行政法律文书的具体写作方法技巧，提高写作能力。

第一节　行政法律文书概述

一、行政法律文书的概念

行政法律文书，是指人民法院、人民检察院、当事人及其代理人在行政程序或行政诉讼程序中制作的具有法律效力或者法律意义的文书。

对此，可从以下方面加以理解：一是行政法律文书的制作主体包括行使行政审判权的审判机关，履行行政检察监督职责的检察机关，作为原告的公民、法人或其他组织，作为被告的行政机关或法律法规规章授权组织，与行政行为有利害关系的行政诉讼第三人、律师及其他诉讼代理人。二是行政法律文书制作的法律依据包括行政法与行政诉讼法及部分相关民事法律规范。三是行政法律文书出现在行政程序或行政诉讼程序中。其中在行政程序中表现为行政非诉讼文书。例如，行政复议申请书、律师意见书等。在行政诉讼程序中表现为行政诉讼文书，围绕案涉行政争议的事实及法律问题展开，是行政法律文书的重点。四是行政法律文书具有法律效力或法律意义。例如，人民法院的行政裁判文书具有确定力、约束力和执行力，原告的起诉状体现行政诉权的行使，被告的答辩状体现行政主体对行政争议的法律意见。

二、行政法律文书的性质和特征

行政法律文书，除体现一般法律文书具有的鲜明的人民性、法定的强制性、制作的合法性、形式的规范性、制作的时效性等共有的性质和特征外，还具有以下特殊性质。

1. 文书内容的特殊性。行政法律文书的内容应该围绕事实和法律规范展开。行政法律文书涉及的事实之特殊性体现在围绕行政行为展开。无论是行政相对人在行政非诉书状中请求行政机关作出行政行为、请求复议机关监督纠正行政行为、在行政诉状中请求人民法院审查行政行为,还是检察机关监督纠正行政机关违法行为的检察建议书,抑或人民法院作出的行政判决书,均围绕行政机关作出行政行为这一核心事实展开。行政法律文书的法律规范依据的特殊性体现为主要面向行政法律规范,包括行政实体法、行政程序法、行政诉讼法与国家赔偿法及相关司法解释等。

2. 法定程序的限定性。行政法律文书主要应用于行政程序与行政诉讼程序。前者包括行政许可程序、行政处罚程序、行政强制程序、行政裁决程序、行政协议程序、行政复议程序等,后者包括行政诉讼立案程序、一审程序、二审程序、再审程序和行政赔偿诉讼程序等。由于行政法律文书涉及不同的法定程序,不同制作主体应根据所处程序的特点和要求精细化制作,以充分发挥行政法律文书的功能。

3. 公民权益的保障性。行政法律文书与公法制度紧密相连,充分体现了维护公民合法权益的属性,构建起无漏洞的公民权益保障体系。行政书状体现了公民对国家机关的批评建议权、监督权,行政诉状充分保障了当事人的诉权,行政机关法律文书旨在维护公共利益,行政裁判文书意在解决行政争议、维护当事人的合法权益,行政检察文书则通过检察监督权的形式对人民法院审判行为和行政机关行政行为进行监督,进而维护了公民的合法权益。

4. 法治政府的关涉性。"法治政府是法治国家的核心,依法行政是依法治国的基本内容,无法治政府则无法治国家,没有依法行政也就不会有依法治国。"[1]行政法律文书是法治政府建设的重要载体,是依法行政水平的集中体现,也是监督依法行政的重要手段。高水平的法律文书有利于预防和解决行政争议,构建良性互动、合作和谐的"官民"关系。

三、行政法律文书的分类

行政法律文书包括行政书状、行政机关制作的法律文书、行政检察文书和行政裁判文书。本章主要介绍行政书状、行政检察文书和行政裁判文书。

行政书状,是指行政相对人和行政诉讼当事人及其代理人依法向行政机关或人民法院提出的,为维护自身合法权益而表达法律诉求及理由的行政法律文书,本章主要介绍律师代书和自书的行政法律文书。

行政机关制作的法律文书,是指行政机关在行政程序中制作的行政文书。此类行政文书往往以行政行为载体的形式出现,成为行政复议和行政诉讼程序中确定复议或诉讼标的的依据。例如,行政处罚决定书、行政许可决定书等。

行政检察文书,是指人民检察院依法履行行政检察职责,为保障行政诉讼监督案件办案顺利进行,依据《行政诉讼法》《行政诉讼监督规则》《人民检察院检察建议工作规定》等

---

〔1〕 参见马怀德主编:《全面推进依法行政的法律问题研究》,中国法制出版社 2014 年版,第 1 页。

相关法律和司法解释而制作的法律文书。

行政裁判文书，是指人民法院在行政诉讼中，为解决当事人之间的行政争议，经过法定审理程序后，对案件所涉及的实体、程序问题依法制作的判决书及裁定书等法律文书的总称。

第二节　行政检察文书与行政公益诉讼检察文书

一、行政检察文书

(一)概述

1.行政检察文书的概念和特点

行政检察文书，是指人民检察院依法履行行政检察职责，为保障行政诉讼监督案件办案顺利进行，依据《行政诉讼法》《行政诉讼监督规则》《人民检察院检察建议工作规定》等相关法律和司法解释而制作的法律文书。

行政检察文书与刑事、民事、公益诉讼检察文书在制作主体、功能、制作程序、法律效力等方面具有共性，而由于行政检察职能独有的特点，在适用、内容等方面又有自己的特殊性。主要表现是：

(1)在行政诉讼监督法律关系上，法律关系主体是申请监督人与其他当事人。在行政诉讼法律关系中，行政诉讼主体是恒定的，即原告只能是行政行为的相对人以及其他与行政行为有利害关系的公民、法人或其他组织，被告只能是具有法定职权并作出行政行为的行政机关和法律、法规、规章授权的组织；在行政诉讼监督法律关系中，行政诉讼法律关系中的原告或被告一方向人民检察院申请监督的为申请人，另一方当事人则被称为“其他当事人”(检察机关依职权启动的，行政诉讼法律关系中的原告和被告均为当事人)。

(2)因行政诉讼监督内容和提起方式的不同，适用不同的法律文书。行政诉讼监督案件可分为行政诉讼裁判结果监督案件、行政审判人员违法行为监督案件、执行活动监督案件等。申请人申请监督理由不成立的，出具不支持监督申请决定书；依职权启动监督程序的，则作出终结审查决定书。对于行政诉讼裁判结果监督案件，检察机关认为法院生效裁判确有错误的，以再审检察建议书建议再审或以行政抗诉书提出抗诉；对于行政审判人员违法行为监督或执行活动监督案件，检察机关认为存在违法行为应当予以监督的，则应依法制作检察建议书。

除此之外，检察机关在办理行政诉讼监督案件中，通过“穿透式”监督来促进依法行政，发现行政机关存在《人民检察院检察建议工作规定》第9条、第11条规定情形的，可以依照有关规定向相关行政机关提出纠正违法或社会治理检察建议。

2.行政检察文书的分类

根据《人民检察院行政诉讼监督法律文书格式样本(2021年版)》，行政检察文书包括：

抗诉类文书、检察建议类文书、审查终结报告类文书、决定类文书、通知类文书、函类文书、其他文书等。

抗诉类文书,包括行政抗诉书、提请抗诉报告书、提请监督报告书。

检察建议类文书,包括再审检察建议书、检察建议书。检察建议书根据适用对象不同,可分为监督审判人员违法行为、监督执行活动、社会治理、纠正行政机关违法等检察建议书。

审查终结报告类文书,包括(监督生效判决、裁定、调解书,监督审判人员违法行为,监督行政裁判执行活动,监督行政非诉执行活动)审查终结报告、检察建议调查终结报告等。

决定类文书,包括不支持监督申请决定书、回避决定书、中止审查决定书、终结审查决定书等。

通知类文书,包括受理通知书、交办通知书、指令调查通知书、派员出庭通知书、告知程序事项类通知书等。

函类文书,包括委托调查函、委托鉴定(评估、审计、翻译)函、违纪违法犯罪线索移送函、听证邀请函等。

行政检察文书按不同标准,可作以下分类:

(1)按照文书公开对外与内部使用的不同,行政检察文书分为行政诉讼监督法律文书和工作文书两部分。行政诉讼监督法律文书,是在行政诉讼监督中依照诉讼程序办理案件时制作的法律文书。该文书具有严格的法定性、程序性、时效性,主要包括依法制作的行政抗诉书、再审检察建议书、检察建议书、不支持监督申请决定书、终结审查决定书、通知书等行政诉讼监督法律文书。工作文书,是行政检察部门在履行行政检察职能过程中,依据行政诉讼程序、检察建议工作规定,按内部制度、规定,进行案件审查、调查核实、公开听证、内部请示、报告、讨论、登记等工作中形成的法律文书,如提请抗诉报告书、案件审查终结报告、案件请示报告、调查笔录、听证笔录、案件讨论笔录、延长审查办理期限审批表等。它是人民检察院行政检察部门的办案工作记录,供检察机关上下级之间和检察人员办案过程中内部使用。

(2)按照文书制作形式的不同,分为文字叙述式文书(如行政抗诉书、不支持监督申请决定书、检察建议书等)、填空式文书(如调阅案卷单)、笔录式文书(如调查笔录、案件讨论笔录)和表格式文书(如送达回证)等。

3. 行政检察文书的作用

(1)行政检察文书体现行政检察职能和功能。新时代行政检察核心职能是行政诉讼检察监督,它贯穿行政诉讼活动全过程,既有结果监督,也有程序监督,包括行政生效裁判结果监督、行政审判人员违法行为监督、行政执行活动监督;就其功能而言,行政检察"一手托两家",在立足于行政诉讼监督的前提下,审视行政行为的合法性,审视行政争议能否得到实质性化解,审视个案反映出的社会治理问题,既监督人民法院公正司法,又促进行政机关依法行政,促进社会治理。这些职能和功能的实现,无不依赖于行政检察文书来体现。

(2)行政检察文书是行政检察办案质量的重要反映。行政检察文书一方面是办理案件的客观记录，是总结办案经验和审查案件的重要依据；另一方面也是检察机关行政检察办案质量的反映。一份认定事实清楚、适用法律正确、释法说理充分的行政检察文书，既能依法保护公民、法人的合法权益，促进息诉服判，又能促进规范司法和依法行政，起到宣传法制的重要作用，对于维护法律秩序、社会稳定以及促进社会治理具有重要意义。

（3）行政检察文书是行政检察发挥“办一件影响一片”作用的重要体现。行政诉讼的特征使行政诉讼法律文书往往具有影响一类行政行为、一个行政领域的示范作用，行政诉讼检察监督中形成的检察文书则尤其具有引领性、示范性作用，是行政检察精准监督效应的重要体现，是保证法律实施的重要工具。

（二）行政抗诉书

1. 概念

行政抗诉书，是指人民检察院对人民法院已经发生法律效力的行政判决、裁定、调解书，认为符合法律规定的抗诉条件，按照审判监督程序向人民法院提出抗诉时制作的法律文书。

制作行政抗诉书的法律依据，是《行政诉讼法》第 91 条、第 93 条第 1 款。根据上述规定，人民检察院发现人民法院已经发生法律效力的行政判决、裁定有《行政诉讼法》第 91 条规定情形之一的，或者发现调解书损害国家利益、社会公共利益的，应当提出抗诉。

法条阅读

人民检察院提出抗诉，应当由检察长批准或检察委员会决定。抗诉应当由有抗诉权的人民检察院向同级人民法院提出。人民检察院对同级人民法院已经发生法律效力的判决、裁定，发现有《行政诉讼法》第 91 条规定情形之一的，或者发现调解书损害国家利益、社会公共利益的，可以向同级人民法院提出再审检察建议，或者提请上级人民检察院向其同级人民法院提出抗诉。

2. 内容、结构及制作方法

行政抗诉书为叙述式文书，一般由首部、正文、尾部构成。

（1）首部。包括标题、编号，标题由制作文书的人民检察院名称、文书名称组成。

（2）正文。包括案件来源、诉讼过程、法院历次审理情况、检察机关审查认定的事实、抗诉理由和依据、抗诉决定。

行政抗诉书的关键内容是抗诉理由部分。准确把握抗诉理由，能够在很大程度上体现抗诉书的质量。人民检察院提出抗诉的案件，必然引起再审程序，但启动再审程序不是抗诉的根本目的，根本目的是纠正错误裁判、调解书，维护司法公正。因此，阐述抗诉理由就成为行政抗诉书最为关键的内容。抗诉理由既要阐述清楚人民检察院对该案抗诉的原因、依据，也要有足够的说理性，说服再审法院纠正错误裁判、调解书，要求抗点准确、清晰、针对性强，论理充分、透彻，逻辑严谨，语言精练、规范、详略得当。

（3）尾部。包括文书送达的人民法院名称、抗诉年月日、院印、附件。

《人民检察院行政诉讼监督法律文书格式样本（2021 年版）》之行政抗诉书如下：

××××人民检察院
行政抗诉书

×检行监〔20××〕×号

（第一部分：写明案件来源）

当事人申请监督的表述为：×××（原审原告）诉××××（行政机关）×××（行政行为）一案（与法院行政案由及案件名称表述一致），×××（申请人）不服××××人民法院×号行政判决（裁定或调解书），向本院申请监督。[下级人民检察院提请抗诉的表述为：×××（原审原告）诉××××（行政机关）×××（行政行为）一案（与法院行政案由及案件名称表述一致），×××（申请人）不服××××人民法院×号行政判决（裁定或调解书），向××××人民检察院申请监督，该院提请本院抗诉。]本案现已审查终结。

[检察机关依职权发现的表述为：×××（原审原告）诉××××（行政机关）×××（行政行为）一案（与法院行政案由及案件名称表述一致），××××人民法院（此处指作出生效裁判的法院）作出了×号行政判决（裁定或调解书）。本院依法进行了审查。][下级人民检察院提请抗诉的表述为：×××（原审原告）诉××××（行政机关）×××（行政行为）一案（与法院行政案由及案件名称表述一致），××××人民法院（此处指作出生效裁判的法院）作出了×号行政判决（裁定或调解书），××××人民检察院依法进行了审查，提请本院抗诉。本案现已审查终结。]

[人民检察院跟进监督提请上一级人民检察院抗诉的表述为：×××（原审原告）诉×××（行政机关）×××（行政行为）一案（与法院行政案由及案件名称表述一致）……（写明案件来源、××××人民检察院提出再审检察建议或者抗诉及人民法院审理情况、提请上一级人民检察院抗诉的理由）。本院现已审查终结。]

（第二部分：写明诉讼过程和法院历次审理情况）

××××年××月××日，×××起诉至××××人民法院，……（简要写明一审原告的诉讼请求）。

××××人民法院于××××年××月××日作出×号行政判决（裁定或调解书）。该院一审查明，……该院一审认为，……判决（裁定或者调解）：……

×××不服一审判决（裁定），向××××人民法院提起上诉，……（简要写明上诉请求）。

××××人民法院于××××年××月××日作出×号行政判决（裁定或调解书）。该院二审查明，……（如二审法院查明的事实与一审法院一致，可简写。如“确认了一审法院认定的事实”或“与一审法院查明的事实一致”）。该院二审认为，……判决（裁定或调解）：……

×××不服二审判决（裁定或调解书），向××××人民法院申请再审，……（简要写明再审请求)。

人民法院驳回再审申请或逾期未对再审申请作出裁定的表述为:××××人民法院于××××年××月××日作出×号裁定驳回再审申请或××××人民法院逾期未对再审申请作出裁定。×××向检察机关申请监督。人民法院作出再审判决、裁定、调解书的表述为:××××人民法院于××××年××月××日作出×号行政判决(裁定或调解书)。该院再审查明,……(如查明的事实与前一审一致,可简写)。该院再审认为,……判决(裁定或调解):……×××不服再审判决(裁定或调解书),向检察机关申请监督。

(第三部分:写明检察机关审查认定的事实)

……(如与作出生效裁判的法院认定事实一致,写明"本院审查认定的事实与××××人民法院认定的事实一致";如与作出生效裁判的法院认定事实不一致,写明分歧和依据,所作的调查核实工作一并写明,如对……问题进行了调查、委托鉴定、咨询、听证,调查、委托鉴定、咨询、听证的主要内容等)

(第四部分:写明抗诉理由和依据)

本院认为,××××人民法院×号行政判决(裁定或调解书)……(概括列明生效裁判、调解书存在哪些法定监督的情形)。理由如下:

……(此段结合检察机关审查认定的事实,依照法律、法规及司法解释相关规定,详细论述抗诉的理由和依据。说理要有针对性,引用法律、法规和司法解释应当准确、全面、具体。)

综上所述,(经检察委员会讨论的,写明:经本院检察委员会讨论决定)根据《行政诉讼法》第九十一条第×项、第九十三条第一款的规定,特提出抗诉,请依法再审。

此致

××××人民法院

20××年××月××日

(院印)

附件:检察卷宗×册

3. 注意事项

(1)行政抗诉书加盖人民检察院印章。文书标题中的检察院名称应当与检察院院印的文字一致,但基层人民检察院应当冠以省、自治区、直辖市名称。

(2)法律条文的援引要准确、全面、具体、有序。引用法律或者司法解释的,应当写明全称,不使用简称。引用法律条文的,要写明条、款、项、目,条文序号用汉字数字小写注明。如"《中华人民共和国行政诉讼法》第八十九条第一款第(三)项"。引用法条的顺序是先上位法后下位法,先法律、法规后司法解释。

(3)日期与致送、发送部门要清晰。成文日期为签发日期;行政抗诉无论是由检察长批准还是由检察委员会决定，行政抗诉书成文日期均应署检察长签发日期。行政抗诉书在决定抗诉之日起15日内连同检察卷宗发送同级人民法院。下级人民检察院提请抗诉的案件，应同时将行政抗诉书发送下级人民检察院。

（三）行政检察建议书

1. 概念

行政检察建议书，是指人民检察院履行行政检察职能过程中，对同级人民法院的生效行政判决、裁定、调解书，对行政审判人员违法行为、违法行政执行活动、行政机关违法行政行为，以及对人民法院行政诉讼活动中或行政机关行政执法活动中存在的问题和漏洞等，提出检察建议时制作的法律文书。

行政检察建议书包括再审检察建议书、监督审判人员违法行为检察建议书、监督执行活动检察建议书、纠正行政机关违法检察建议书、社会治理检察建议书等，具体文书的法律依据适用范围和功能比较如下：

（1）再审检察建议书

依据《行政诉讼法》第93条第2款规定，地方各级人民检察院发现同级人民法院已经发生法律效力的判决、裁定，有《行政诉讼法》第91条规定情形之一的，或者发现调解书损害国家利益、社会公共利益的，需要提出监督意见，制作再审检察建议书，建议人民法院再审。该文书是人民检察院实现法律监督的法定方式之一，与其他检察建议相比具有一定的特殊性。

从《行政诉讼法》的相关规定来看，再审检察建议书与行政抗诉书适用的情形并无不同，但在法律效力上存在不同，行政抗诉必然引起再审程序，再审检察建议并不必然引起再审程序；再审检察建议是对同级人民法院的生效裁判进行监督，法院启动再审程序相较于行政抗诉具有协商性和便捷性、高效性；因其不必然引起再审程序，监督刚性不足。实践中，再审检察建议可以与行政抗诉衔接适用，即当同级人民法院不采纳再审检察建议或未予回复时，提出检察建议的检察机关可以依照有关规定提请上一级检察院抗诉。

为了充分发挥再审检察建议的作用，合理区分再审检察建议和提请抗诉各自适用的范围，《行政诉讼监督规则》第88条规定："地方各级人民检察院发现同级人民法院已经发生法律效力的行政判决、裁定有下列情形之一的，可以向同级人民法院提出再审检察建议：（一）不予立案或者驳回起诉确有错误的；（二）有新的证据，足以推翻原判决、裁定的；（三）原判决、裁定认定事实的主要证据不足、未经质证或者系伪造的；（四）违反法律规定的诉讼程序，可能影响公正审判的；（五）原判决、裁定遗漏诉讼请求的；（六）据以作出原判决、裁定的法律文书被撤销或者变更的。"第89条规定："符合本规则第八十八条规定的案件有下列情形之一的，地方各级人民检察院应当提请上一级人民检察院抗诉：（一）判决、裁定是经同级人民法院再审后作出的；（二）判决、裁定是经同级人民法院审判委员会讨论作出的；（三）其他不适宜由同级人民法院再审纠正的。"

（2）监督审判人员违法行为检察建议书

根据《行政诉讼法》第93条第3款、《行政诉讼监督规则》第106条、《人民检察院检察建议工作规定》第9条第1项的规定制作，人民检察院在行政诉讼监督活动中，发现人民法院审判人员在行政审判活动中存在违法行为，需要提出监督意见时使用。

行政审判活动是指人民法院在第一审普通程序、简易程序、第二审程序、审判监督程序中的审判活动；《行政诉讼法》第93条第3款的规定适用于法官、人民陪审员、法官助理、书记员。

（3）监督执行活动检察建议书

根据《行政诉讼法》第101条，《民事诉讼法》第235条，《行政诉讼监督规则》第113条，《最高人民法院、最高人民检察院关于民事执行活动法律监督若干问题的规定》第21条、第11条、第13条，《人民检察院检察建议工作规定》第9条第2项的规定制作，发现人民法院存在违法执行、不执行、怠于执行等行为，或有其他重大隐患的，需要提出监督意见时使用。

（4）纠正行政机关违法检察建议书

根据《行政诉讼监督规则》第136条、《人民检察院检察建议工作规定》第9条第3项的规定制作，人民检察院办理行政诉讼监督案件，发现行政机关有违反法律规定、可能影响法院公正审理和执行的行为，需要提出监督意见时使用。

（5）社会治理检察建议书

根据《行政诉讼监督规则》第136条、《人民检察院检察建议工作规定》第11条的规定制作，人民检察院向行政机关提出改进工作、完善治理的检察建议时使用。根据《中共中央关于加强新时代检察机关法律监督工作的意见》第10条规定，人民检察院在履行法律监督职责中发现行政机关违法行使职权或者不行使职权的，依照法律规定制发检察建议督促其纠正，适用本文书格式。

2. 内容、结构及制作方法

（1）再审检察建议书

再审检察建议书的说理性要求与行政抗诉书一致，可以参照制作。

再审检察建议书为叙述式文书，一般由首部、正文、尾部构成。

第一，首部。包括标题、编号。标题由制作文书的人民检察院名称、文书名称组成。

第二，正文。包括案件来源、诉讼过程、法院历次审理情况、检察机关审查认定的事实、监督理由和依据、再审建议。

文书格式

再审检察建议书的关键内容是监督理由部分。人民检察院提出再审检察建议的案件，有可能会引起再审程序，这一点与抗诉不同。同样，建议再审也不是根本目的，根本目的还是纠正错误裁判、调解书，维护司法公正。因此，阐述监督理由就成为再审建议书最为关键的内容。监督理由既要有针对性，也要有足够的说理性，引用法律、法规和司法解释时应当准确、全面、具体。

第三，尾部。包括文书送达的人民法院名称、年月日、院印、附件。

（2）检察建议书（监督行政审判人员违法行为）

该检察建议书为叙述式文书，一般由首部、正文、尾部构成。

第一，首部。包括标题、编号。

第二，正文。包括当事人申请监督情况、检察机关审查认定的人民法院审判活动相关过程和情况、违法情形、监督的理由和依据、提出的检察建议。

文书格式

监督审判人员违法行为检察建议书的关键内容，是对审判活动存在违法情形的监督理由和依据部分。阐述监督理由是该检察建议书最为关键的内容。监督理由应结合检察机关查明的事实，针对审判活动存在违法情形进行论述。理由和依据既要有针对性，也要有足够的说理性，引用法律、法规和司法解释应当准确、全面、具体。

第三，尾部。包括文书送达的人民法院名称、年月日、院印、附件。

（3）检察建议书（监督执行活动）

该检察建议书包括首部、正文、尾部三部分。

第一，首部。包括标题、编号。

第二，正文。包括当事人申请监督情况、检察机关审查认定的人民法院执行活动相关过程和情况、违法情形、监督的理由和依据、提出的检察建议。

文书格式

监督执行活动检察建议书的关键内容，是监督人民法院执行活动违法情形的理由和依据部分。应当对应审查认定的违法情形，一一阐述理由，并列明依据。监督点务求精准，语言表述明确，理由充分、有针对性，依据准确。

第三，尾部。包括文书送达的人民法院名称、年月日、院印、附件。

（4）检察建议书（纠正行政机关违法）

该检察建议书包括首部、正文、尾部三部分。

第一，首部。包括标题、编号、送达单位名称。

第二，正文。包括案件基本情况、检察机关审查认定的行政机关违法行为事实和依据、提出的检察建议。

文书格式

纠正行政机关违法检察建议书的关键内容，是行政机关存在违法情形的事实和依据部分。应当详细叙述检察机关审查查明的行政机关存在违反法律规定、可能影响人民法院公正审理和执行的行为的事实和根据，阐述理由要有针对性，引用法律、法规和司法解释时应当准确、全面、具体。

第三，尾部。包括年月日、院印。

（5）检察建议书（社会治理检察建议）

该检察建议书包括首部、正文、尾部三部分。

第一，首部。包括标题、编号、送达单位名称。

第二，正文。包括案件或问题的来源、检察机关审查认定的事实和依据，存在的违法情形或应当消除的隐患，提出的检察建议，被建议单位提出异议或书面回复落实情况的期限。

文书格式

第三，尾部。包括年月日、院印。

3. 注意事项

（1）上述行政检察建议书须经检察长或检察委员会决定，加盖人民检察院印章，自决定之日起15日内发送。

(2)检察建议书的文号,社会治理检察建议书文号为“×检行(违/执/非诉)监〔20××〕×号/×检建〔20××〕×号”,根据案件实际情况选择×检行(违/执/非诉)监〔20××〕×号或者×检建〔20××〕×号的文书文号。其他检察建议书文号与该类型监督案件的案号一致,如再审检察建议书文号为“×检行监〔20××〕×号”,监督审判人员违法行为检察建议书文号为“×检行违监〔20××〕×号”,监督执行活动检察建议书文号为“×检行执(非诉)监〔20××〕×号”。纠正行政机关违法检察建议书可能在各种类型监督案件中出现,文号“×检行(违/执/非诉)监〔20××〕×号”应与该类型监督案件的案号保持一致。

(3)检察建议书一般印制一式三份,一份附卷,一份发送被建议单位,一份报送上一级人民检察院备案,并可根据抄送对象增加印制份数。

二、行政公益诉讼检察文书

行政公益诉讼检察文书在实践中运用较多,种类也比较多,这里重点叙述最能体现检察工作职能和制作者能力、水平的两种文书的相关实务问题。

(一)行政公益诉讼检察建议书

1. 概念

行政公益诉讼检察建议书,是指人民检察院在办理行政公益诉讼过程中,发现行政机关违法行使职权或者不作为,致使国家利益或者社会公共利益受到侵害的,向行政机关提出督促其依法履行职责的法律文书。

制作行政公益诉讼检察建议书的法律依据,是《行政诉讼法》第25条第4款的规定,即“人民检察院在履行职责中发现生态环境和资源保护、食品药品安全、国有财产保护、国有土地使用权出让等领域负有监督管理职责的行政机关违法行使职权或者不作为,致使国家利益或者社会公共利益受到侵害的,应当向行政机关提出检察建议,督促其依法履行职责。行政机关不依法履行职责的,人民检察院依法向人民法院提起诉讼”。人民检察院应当在向人民法院提起行政公益诉讼之前向行政机关提出检察建议,督促其依法履行职责。提出检察建议是检察行政公益诉讼的必经程序,也是检察公益诉讼与普通行政诉讼的重要不同之处。实践中,检察机关秉持“双赢、多赢、共赢”的理念,采用磋商、发出检察建议等方式推动行政机关自我纠错、依法行政;绝大多数问题可以在诉前得以解决,达至诉前实现保护公益目的的最佳司法状态。

2. 内容、结构及制作方法

根据《公益诉讼办案规则》第75条第2款规定,行政公益诉讼检察建议书应当包括以下内容:行政机关的名称、案件来源、国家利益或者社会公共利益受到侵害的事实、认定行政机关不依法履行职责的事实和理由、提出检察建议的法律依据、建议的具体内容、行政机关整改期限、其他需要说明的事项。行政公益诉讼检察建议书由首部、正文、尾部组成。

文书格式

示范举例

（1）首部

首部包括标题、编号、行政机关名称、案件来源。

检察建议书中的行政机关，是人民检察院办理行政公益诉讼案件的监督对象。在确认监督对象方面，人民检察院需要认定行政机关的法定职责。检察建议书中的行政机关，即未依法履行职责造成公益受到侵害的责任主体。实践中，人民检察院认定行政机关法定职责的依据为法律法规规章规定的行政机关职责。此外，还可以参考行政机关的“三定”方案、权力清单和责任清单等。

公益诉讼案件线索主要包括以下几个方面的来源：一是自然人、法人和非法人组织向人民检察院控告、举报的；二是人民检察院在办案中发现的，包括在办理刑事案件、民事行政诉讼监督案件中发现的；三是行政执法信息共享平台上发现的；四是国家机关、社会团体和人大代表、政协委员等转交的；五是新闻媒体、社会舆论等反映的，检察机关发现线索主动进行调查；六是其他在履行职责中发现的。

（2）正文

正文包括事实与理由、磋商及调查情况、提出检察建议的理由及检察建议的具体内容。

检察建议书中事实与理由部分，主要包括国家利益或者社会公共利益受到侵害的事实和认定行政机关不依法履行职责的事实和理由。在办理行政公益诉讼案件过程中，检察机关为了查清案件事实需要按照相关规定调查收集证据。但是，检察机关进行调查的具体过程、方式，以及调查收集到的各类证据及证明内容无须在检察建议书中一一写明，只需写明调查的基本情况和经调查最终查明的国家利益或者社会公共利益受到侵害的事实和认定行政机关不依法履行职责的事实即可。

磋商是《公益诉讼办案规则》第 70 条规定的行政公益诉讼的办案程序：人民检察院决定立案的，应当在 7 日以内将立案决定书送达行政机关，并可以就行政机关是否存在违法行使职权或者不作为、国家利益或者社会公共利益受到侵害的后果、整改方案等事项进行磋商。磋商后，被监督行政机关采纳检察机关意见，依法履行职责，国家利益或者社会公共利益已经得到有效保护的，人民检察院调查后应当作出终结案件决定。对于经过磋商程序，而行政机关仍未依法履行职责的，人民检察院应当向行政机关发出检察建议，在检察建议书中写入磋商的情况和经过磋商查明的案件事实。

检察建议的具体内容部分，应当写明检察机关对行政机关提出的具体建议。本部分的撰写需要注意完整性、针对性、匹配性等要求。完整性是指检察机关在给行政机关发出检察建议时，应当对行政机关未依法履职的行为和国家利益或社会公共利益受到侵害的状况进行完整的调查；针对性是指建议内容应当与行政机关未依法履职的行为相对应，既应当明确行政机关未依法履行职责的事实，提出针对性的建议，也需要注意尊重行政权的行使，不能越权；匹配性是指检察建议书中列明的每一项建议要与以后可能提出的行政公益诉讼请求相匹配，这也是检察建议作为公益诉讼必经程序的体现。也就是说，检察建议的内容必须涵盖诉讼请求的每一项，检察建议书中未提出建议内容，就不宜在之后的诉讼请求中提出来。

(3)尾部

尾部包括整改期限、日期、人民检察院公章等。

《最高人民法院　最高人民检察院关于检察公益诉讼案件适用法律若干问题的解释》第21条第2款规定,“行政机关应当在收到检察建议书之日起两个月内依法履行职责,并书面回复人民检察院。出现国家利益或者社会公共利益损害继续扩大等紧急情形的,行政机关应当在十五日内书面回复”。因此,行政机关的整改期限一般情况下应为两个月,紧急情形为15日。

3. 注意事项

(1)注意与其他类型检察建议书的区分。根据《人民检察院检察建议工作规定》第5条,检察建议包括再审检察建议、纠正违法检察建议、公益诉讼检察建议、社会治理检察建议和其他检察建议5种类型。行政公益诉讼检察建议书是人民检察院办理行政公益诉讼案件过程中向行政机关制发的法律文书,目的是督促行政机关自行整改,如行政机关不依法履行职责,即依法向人民法院提起诉讼。因此,在制作文书时,需要注意与其他类型检察建议书的区分。

(2)送达期限与方式。人民检察院决定提出检察建议的,应当在3日以内将检察建议书送达行政机关。送达方式可以采取当面送达、宣告送达、邮寄送达等多种方式进行。行政机关拒绝签收的,应当在送达回证上记录,把检察建议书留在其住所地,检察机关可以采用拍照、录像等方式记录送达过程。在宣告送达过程中,检察机关可以邀请人大代表、政协委员、人民监督员等参加。

(二)行政公益诉讼起诉书

1. 概念

行政公益诉讼起诉书,是指人民检察院认为行政机关经检察建议督促仍然没有依法履行职责,国家利益或者社会公共利益仍处于受侵害状态的,依法向人民法院提起行政公益诉讼时制作的法律文书。

制作行政公益诉讼起诉书的法律依据,是《公益诉讼办案规则》第46条。

2. 内容、结构及制作方法

根据《公益诉讼办案规则》第46条规定,人民检察院提起公益诉讼,应当向人民法院提交公益诉讼起诉书和相关证据材料。行政公益诉讼起诉书由首部、正文、尾部组成。

(1)首部

首部包括标题,编号,公益诉讼起诉人、被告的基本信息等。

文书格式

检察机关提起公益诉讼的身份为“公益诉讼起诉人”。试点期间“两高”实施办法即《人民检察院提起公益诉讼试点工作实施办法》和《人民法院审理人民检察院提起公益诉讼案件试点工作实施办法》规定,检察机关以“公益诉讼人”的身份提起公益诉讼。从试点实践情况看,这一身份基本体现了检察机关不同于一般原告的诉讼地位。《最高人民法院　最高人民检察院关于检察公益诉讼案件适用法律若干问题的解释》第 4 条将检察机关提起公益诉讼的身份调整为“公益诉讼起诉人”。

示范举例

(2)正文

正文包括诉讼请求、提起诉讼的事实与理由、起诉决定。具体写明检察机关的立案、检察建议程序、审查认定的案件事实、证据材料及论证过程等。

①关于行政公益诉讼请求。根据《公益诉讼办案规则》第 83 条、第 84 条规定,人民检察院在行政公益诉讼中可以根据行政机关的不同违法情形,向人民法院提出确认行政行为违法或者无效、撤销或者部分撤销违法行政行为、依法履行法定职责、变更行政行为等诉讼请求。在行政公益诉讼案件审理过程中,被告已经依法履行职责而全部实现诉讼请求的,人民检察院可以撤回起诉。确有必要的,人民检察院可以变更诉讼请求,请求判决确认行政行为违法。

②关于如何认定行政机关未依法履行职责。行政机关未依法履行职责是检察机关提起行政公益诉讼的条件,也是起诉书中需要论证的重点问题。在行政公益诉讼起诉书中的事实与理由部分需要写明的案件线索来源、国家利益或者社会公共利益受到侵害的事实、检察机关审查认定的被告违法行使职权或者不作为的事实、被告法定职责等内容,应与检察建议书中的相关内容基本一致。在向行政机关提出检察建议后,人民检察院应当对行政机关履行职责的情况和国家利益或者社会公共利益受到侵害的情况跟进调查,收集相关证据材料。一般来说,行政机关应当在整改期限(两个月或者 15 日)之内整改完毕并回复检察机关。但实践中可能存在很多不同情况,如行政机关回复整改而实际未整改,或者并未回复而实际整改等。这就需要检察机关根据行政机关回复、整改和检察机关跟进调查的情况来判断是否符合提起行政公益诉讼的条件。2019 年最高人民检察院与生态环境部等九部委会签的《关于在检察公益诉讼中加强协作配合　依法打好污染防治攻坚战的意见》和 2020 年最高人民检察院与中央网信办等单位共同制定的《关于在检察公益诉讼中加强协作配合依法保障食品药品安全的意见》,明确了行政机关依法履职的判断标准:“不依法履行法定职责的判断和认定,应以法律规定的食品药品有关部门法定职责为依据,对照食品药品有关部门的执法权力清单和责任清单,以是否采取有效措施制止违法行为,是否全面运用法律法规、规章和规范性文件规定的行政监管手段,国家利益或者社会公共利益是否得到了有效保护为标准。”《公益诉讼办案规则》第 82 条也列举了行政机关未依法履行职责的几种情形,主要包括行政机关逾期不回复检察建议,也没有采取有效整改措施的;已经制定针对性整改措施,但没有实质性执行的;虽按期回复,但未采取整改措施或者仅采取部分整改措施的;违法行为人已经被追究刑事责任或者案件已经移送刑事司法机关处理,但行政机关仍应当继续依法履行职责的;因客观障碍导致整改方案难以按期执行,但客观障碍消除后未及时恢复整改的;整改措施违反法律法规规定的;其他没有依法履行职责的情形。

(3)尾部

尾部包括致送法院、日期、检察机关印章等。

3. 注意事项

（1）"公益诉讼起诉人"身份表述要恰当。检察机关作为法律监督机关提起公益诉讼，其身份不同于普通民事诉讼、行政诉讼的原告。因此，在"公益诉讼起诉人"一项中仅需要写明提起公益诉讼的人民检察院即可，无须写明检察长、住所地等内容。检察机关指派检察人员出席法庭，出庭检察人员与检察机关之间也不是委托授权关系，因此，也无须在起诉书中写明出席检察人员的相关情况，待收到人民法院出庭通知书后再向人民法院提交派员出庭通知书，写明出庭人员的姓名、法律职务以及出庭履行的职责。

（2）关于履行职责诉讼请求。检察公益诉讼目的是督促行政机关依法履职而非直接针对行政相对人的私益，但检察机关诉请和法院判决行政机关依法履职在实践中很多情况下包含了行政相对人的具体义务。在行政诉讼中，第三人在诉讼中是由法院通知参加或者自行申请参加的，检察机关无权单独决定。针对实践中存在因第三人增加审理难度、第三人上诉浪费司法资源等问题，为了达到尽量不追加第三人的效果，《公益诉讼办案规则》规定，检察机关提出的依法履行法定职责的诉讼请求中不予载明行政相对人承担具体义务或者减损具体权益的事项的内容。

（3）送达时间和方式。行政公益诉讼起诉书作出后，应及时连同起诉书副本、检察卷宗等一并送达人民法院，并应当自送达人民法院之日起 5 日内报上一级人民检察院备案。

第三节　行政律师文书

一、概述

（一）概念、范围和意义

行政律师文书，从广义上而言，既包括律师代书即行政书状，也包括律师自书即律师行政法律文书。

行政书状，是指行政相对人和行政诉讼当事人依法向行政机关或人民法院提出的，为维护自身合法权益而表达法律诉求及理由的行政法律文书。律师作为法律服务的执业者，依法代理当事人制作相关法律文书。

律师行政法律文书，是指行政诉讼活动中，律师为维护当事人的合法权益，在代理权限范围内，以自己的名义向人民法院提交的申请书、行政诉状等法律文书。

行政书状与律师行政法律文书的制作主体，分别是行政复议和行政诉讼活动中的当事人和律师。法律规定提交行政书状的主体是当事人，律师可依当事人的授权，代理当事人制作行政书状。

行政书状可以分为行政诉讼文书和行政非诉讼文书。行政诉讼文书主要有申请书、行政诉状、代理词等，行政非诉讼文书主要有行政复议申请书、律师意见书等。

行政书状除具备法律文书的共性外，还具有以下特点：

1. 行政机关出具的行政书状具有行政性。在行政诉讼中，被告主要为行政机关。其出具的行政诉讼答辩状代表行政机关对特定争讼问题的法律意见，是行政机关意志的体现。因此，这些行政书状必须依据法定程序作出，并接受有关部门监督。

2. 行政行为相对人在行政书状中的表达权受法律保护。行政书状是公民依法履行对国家机关的批评权、监督权、建议权的体现，受法律保护。行政诉讼起诉状主要针对行政行为的合法性、合理性展开，重点是表达对行政行为不合法、不合理的控诉。

3. 行政书状的质量体现依法行政的水平。行政机关提交的行政书状，体现其对行政行为合法性、合理性的认识。行政书状的成熟完备程度，反映行政机关依法行政的水平。高质量的行政书状，不仅有效地回应行政行为相对人、相关人的疑惑和不满，也是极好的普法文件。因此，必须重视不断提升行政机关行政书状的水平。

总之，行政书状对我国行政法的具体实施，维护相关各方当事人的合法权益和社会公共利益，推进依法治国具有十分重要的意义。

（二）写作要求

行政书状在符合法律文书写作的共性要求之上，还有其个性要求。

1. 坚持"合法性论证为主，兼顾合理性论证"原则。《行政诉讼法》第 6 条规定："人民法院审理行政案件，对行政行为是否合法进行审查。"因此，行政书状应当主要围绕行政行为的合法性展开。《行政诉讼法》第 70 条也规定，对"滥用职权"和"明显不当"的行政行为，人民法院可撤销或部分撤销，并可判决被告重新作出行政行为。由此可见，人民法院主要对行政行为的合法性问题进行司法审查，而对明显不合理的行政行为，也会采取司法行动。所以，在撰写行政书状时对明显不合理的行政行为，也需着重阐述。

2. 行政书状具有较强的政策性。行政书状不仅要关注具体的行政行为和权利，也要关注抽象规范性文件的合法性问题。《行政诉讼法》第 53 条规定："公民、法人或者其他组织认为行政行为所依据的国务院部门和地方人民政府及其部门制定的规范性文件不合法，在对行政行为提起诉讼时，可以一并请求对该规范性文件进行审查。"可见，公民、法人或其他组织可以要求人民法院一并审查规范性文件的合法性。这里的"规范性文件"主要指法律、法规、规章以外的其他规范性文件。上至国务院文件，下至乡镇政府的通知、通令，范围很广。由于审查规范性文件的合法性问题具有很强的政策性，所以，需要对法律、法规、规章的内容和基本原则，乃至党和国家的大政方针都要有基本的理解。

3. 行政书状内容具有法定性。行政书状不是漫无边际地表达诉求和回应诉求。行政书状写什么、不写什么都有法律规定，违反了法律规定，少写或漏写了相关内容，要承担不利的后果。首先，必须对行政行为的法律、法规、规章依据进行明确说明。其次，根据行政诉讼"举证责任倒置"原则，关于行政行为合法性的证据由行政机关举证；行政机关不提供，视为没有证据，要承担败诉的后果。最后，行政书状的内容具有时效性。行政机关在行政诉讼答辩状中所列出的证据，必须是行政行为作出时已经收集到的证据。

二、行政申请书

（一）概念

行政申请书，是指行政案件的当事人向行政机关或人民法院提出的请求采取相关措施或者启动相关诉讼程序时制作的法律文书。

行政申请书需要向人民法院或者行政机关递交。根据申请事项的不同，向人民法院递交的申请书主要包括行政撤诉申请书、停止执行行政行为申请书、不公开审理申请书以及执行异议书等；向行政机关递交的申请书主要包括行政复议申请书、行政赔偿申请书等。

（二）内容、结构及制作方法

申请书由首部、正文和尾部三部分组成。首部包括标题和申请人基本情况。正文包括申请事项和事实理由等。尾部包括致送机关的名称、署名、日期和附项。申请书种类较多，部分申请书的格式并非完全相同，本节以不公开审理申请书的基本写作格式和要求为范例进行介绍。

1. 首部。标题居中写明“不公开审理申请书”。

2. 正文。包括抬头、案由、事实理由以及法律依据。

（1）抬头，写明致送文书的机关名称。

（2）案由，“你院受理________一案”，下划线处填写双方当事人姓名或名称和案由。

（3）提出不公开审理的请求和要求不公开审理的理由，如涉及隐私问题或商业秘密，如公开审理将导致不良影响，以及可能影响法庭的调查审理。

（4）写明依据的法律条款项。

3. 尾部。包括署名和日期。

（1）署名。申请人签名或盖章。申请人是法人或其他组织的，写明单位名称并加盖单位公章，法定代表人或主要负责人亦应签名。

（2）日期。注明递交申请书的年月日。

（三）注意事项

1. 适用条件的法定性。当事人向有关机关提出的请求事项必须符合法律规定的情形，这是有关机关接受当事人的申请采取相关措施的先决条件。

2. 申请书以“一事一书”为原则。一项请求，制作一份申请书。当事人有两个或两个以上请求事项时，应当分别制作申请书。请求事项应当明确、具体，写清要素即可，不必面面俱到。

3. 不同种类的申请书，申请阶段不同，申请机关亦不同，要符合法律规范要求。例如，向行政机关（复议机关）提出行政复议申请，是进入复议程序的先行要件，要特别注意复议机关的确定和复议前置等问题。

4. 申请书的语言要客观诚恳、明确简要。

三、行政诉状

(一)概念

行政诉状,是指当事人向人民法院提起诉讼,主张自身权利,维护其合法权益的法律文书。根据案件所处诉讼程序的不同,行政诉状可分为行政起诉状和行政上诉状。

行政起诉状,是指公民、法人或者其他组织认为行政机关和行政机关工作人员的行政行为侵犯其合法权益,依法向人民法院提起行政起诉时提交的法律文书。

行政上诉状,是指行政诉讼案件的当事人不服人民法院第一审判决或裁定,在法定的期限内向上一级人民法院提出上诉,请求撤销、改变第一审判决或裁定时提交的法律文书。

(二)内容、结构及制作方法

行政诉状为文字叙述式文书,结构上分为首部、正文和尾部三部分。

1. 首部

(1)标题。居中写明“行政起诉状”或“行政上诉状”。

(2)当事人基本情况。行政起诉状应写明原告、被告、第三人,以及诉讼代理人的身份情况与信息。行政上诉状应写明上诉人、被上诉人、第三人,以及诉讼代理人的身份情况与信息。基本情况包括自然人姓名、性别、年龄、民族、籍贯、职业、住址等,法人或者其他组织应写明其名称、法定代表人、住所、联系地址和邮政编码等,行政机关则应写明行政机关的名称、法定代表人和住所。

(3)上诉人提起上诉的事由。写明:“上诉人因××(案由)一案,不服××××人民法院××××年××月××日作出的(年度)×行×字第××号判决/裁定,现提出上诉。”

2. 正文

(1)诉讼/上诉请求。写明要求起诉/上诉审法院解决的事由,应具体、明确。

(2)事实/上诉依据。行政起诉状写明事实和理由,陈述行政争议发生的事实经过,说明原告主张的具体理由。应当紧紧围绕着诉讼请求进行阐述,可以分段叙写。行政上诉状应当简要概括本案的审理经过与处理结果,针对原审裁判中的错误和问题进行分析论证,反驳错误观点,阐明上诉理由与主张,为上诉请求提供事实与法律依据。

3. 尾部

(1)致送法院名称。

(2)署名。行政起诉状由原告本人手书签名;行政上诉状由上诉人本人手书签名。原告或上诉人为法人或者其他组织的,应当写明单位的全称,由法定代表人或者组织负责人手书签名,加盖单位公章。

(3)日期。

(4)附项。写明起诉状副本×份;被诉行政行为×份;其他材料×份。

(三)注意事项

1. 行政起诉状的被告应适格。一般而言,公民、法人或者其他组织向人民法院提起诉讼的，作出行政行为的行政机关是被告。但又有特殊规定。比如，根据《行政诉讼法》的规定，经复议的案件，复议机关决定维持原行政行为的，作出原行政行为的行政机关和复议机关是共同被告；复议机关改变原行政行为的，复议机关是被告；起诉复议机关不作为的，复议机关是被告；行政机关被撤销或者职权变更的，继续行使其职权的行政机关是被告；行政机关委托的组织所作的行政行为，委托的行政机关是被告。根据《行政诉讼法司法解释》规定，行政机关组建并赋予行政管理职能但不具有独立承担法律责任能力的机构，以自己的名义作出行政行为，当事人不服提起诉讼的，应当以组建该机构的行政机关为被告；法律、法规或者规章授权行使行政职权的行政机关内设机构、派出机构或者其他组织，超出法定授权范围实施行政行为，当事人不服提起诉讼的，应当以实施该行为的机构或者组织为被告；没有法律、法规或者规章规定，行政机关授权其内设机构、派出机构或者其他组织行使行政职权的，当事人不服提起诉讼的，应当以该行政机关为被告；当事人对由国务院、省级人民政府批准设立的开发区管理机构作出的行政行为不服提起诉讼的，以该开发区管理机构为被告；对由国务院、省级人民政府批准设立的开发区管理机构所属职能部门作出的行政行为不服提起诉讼的，以其职能部门为被告；对其他开发区管理机构所属职能部门作出的行政行为不服提起诉讼的，以开发区管理机构为被告；开发区管理机构没有行政主体资格的，以设立该机构的地方人民政府为被告。

2. 行政案件具有明确的不属于行政诉讼受案范围的事项。除《行政诉讼法》第 13 条列明的 4 项行政诉讼受案范围排除事项外，《行政诉讼法司法解释》第 1 条还列举了 10 项不属于行政诉讼受案范围的事项，并在第 2 条对《行政诉讼法》规定的受案范围排除事项进行了限制性规定。从行政诉讼体制改革的方向看，应当允许更多地涉及行政行为争议的事项进入行政诉讼受案范围。因此，除明确规定不属于行政诉讼受案范围的事项外，其他行政机关与公民、法人和其他组织的行政争议，都应该纳入行政诉讼受案范围，实现有案必立、有诉必理。

3. 行政诉讼起诉状中不能随意罗列第三人。《行政诉讼法》规定，公民、法人或者其他组织同被诉行政行为有利害关系，但没有提起诉讼，或者同案件处理结果有利害关系的，可以作为第三人申请参加诉讼，或者由人民法院通知参加诉讼。《行政诉讼法司法解释》规定，行政机关的同一行政行为涉及两个以上利害关系人，其中一部分利害关系人对行政行为不服提起诉讼，人民法院应当通知没有起诉的其他利害关系人作为第三人参加诉讼。由此可见，第三人参加行政诉讼，要么是第三人自己申请参加，要么是人民法院通知第三人参加，其他组织和个人无权要求第三人参加诉讼。

4. 原告持有证据，或者上诉人有新证据，可在诉状的附项中列明，并递交人民法院。尽管根据行政诉讼“举证责任倒置”的证据规则，原告一般不具有举证义务。但是，如果能够举证证明被诉行政行为不合法、明显不合理，则有助于原告胜诉。此外，行政赔偿案件中，原告需举证其损害情况。行政不作为案件中，对依申请的行政行为，除非特殊规定，也需要原告举证证明已提交申请。

5. 撰写行政诉状时，诉讼请求要明确。首先，要注意行政诉状中诉讼请求只能在《行政诉讼法》规定的范畴内，切忌将民事、刑事等不同性质的诉讼请求全部列于行政诉状中。其次，要正确提出行政诉讼请求。例如，只有先确定行政行为违法，才能以此为依据请求行政赔偿，而不能将二者一并列入同一诉讼请求中。但行政诉讼中可以附带提起行政赔偿请求。在行政诉讼中提出对规范性文件进行合法性审查，只能在对行政行为提起诉讼时，一并请求对该规范性文件的审查，不能单独提出审查诉求。

四、答辩状

（一）概念

行政诉讼答辩状，是指在行政诉讼中，原告或上诉人依法提交了起诉状或上诉状后，被告或被上诉人针对起诉状或上诉状中的诉讼请求、事实与理由等内容，向人民法院作出答复的法律文书。

（二）内容、结构及制作方法

答辩状由首部、正文和尾部三部分组成。

1. 首部

（1）标题。居中写明“行政诉讼答辩状”。

（2）基本情况。答辩人是自然人的，应写明姓名、性别、年龄、民族、职业、工作单位和住址等。答辩人是法人或其他机构或组织的，应写明名称、地址、电话号码、法定代表人或主要负责人的姓名、职务、联系方式等。

（3）案由。写明案件的性质，一般表述为：“被告/被上诉人因________（案由）________一案，提出答辩如下。”

2. 正文

针对诉状内容表明被告/被上诉人的观点，可从以下几个方面进行答辩：

（1）针对起诉状或上诉状中陈述的事实进行答辩。可以部分或全部否定，必要时简要举证。

（2）针对起诉状或上诉状中陈述的理由进行答辩。《行政诉讼法》规定被诉行政机关对作出的行政行为负有举证责任，因此行政机关作为一审被告或二审被上诉人应当对作出该行政行为的全部证据和规范性文件加以具体说明。

（3）从原告起诉超过起诉期限、受诉法院不具有管辖权等方面提出答辩或异议。

（4）归纳观点，作总结性的发言或提出整体意见，希望法庭能作出公正判决。

3. 尾部

（1）致送法院。

（2）署名。答辩人是法人或其他组织的，应当盖章。

（3）日期。

（4）附项。按对方当事人的人数向人民法院提交答辩状副本数份及相应证据材料。

（三）注意事项

1. 用词严谨、论证严密、行文慎重、表述精确、价值导向正确，体现行政机关应有的法律水平和政治素质。如果委托律师撰写，也要将答辩状提交行政机关法制部门审核，必要时征求行政机关负责同志的意见。

2. 援引合法有效的法律、法规、规章。注意不要援引违反法律的法规，违反法律、法规的规章。尤其是部门规章和地方政府规章，有些条款本身是违反上位法的，不能作为行政答辩状相关论述的依据。要遵守法律保留原则，对特定行政行为的辩护只能依据法律或法规展开。比如，我国法律规定限制人身自由的行政强制措施只能由法律规定，因此在阐述相关行政强制措施合法、合理时，必须以法律明文规定为依据，不能仅仅举出法规、规章或其他规范性文件依据。

3. 注意保守国家秘密、商业秘密和个人隐私。如果在论证相关行政行为合法、合理时，需要援引的文件资料或者相关证据材料，涉及国家秘密、商业秘密和个人隐私，则应当向人民法院及时提出，人民法院应采取不公开审理等措施妥善处置。

五、代理词

（一）概念

行政诉讼代理词，是指行政诉讼中的诉讼代理人接受行政诉讼当事人或其法定代理人、诉讼代表人的委托，在法律规定和被代理人授权范围内为维护被代理人的合法权益，而在法庭辩论阶段或人民法院依法进行书面审理中，以被代理人的名义所作的系统辩论性发言或递交的书面辩论性意见。

按诉讼程序划分，行政诉讼代理词可以分为一审代理词、二审代理词和再审代理词。按被代理人在诉讼中的地位划分，可以分为不同程序中的原告方代理词和被告方代理词。

（二）内容、结构及制作方法

代理词由首部、正文和尾部三部分组成。

1. 首部

（1）标题。居中写明“行政诉讼代理词”。

（2）抬头。写明称呼语“审判长、审判员”。

（3）前言。首先，向法庭说明出庭代理的合法性依据，即简要介绍代理人的合法身份（说明受谁委托或指定，为谁代理）。其次，向法庭简要说明代理人出庭前所进行的准备工作，如阅读起诉书、会见当事人、阅读案卷材料、调查收集证据等有关情况。最后，表明对本案的基本态度，如系上诉案件则可说明对一审判决的概括性意见。

2. 正文

正文是代理词的主体部分，应该针对起诉书、上诉状或一审判决书所认定的案件事实和证据，根据法律规定，阐述和论证代理意见；通过陈述纠纷事实、提供相关证据支持委托人的诉讼主张，并根据委托人的诉讼地位不同，对陈述和论证的侧重点有所不同。主要可以从以下方面进行阐述和论证：（1）原告方代理人的代理意见，主要阐明案件事实、诉讼请求的依据和理由。（2）被告方代理人的代理意见，着重阐明反驳原告起诉的事实和起诉请求的依据、理由。（3）上诉人方代理人的代理意见，重点阐明否定一审判决全部或部分的事实、根据和理由。(4)被上诉人委托的律师的代理意见,着重阐明否定或反驳上诉人主张的事实、根据和理由。(5)诉讼代理人发表总结性代理意见,请求法院予以充分考虑并采纳。

3. 尾部

(1)代理人签名。

(2)写明日期。

(三)注意事项

1. 紧密围绕被诉行政行为的合法性、合理性展开。总体要求与行政诉讼起诉状、答辩状等类似,不同之处在于,行政诉讼代理词可以更有针对性地围绕对方提出的观点和论证,充分展开己方的观点和论证意见。

2. 注意逻辑严密、主题集中。行政诉讼司法审查的范围和强度受到《行政诉讼法》的更多约束,诉讼活动的专业性较强,所以,行政诉讼代理词要针对核心问题,步步为营,展开论证。

3. 坚持实事求是。从案情的实际情况出发,提出合理的主张、意见与要求,也可以在辨明事实和分清责任的基础上,提出可以为双方当事人所接受的解决办法或建议。要特别注意,代理词的内容应严格限于当事人的授权范围内,不可超越授权范围发表代理意见。

第四节 行政裁判文书

一、概述

(一)行政裁判文书的概念、特点及种类

1. 行政裁判文书的概念

行政裁判文书,是指人民法院在行政诉讼中,为解决当事人之间的行政争议,经过法定审理程序后,对案件所涉及的实体、程序问题依法制作的行政判决书及裁定书等法律文书。

行政诉讼制度,是人民法院解决行政争议及相关争议的诉讼制度。在行政诉讼程序的不同阶段中,人民法院会对案件所涉实体或程序事项作出具有法律效力(确定力、约束力和执行力)的司法判断或表示行为。根据处理事项的性质,人民法院的司法判断或表示行为表现为判决、裁定或决定,其书面形式为判决书、裁定书或决定书。

2. 行政裁判文书的特点

(1)作出主体的集体性。行政裁判文书的制作主体是人民法院,系人民法院行使审判权的表现。行政诉讼程序中,行政审判庭是人民法院审理行政案件的内设机构,审判委员会、合议庭或独任制法官是审理行政案件的审判组织,其中,审判委员会对重大疑难行政案件作出决定,合议庭是适用普通程序审判行政案件的审判组织,独任制法官是适用简易程序审判案件的审判组织。尽管上述机构和审判组织对行政裁判文书的制作均发挥重要作用,但行政裁判文书的作出主体只能是人民法院,加盖人民法院印章。合议庭法官或独任制法官在行政裁判文书尾部以署名的方式呈现,以便明晰裁判文书的具体制作工作及责任承担主体。

(2)诉讼程序的限定性。行政裁判文书是行政诉讼程序的产物。对此,可以从两个方面理解:第一,行政裁判文书解决行政争议。"行政诉讼的核心是以审判方式的诉讼程序解决行政争议,监督行政活动。"[2]所谓行政争议,是指行使行政权力的主体在行使公权力过程中与相对人之间发生的、依据行政法可以解决的法律争议。行政争议不同于民事纠纷、刑事犯罪的特殊性,决定了行政裁判文书的特点。第二,行政案件由行政审判庭审理。《行政诉讼法》第4条第2款规定,人民法院设行政审判庭,审理行政案件。该规定意味着行政案件由行政审判庭审理。行政裁判文书体现了行政审判权与公民权、行政权之间的互动关系。

(3)合法性审查的核心性。行政诉讼作为一种控制行政权的制度,由法院对行政行为进行审查,使国家行政权力与其责任相符,并保证其在法定范围内运行。[3] 根据《行政诉讼法》第6条的规定,人民法院审理行政案件,对行政行为的合法性进行审查。合法性审查原则体现了行政审判活动的价值取向,也是行政审判权运行的基本准则。因此,行政裁判文书应该充分反映对被诉行政行为进行合法性审查的特点。合法性审查原则决定了行政裁判文书的复审性特点。具言之,行政机关作出的行政行为对公民、法人或其他组织的权利义务产生实际影响,行政机关享有初次判断权。行政裁判文书是对行政机关初次判断结果的再次判断,具有复审性。准确理解行政裁判的复审性,有助于准确理解行政审判权与行政权的关系,有助于准确把握行政裁判文书的结构特点。例如,文书中被诉行政行为的记载位置、突出被告承担举证责任等。

(4)司法过程的终端性。当事人进行诉讼活动的直接目的是要求获得裁判结果。行政裁判文书,尤其是行政判决书,是人民法院向案件当事人和社会公众告知裁判结果的书面载体,其处于司法过程的终端。终端性表现为,行政判决书是经过法律规定的诉讼程序、在调查案件事实、各方充分辩论的基础上作出的司法判断。司法程序的公正性与参与性,保障了判决结论的权威性和可接受性。终端性要求行政判决书中要记录裁判过程。例如,写明立案、审判组织、审理方式、裁判时间等;记录各方当事人举证、质证及法院对相关证据的认定情况,并据此认定案件事实;记录各方当事人的诉辩意见及法院对相关意见的分析和评价。

(5)诉讼目的的兼容性。《行政诉讼法》第1条规定,为保证人民法院公正、及时审理行政案件,解决行政争议,保护公民、法人和其他组织的合法权益,监督行政机关依法行使职权,根据宪法,制定本法。该条确立了公正高效审理案件、保护私权利、规范公权力与解决行

---

〔2〕 王名扬主编:《外国行政诉讼制度》,人民法院出版社1991年版,第1~2页。

〔3〕 参见马怀德主编:《行政诉讼原理》(第2版),法律出版社2009年版,第5页。

政争议四大立法目的。规范权力、保障权利与化解争议三者中,保障权利是核心目的,规范权力是独特功能,化解争议是基础功能。三者有不同的价值面向,保障权利面向人本价值,规范权力面向法治政府建设,化解争议则面向社会秩序稳定价值,三者最终都指向人民的福祉。同时,三者的平衡实现以人民法院公正高效地审理行政案件为载体。因此,行政裁判文书的功能应该立足于四大立法目的的综合实现,即在行政审判中,实现"行政权力必须受到制约,行政纠纷必须得到解决,行政损害应当得到救济"。[4]

(6)裁判方式的法定性。"我国行政诉讼法近四十年的立法和司法实践,走出了一条以行政行为为核心,兼顾监督权力、保障权利、实质化解争议三重目的,通过判决方式类型化,逐步实现行政诉讼制度精细化的发展道路。"[5]从行政裁判文书的角度看,我国《行政诉讼法》确立了行政裁判方式类型法定化的思路,这一点在行政判决方式上尤为突出。《行政诉讼法》第69~78条规定了若干种行政判决方式,并明确规定了每种判决方式的"法定判决理由"。这就要求每种类型的行政判决书在结构、表述等方面应有所区分,围绕"法定判决理由"进行说理。

法条阅读

3. 行政裁判文书的种类

行政裁判文书主要包括行政判决书和行政裁定书两种。

(1)行政判决书根据不同的标准可分为不同的种类。常见的分类方式如下:

第一,以判决书所属的诉讼阶段为标准:行政判决书分为一审行政判决书、二审行政判决书及再审行政判决书,分别对应行政诉讼一审程序、上诉程序和审判监督程序。

第二,以判决方式为标准:一审行政判决书可分为驳回诉讼请求判决书、撤销判决书(全部撤销判决书和部分撤销判决书)、履行判决书、给付判决书、确认违法或无效判决书、变更判决书、行政协议履行及补偿判决书等七种独立判决书类型,及责令被告重作行为的判决书、责令被告采取补救措施的判决书、恢复原行政行为法律效力的判决书等三种辅助判决书类型。二审行政判决书可分为维持原判判决书和改判判决书两种类型。

第三,以原告的诉讼请求是否得到支持为标准:行政判决书可以分为肯定判决书(胜诉判决书)和否定判决书(败诉判决书)。肯定判决书是人民法院支持原告诉求的判决书,意味着原告胜诉;否定判决书是人民法院不支持原告诉求的判决书,意味着原告败诉。此类区分的意义在于判决书种类决定了诉讼费用负担以及被告行政机关的有关人员是否会面临被追责的风险。[6]

第四,以判决效力为标准:行政判决书可以分为即时(送达)生效判决书、待生效判决书和失效判决书。一般情况下,中级人民法院、高级人民法院的二审判决书和最高人民法院的一审、二审判决书为即时生效判决书。基层人民法院、中级人民法院、高级人民法院的一审判决书为待生效判决书,需要上级法院判决维持后或当事人在法定上诉期内未上诉方才

[4] 参见何海波:《行政诉讼法》,法律出版社2011年版,第6页。

[5] 郭修江:《行政诉讼判决方式的类型化》,载《中国审判》2018年第7期。

[6] 参见胡建淼:《行政诉讼法学》,法律出版社2019年版,第451页。

生效。经过二审程序或再审程序被否定效力的一审、二审判决书为失效判决书。

第五，依据当事人是否全部到庭为标准：行政判决书可以分为对席判决书和缺席判决书。对席判决书是指当事人全部到庭参加审理后，法院作出的判决书。缺席判决书是指法院开庭审理时，在当事人缺席的情况下，经过审理作出的判决书。一般情况下，适用于被告缺席的情形。

另外，学理上对行政判决还有几种其他分类方式。例如，绝对判决与相对判决、可吸收判决与不可吸收判决〔7〕、部分判决与全部判决〔8〕、形成判决、给付判决和确认判决〔9〕、基础判决和附随判决〔10〕等。行政判决书是上述行政判决的书面载体。

（2）行政裁定书根据不同的标准可分为不同的种类。常见的分类方式如下：

第一，依据所处的审判程序，行政裁定书可以分为一审行政裁定书、二审行政裁定书和再审行政裁定书。

第二，依据所处理的程序性事项，行政裁定书包括以下种类。根据《行政诉讼法司法解释》第101条的规定，行政裁定分为不予立案裁定、驳回起诉裁定、管辖异议裁定、中止或终结诉讼裁定、移送或指定管辖裁定、停止执行或驳回停止执行申请裁定、财产保全裁定、先予执行裁定、准予或不准予撤诉裁定、补正裁定、中止或终结执行裁定、提审或指令再审或发回重审裁定、准予或不准予执行裁定等。其中，对于不予立案裁定、驳回起诉裁定、管辖异议裁定，当事人可以提起上诉。行政裁定书是上述行政裁定的书面形式。需要指出的是，部分行政裁定亦可采取口头形式。

（二）行政裁判文书的地位与作用

1. 解决行政争议。判决的存在正是为了解决纠纷，判明纠纷双方的责任。〔11〕随着经济和社会的发展、公民权利意识的觉醒，行政机关与公民交往过程中产生行政争议在所难免。行政裁判文书是法院对行政争议进行司法判断的载体，是最为规范、效力最为明确的定分止争方式之一。行政裁判文书的争议解决效果以立法规则为基础，立足于法律规范的正确适用。同时，作为司法判断，其效力得到国家强制力的保障。

2. 保障合法权益。保障合法权益体现为两个方面。一方面，保障当事人的诉权。诉讼法学者一般认为，社会成员享有要求国家作出公正判决的公法上的请求权，国家为主体行使该项请求提供实现条件并通过法院依法作出裁判。〔12〕行政裁判文书是原告裁判请求权的对应物，本身就意味着对原告诉权的保障。另外，行政裁判文书中对诉讼参与人基本信息的载明、对各方当事人诉讼意见的总结、对各方证据的记载、文书说理中对各方观点的回应，均体现出对当事人参与权、举证权、辩论权等诉权的保障。另一方面，保障当事人的合法

〔7〕参见胡建淼：《行政诉讼法学》，法律出版社2019年版，第451～452页。
〔8〕参见马怀德主编：《行政诉讼原理》（第2版），法律出版社2009年版，第390页。
〔9〕参见江必新等：《行政诉讼法比较研究》，中国法制出版社2019年版，第217页。
〔10〕参见姜明安主编：《行政法与行政诉讼法》（第7版），北京大学出版社、高等教育出版社2019年版，第523页。
〔11〕参见张树义：《冲突与选择——行政诉讼的理论与实践》，时事出版社1992年版，第9页。
〔12〕参见江必新等：《行政诉讼法比较研究》，中国法制出版社2019年版，第211页。

实体权益。人民法院在诉讼规则的基础上,准确认定案件事实、正确适用法律,明确当事人实体权利义务关系,或直接救济当事人的合法实体权益,或通过纠正违法、不合理的行政行为间接实现当事人实体合法权益的保障。

3. 监督依法行政。行政诉讼的功能并非仅局限于救济法层面,亦具有监督行政机关公权力行为的功能。行政判决书是对行政行为合法性与合理性的评价,裁判结果使行政机关知道行为的是非对错、合理与否,充分的说理则让其知道具体的问题所在,"知其然,亦知其所以然"。在行政判决书说理中释明法律规范,运用行政法原理,进行价值引导,均可在个案中形成针对行政行为合法性的司法评价,实现司法权对行政权的监督、规范和引导。

4. 引导塑造社会规则。"司法判决书的最主要功能仍然是社会的,要为纠纷之解决提供一个合理化的证明及在可能的情况下为后来的类似案件处理提供一种导引。"〔13〕行政裁判文书是行政审判活动的载体,通过对关键性诉讼程序、各方诉讼意见、案件事实、证据审查、法律适用和裁判结果等要素的记载,向包括当事人在内的社会公众展示人民法院的裁判过程和结果。人民法院通过行政裁判文书确立规则、引导风尚、教化民众依法行事,从争议产生的社会根源着手,优化社会法治环境,促进社会主体规范行为,进而增强社会主体自身预防和化解行政争议的内生力,在社会治理的维度上预防和解决行政争议。与此同时,应在社会公众中塑造理性的诉讼规则意识及正确的司法救济价值观。

二、一审行政判决书

(一)概念

一审行政判决书,是指行政诉讼一审程序中,人民法院根据审理所查清的事实,依据法律规定对行政案件的实体问题作出的书面结论性处理决定。〔14〕

关于一审行政判决书的概念,可从以下方面理解:(1)一审行政判决书与一审行政诉讼程序相对应。一审行政判决书处于一审诉讼程序的终端,是对一审诉讼程序中双方当事人诉讼意见的梳理记录,也是人民法院经过一审程序查明案件事实、明晰适用法律后得出的司法判断。(2)一审行政判决书包含对案件实体问题作出的实质性的司法判断。行政诉讼中,既包含实体问题,又包含程序问题,其判决书包含对原告的诉讼请求是否成立、被告作出的行政行为是否合法作出的实体判断。法院对案件实质性问题的处理又可分为实体性处理和程序性处理。例如,先予执行或停止执行等对实质性问题的程序性处理应适用裁定书而非判决书。行政判决书对实体问题作出的实质性判断,意味着其对当事人的权利义务具有处置性。(3)一审行政判决书并非即时发生法律效力。我国实行两审终审制,当事人不服一审行政判决书可以向上一级人民法院提出上诉。因此,一审行政判决书得到二审文书的认可或超过了法定的上诉期限,方才发生约束双方当事人的法律效力。当然,最高人民法院作出的一审行政判决书为即时生效判决书。生效的行政判决书以国家强制力为后

〔13〕 苏力:《道路通向城市:转型中国的法治》,法律出版社2004年版,第220页。
〔14〕 参见马怀德主编:《行政诉讼法学》(第5版),北京大学出版社2019年版,第261页。

盾,对当事人各方具有法律效力(确定力、约束力和执行力)。

(二)内容、结构及制作方法

为规范和完善行政裁判文书的制作,全面贯彻2014年修改后的《行政诉讼法》及其司法解释,最高人民法院在总结行政裁判文书制作经验的基础上,制定了行政诉讼文书样式。新文书样式规定了八种一审行政判决书样式,分别对应撤销类案件、履行法定职责类案件、给付类案件、确认违法或无效类案件、复议双被告案件、行政裁决类案件、行政协议类案件、行政赔偿类案件。另外,为配套实施《行政诉讼法》规定的一并审理民事争议制度,规定了一并审理民事案件的民事判决书样式。

一审行政判决书由首部、正文、尾部三部分组成。

1.首部

一审行政判决书首部包含标题、案号、当事人及诉讼代理人(其中包括法定代理人、诉讼代表人、行政机关负责人等特殊内容)的基本情况、案由、审判组织和诉讼程序等内容。

文书格式

(1)标题中包含法院名称和文书类型两个部分。其中,法院名称一般应与文书作出法院的印章一致。例如,北京市海淀区人民法院行政判决书。

(2)案号是案件的编号,每个案件编号不同,应遵守“一案一号”原则。案号由立案年度、制作法院的代字、案件类型、审判程序的代字和顺序号组成。不同法院有不同的代字号。例如,北京市第一中级人民法院2021年第1号一审行政案件,案号表述为:(2021)京01行初1号。

示范举例

(3)当事人及诉讼代理人情况。

第一,行政诉讼原告包括公民、法人或其他组织。原告是公民的,需要写明姓名、性别、出生年月、民族和住址。原告是法人的,写明法人的名称、地址、法定代表人姓名及职务等。原告是不具备法人资格的其他组织的,写明名称或字号、地址、负责人姓名及职务。原告是个体工商户的,写明业主情况(姓名、性别、出生年月、民族和住址),有字号的,其姓名后注明“系……(字号)业主”。

第二,行政诉讼被告的基本情况包括被诉行政主体的名称、地址、法定代表人姓名和职务、委托代理人基本情况等。

第三,有第三人参加诉讼的,在被告基本情况后列明第三人情况,内容和表述同上。

第四,委托代理人情况分别在原告、被告、第三人情况后列明。代理人系当事人近亲属的,需注明与当事人的关系。代理人系单位工作人员的,写明“×××单位工作人员”。代理人系律师或基层法律服务工作者的,写明姓名、工作单位及职务。代理人系当事人所在社区、单位以及有关社会团体推荐的公民的,应写明代理人姓名、性别、出生年月、民族、工作单位及住址。

法条阅读

(4)案由、[15]审判组织(合议制或独任制)、诉讼程序性事项(应诉、证据交换、追加第三人、延长审限等)及开庭审理过程(开庭时间、参与人情况等)。表述为:“原告×××诉被告×××(行政主体名称)……(具体案由)案,于××××年××月××日向本院提起行政诉讼。本院于××××年××月××日立案后,于法定期限内向被告送达了起诉状副本及应诉通知书。本院依法组成合议庭,于××××年××月××日公开(或不公开)开庭审理了本案。……(写明到庭参加庭审活动的当事人、行政机关负责人、诉讼代理人、证人、鉴定人、勘验人和翻译人员等)到庭参加诉讼。……(写明发生的其他重要程序活动,例如被批准延长本案审理期限等情况)。本案现已审理终结。”

采取网络庭审方式审理案件的判决书,应在本部分明确写明。例如,××××年××月××日采取网络庭审的方式公开(或不公开)开庭审理了本案。

2. 正文

一审行政判决书的正文一般包括案件事实、证据、理由、判决结果。

(1)案件事实

一审行政判决书的案件事实,应写明行政争议的内容以及经法院审理确认的事实和证据,具体包括被诉行政行为的表述部分、当事人诉辩意见的记载部分、法庭认定的事实部分。

①被诉行政行为的表述

行政行为系行政主体基于行政职权,为实施国家行政目标而作出的,以作为或者不作为形式表现,能直接或间接引起法律效果并受行政法规制的法律行为。[16] 在行政诉讼案件中,引发行政争议并成为诉讼标的的行政行为即被诉行政行为。被诉行政行为是法院进行合法性审查的审理对象,也是各方当事人诉讼主张所针对的目标。被诉行政行为的要素包括被诉行为的作出时间、作出主体、相对人、认定事实、法律适用和结论。表述被诉行政行为应该准确完整,亦需详略得当。一般情况下,应写明被诉行政行为认定的主要事实、法律适用和处理结果等核心内容。以书面形式为载体的被诉行政行为复杂冗长的,主要记录双方争议的部分,对于无争议的部分可以简化表述。

作为类案件中,被诉行政行为表现为行政机关作出的书面或口头决定,例如,行政处罚决定、行政许可决定、行政复议决定、政府信息公开告知书等。以书面形式为载体时,行政法律文书对被诉行政行为的核心要素记录一般比较完整,可以根据行政法律文书的内容对被诉行政行为加以归纳。如遇到书面载体仅记录被诉行政行为的结论,对认定事实和法律适用缺乏具体表述的情况,可以结合行政机关作出被诉行政行为的内部审批材料和其他文件、被告答辩内容等归纳上述要素。对于口头形式的被诉行政行为,可以结合录音录像证据、被告答辩状或庭审答辩意见等加以归纳。表述为:“被告×××(行政主体名称)于

---

[15] 关于如何准确把握案由的基本结构、适用范围、确定规则及几种特殊行政案件案由确定规则、行政案由的具体分类等规定可参见《最高人民法院印发〈关于行政案件案由的暂行规定〉的通知》。

[16] 参见胡建淼:《行政法学》(第4版),法律出版社2015年版,第124页。

××××年××月××日作出(被诉行政行为名称),……(归纳叙述被诉行政行为认定的主要事实、适用法律和结论)。"

行政不作为亦是行政行为的一种形态,指行政主体不改变原法律状态的行政行为。例如,拒绝颁发许可证和对相对人的申请不予答复的行为。行政不作为可进一步区分为明示的拒绝行为和默示的不作为。对于前者而言,在被诉行政行为的表述上与作为类案件相似,区别在于需写明原告的申请情况。表述为:"××××年××月××日,原告××向被告××提出申请(写明申请的内容),被告于××××年××月××日对原告作出××决定(答复),……(归纳叙述拒绝性答复的主要理由和结论)。"对于后者而言,难以从被告的角度归纳被诉行政行为认定的事实和适用法律。此时,只需要写明原告的申请内容和被告未处理即可。表述为:××××年××月××日,原告××向被告××提出申请(写明申请的内容),被告在法定期限内未作出处理决定。

②当事人诉辩意见

主要包括原告诉称、被告辩称及第三人述称部分。

原告诉称中,需列明原告的诉讼请求、主要理由。其一,关于诉讼请求。行政诉讼遵循合法性审查原则,是以行政行为合法性审查为核心构建的诉讼制度。因此,有观点认为,原告的诉讼请求仅起到触发行政诉讼的功能,原告的诉讼请求和理由在行政审判中作用有限。我们认为,必须妥善处理行政审判中的诉判关系。从诉判关系的角度看,先有诉而后有判,诉判关系紧密相联,文书既要评判行政行为的合法性,又要回应原告的诉讼请求和理由。基于充分保障诉权及增强裁判文书说理回应性的要求,有必要提高对原告诉讼请求和理由部分的重视程度。理论上,原告的诉讼请求可以分为五类:一是撤销性请求,即请求取消或撤销行政行为;二是履行性请求,即请求命令行政机关为一定的行为;三是禁止性请求,即请求禁止行政机关实施一定的行为;四是确认性请求,即请求确认某种法律关系是否存在或行政机关的行为是否违法或无效;五是变更性请求,即要求变更行政机关的决定。无论是英美法系国家还是大陆法系国家,行政判决都是围绕原告的诉讼请求设计的。行政判决只能对原告的请求进行回应,而不涉及被告的要求。[17] 其二,关于主要理由。准确全面地表述原告主张的理由,既是保障原告表达权的要求,也是增强判决书说理的基础。应结合原告起诉状中载明的事实理由、庭审中原告陈述的事实理由以及庭后补充的书面意见等,归纳总结出原告的主要理由。换言之,一方面不能遗漏原告主张的事实和理由,另一方面也不能照搬照抄起诉状。

被告辩称中,需写明被告的答辩请求及主要理由。被告答辩请求是对原告诉讼请求是否同意的意思表示。主要理由包括对被诉行政行为合法性与合理性的说明,对原告诉讼理由的认同或反驳。准确全面地表述被告的答辩请求和主要理由是行政判决书结构完整性的要求,也是回应原告诉讼请求、明确案件争议焦点的要求。对于被告的答辩请求和理由亦需综合答辩状、庭审中答辩意见以及庭后补充的书面意见等进行归纳总结。

---

〔17〕 参见马怀德主编:《行政诉讼原理》(第2版),法律出版社2009年版,第403页。

第三人述称中,需列明第三人的诉讼主张及主要理由。行政诉讼第三人与被诉行政行为有利害关系或与案件处理结果有利害关系,其诉讼意见对于法庭查明案件事实、实质解决行政争议有重要作用。因此,法院应充分尊重第三人的诉讼意见,并在行政判决书中准确全面地反映其诉讼意见。

③法庭认定的事实

一审行政判决书认定的事实主要集中于"经审理查明部分"。经审理查明的事实是法律事实。行政案件的事实呈现不同的层次:第一事实,即当事人陈述的原初事实;第二事实,即被诉行政行为认定的事实;第三事实,即作出被诉行政行为的事实(执法程序、法律适用也存在原初事实和行政机关庭审中陈述的事实之分);第四事实,即裁判事实,涵盖了上述所有事实,并在上述事实的基础上形成了行政裁判所查明认定的法律事实。[18]

(2)证据

我国《行政诉讼法》奉行证据裁判主义,依据证据规则对涉案证据进行审查判断是认定事实的前提基础。证据展示是当事人举证、质证和法院认证三个关键环节的再现,三个环节环环相扣,构成了行政判决书准确认定案件事实的基础。

第一,关于举证。2015 年最高人民法院制定的《行政诉讼文书样式(试行)》中,改变了以往裁判文书样式中将被告提交的证据及依据列于被诉行政行为之后的表述方式。将原告及第三人提交的证据及依据列于原告诉称、第三人述称之后,将被告提交的证据及依据列于被告辩称之后。如此一来,强化了各方当事人提供的证据材料与己方主张的关联性,增强了行政裁判文书的阅读便利性和表述逻辑性。一般情况下,对于当事人提交的证据材料应分别列明证据名称、内容和证明目的。法官亦可根据案件情况及当事人举证情况,综合列举证据并归纳证明目的或对证据材料进行概括说明。总而言之,法官在撰写此部分内容时,在保障文书论证说理质量的前提下,可以更灵活地在行政判决书中展示证据。例如,原告提交的证据,表述为:"在法定举证期限内,原告×××向本院提及以下证据:1. ××,拟证明……(写明证明目的)。"

第二,关于质证。庭审过程中需要法官通过释明,引导当事人针对对方提供证据的证据能力(关联性、合法性、真实性)及证明力(有无、大小)逐一发表意见。判决书中的质证意见应该结合当事人提交的书面质证意见和庭审中的表达,归纳总结要旨并视情况分别予以如实记录。对无争议或明显缺乏关联性的证据,可简要表述质证意见;对证据繁多的,可以归纳主要质证意见。例如,原告对被告证据无异议的质证意见,表述为:"经庭审质证,原告×××对被告×××提交的证据××的关联性、真实性、合法性与证明目的均无异议。"

第三,关于认证。认证部分属审查判断证据说理。该部分是在举证、质证的基础上,对证据材料是否具备证据能力作出判断说理,进而将证据材料转化为证据。而后对证据是否具有证明力及证明力大小进行分析判断,使证据变为定案证据。例如,法院采信的证据表

〔18〕 参见孙华璞、王利明、马来客主编:《裁判文书如何说理:以判决说理促司法公开、公正和公信》,北京大学出版社 2016 年版,第 149 页。

述为:"本院认证如下:×××提交的证据××形式上符合《行政诉讼证据规定》中规定的提供证据的要求,与本案具有关联性,内容合法、真实,可以作为认定本案事实的依据,本院予以采信。"

(3)理由

一审行政判决书的理由是裁判文书格式中的"本院认为"部分,是法官根据庭审查明的案件事实和相关法律规范,就被诉行政行为是否合法、合理以及原告诉讼请求是否成立进行的分析论证。行政判决书中的理由部分是司法权作为判断权属性的展现,亦是证明判决结果正当性和增强裁判结果可接受性的必然要求。充足的理由在提升司法公信力、维护公法秩序、弥合行政法律规范与社会生活之间的差距、为政府治理提供有效指引、促进法官专业化、推动行政法与行政诉讼法理论发展等方面,均大有裨益。《释法说理指导意见》从裁判文书说理的功能与价值、内容范围、基本原则、说理类型及要求、说理的繁简分流、说理的规范化与个性化、说理的配套机制等方面,对裁判文书说理进行了系统的规定。该文件是新时代强化裁判文书释法说理的重要举措,也是现阶段裁判文书释法说理改革的重要指导性文件。

法条阅读

具体而言,行政裁判文书理由分为三个层次:首先,引用法律规范依据。其次,解释法律规范依据。它是指法官应用法律解释方法对法律规范进行解释说明,进而得出本案裁判规范的过程。最后,本案裁判规范与查明的案件事实之间的对应性论证。它是指法官应用法律论证方法将本案事实匹配于法律规范得出结论的论证过程。

第一,根据《行政诉讼法》《行政诉讼法司法解释》《裁判文书引用法律文件的规定》的规定,引用法律规范时应注意:

其一,人民法院审理行政案件适用法律、法规,参照规章,并有权根据当事人所请求附带性审查规章以下规范性文件的合法性。行政判决书中应当根据案件需要援引法律、法律解释、法规、自治条例和单行条例、司法解释,可以引用合法有效的规章及其他规范性文件。

其二,引用时应当准确完整写明规范性法律文件的名称、条款序号,需要引用具体条文的,应当整条引用。在具体表述时,既可以写明整个条文的内容,也可以摘抄与案件相关的内容;条文内容较多时,可以只援引法律条款,具体条文内容表述于判决书附录部分。

其三,并列引用多个规范性法律文件的,引用顺序如下:法律及法律解释、行政法规、地方性法规、自治条例或者单行条例、司法解释。同时引用两部以上法律的,应当先引用基本法律,后引用其他法律。引用包括实体法和程序法的,先引用实体法,后引用程序法。

其四,确需引用的规范性法律文件之间存在冲突的情况下,根据《立法法》等有关法律规定无法选择适用的,应当依法提请有决定权的机关作出裁决,不得自行在裁判文书中认定相关规范性法律文件的效力。

其五,原告请求对行政行为所依据的规章以下规范性文件的合法性进行附带性审查的,人民法院应该根据《行政诉讼法》及其司法解释的规定,对规范性文件审查后,在判决书中阐明该规范性文件的合法性以及能够作为认定被诉行政行为合法性的依据。

第二,一审行政判决书理由部分是围绕《行政诉讼法》规定的法定判决方式的法定理由展开的,不同判决方式中的说理重点应有所区分。另外,应根据案件情况,正确适用法律解释方法和法律论证方法,以便得出具有正当性和可接受性的结论。

其一,判决驳回原告诉讼请求类文书。根据《行政诉讼法》第69条的规定,行政行为证据确凿,适用法律、法规正确,符合法定程序的,或者原告申请被告履行法定职责或者给付义务理由不成立的,人民法院判决驳回原告的诉讼请求。此类判决书说理应该遵守行政诉讼全面审查原则,围绕被诉行政行为的法定构成要件(行政职权、认定事实、适用法律、执法程序)进行全面论述。对于原告申请被告履行法定职责或者给付义务的,说理重点应该集中于原告请求行政机关履责或给付的事项不能成立的理由。例如,行政机关不具备相应的法定职责或给付义务、法定期限内已经履行了法定职责或给付义务、不履行法定职责或给付义务符合法律规定等。应围绕行政实体法设定的有关条件,结合案件事实,充分说明原告的申请不能成立的理由。

其二,判决撤销或部分撤销被诉行政行为类文书。根据《行政诉讼法》第70条的规定,判决撤销或部分撤销行政行为的有以下法定理由:主要证据不足的;适用法律、法规错误的;违反法定程序的;超越职权的;滥用职权的;明显不当的。人民法院经全面审查被诉行政行为后,根据案件情况,存在上述一种或多种情形的,围绕具体情形进行说理。

其三,判决履行法定职责或给付义务类文书。根据《行政诉讼法》第72条、第73条的规定,该类判决适用于被告不履行法定职责或负有给付义务的情形。此类判决说理中应当重点说明支持原告的请求事项的理由,并尽可能给被告提供明确的指引。

其四,判决确认被诉行政行为违法或无效类文书。根据《行政诉讼法》第74条的规定,人民法院判决确认违法,但不撤销行政行为的情形包括:行政行为依法应当撤销,但撤销会给国家利益、社会公共利益造成重大损害的;行政行为程序轻微违法,但对原告权利不产生实际影响的。无须撤销或者判决履行的,人民法院判决确认违法的情形包括:行政行为违法,但不具有可撤销内容的;被告改变原违法行政行为,原告仍要求确认原行政行为违法的;被告不履行或者拖延履行法定职责,判决履行没有意义的。在说理时应该根据案件的情况,准确适用相应的款项,并根据款项的规定内容有重点地说理。

根据《行政诉讼法》第75条之规定,行政行为有实施主体不具有行政主体资格或者没有依据等重大且明显违法情形,原告申请确认行政行为无效的,人民法院判决确认无效。无效类判决的理由主要集中于行政行为实施主体不具有行政主体资格、减损权利或者增加义务的行政行为没有法律规范依据、行政行为的内容客观上不可能实施等重大且明显违法的情形,应结合案件情况重点说明。

理由部分的表述为:“本院认为,……(写明理由)。依照……(写明判决依据的行政诉讼法以及相关司法解释的条、款、项、目)的规定,判决如下:……”

(4)判决结果

判决结果又称判决主文,是人民法院对当事人之间的行政争议作出的实体处理结论,包含对原告诉讼请求或被诉行政行为的肯定性或否定性评价。根据《行政诉讼法》的规定,可以分为以下情况:

第一,判决驳回原告的诉讼请求。表述为:“驳回原告×××的诉讼请求。”

第二,判决撤销被诉行政行为。表述为:“撤销被告×××(行政主体名称)于××××年××月××日(如被诉行政行为的名称明确具体,通过名称能够明显确定被诉行政行为的,可以省略)作出的……(行政行为名称)。”需要重做的,在撤销判项后增加重做判项,表述为:“责令被告×××(行政主体名称)在××日内(或法定期限内,不宜限定期限的可不写)重新作出行政行为。”

第三,判决部分撤销被诉行政行为。表述为:“撤销被告×××(行政主体名称)于××××年××月××日(如被诉行政行为的名称明确具体,通过名称能够明显确定被诉行政行为的,可以省略)作出的(行政行为名称)的第××项,即……(写明撤销的具体内容)。”需要重做的,增加重做判项,表述同上。需要驳回原告其他诉讼请求的,则增加判决驳回其他诉讼请求的判项,表述为:“驳回原告×××的其他诉讼请求。”

第四,判决变更被诉行政行为。表述为:“变更被告×××(行政主体名称)于××××年××月××日(如被诉行政行为的名称明确具体,通过名称能够明显确定被诉行政行为的,可以省略)作出的(写明行政行为名称、内容或者具体项),改为……(写明变更内容)。”

第五,判决被告履行法定职责。分为两种情况,第一种情况是对于原告的履责申请,被告没有判断裁量空间的,直接写明履行法定职责的具体内容;第二种情况是对原告的履责申请,被告仍有判断裁量空间的,判决被告对原告的申请重新作出处理。前者的表述为:“责令被告×××(行政主体名称)在××日内(或法定期限内,不宜限定期限的可不写)……(写明履行法定职责的具体内容)。”后者的表述为:“责令被告×××(行政主体名称)在××日内(或法定期限内,不宜限定期限的可不写)……(可写对原告的申请重新作出处理,也可将原告的申请予以精练概括并写明原告申请的内容)。”如果行政机关作出拒绝性决定的,在履责判项前增加撤销判项,撤销该拒绝性决定,表述同撤销判决主文。

第六,判决被告履行给付义务。表述为:“责令被告×××(行政主体名称)……(写明被告应当在一定期限内履行给付义务的具体内容、方式及期限;因特殊情况难于确定的,可判决被告在一定期限内针对原告的请求作出处理;原告申请依法履行返还财产、排除妨碍、停止侵害、恢复原状等给付义务且无须被告再行作出处理的,可直接写明上述内容)。”如果行政机关作出拒绝性决定的,在履责判项前增加撤销判项,撤销该拒绝性决定,表述同撤销判决主文。

第七,判决确认被诉行政行为违法。其一,判决确认被告作出的行政行为违法的,表述为:“确认被告×××作出的(行政行为名称)违法。”其二,确认被告不履行法定职责违法的,表述为:“确认被告×××(行政主体名称)……(不履行法定职责或拒绝履责的决定)违法。”其三,确认被告不履行给付义务违法的,表述为:“确认被告×××(行政主体名称)……(不履行给付义务或者拒绝给付的决定)违法。”其四,需要采取补救措施的,在上述判项后增加补救措施的判项,表述为:“责令被告×××在××日内(或法定期限内,不宜限定期限的可省略)采取……(写明被告应当采取的具体补救措施)。”其五,原告的请求不成立,但行政机关已经无法履行或者履行已无实际意义的,增加驳回诉讼请求判项,表述为:“驳回原告×××的诉讼请求。"

第八,判决确认被诉行政行为无效。表述为:"确认被告×××作出的(行政行为名称)无效。"

第九,行政裁决案件的判决主文。其一,原告诉讼请求不成立的,判决驳回原告诉讼请求的。表述为:"驳回原告×××的诉讼请求。"其二,行政裁决存在认定事实错误等违法情形的,判决撤销被诉行政裁决。表述为:"撤销被告×××作出的……(行政裁决的具体名称);责令被告×××在××日内(限定重新处理的期限,不宜限定的也可不写)对原告(或第三人)×××(写明行政裁决申请人的姓名或名称)提出的……(写明行政裁决的案由)行政裁决申请重新作出处理。"其三,当事人申请一并解决民事争议的,符合规定条件的,可以直接判决变更行政裁决的处理结果。表述为:"变更被告×××作出的(××××)……字第××号行政裁决,改为……(写明变更后的具体内容)。"

第十,行政协议案件的判决主文。其一,协议有效,原告主张被告不依法履行、未按照约定履行协议或者变更、解除协议违法,理由成立的,表述为:"被告继续履行协议(可写明具体内容)。"如原告请求赔偿理由成立,增加赔偿判项,表述为:"被告×××(行政主体名称)于本判决生效之日起××日内赔偿原告……(写明赔偿的金额)。"对于被告无法继续履行或者继续履行已无实际意义的,需增加补救措施判项,表述为:"被告×××采取相应的补救措施……(写明具体补救措施)。"其二,原告请求解除协议或者确认协议无效,理由成立的,表述为:"确认××××(协议名称)无效或者自××××年××月××日解除××××(协议名称)。"如原告请求赔偿理由成立的,增加赔偿判项,表述为:"被告×××(行政主体名称)于本判决生效之日起××日内赔偿原告……(写明赔偿的金额)。"其三,被告因公共利益需要或者其他法定理由变更、解除协议,给原告造成损失的,表述为:"被告×××(行政主体名称)于本判决生效之日起××日内补偿原告……(写明赔偿的金额)。"其四,其他类型的行政协议判决主文,可参照民事判决书的样式制作。

第十一,行政赔偿案件的判决主文。一是原告的赔偿请求不成立的,判决驳回原告的行政赔偿请求。表述为:"驳回原告×××的行政赔偿请求。或驳回原告×××关于……(具体赔偿请求事项)的赔偿请求。"二是原告的赔偿请求成立的,判决被告给予赔偿。表述为:"被告×××于本判决生效之日起××日内赔偿原告×××……(写明赔偿的金额)。"另外,根据《国家赔偿法》第32条、第35条的规定,行政赔偿的方式包括支付赔偿金、返还财产、恢复原状、消除影响、恢复名誉、赔礼道歉、支付精神损害抚慰金,故行政赔偿判决的主文应根据判决内容比照民事判决书的制作要求作相应的调整。

3. 尾部

一审行政判决书的尾部包括诉讼费用负担、上诉权利告知、署名、日期、印章、附录等内容。

(1)诉讼费用负担。根据《行政诉讼法》《诉讼费用交纳办法》《行政诉讼法司法解释》《行政协议案件规定》等相关规定,人民法院审理行政案件,应当收取诉讼费用。诉讼费用由败诉方承担;双方都有责任的,由双方负担。行政案件收费标准为:商标、专利、海事行政案件每件交纳100元;其他行政案件每件交纳50元;行政赔偿案件不收取诉讼费用;人民法院一并审理相关民事争议,应当按行政案件、民事案件的标准分别收取诉讼费用;行政协议案件中,对行政机关不依法履行、未按照约定履行协议提起诉讼的诉讼费用,按照民事诉讼法律规定执行;对行政机关变更、解除协议等与协议相关的单方行政行为提起诉讼的,按照行政诉讼法律规定执行。

(2)上诉权利告知。文书尾部应载明上诉权利、方法、期限和上诉法院。

(3)署名。署名部分应当载明合议庭成员姓名及审判职称、法官助理姓名、书记员姓名。

(4)判决日期。判决书尾部应写明判决日期。

(5)印章。判决书应压日期加盖制作法院的印章。判决书正本应由书记员加盖核对无异章,位置为判决日期左下方、书记员署名左上方。

(6)附录。根据案件的不同需要,可将一审行政判决书中的有关内容载入附录部分。附录部分一般可记载以下内容:第一,判决书所提及且为行文阅读方便而未在上文中全面记载的法律规范条文的内容。一般应当按照先实体法律规范、后程序法律规范,先上位法律规范、后下位法律规范,先法律法规、后司法解释的次序排列,并列明序号。第二,群体性行政诉讼案件中原告名单及其身份情况。第三,知识产权案件中的图案。第四,专业术语的阐释。第五,其他需要说明的事项。

(三)注意事项

1.首部注意事项

(1)原告情况。原告是无诉讼行为能力的公民,除写明本人基本情况外,还需列明其法定代理人或指定代理人的情况,并注明与原告的关系。群体性诉讼案件,推选或指定诉讼代表人的,原告的身份事项表述为"原告暨诉讼代表人×××",如原告人数众多,可仅在首部列明诉讼代表人情况,并在判决书附录部分列明具体的原告名单及身份情况。

(2)被告情况。行政机关负责人出庭应诉的,应单独予以列明。党政合署合设机构为被告的,应当使用对外"加挂"的行政机关名义参与诉讼,被诉主体的名称、地址、法定代表人姓名和职务、委托代理人基本情况等应与上述名义保持一致。

2.正文注意事项

(1)诉讼请求。原告提出的诉讼请求不规范的情况较为常见,法庭应通过释明权的方式引导原告明确诉讼请求,并在行政判决书中予以规范表述。

(2)法院认定的事实。法院认定的事实,应当包括五个要素(五个"w"),即何时(when)、何地(where)、何事(what)、何因(why)、何人(who)。具体表述方式应该注意以下几点:第一,用语应该准确、清晰。第二,丰富叙述方式,生动清晰地展示案件情况。第三,结合案件争议焦点,叙述详略得当。第四,认定事实部分与裁判文书说理和裁判结论形成对应关系。

(3)证据。证据展示也应反映出调取证据、涉密证据、委托鉴定等特殊内容。认证部分应注意对于缺乏证据能力而不予采纳的证据材料、缺乏证明力而不予采信的证据、当事人存在争议的证据，应详细说明理由。

(4)文书说理。有几类特殊的案件类型的理由需要重点注意：

第一，行政裁决类案件。此类文书说理的主要特点在于，原告与第三人之间的基础性争议为民事争议，经过行政机关依职权作出实体权益的判断后，原告与行政机关之间形成的行政争议进入法院。如果原告争议的问题集中在民事争议部分而非行政争议部分，那么应该先就原告与第三人之间民事争议的性质、法律关系、责任等进行说理，再对行政裁决的合法性进行说理。说理中要注意民事权利义务关系的特点，注重事理论证并援引民事法律规范和民事法律关系的相关原理进行阐述。

第二，行政协议类案件。此类文书说理应写明行政协议的有效性与合法性，综合运用行政法律规范和民事法律规范，对协议的有效性及履行情况、协议行为的合法性分别分析论述，并对原告的诉讼请求是否成立及各方当事人的诉讼理由逐一分析回应。

第三，行政赔偿类案件。一审行政赔偿判决书引用法律规范时，不仅要适用《行政诉讼法》的相关规定，还应适用《国家赔偿法》《行政赔偿规定》等法律、司法解释的规定。行政赔偿案件中，人民法院应当就当事人之间的行政赔偿争议进行审理与裁判。换言之，人民法院审查的重点是原告的赔偿请求是否成立，而非行政赔偿处理决定是否合法。赔偿判决书的理由应集中于原告是否存在合法权益、原告主张的侵权事实是否存在、原告合法权益受损的程度和结果、损害结果与行政行为之间是否有因果关系、要求赔偿是否有法律依据等内容。

3. 尾部注意事项

(1)诉讼费负担。当事人申请减免诉讼费用，符合规定条件的，诉讼费用减免情况亦需在诉讼费用负担部分载明。

(2)文书落款日期。当庭宣判的，文书落款日期为当庭宣判日期。

三、二审行政判决书

(一)概念

二审行政判决书，是指二审人民法院依据《行政诉讼法》规定的行政诉讼二审程序，对不服一审行政判决的上诉案件审理终结后，依法作出的维持原判或改判的书面决定。

关于二审行政判决书的概念，可从以下方面理解：(1)二审行政判决书与二审行政诉讼程序相对应，处于二审诉讼程序的终端。(2)二审行政判决书包括对二审诉讼程序中双方当事人上诉意见和答辩意见的梳理记录，还包括对一审判决认定事实、证据情况、判决理由和判决结果的记录，是二审法院对上诉人的上诉请求是否成立、一审判决是否正确所作出的司法判断。(3)二审行政判决书即时发生法律效力。我国实行两审终审制，二审行政判决书为终审判决，送达当事人后即时发生法律效力。(4)制作二审行政判决书的法律依据。《行政诉讼法》第85条规定，当事人不服人民法院第一审判决的，有权在判决书送达之日起15日内向上一级人民法院提起上诉；第87条规定，人民法院审理上诉案件，应当对原审人民法院的判决和被诉行政行为进行全面审查。(5)二审行政判决书是二审法院履行审级监督职能的重要方式。二审人民法院通过对上诉案件的审理,能够及时纠正一审行政判决书中可能发生的错误,保障当事人的合法权益;二审判决书承载着上级人民法院监督下级人民法院行政审判工作的功能。

（二）内容、结构及制作方法

二审行政判决书由首部、正文、尾部三部分组成。二审行政判决书与一审行政判决书相较,有共同点,亦有上诉审文书的特点。以下重点介绍二审行政判决书的特点。

1. 首部

二审行政判决书首部包含标题、案号、当事人及诉讼代理人(法定代理人、诉讼代理人、行政机关负责人等)的基本情况、案由、审判组织和诉讼程序等内容。其区别于一审行政判决书的特点表现为:

文书格式

(1)案号。二审行政判决书的案号应该表明终审判决的属性。例如,北京市第一中级人民法院 2021 年第 1 号二审行政案件,案号为:(2021)京 01 行终 1 号。

(2)当事人称谓。二审行政判决书中当事人称谓为上诉人、被上诉人,并用括号注明其在一审程序中的诉讼地位。例如,上诉人(一审原告)×××。一审判决作出后,当事人均提起上诉的,上诉各方均为上诉人。一人或一部分人提起上诉的,没有提出上诉的对方当事人为被上诉人,如被上诉人(一审被告)×××;没有上诉的其他当事人按一审诉讼地位列明,表述为:“一审原告(被告或第三人)×××。”

示范举例

(3)案由。二审行政判决书中案由的规范表述为:“上诉人×××因……(具体案由)一案,不服××××人民法院(××××)×行初××号行政判决,向本院提起上诉。”

(4)庭审程序。《行政诉讼法》第 86 条规定:“人民法院对上诉案件,应当组成合议庭,开庭审理。经过阅卷、调查和询问当事人,对没有提出新的事实、证据或者理由,合议庭认为不需要开庭审理的,也可以不开庭审理。”可见,二审案件以开庭审理为原则,符合上述规定条件的,也可书面审理。与一审行政判决书不同,二审程序采书面审理方式的,二审行政判决书无须表述庭审情况,直接表述为“本院依法组成合议庭,对本案进行了审理,现已审理终结”即可。

2. 正文

(1)事实。二审行政判决书的事实部分应写明一审判决记载的事实、理由和判决结果;二审程序中当事人的诉讼意见;二审程序中法庭认定的事实。

(2)证据。证据部分包括一审举证、认证情况及二审程序中提出的新证据及其质证、认证情况。

(3)理由。二审行政判决书的理由部分应突出全面性、针对性和说服力。

全面性意味着对一审判决和被诉行政行为进行全面审查,体现二审文书对一审判决和被诉行政行为双重评判的特点。二审行政判决书理由包含三个方面的内容:一是根据案件事实,分析论证被诉行政行为是否合法;二是分析论证一审判决认定事实是否清楚、适用法律是否正确、审判程序是否合法、裁判结果是否正确;三是分析论证上诉请求和理由是否成立。

针对性要求二审行政判决书的理由部分重点围绕争议焦点问题进行论证。在全面性的基础上,重点分析论证上诉程序中双方争议的焦点问题。

说服力要求充分说理,但不同判决方式的说服对象和说理重点应有所区别。在维持原判时,尤其要注意充分阐述上诉人的上诉请求和理由不能成立的理由,以便上诉人能够信服;在撤销原判予以改判时,尤其应充分阐述改判的理由,以便下级法院和未上诉的当事人能够信服。

二审行政判决书理由的具体表述方式参照一审行政判决书理由部分。

(4)判决结果。根据《行政诉讼法》第89条的规定,二审行政判决结果分为以下情况:

第一,原判决认定事实清楚,适用法律、法规正确的,判决驳回上诉,维持原判决。第二,原判决认定事实错误或者适用法律、法规错误的,依法改判、撤销或者变更。第三,原判决认定基本事实不清、证据不足的,发回原审人民法院重审,或者查清事实后改判。另外,人民法院审理上诉案件,需要改变原审判决的,应当同时对被诉行政行为作出判决。

二审行政判决主文的表述分为以下情况:

第一,维持一审判决的,表述为:"驳回上诉,维持原判。"

第二,对原审判决部分维持、部分撤销的,表述为:"一、维持××××人民法院(××××)×行初××号行政判决第×项;二、撤销××××人民法院(××××)×行初××号行政判决第×项。"如需改判的,增加一个判项,写明对撤销部分作出的改判内容。

第三,撤销原审判决,驳回原审原告的诉讼请求的,表述为:"一、撤销××××人民法院(××××)×行初××号行政判决;二、驳回×××(当事人姓名)的诉讼请求。"

第四,撤销原审判决,同时撤销或变更行政机关的行政行为的,表述为:"一、撤销××××人民法院(××××)×行初××号行政判决;二、撤销(或变更)××××(行政主体名称)××××年××月××日作出的被诉行政行为(写明具体名称)。"如需改判的,增加一个判项,写明改判结果的内容。

3. 尾部

二审行政判决书尾部与一审行政判决书相较有以下特点:

(1)诉讼费用负担。二审行政判决书应写明诉讼费用负担。对驳回上诉、维持原判的案件,二审诉讼费用由上诉人承担;双方当事人都提出上诉的,由双方分担。对撤销原判、依法改判的案件,判决书应同时载明一审、二审的各项诉讼费用负担问题,相应变更一审判决书中诉讼费用负担的内容。

(2)署名、判决日期、附录等内容与一审行政判决书的表述相同。

(三)注意事项

1. 首部

二审开庭审理和书面审理的案件在案件经过部分有所不同。

2. 正文

(1)事实部分。第一,表述一审判决书记载的事实时,应注意不要遗漏被诉行政行为及原告一审诉讼请求的部分。第二，二审程序中法庭认定的事实部分，与一审判决一致的，可以表述为："本院经审理查明的事实与一审判决书中认定的事实一致，本院予以确认。"与一审认定的主要事实基本一致，但对个别事实作出新的认定的，可以表述为："本院经审理查明的事实与一审判决书中认定的事实基本一致。但一审认定的……事实不当，应认定为……"一审未认定的事实，可以表述为："本院另查明：……"一审认定事实不清的，二审判决应具体表述法庭查明的事实。第三，一审判决书认定事实部分存在语病、文字错误、标点符号错误等情形时，二审行政判决书对相应部分的表述可以进行更正。

（2）证据部分。二审中当事人提交的证据，法庭认为不属于新证据的，应当说明理由。

3. 尾部

不要遗漏"本判决为终审判决"字样，其位置在诉讼费用负担后、审判人员署名前。

四、再审行政判决书

（一）概念

再审行政判决书，是指人民法院依据《行政诉讼法》规定的审判监督程序，对已经发生法律效力的判决，发现存在《行政诉讼法》规定的情形的，进行重新审理后，依法作出的书面决定。

关于再审行政判决书的概念，可从以下几个方面理解：（1）再审行政判决书与审判监督程序相对应，处于诉讼程序的终端。（2）审判监督程序的启动需要符合法定情形。根据《行政诉讼法》第91条的规定，对生效判决进行再审的情形包括：有新的证据，足以推翻原判决的；原判决认定事实的主要证据不足、未经质证或者系伪造的；原判决适用法律、法规确有错误的；违反法律规定的诉讼程序，可能影响公正审判的；原判决遗漏诉讼请求的；据以作出原判决的法律文书被撤销或者变更的；审判人员在审理该案件时有贪污受贿、徇私舞弊、枉法裁判行为的。（3）审判监督程序的启动主体特殊。根据《行政诉讼法》的规定，再审程序的启动包括当事人申请再审、审判委员会决定再审和上级法院提审或指令再审、人民检察院提出抗诉几类情况。（4）审判监督程序的目的在于，通过纠正错误的生效判决，保障人民法院判决的正确性与合法性，保护公民的合法权益，维护国家法制的统一。再审行政判决书应贯彻实事求是、有错必纠的原则，充分体现审判监督程序的特点。

法条阅读

（二）内容、结构及制作方法

再审行政判决书由首部、正文、尾部三部分组成。以下重点介绍再审行政判决书的特点。

1. 首部

（1）案号。再审行政判决书的案号应该表明再审判决的属性。例如，北京市第一中级人民法院2021年第1号再审行政判决书，案号表述为：（2021）京01行再1号。

文书格式

(2)当事人称谓。再审行政判决书中当事人称谓为再审申请人、被申请人。检察机关抗诉的,应写明抗诉机关。再审申请未提及的当事人,按原审诉讼地位列明。

(3)案由及审理经过。再审行政判决书中案由及审理经过部分的规范表述为:“原审原告(或原审上诉人)×××与原审被告(或原审被上诉人)×××……(具体案由)一案,×××人民法院于××××年××月××日作出(××××)×行初(终)××号行政判决,已经发生法律效力。”

(4)审理程序。根据《行政诉讼法司法解释》第119条的规定,生效判决书是第一审法院作出的,按照一审程序审理;生效判决书是第二审法院作出的,按照二审程序审理;上级法院提审的,按照二审程序审理。审理程序部分的表述可分别参照一审行政判决书或二审行政判决书的相应部分。

2. 正文

(1)事实。再审行政判决书事实部分应概况写明:原审生效判决的主要内容;当事人的陈述或申请再审的要点;如检察机关抗诉的,简述抗诉理由;经再审程序认定的事实和证据(根据判决类型分情况书写,参见二审行政判决的相应部分)。

(2)理由。再审行政判决书理由部分主要论述:原审生效判决是否正确;被诉行政行为是否合法;检察机关抗诉或当事人申诉的理由是否成立;维持原判或撤销原判予以改判的理由、判决依据等内容。具体表述方式参见二审行政判决书的相应部分。

(3)判决结果。再审判决的主文部分分为三种情形:

第一,全部改判的。表述为:“一、撤销××××人民法院××××年××月××日(××××)×行初(终)××号行政判决;二、……(写明改判的内容,内容多的可分项写)。”

第二,部分改判的,表述为:“一、维持××××人民法院××××年××月××日(××××)×行初(终)××号行政判决第×项,即……(写明维持的具体内容);二、撤销××××人民法院××××年××月××日(××××)×行初(终)××号行政判决第×项,即……(写明部分改判的具体内容);三、……(写明部分改判的内容。内容多的可分项写)。”

第三,维持原判的,表述为:“维持××××人民法院××××年××月××日(××××)×行初(终)××号行政判决。”

3. 尾部

再审判决书尾部参照一审、二审判决书尾部表述。

(三)注意事项

1. 首部

审理经过部分需要写明再审的根据。再审的根据可分为四种情况,分别表述为:“第一,××××人民检察院于××××年××月××日提出抗诉。第二,本院于××××年××月××日作出(××××)×行申(监)××号行政裁定书,对本案提起再审。第三,×××人民法院于××××年××月××日作出(××××)×行申(监)××号行政裁定书,指令本院对本案进行再审。第四,本院于××××年××月××日作出(××××)×行申(监)××号行政裁定,对本案进行提审。”

2. 正文

(1)"经审理查明"部分应根据具体案件情况有所区别。再审认定事实与原审一致的,写明"本院经审理查明的事实与原审判决认定的事实一致,本院予以确认"。与原审认定的主要事实基本一致,但个别事实需重新认定的,写明"本院经审理查明的事实与原审判决认定的事实基本一致。但原审认定的……事实不当,应认定为……"本院认定的事实是原审未认定的,写明"本院另查明:……"

(2)说理要突出针对性与说服力,注意事理与法理分析,既要遵守全面审查原则,亦应重点针对争议焦点进行说理。

3. 尾部

(1)尾部需载明一审、二审及再审的诉讼费用负担。

(2)按照一审程序审理的,需载明上诉期限、方式及法院,具体表述与一审行政判决书相同;按照二审程序审理的,写明"本判决为终审判决"。

五、行政裁定书

(一)概念

行政诉讼中的裁定,是人民法院在审理行政案件的过程中,为解决本案的程序问题所作出的对诉讼参与人发生法律效果的司法意思表示。[19] 书面形式的行政裁定即为行政裁定书。

关于行政裁定书的概念,应从以下方面理解:(1)总体而言,行政裁定书主要解决案件的程序问题。具体分为两大类,一是人民法院指挥诉讼参与人按照法定程序进行诉讼活动所涉及的问题;二是人民法院按照法定程序审理和执行行政案件过程中涉及的问题。行政裁定书亦可能涉及案件实体问题,如暂时性或临时性措施,但此类实体问题只是人民法院为最终解决案件实体问题而在程序上采取的措施,并不能最终确定当事人的权利义务关系。(2)行政裁定书的法律依据为程序性规范。与行政判决书相比较,行政裁定书更多地适用程序性规范,因为其主要解决的是程序性问题。(3)地位的附属性。行政裁定书对行政判决书而言,其地位存在从属性,是为人民法院公正高效地作出行政判决服务的。需要注意的是,从属性并不意味着不重要,行政裁定书对于保障当事人的程序性权利,进而保障当事人的实体权利,排除诉讼中的障碍,保证人民法院及时、公正地审判案件具有重要作用。

(二)内容、结构及制作方法

行政裁定书由首部、正文(事实、理由、裁定结果)、尾部三大部分组成。

首部应依次写明标题、案号、当事人及其代理人的基本情况、案由、当事人起诉受理情况及案件审理情况(或裁定针对的申请事项)等。

正文中的事实部分应当写明行政争议的内容及人民法院审理确认的事实(根据行政裁

---

〔19〕 参见马怀德主编:《行政诉讼法学》(第5版),北京大学出版社2019年版,第273页。

定书的具体类型不需要此部分的,可不写)。理由部分针对需要解决的程序性问题进行论述说理,即"本院认为部分"。裁定结果部分写明法院对程序性问题作出的司法决定,即"主文部分"。

尾部包括诉讼费用负担、上诉事项告知、合议庭成员署名、裁定日期、法官助理与书记员署名、核对无异标识等内容(不同具体类型的行政裁定书有所不同)。

鉴于不同类型的行政裁定书差异性较大,行政裁定书的制作方法难以作出统一说明,下面重点介绍几类常用的一审、二审行政裁定书。[20]

1. 一审不予立案和驳回起诉裁定书

(1)适用条件

不予立案裁定是立案部门审查起诉条件后,对不符合法定起诉条件的起诉作出的不予立案受理的司法意见。驳回起诉裁定适用于已经立案的,由行政审判庭审查起诉条件后,对不符合法定起诉条件的起诉作出的驳回起诉的司法意见。

法条阅读

根据《行政诉讼法》及相关司法解释的规定,当事人提起行政诉讼应当符合法定的起诉条件。换言之,只有符合法律规定的起诉条件,人民法院才能立案受理并实体审理。人民法院审查的起诉条件包括:起诉人是否具备原告主体资格、被告是否适格、起诉是否有具体的诉讼请求和事实根据、是否属于行政诉讼受案范围、是否属于受诉人民法院管辖范围、是否在法定期限内起诉、复议前置的案件是否经过复议程序、是否重复起诉等。不符合相关规定,应当裁定驳回起诉。

(2)文书样式和内容

①不予立案裁定书的样式

第一,首部。依次写明标题,如××××人民法院行政裁定书;案号;起诉人(姓名或名称等基本情况);起诉时间、事由和诉讼请求。表述为:"××××年××月××日,本院收到×××的起诉状(注明起诉方式,如口头起诉的),诉称……(概括起诉的事由,写明诉讼请求)。"

第二,正文。写明不予立案的理由、法律依据和裁判结果。表述为:"本院认为,……(写明不予立案的理由)。依照……(写明裁定依据的行政诉讼法以及相关司法解释的条、款、项、目)的规定,裁定如下:对于×××的起诉,本院不予立案。"

第三,尾部。交代上诉事项、合议庭署名、注明裁判日期、法官助理和书记员署名、加盖院章及核对无异章。

②驳回起诉裁定书的样式

第一,首部。驳回起诉裁定书的标题为:"××××人民法院行政裁定书"。经过开庭审理后作出裁定的,首部其余内容和表述方式与一审行政判决书相同;未经开庭的,无须表

〔20〕 本书重点介绍以外的行政裁定书的制作方法可以参照2015年最高人民法院制定的《行政诉讼文书样式(试行)》中规定的相应内容。

述开庭过程,直接写"本院依法进行了审理,现已审理终结"。

第二,正文。包括当事人的诉讼意见、法院查明的案件事实、理由和裁定结果。行文表述与一审行政判决书基本相同。

第三,尾部。写明诉讼费用负担、交代上诉事项、合议庭署名、注明裁判日期、法官助理和书记员署名、加盖院章及核对无异章。

2. 准予或不准予撤诉裁定书

(1)适用条件

根据《行政诉讼法》第62条的规定,人民法院对行政案件宣告判决或者裁定前,原告申请撤诉的,或者被告改变其所作的行政行为,原告同意并申请撤诉的,是否准许,由人民法院裁定。根据该条规定,原告撤诉分为两种情形:第一,被告未改变其所作的行政行为,原告主动撤诉的。第二,被告改变其所作的行政行为,原告同意并申请撤诉的。[21] 对于当事人的撤诉申请,人民法院需要审查后作出准予或不准予裁定。原告主动撤诉的,人民法院应审查撤诉申请是否系原告的真实意思表示(是否自愿)、撤诉行为的合法性与正当性(是否损害国家利益、社会公共利益或他人合法权益)。被告改变行政行为,原告同意并申请撤诉的,人民法院首先需要判断是否属于被告改变行政行为的情形,法院亦可通过司法建议的方式建议行政机关改变其违法或不当的行政行为,之后按照规定予以审查。

法条阅读

(2)文书样式和内容

第一,首部。依次写明标题、案号、当事人情况。

第二,正文。写明案由和撤回起诉的理由。表述为:"本院在审理原告(上诉人)×××诉被告(被上诉人)×××……(写明案由)一案中,原告(上诉人)×××……(简要写明原告提出的撤诉请求和理由)。"写明准予或不准予撤诉的理由、法律依据及裁判结果。表述为:"本院认为,……(写明准许撤诉或不准许撤诉的理由)。依照《中华人民共和国行政诉讼法》第六十二条的规定,裁定如下:准许原告(上诉人)×××撤回起诉(上诉)。或者不准许原告(上诉人)×××撤回起诉(上诉),本案继续审理。"

第三,尾部。写明诉讼费用负担、合议庭署名、注明裁判日期、法官助理和书记员署名、加盖院章及核对无异章。二审准予撤回上诉裁定需写明"本裁定为终审裁定"。

3. 二审维持或撤销一审裁定的裁定书

(1)适用条件

根据《行政诉讼法司法解释》第101条第2款的规定,对不予立案裁定、驳回起诉裁定、管辖异议裁定,当事人可以上诉。根据《行政诉讼法》第89条的规定,二审维持一审裁定的条件为原裁定认定事实清楚,适用法律、法规正确;二审撤销一审裁定的条件为原裁定认定事实错误或者适用法律、法规错误。另外,根据《行政诉讼法司法解释》第109条第1款的规定,第二审人民法院经审理认为原审人民法院不予立案或者驳回起诉的裁定确有错误且

〔21〕 关于行政诉讼撤诉相关问题可参见《最高人民法院关于行政诉讼撤诉若干问题的规定》。

当事人的起诉符合起诉条件的，应当裁定撤销原审人民法院的裁定，指令原审人民法院依法立案或者继续审理。

(2)文书样式和内容

第一，首部。标题为“××××人民法院行政裁定书”。经过开庭审理后作出裁定的，首部其余内容和表述方式与二审行政判决书相同；未经开庭的，无须表述开庭过程，直接写“本院受理后，依法组成合议庭审理了本案，现已审理终结”。

第二，正文。包括一审裁定认定事实、理由和裁定结果、上诉人的上诉请求和理由、被上诉人的答辩请求和理由、二审法院查明的事实、理由和裁定结果。

第三，尾部。包括合议庭署名、裁判日期、法官助理和书记员署名、加盖院章及核对无异章。注意写明“本裁定为终审裁定”。

4. 二审撤销原判发回重审裁定书

(1)适用条件

根据《行政诉讼法》《行政诉讼法司法解释》的相关规定，二审撤销原判发回重审裁定书的适用条件包括：原判决认定基本事实不清、证据不足的；原判决遗漏当事人或者违法缺席判决等严重违反法定程序的；原判决遗漏诉讼请求的；原判决遗漏赔偿请求，二审法院经审理认为依法应当予以赔偿且经调解不成的。

(2)文书样式和内容

第一，首部。标题为“××××人民法院行政裁定书”。经过开庭审理后作出裁定的，首部其余内容和表述方式与二审行政判决书相同；未经开庭的，无须表述开庭过程，直接写“本院受理后，依法组成合议庭审理了本案，现已审理终结”。

第二，正文。包括上诉人的上诉请求和理由、被上诉人的答辩请求和理由、二审法院查明的事实、理由和裁定结果。主文表述为：“一、撤销××××人民法院(××××)×行初××号行政判决；二、发回××××人民法院重审。”

第三，尾部。包括合议庭署名、裁判日期、法官助理和书记员署名、加盖院章及核对无异章。

(三)注意事项

1. 一审不予立案和驳回起诉裁定的正文部分，各项内容围绕起诉是否符合法定起诉条件的问题展开即可。

2. 注意区分一审裁定和二审裁定的案号和当事人身份。

3. 注意区分二审裁定书主文。例如，二审撤销一审不予立案裁定的裁定书主文表述为：“一、撤销××××人民法院(××××)×行初××号行政裁定；二、本案指令××××人民法院予以立案。”二审撤销一审驳回起诉裁定的裁定书主文表述为：“一、撤销××××人民法院(××××)×行初××号行政裁定；二、本案指令××××人民法院继续审理。”

4. 二审发回重审裁定需要注意：二审法院查明的事实部分主要写据以作出发回重审裁定的相关事实，与发回重审无关的可少写或不写。理由部分要围绕发回重审的法定事由，针对一审判决的错误进行详细说理，并向下级法院明确操作指引。

研讨与练习

1. 行政检察文书有哪些特点？如何理解行政检察文书的作用与价值？
2. 写好行政抗诉书应重点注意哪些内容？
3. 行政检察建议书有哪几类,如何适用？
4. 分析公益诉讼检察建议书与其他类型检察建议书的异同。
5. 论公益诉讼起诉人的特殊诉讼地位在行政公益诉讼起诉书中的体现。
6. 行政公益诉讼起诉书中对于行政机关不依法履行职责的说理分析。
7. 自选案例,制作一份行政起诉状。
8. 自选案例,制作一份代理词。
9. 行政裁判文书的特点体现在哪些方面？
10. 行政裁判文书的地位与作用体现在哪些方面？
11. 熟练掌握一审行政判决书的基本结构,并结合案例试拟一份一审行政判决书。
12. 熟练掌握二审行政判决书的基本结构,并结合案例试拟一份二审行政判决书。
13. 熟练掌握一审驳回起诉裁定书的基本结构,并结合案例试拟一份一审驳回起诉裁定书。

下编　非诉讼法律文书实务

第七章　行政执法文书实务

本章教学目标

行政执法文书是法律文书不可或缺的组成部分。本章介绍行政执法文书制作的基本知识。要求学生通过本章内容的学习，了解行政执法文书的概念、性质和分类，能够结合实践，针对不同的执法对象和不同的违法行为正确使用相应的行政执法文书，能够制作各种常见的行政执法文书。本章重点是行政许可类文书、行政处罚类文书、行政复议类文书的制作与使用。

第一节　行政执法文书概述

一、行政执法文书的概念与特征

（一）行政执法文书的概念

行政执法文书，是指国家行政机关或者法律、法规授权的组织，或者受委托行使行政执法职能的组织，在进行国家行政事务的监督管理活动中，用于办理行政事务、处理行政违法行为时依法制作的具有法律效力或者法律意义的文书。[1]

（二）行政执法文书的特征

1. 制作主体的特定性。行政执法文书的制作主体是行政执法机关及上述相关组织。除此之外，其他诸如人大、政协以及检法两院等任何机关、组织均不得制作行政执法文书。

2. 内容的限定性。行政执法文书制作主体只能在职权范围内为保证法律、法规和规章的正确实施而制作相应的行政执法文书，不能超越职权范围制作行政执法文书。行政机关的公文是上传下达、依法行政的重要工具，不是行政执法文书。但部分行政机关的公文，如命令、决定、通知意见等，可以作为行政执法及其文书制作的依据。

---

〔1〕 行政执法文书是行政执法的重要载体，部分学者认为行政执法环节中采用过于严格的文书主义会降低行政效率，所以采用简洁明了的执法文书尤为必要。参见王万华：《完善行政执法程序立法的几个问题》，载《行政法学研究》2015 年第 4 期。

3. 格式的规范性。行政执法文书是一种高度程序化的书面文件,有关行政执法机关的领导部门都各自制定了相应的行政执法文书格式,以保证其制作的规范性。因此,行政执法机关必须遵照有关格式、按照有关规定撰写行政执法文书。

4. 效力的法定性。行政执法机关制作的行政执法文书,以国家强制力为保证,具有法律效力或法律意义;非经法定程序,其他任何机关、组织和个人均不得否定、变更或撤销行政执法文书。

二、行政执法文书的种类

行政执法文书按照不同的分类标准,可以分为不同的种类。

1. 以行政法学对具体行政行为的研究为基础,可以分为:行政确认类文书、行政许可类文书、行政检查类文书、行政强制类文书、行政处罚类文书、行政征收类文书、行政裁决类文书、行政复议类文书、行政赔偿类文书等。

2. 根据文书制作主体不同,可以分为:税务管理机关、城乡建设行政管理机关、环境保护行政管理机关、卫生行政管理机关、土地管理机关、房产管理部门、技术监督机构等制作的行政执法文书等。

3. 根据文书制作体例不同,可以分为:表格类文书、填空类文书和笔录类文书。表格类文书如立案审批表、送达回证等;填空类文书如当场处罚决定书等;笔录类文书如现场检查笔录、调查笔录等。

4. 根据文书使用范围的不同,可以分为:内部使用的文书和外部使用的文书。内部使用的文书对外不具有法律效力,如立案审批表等;外部使用的文书,是指对行政执法机关以外的机关、公民、法人或者其他组织适用的文书,如封存决定书、行政处罚决定书等。外部使用的文书,具有法律上的执行效力。

三、行政执法文书的作用和意义

1. 有利于法律、法规的贯彻实施。我国现行有效的行政法规的数量纷繁复杂,赋予行政机关很多监督管理方面的行政执法权,行政执法机关的行政权力也在不断扩展,为了保证行政执法行为符合法律、法规以及规章的规定,不侵犯相对人的合法权利,要求行政机关必须履行法定职责,且作出行政行为都要有明确的行政执法文书为载体。执法文书不仅是执法活动及其处理结果的文字载体,也是执法程序的重要组成部分,有利于严格执法、依法办案。

2. 行政诉讼的有力凭证。行政执法文书具有反映执法活动与处理结果的文字凭证作用和功能。按照相关法律的规定,执法活动的每一阶段、每一环节都要以文字形式反映在相应的执法文书中。每份执法文书是对某一执法活动的实时记录,是进行下一执法活动的文字依据和前提条件,同时也是行政行为的证据。

3. 总结考核行政执法工作的依据。行政执法文书以文字记录执法活动的过程及其结果,使人们能清晰了解行政执法文书的制作质量、法治人员的执法情况、执法人员的业务能力等，便于有关部门有针对性地对执法人员进行执法监督和业务考查，并对其作出客观评价。

4. 帮助行政执法主体履行告知义务。行政执法文书具有帮助行政执法主体履行行政执法告知义务的作用和效能。行政执法告知是行政公开原则在行政执法过程中的重要体现和内在要求，在现代行政执法工作中，行政执法主体履行执法告知义务的主要方式就是向行政相对人送达写有相关告知事项的行政执法文书，行政执法文书一旦送达行政相对人手中，行政执法主体的告知义务就履行完毕。因此，在行政执法主体履行行政执法告知义务的行为中，行政执法文书的作用是无法取代的。[2]

5. 进行法治宣传的重要材料。行政执法文书是行政执法过程与结果的文字记录。这种记录不仅在行政机关内部留存，在如今"双公示"制度的背景下，对行政相对人权益有重大影响的行政行为都建立了作出行政决定后上网公示制度。行政执法文书的公开对公民、法人或其他组织也有教育意义，是进行法治宣传的生动教材。

第二节　行政许可文书

一、行政许可文书概述

行政许可文书，是指行政机关在依法实施行政许可的过程中，为处理和解决相关问题而制作的具有法律效力或者法律意义的法律文书。

依照《行政许可法》第2条的规定，行政许可是指"行政机关根据公民、法人或者其他组织的申请，经依法审查，准予其从事特定活动的行为"。行政许可文书是贯彻执行《行政许可法》的重要工具，依法制作行政许可文书是贯彻执行《行政许可法》的重要保证。

行政许可文书可以分成两大类，即证照式文书和非证照式文书。证照式文书，是指以固定格式文本表示许可事项或者证明资格的文书。非证照式文书，是指行政机关在受理申请、核实审查、作出决定等阶段中形成和使用的、以内部工作文书为主、以最终是否许可相对人从事某种活动为目的的文书。非证照式文书又可以分为三类，即行政许可申请文书、行政许可审核文书、行政许可批准或不批准文书。[3]

二、行政许可受理（不受理）通知书

（一）概念

行政许可受理（不受理）通知书，是指行政许可实施机关收到行政许可申请并进行形式

[2] 参见刘杰：《知情权与信息公开法》，清华大学出版社2005年版，第48～56页。

[3] 参见阎杰、高鸿雁：《我国行政许可文书一体化的思考》，载《改革与开放》2015年第4期。

审查后，向申请人发出的书面通知。经审查认为符合法定条件、审查手续齐备并按照法律规定填写了申请文件的，予以受理，并向申请人送达行政许可受理通知书；否则，送达行政许可不受理通知书。

《行政许可法》第32条，是行政执法机关对申请人的申请材料制作行政许可受理（不受理）通知书的依据。根据该条规定的内容，行政许可实施机关具体对下列事项进行审查：(1)申请事项是否属于依法需要取得行政许可的事项。(2)申请事项是否属于本机关管辖范围。(3)申请材料是否有明显的错误。(4)申请人提供的申请材料是否符合规定的格式、数量。

（二）内容、结构及制作方法

1. 首部。包括标题、发文字号、申请人和申请事项。发文字号依次包括以下要素：地区机关简称、执法性质、年份、顺序号。

2. 正文。即审查结果，分两种情况表述。如决定受理，表述为"申请材料齐全，符合法定形式"；或者表述为"提交了全部补正材料"。如不予受理，应写明涉及《行政许可法》第32条所列事项的内容和救济途径。例如：

您（贵单位）于2019年1月7日向本机关提出的开办药品柜台行政许可申请事项，经审查，本机关认为：

该行政许可事项属于本行政机关职权范围，申请材料齐全、符合法定形式。

根据《中华人民共和国行政许可法》第三十二条第一款第（五）项的规定，本机关决定予以受理。

3. 尾部。包括联系人、联系方式、行政许可专用章及日期。

（三）注意事项

1. 行政许可依法需要听证、招标、拍卖、检验、检测、鉴定和专家评审，或者经批准延长期限的，所需期限应另行告知。

2. 此件一式两份，分别由申请人、行政许可机关留存。

三、行政许可申请补正材料通知书

（一）概念

行政许可申请补正材料通知书，是指行政许可实施机关收到行政许可申请并进行形式审查后，认为申请符合法定条件、申请手续基本齐备或者申请文件基本符合规定，但还需要补正材料的；申请材料不齐全或者不符合法定形式的，向申请人发出补正的书面通知。

（二）内容、结构及制作方法

示范举例

1. 首部。包括标题、发文字号、申请人基本情况及申请事项。

2. 正文。包括两项内容：(1)指出存在问题。即指出申请人所提交的申请材料是否齐全、是否符合法定形式。(2)提出补正要求。即具体写明需要补正的材料或材料的法定形式。这一部分的撰写，要根据问题的不同性质分清层次，不可将不齐全与不符合法定形式两类不同性质的补正要求混杂在一起，应明确、具体、没有歧义。

3. 尾部。同行政许可受理（不受理）通知书。

（三）注意事项

1. 行政许可实施机关应当当场或者在5日内一次性告知申请人需要补正的全部内容，逾期不告知的，自收到申请材料之日起即为受理。

2. 申请人在规定期限内进行补正并送交行政许可实施机关的，保留申请日期；期满未补正的，视为放弃申请。

3. 此件一式两份，分别由申请人、行政许可实施机关留存。

四、准予行政许可决定书

（一）概念

准予行政许可决定书，是指行政机关对行政许可申请当场或在法定期限内作出行政许可决定后，发给行政许可事项申请人的告知性文书。该文书多与证照式文书结合使用，具有凭证作用，同时具有公开性。

《行政许可法》第34条第2款规定："申请人提交的申请材料齐全、符合法定形式，行政机关能够当场作出决定的，应当当场作出书面的行政许可决定。"第37条规定："行政机关对行政许可申请进行审查后，除当场作出行政许可决定的外，应当在法定期限内按照规定程序作出行政许可决定。"第40条规定："行政机关作出的准予行政许可决定，应当予以公开，公众有权查阅。"

（二）内容、结构及制作方法

1. 首部。包括标题和文书编号。

2. 正文。由于行政许可事项不同，内容差异较大。正文一般应列明行政许可事项，行政许可内容，被许可人名称或姓名、地址，行政许可期限或者证件的有效期等。制作时应当认真细致，文字简洁准确。

文书格式

3. 尾部。写明领取行政许可证件的程序、文书签发时间，并盖上发文机关的公章。

（三）注意事项

1. 行政许可的内容应当与申请人申请的内容一致。许可的期限应当符合法律规定。

示范举例

2. 申请人在申请行政许可过程中有委托代理人的，应当写明其基本情况。

第三节 行政处罚文书

一、行政处罚文书概述

行政处罚文书，是指行政机关在执行《行政处罚法》时，对违反法律、法规和规章的行为作出行政处罚过程中形成和使用的文书。

行政机关实施行政处罚必须以事实为依据，以法律为准绳，遵照程序，依法办案，行政处罚文书是行政机关具体行使行政执法权的重要表现形式。

二、行政处罚立案申请书

（一）概念

行政处罚立案申请书，是行政机关内部在启动行政处罚案件调查程序前，对行为人的违法事实进行审查后，认为案件有立案必要、属于本机关管辖，报请本机关负责人审批时所使用的法律文书。

受理、立案是行政机关办理行政案件的常见程序。2017 年的《行政处罚法》就在第 36 条中规定："除本法第三十三条规定的可以当场作出的行政处罚外，行政机关发现公民、法人或者其他组织有依法应当给予行政处罚的行为的，必须全面、客观、公正地调查，收集有关证据；必要时，依照法律、法规的规定，可以进行检查。"之后在 2021 年修改《行政处罚法》时，在第 54 条增加了第 2 款即立案环节的规定："符合立案标准的，行政机关应当及时立案。"

受理是进入行政执法案件办理程序的第一步。行政机关受理的案件线索，往往源于群众举报、上级交办、部门移交等。行政机关对于受理的案件线索，往往要经过初步调查或审查后才能立案。如果行政机关受理案件并初查后认为案件线索不足以进入立案程序，应当直接制作不予立案通知书送达相关当事人，不再制作立案审批表。

立案的条件一般包括：（1）有法益侵害事实；（2）需要追究行政责任。

（二）内容、结构及制作方法

示范举例

1. 首部

（1）标题和文书编号。

（2）当事人情况。包括被处罚人（单位）、地址、法定代表人、电话等要素。

（3）案件来源。写明行政处罚案件的来源，如行政机关在执法过程中自已发现的,或群众举报、上级交办、部门移交的具体情况。

(4)案由。案由是指查处的具体案件的性质,如“××商业大厦无商品经营许可证”。

2. 正文。包括下列事项:

(1)案情简要情况。案情简要情况是立案申请书的主体内容,也是行政机关是否立案的事实依据,应按行为或事实的性质和程度由大到小、从重到轻加以排列,逐个提出问题并简要说明。

(2)各级意见。包括承办人、承办机构审核意见、领导审批意见。

第一,承办人意见。包括指明当事人违反的具体法律、法规、规章条款、向上级提出立案申请的意见、签名、日期等。

第二,承办机构审核意见。在交给本机关负责人审批之前,承办机构首先应当提出意见,审核决定立案或者不立案。只有承办机构决定立案之后,才能提交给领导审批。并在后面签署负责人姓名、注明日期。

第三,领导审批意见。包括行政机关负责人是否同意立案的意见。对批准立案的,要确定立案的具体时间和两名以上案件承办人员。并在后面签名、注明日期。

3. 尾部

尾部包括:签名、日期。

(三)注意事项

1. 案情简介部分应当写明立案的事实根据,对于违法事实简要叙述即可。记载案件时间一般精确到时,必要时可以精确到分。

2. 承办人意见分为三种:(1)建议立案的,写明违法行为涉嫌违反的法律;(2)建议不立案的,写明不予立案的理由;(3)建议移送有权机关的,写明移送案件所依据的案件事实和法律、法规的规定。

三、行政处罚决定书

(一)概念

行政处罚决定书,是指行政机关针对当事人违反法律、法规、规章的行为,在经过调查取证掌握违法证据的基础上,按照《行政处罚法》的规定,对当事人实施行政处罚时制作的文书。行政处罚决定书是行政处罚决定最具体的表现形式,是整个行政执法过程中最重要也是最关键的法律文书。

行政处罚是要式行政行为,所以凡是依法作出的行政处罚都应当制作行政处罚决定书。2021 年新修订的《行政处罚法》第 59 条明确规定了行政处罚决定书应当载明的事项,包括:(1)当事人的姓名或者名称、地址;(2)违反法律、法规、规章的事实和证据;(3)行政处罚的种类和依据;(4)行政处罚的履行方式和期限;(5)申请行政复议、提起行政诉讼的途径和期限;(6)作出行政处罚决定的行政机关名称和作出决定的日期。行政处罚决定书必须盖有作出行政处罚决定的行政机关的印章。

(二)内容、结构及制作方法

文书格式

1. 首部

包括标题、发文字号、被处罚人的姓名或名称。对公民的行政处罚,应当写明当事人的姓名、住址;对法人或者其他组织的行政处罚,应当写明法人或者其他组织的名称、住所地。例如:

××市×区财政局

行政处罚决定书

×财绩效罚字(2021)第××号

当事人:××市××区残疾人联合会

住址:××市××区××大街××号

法定代表人:高××

2. 正文

正文应当写明行政相对人的违法事实和证据、行政处罚的种类和依据、行政处罚的履行方式和期限等。

(1)违法事实和证据。违法事实与证据是实施行政处罚的根据,行政处罚决定书上应当予以载明。一个完整违法事实的构成要件包括主体、客体、主观方面、客观方面,具体而言,具备七个要素:违法的时间、地点、人物、原因、手段、情节、结果。叙述违法事实应当客观、全面、真实,抓住事实重点,详细叙述主要情节和因果关系。同时,应当明确、具体、全面地列举认定违法事实的主要证据。列举证据的方式,可以在叙述事实过程中列举证据,也可以在叙述违法事实后单独列举证据。

(2)行政处罚的种类和依据。行政处罚的种类,是指行政机关给予当事人何种行政处罚,包括罚款、没收违法所得、责令停产停业、行政拘留等。行政处罚的依据,是指行政机关作出行政处罚决定所依据的法律、行政法规、地方性法规等,引用法律规范条款应当准确,符合法律适用的原则。

(3)行政处罚的履行方式和期限。行政处罚的履行方式是指当事人是以什么行为履行行政处罚,如到指定银行缴纳罚款、拆除违章建筑等。行政处罚的履行期限,是指行政机关限定违法行为人履行行政处罚决定的期间。例如,要求当事人在一个月内拆除违章建筑等。当事人不按照履行方式和限定的期限履行行政处罚决定,即属于违法,行政机关可以采取强制执行措施,强制要求当事人履行处罚决定。

下面是一份行政处罚决定书的正文部分:

2021年1月27日,我局检查组在对你单位会计基础工作检查中发现以下问题:

1. 会计凭证发票开具方和收款方不一致。2019年1月08号会计凭证,服装费9500元,发票开具单位是××商场有限责任公司,收款单位是××商贸有限责任公司。2019年9月06号会计凭证,材料费4300元,发票开具单位是××牡羊工艺品店,收款单位是××琅琊工艺品店。

2. 记账凭证和原始凭证金额不一致。2019年8月03号原始凭证少1400元发票。

上述事实有现场工作底稿、检查笔录、询问笔录证据佐证。

我局于2021年2月22日依法向你单位送达了《××财政局行政处罚告知书》(×财绩效[2021]第[1]号),告知你单位享有陈述、申辩、申请听证的权利。你单位未在规定的时间内提交陈述、申辩意见及听证申请。

你单位上述会计凭证相关行为,违反了《中华人民共和国会计法》第九条第一款"各单位必须根据实际发生的经济业务事项进行会计核算,填制会计凭证,登记会计账簿,编制财务会计报告"的规定。

根据《中华人民共和国会计法》第四十二条第一款"违反本法规定,有下列行为之一的,由县级以上人民政府财政部门责令限期改正,可以对单位并处三千元以上五万元以下的罚款"规定,你单位存在该条款第三项所列"未按照规定填制、取得原始凭证或者填制、取得的原始凭证不符合规定的"行为,我局于2021年3月8日决定对你单位处以三千元罚款的行政处罚。

请你单位自接到本处罚决定书之日起十五日内到银行缴纳罚款,逾期不缴纳罚款的,每日将按罚款数额的百分之三加处罚款。

3. 尾部

(1)救济途径。应写明当事人不服行政处罚决定,申请行政复议或者提起行政诉讼的途径和期限。行政机关在作出行政处罚决定的同时,应当告知当事人不服行政处罚的救济途径。一般写为:"如不服本处罚决定,可在接到本处罚决定之日起××日内向××(机关名称)申请行政复议;或××日内向××人民法院起诉。逾期不申请复议,也不向人民法院起诉,又不履行行政处罚决定的,本机关将依法申请人民法院强制执行。"

(2)应写明作出行政处罚决定的行政机关名称和作出决定的日期,还必须盖有作出行政处罚决定的行政机关印章。

(三)注意事项

1. 行政处罚机关作出决定之前,应当依法向当事人告知拟作出的行政处罚内容及事实、理由和依据。未依法告知或者拒绝听取当事人的陈述、申辩,行政处罚决定不能成立;当事人放弃陈述或者申辩权利的除外。

2. 行政处罚决定书应当在宣告后当场交付当事人。当事人拒绝签收的,应当在行政处罚决定书上注明。当事人不在场的,行政机关应当在7日内依照《民事诉讼法》的有关规定,将行政处罚决定书送达当事人。[4]

---

〔4〕 参见《行政处罚法》第61条。

第四节 行政复议文书

一、行政复议文书概述

行政复议，是指公民、法人或者其他组织认为行政主体的具体行政行为违法或不当，侵犯其合法权益，依法向主管行政机关提出复查该具体行政行为的申请，行政复议机关依照法定程序对被申请的具体行政行为进行合法性、适当性审查，并作出行政复议决定的一种法律制度。[5]

行政复议文书，是指行政复议机关依法办理行政复议案件时制作的具有法律效力或法律意义的文书，包括行政复议申请书、行政复议不予受理决定书、行政复议申请转送函、行政复议答辩书、行政复议调解书、行政复议决定书等。本书主要介绍几种常用的行政复议文书。

二、行政复议不予受理决定书

（一）概念

行政复议不予受理决定书，是指复议机关经过审查，认为申请人的复议请求不符合法律规定，不予受理并告知申请人时制作的法律文书。

行政复议不予受理决定书是复议机关不予受理行政复议申请的书面文件，也是申请人向人民法院起诉的依据。《行政复议法》第 19 条规定："……公民、法人或者其他组织可以自收到不予受理决定书之日起或者行政复议期满之日起十五日内，依法向人民法院提起行政诉讼。"

（二）内容、结构及制作方法

1. 首部。包括标题、发文字号、申请人及被申请人基本情况。

2. 正文。包括复议申请的内容、不予受理的理由以及最终作出的不予受理决定。

3. 尾部。包括救济途径、加盖行政机关印章并注明日期。

示范举例

（三）注意事项

1. 针对申请行政复议的理由，写清不予受理的理由、所适用的法律根据。

2. 写明申请人可以选择的其他救济途径（复议或诉讼）以及相应的期限规定。

---

〔5〕 应松年：《中国行政复议制度的发展与面临的问题》，载《中国法律评论》2019 年第 5 期。

三、行政复议答辩书

（一）概念

行政复议答辩书，是指在行政复议过程中，被申请人收到复议申请书副本后，针对申请人所提出的复议请求和理由，在法定期限内进行答复和辩解所使用的一种法律文书。

《行政复议法》第 23 条规定，“行政复议机关负责法制工作的机构应当自行政复议申请受理之日起七日内，将行政复议申请书副本或者行政复议申请笔录复印件发送被申请人。被申请人应当自收到申请书副本或者申请笔录复印件之日起十日内，提出书面答复，并提交当初作出具体行政行为的证据、依据和其他有关材料”。此处的书面答复即提交行政复议答辩书。

如果被申请人不按《行政复议法》第 23 条的规定提出书面答复，提交当初作出具体行政行为的证据、依据和其他有关材料，依照第 28 条第 1 款第 4 项的规定，视为该具体行政行为没有证据、依据，复议机关将决定撤销该具体行政行为。

（二）内容、结构及制作方法

1. 首部。应当写明答辩人即被申请人的基本情况。包括答辩人的全称、所在地址以及法定代表人或主要负责人的姓名、职务、联系电话等。

2. 正文。针对申请人所提出的事实与理由，被申请人要说明自己作出行政行为的理由。如果认为申请人在复议申请书中阐释事实准确，提供的证据确实、充分，请求合法或者部分合法，被申请人可以接受或者部分接受其请求。如果认为申请人的请求是不合法的，被申请人应提供证据写明案情，澄清事实真相，以证明自己作出的具体行政行为的合法性与适当性。

示范举例

3. 尾部。应写明致送的复议机关的名称和作出答辩的时间，并加盖答辩人的印章。

（三）注意事项

行政复议答辩书的制作要有针对性，抓住主要问题进行反驳，不要在枝节问题上纠缠。

四、行政复议决定书

（一）概念

行政复议决定书，是指行政复议机关对申请复议的案件，按照《行政复议法》规定的程序，依据法律、法规、规章及上级发布的具有普遍约束力的决定、命令，对原具体行政行为重新审查后作出裁决时制作的法律文书。

《行政复议法》第 31 条规定：“行政复议机关应当自受理申请之日起六十日内作出行政复议决定；但是法律规定的行政复议期限少于六十日的除外。情况复杂，不能在规定期限内作出行政复议决定的，经行政复议机关的负责人批准，可以适当延长，并告知申请人和被申请人；但是延长期限最多不超过三十日。行政复议机关作出行政复议决定，应当制作行政复议决定书，并加盖印章。行政复议决定书一经送达，即发生法律效力。”

（二）内容、结构及制作方法

文书格式

示范举例

1. 首部

首部包括标题、发文字号、当事人基本情况、案件复议组织情况等。

当事人，包括申请人和被申请人。申请人是自然人的，应当依次写明申请人的姓名、性别、年龄、职业、住址等情况。申请人是法人或者其他组织的，应当依次写明法人或者其他组织的名称、所在地址，法定代表人或者主要负责人的姓名、职务等。被申请人的基本情况包括被申请人的名称、所在地址、法定代表人的姓名和职务等。被申请人是两个或者两个以上的，应当依次写明被申请人的有关情况。双方当事人如果有委托代理人的，应当写明委托代理人的姓名、职务和工作单位。

案件复议组织情况，应当写明案件由来、审理过程等。

2. 正文

正文是行政复议决定书的核心内容，应当写明申请复议的请求、事实与理由，被申请人答辩的主要事实和理由，复议机关认定的事实、理由和法律依据，行政复议的决定四个方面的内容。具体如下：

（1）申请复议的请求、事实与理由。这部分内容应当与申请人提交的复议申请书保持一致，写法应当概括。

（2）被申请人答辩的主要事实和理由。这部分内容应当与被申请人提交的行政复议答辩书保持一致。若复议答辩书过长，就需要概括被申请人答辩的事实、理由和法律依据。若答辩人有多个，就分别对被申请人答辩的内容进行概括叙述。

（3）复议机关认定的事实、理由和法律依据。这部分内容是复议机关作出行政复议决定的基础，包括对双方当事人争议事实的认定、作出复议决定的理由、复议机关适用的法律依据等。

（4）行政复议的决定。此即复议案件处理的结果。根据《行政复议法》和《行政复议法实施条例》的规定，行政复议的处理决定可以分为以下几种情形：一是决定维持原具体行政行为；二是决定驳回申请人的行政复议申请；三是责令被申请人在一定的期限内履行法定职责；四是撤销被申请人作出的具体行政行为，并责令被申请人重新作出具体行政行为；五是变更被申请人作出的具体行政行为；六是确认该具体行政行为违法。

3. 尾部

尾部包括向当事人交代有关事项、明确行政复议决定书的效力、写明复议机关、注明日期等。

（三）注意事项

1. 行政复议机关在叙述案件事实时，应当简洁、明确，为行政复议决定的作出奠定基础。

2. 具体阐述理由时，应当根据认定的事实，依照法律规定，说明行政机关的具体行政行为是否合法。同时，应当对申请人申请复议的请求和理由进行认定，依法说明支持或者不予支持的理由,以增强行政复议决定书的说理性。

3. 援引法律依据应当明确、具体、有序。

第五节　行政强制文书

一、行政强制文书概述

行政强制文书,是指行政机关为实施行政强制行为而制作和使用的文书。根据《行政强制法》第 2 条的规定,行政强制是指行政机关为了预防或制止正在发生或可能发生的违法行为、危险状态以及不利后果,或者为了保全证据、确保案件查处工作的顺利进行,而对相对人的人身、财产予以强制的一种具体行政行为,包括行政强制措施和行政强制执行。

行政强制文书包括行政强制措施现场笔录、查封(扣押)决定书、解除查封(扣押)决定书、催告书、行政强制执行决定书以及行政强制执行申请书等。下面主要介绍行政强制执行决定书和行政强制执行申请书。

二、行政强制执行决定书

(一)概念

行政强制执行决定书,是指行政机关作出行政处罚决定后,行政相对人在行政机关规定的期限内未履行该行政处罚决定,具有强制执行权的行政机关为强制执行其行政处罚决定而作出的文书。

《行政强制法》第 37 条第 2 款规定,强制执行决定应当以书面形式作出,并载明下列事项:(1)当事人的姓名或者名称、地址。(2)强制执行的理由和依据。(3)强制执行的方式和时间。(4)申请行政复议或者提起行政诉讼的途径和期限。(5)行政机关的名称、印章和日期。

(二)内容、结构及制作方法

1. 首部

包括标题、文书编号、当事人姓名或名称以及住址。

2. 正文

(1)强制执行的事实和理由。即生效行政决定书中的主文部分涉及的执行内容,包括被执行人所涉违法事实、应履行的义务及履行情况;应当适用的法律规定。

示范举例

(2)强制执行的方式和时间。即在什么时间内对当事人采取何种行政强制的方式。

3. 尾部

应写明申请行政复议或者提起行政诉讼的途径和期限,即写明当事人对行政强制执行不服的,可以向复议机关申请行政复议或向人民法院提起行政诉讼。

尾部还需加盖行政机关印章并注明日期。

(三)注意事项

1. 只有具有法定强制执行权的行政机关才有权作出该决定。

2. 作出强制执行决定的前提,是行政处罚相对人在规定的期限内未履行处罚内容,且无任何正当理由。

3. 强制处罚的内容包括:将查封、扣押的财物拍卖或者将冻结的存款划拨抵缴罚款。

4. 在催告期间,对有证据证明有转移或者隐匿财物迹象的,行政机关可以作出立即强制执行决定。

三、行政强制执行申请书

(一)概念

行政强制执行申请书,是指当事人在法定期限内不申请行政复议或者不提起行政诉讼,又不履行行政决定的,没有行政强制执行权的行政机关可以自期限届满之日起 3 个月内,依照《行政强制法》的规定申请人民法院强制执行时所制作的文书。

(二)内容、结构及制作方法

示范举例

1. 首部

包括标题、文书编号、申请人和被申请人的基本情况、请求事项。

2. 正文

(1)申请强制执行的事实和理由。应写明生效行政决定书中的主文部分涉及的执行内容,被执行人所涉违法事实、应履行的义务及履行情况,应当适用的法律规定。

(2)被申请人的意见及行政机关催告情况;申请强制执行的标的情况。

3. 尾部

(1)致送人民法院的名称。

(2)行政机关负责人签名,加盖行政机关的印章,并注明日期。

(三)注意事项

1. 要写清行政执法文书已经生效以及相对人逾期无正当理由不履行义务的相关情节。

2. 应详尽列明被申请人的个人信息、请求事项、案件事实与依据、已经生效的行政处罚决定书名称和文号,以及案件相关材料。

3. 申请强制执行书应提交行政机关所在地有管辖权的法院。

第六节　其他行政执法文书

一、其他行政执法文书综述

行政机关的行政行为多种多样，由于行政机关的性质、种类、职能的不同，所作出的行政行为的种类也不同。除常见的行政许可、行政处罚、行政复议、行政强制等行政行为外，现实中还有大量的其他类型的行政行为，如行政确认、行政征收、行政裁决等。鉴于行政机关代表国家进行执法的权威性，其作出每一个行政行为都要以行政执法文书为依据。除了以上几种常用的法律文书，下面就几种其他类型的行政执法文书进行介绍。

二、行政赔偿决定书

（一）概念

行政赔偿是国家行政机关应公民、法人或其他组织的申请或根据人民法院的裁判，对因行政侵权造成的损害依法作出赔偿。[6] 在行政赔偿过程中，由有关当事人、行政机关和人民法院制作的行政赔偿法律文书有多种，包括赔偿请求人提交的行政赔偿申请书、起诉状，赔偿义务机关制作的赔偿协议书，行政复议机关制作的行政赔偿决定书以及人民法院制作的行政赔偿调解书、行政赔偿判决书等，这里主要介绍行政赔偿决定书。

行政赔偿决定书，是指行政赔偿义务机关在公民、法人或其他组织认为行政机关及其工作人员违法行使职权造成其人身权或财产权遭受损害提出行政赔偿申请时，依据《国家赔偿法》的规定，向赔偿请求人所作出的是否予以赔偿的书面决定。

（二）内容、结构及制作方法

1. 首部

包括标题、发文字号、赔偿请求人和赔偿义务机关基本情况等。

2. 正文

（1）赔偿请求人的主要请求和理由。

（2）赔偿机关认定的事实、理由和赔偿方式及计算标准。如果赔偿申请人提出的请求明显不合理，赔偿机关可以否定其不合理的部分并说明理由；若赔偿申请人提出的请求合理，赔偿机关应当认定并采纳。赔偿义务机关应当依据《国家赔偿法》确定的赔偿方式及计算标准列明相关内容。

（3）赔偿结论。赔偿方式有：支付赔偿金，返还财产，解除对财产的查封、扣押、冻结，给

---

〔6〕 参见马怀德主编：《国家赔偿问题研究》（第1版），法律出版社2006年版，第47～51页。

付拍卖所得的价款，消除影响，恢复名誉，赔礼道歉。若有赔偿数额，应明确、具体地写明。

下面是一份行政赔偿决定书的正文部分：

申请人的请求：1. 赔礼道歉；2. 赔偿经济损失 1 万元。

申请理由：××医药科技有限公司（以下称我公司）自今年 6 月开始生产“××”牌痔疮消药并逐步投放市场。经本案第三人×××医药保健品有限公司举报，××县市监局对我公司进行了查处，认为在×××医药保健品有限公司于 1999 年将其自主研发的“痔疮消”痔疮药投放市场之前，并无人将“痔疮消”痔疮药这一词语作商品的名称使用，“痔疮消”是该公司的独家首创，应属于该公司的知名商品特有品牌名称。因此，××县市监局根据《反不当竞争法》的规定，作出了当场销毁我公司的“××”牌痔疮消药之特有名称的行政处罚。经我公司申请，××市市监局对我公司不正当竞争一案复议，认为××县市监局作出“痔疮消”是知名商品的特有名称的认定和第三人×××医药保健品有限公司为“痔疮消”独家首创的认定均无事实证据与法定依据，而我公司生产的“××”牌痔疮消药，其“××”商标已经国家商标局注册，且经质检部门标准备案通告，其行为符合现行法律规定，不存在仿冒知名商品特有名称的行为，是正当的生产经营行为。据此，××市市监局行政复议决定书决定撤销××县市监局的行政处罚决定。

从此案案发至今，我公司在社会上的形象大受损害，生产经营状况大受影响。为此，申请人提出上述赔偿请求。

赔偿机关经查明，申请人陈述的有关××医药科技有限公司不存在不正当竞争的事实及本案行政处罚、行政复议过程，情况属实。在本案处理过程中本局的行政处罚决定确实给该公司在社会上的声誉造成了不良影响。但该公司所提赔偿经济损失 1 万元的请求，因未提供造成经济损失的直接有效证据，无法认定损失的价值，故不能支持。

赔偿结论：赔礼道歉，以消除影响、恢复名誉。

3. 尾部

加盖行政机关印章并注明日期。

三、行政确认文书

（一）概念

行政确认，是指行政主体依法对行政相对人的法律地位、法律关系或有关法律事实进行甄别，给予确定、认定、证明并予以宣告的具体行政行为。[7] 如公安机关进行户口登记，公证机关依当事人的申请进行的公证行为，技术监督部门对于产品质量是否合格的认定等，都属于行政确认。行政确认属于要式行政行为，所以行政主体作出行政确认行为，必须以书面形式并按照一定的技术规范要求作出。

行政确认文书，是指行政主体在进行行政确认的过程中制作的具有法律效力的行政执法文书。

---

〔7〕 姜明安主编：《行政法与行政诉讼法》（第 7 版），北京大学出版社、高等教育出版社 2019 年版，第 200 页。

（二）内容、结构及制作方法

1. 首部。包括标题、发文编号。

2. 正文。主要包括确认对象、确认的内容，以及所参照的法律根据。

3. 尾部。包括办理确认手续的期限、提出异议的期限以及行政确认文书本身的有效期限。还需加盖行政机关印章并注明日期。

示范举例

四、行政征收决定书

（一）概念

行政征收，是指行政主体凭借国家行政权，根据国家和社会公共利益的需要，依法向行政相对人强制性征集一定数额金钱和实物的行政行为。行政征收主要由税和费组成，税是国家税收机关（税务机关和海关）依法强制取得财政收入的一种手段；费即各种行政收费，是行政主体为行政相对人提供一定的公益服务，或者授予其国家资源和资金的使用权而收取的代价。

行政征收决定书，是指行政机关在决定征收之前向相对人下达的法律文书。

（二）内容、结构及制作方法

1. 首部。包括标题、发文字号、被征收人的基本情况。

2. 正文。（1）事实和理由。包括当事人实施了什么行为，依照哪些法律、法规或者规章向当事人进行行政征收。（2）征收的内容。应写明征收的具体内容。实施征收行为时，必须以征收决定书为依据，不能小于或超越征收决定书所记载的范围。

示范举例

3. 尾部。（1）救济的途径和方式。当事人对征收决定不服时，可以向有关机关申请行政复议或者向人民法院提起行政诉讼。（2）加盖行政机关印章并注明日期。

五、行政给付文书

（一）概念

行政给付，一般是指行政主体依照有关法律、法规，向符合条件的申请人提供物质利益或者赋予其与物质利益有关的权益的具体行政行为。行政给付的种类主要包括四种：抚恤金、特定人员离退休金、社会救济福利金、自然灾害救济金及救济物资。[8]

行政给付文书，是指行政机关在作出行政给付决定时制作的具有法律效力的行政执法文书。因行政给付属于授益行政行为，不会对相对人的权益产生不利影响，所以对行政给付文书的要式性要求不像行政处罚文书那样严格。

（二）内容、结构及制作方法

1. 首部。包括标题、发文字号和申请人姓名。因为行政给付是依申请的行政行为，所以

---

〔8〕 姜明安主编：《行政法与行政诉讼法》（第7版），北京大学出版社、高等教育出版社2019年版，第273页。

要写清申请人个人信息。

2. 正文。写明根据当事人的申请，依照何种法律，决定给予当事人何种行政给付决定。

3. 尾部。加盖行政机关印章并注明日期。

示范举例

4. 附项。因为行政给付是授益行政行为，有的行政给付文书需标注附项。比如，行政给付决定书要抄送的机关、留存的方式等。

六、行政裁决书

（一）概念

行政裁决书，是指行政机关或法律、法规授权的组织，依照授予的权限，在对当事人之间发生的、与行政管理活动密切相关的、与合同无关的民事纠纷进行审查，并作出裁决的具体行政行为时制作的法律文书。

根据我国目前法律、法规的规定，行政裁决的种类有：侵权纠纷、补偿纠纷、损害赔偿纠纷、权属纠纷等，行政裁决书也有相应的类型。

（二）内容、结构及制作方法

1. 首部

包括标题、发文编号、当事人基本情况、案由及案情摘要。当事人既包括请求人，也包括被请求人。有委托代理人的，写明委托代理人的信息。应写明裁决的案由，并简要介绍行政裁决案件的基本案情。

文书格式

2. 正文

（1）请求人的基本要求。即写明请求人需要进行行政裁决的基本诉求。

（2）被请求人的辩解。即面对请求人的请求，行政裁决机关要听取被请求人的意见，允许其辩解。

（3）事实和依据。即双方当事人提供的证据或者行政裁决机关自己查明的事实以及相关法律依据。

（4）裁决结论。即行政裁决机关根据已知的事实和法律依据，在列举相关法律、法规的基础上，作出的裁决结论。

下面是一份专利侵权纠纷案件行政裁决书的正文部分：

请求人就其“旱田变距锄草机”（专利号：20××20910××.0）与被请求人的专利侵权纠纷，向本局提出处理请求。本局于20××年××月××日立案处理（案件号：通知法纠字〔20××〕23号）。20××年××月××日上午在现场调查取证，制作了调查笔录，并于当日送达专利侵权纠纷处理请求书和答辩通知书。20××年××月××日收到被请求人答辩状和陈述书各一份，并及时转给请求人。请求人于20××年××月××日根据被请求人的答复，递交了意见陈述书。我局根据案情需要，依照《专利行政执法办法》第十三条组成合议组，于20××年××月××日进行了口头审理，请求人、请求人代理人和被请求人到庭参加了口头审理。现本案已审结。

请求人称(摘录重点内容):

被请求人于20××年××月以来,在其经营场所销售的越野农业机械制造有限公司的锄草机,与请求人的专利产品的结构完全相同,侵犯了请求人的专利号为20××20910××.0,专利名称为旱田变距锄草机的专利权。该专利是在专利号为20××20041××.1的“旱田作物锄草机”的基础上改进,于20××年××月××日申请,20××年××月××日获得授权。申请同时投入生产,随后就遭到多家侵权。

被请求人答辩状辩称(摘录重点内容):

1. 请求人的专利不具备新颖性和创造性。

2. 被请求人经销的产品与请求人的技术方案不同,最关键的是封土罩宽度不能调整。

3. 为配合行政部门的执法行为而停止销售,减少了收入。因咨询相关技术和法律专家付出大笔费用。请求人应当赔偿。

经审理查明:

1. 被请求人在通辽市开鲁县麦新镇经销的锄草机,系河北越野农业机械制造有限公司制造,被请求人提供的销售单据表明:一次购进10台,总计28,100元。

2. 被请求人经销的越野农业机械制造有限公司制造的锄草机,其封土罩宽度可以调整。

以上事实均有专利侵权纠纷案件调查笔录、经营现场照片及视频影像资料、专利侵权纠纷案件口头审理笔录佐证。

本局认为:

1. 被请求人辩称的“着手准备对该实用新型专利提起无效请求”,由于本局未收到专利复审委员会受理的涉案专利的无效宣告文书,不中止该案的处理。

2. 请求人通过请求行政部门调查处理专利侵权纠纷,属于正当的维权行为,被请求人要求请求人赔偿损失的要求,不予支持。

3. 被请求人销售其不知道是未经专利权人许可的专利侵权产品,且能证明该产品合法来源,免于承担赔偿责任。

综上所述,依据请求人及被请求人双方提供的证据和材料以及现场取证、笔录和口审材料,参照国家知识产权局《实用新型专利权评价报告》以及特邀第三方专家对涉案产品的专利侵权判定意见,根据《中华人民共和国专利法》第××条之规定,本局作出行政裁决如下:

被请求人销售侵权产品的行为侵犯了涉案专利的专利权,责令被请求人立即停止销售、许诺销售行为,并且不得使用尚未售出的侵权产品或者以任何其他形式将其投放市场。

3. 尾部

(1)救济途径。写明当事人对裁决结论不服的,可以申请行政复议或者提起行政诉讼。

(2)行政裁决人员签名,加盖行政机关印章并注明日期。

七、行政检查监督文书

(一)概念

行政检查监督,是指行政机关或法律、法规授权的组织依法对行政相对人遵守法律、法规和规章的情况进行督促检查。〔9〕检查的具体内容主要是公民、法人或其他组织是否依法正当行使权利和履行义务。

行政检查监督文书，是指行政主体在进行行政检察监督的过程中制作的具有法律效力的行政执法文书。比如，进行检查监督之前，行政机关可以或应当制作检查监督通知书；根据检查监督的结果决定采取监管措施时，应当制作行政监管措施决定书。下面以行政执法检查通知书、行政监管措施决定书为例进行介绍。

(二)内容、结构及制作方法

1. 行政执法检查通知书

示范举例

(1)首部。包括标题和检查对象名称。标题位于执法检查通知书的正上方中央位置。检查对象名称要写得明确具体。

(2)正文。包括检查依据，即进行行政检查所适用的法律法规；检查对象，即对哪个单位或者相对人进行行政检查；检查内容，即检查哪些事项；检查人员，即检查人员进行签字，以及进行检查的方式(现场检查或其他方式)。

(3)尾部。包括进行行政检查需要提供的资料、检查对象签名并标注日期等。

2. 行政监管措施决定书

(1)首部。标题，写在文书正前方正中央位置；发文编号，写在标题右下方；当事人基本信息，包括住址；有法定代表人的，写明法定代表人基本信息。

(2)正文。包括事实依据、法律依据、采取的监管措施以及救济途径。事实依据，是指当事人实施了何种行为，违反了什么法律条文的规定；法律依据、监管措施，是指依据什么法律采取监管措施。

下面是一份行政监管措施决定书的正文部分：

××监督管理委员会
行政监管措施决定书

(正文部分)

前期，我会组织开展了第二次财产保险公司备案产品条款费率非现场检查。经查，你公司部分产品存在以下问题：

1. ____

2. ____

……

上述问题违反了《中华人民共和国××法》第××条第××款第××项、《中华人民共和国××法》第××条第××款第××项，我会依法向你公司告知了采取行政监管措施的事实、理由、依据及当事人依法享有的权利。你公司未在指定期限内提出陈述申辩。

为加强保险产品监管，保护投保人和被保险人合法权益，依据《中华人民共和国××

〔9〕应松年主编：《行政法学新论》，中国方正出版社1998年版，第295页。

法》第××条及《×××管理办法》第××条的规定，我会决定对你公司采取如下监管措施：

一、自接到行政监管措施决定书之日起，立即停止使用问题产品，并在一个月内完成问题产品的修改工作。

二、自接到行政监管措施决定书之日起三个月内，禁止你公司备案新的保险条款和保险费率（农险产品除外）。

三、你公司应高度重视产品开发管理工作，严格按照法律法规和监管规定开发产品，加强产品质量管理工作，对公司产品开发管理方面存在的问题进行全面自查整改，自接到行政监管措施决定书之日起三个月内向我会报送自查整改报告和相关责任人员的处理情况。

（3）尾部。先写明救济途径，具体写明当事人对行政监管措施不服的，可以向有关机关申请行政复议或者向人民法院申请行政诉讼。还需注明作出行政监管措施决定的日期。

研讨与练习

1. 谈谈行政执法文书和行政诉讼文书有何不同。
2. 简述行政执法文书对推进依法行政的意义。
3. 如何针对不同的执法对象和不同的违法行为，正确使用相应的行政执法文书？
4. 制作行政处罚文书，应注意哪些问题？
5. 练习制作一份行政许可决定书。

第八章　公证文书实务

本章教学目标

要求学生通过本章内容的学习，掌握公证文书的概念、特点和分类，理解公证书的制作要求，能够按照要求制作定式公证书与要素式公证书。

第一节　公证文书概述

一、公证文书的概念与特点

公证文书，是指公证机关依法行使职能，制作、出具的各类公证书及其他法律文书。

公证文书贯穿公证活动整个过程，主要包括：一是公证活动中形成的各种法律文书，二是反映公证活动结果的公证书或其他相关法律文书。

公证文书是公证活动的具体体现，体现了公证文化、公证制度的内涵及价值，是公证发挥预防纠纷和解决矛盾职能的重要载体。公证文书有如下特点：

（一）公证文书具有公信力

公证制度的核心及基石在于公信力，公证文书的制作和使用，是其公信力的集中体现。在办证过程中，从代拟相关文书到出具公证书都属于公证文书的制作范畴。公证文书需要反映各方当事人达成的真实的一致意思表示，以避免今后可能出现的纠纷，展示公证文书的公信力。从本质属性上分析，展示和证明公信力也是公证文书的应有之义。公证文书是社会信用的重要载体之一，一份准确合法的公证文书可以有效维护当事人的合法权益，更好地展示公证文书的公信力。

（二）公证文书具有证明力

《公证法》第36条规定："经公证的民事法律行为、有法律意义的事实和文书，应当作为认定事实的根据，但有相反证据足以推翻该项公证的除外。"《民事诉讼法》第72条规定："经过法定程序公证证明的法律事实和文书，人民法院应当作为认定事实的根据，但有相反证据足以推翻公证证明的除外。"上述规定说明，具备证据力是公证文书的重要特征。公证文书的制作需要进行全面调查核实，确保出具的文书准确无误，正是因为这种特性，公证文书不同于其他法律文书，在诉讼案件以及非诉讼案件中具有较强的证据力。

（三）公证文书具有强制执行效力

《公证法》第37条规定，“对经公证的以给付为内容并载明债务人愿意接受强制执行承诺的债权文书，债务人不履行或履行不适当的，债权人可以依法向有管辖权的人民法院申请执行”。《民事诉讼法》第245条规定：“对公证机关依法赋予强制执行效力的债权文书，一方当事人不履行的，对方当事人可以向有管辖权的人民法院申请执行，受申请的人民法院应当执行。公证债权文书确有错误的，人民法院裁定不予执行，并将裁定书送达双方当事人和公证机关。”根据上述规定，对于内含给付内容的文书，若当事人申请，经公证机构审查符合法律规定，公证机构可以赋予债权文书强制执行效力。如债务人违约，债权人可依据法律规定向公证机构提出出具执行证书的申请，再向法院申请强制执行。债权文书的强制执行效力在经济领域有不可替代的作用，对减少诉累、维护债权人利益、保障民商事活动正常进行有十分重要的意义。

二、公证文书的分类

公证文书包含范围较广，展示的是公证全过程，凡是在办理公证业务过程中形成的、出具的文书都属于公证文书的范畴。

根据用途和表现形式的不同，可以将公证文书分为公证书和其他公证文书，公证书范围也包含多种形式。公证活动的最终结果体现为公证书、证明书、决定书、保管书、辅助性公证文书等；在整个公证活动中，还伴随其他公证文书，如公证申请表、告知书、谈话记录等。

公证书是公证文书的核心类型。根据使用地的不同，公证书分为内地使用公证书、涉港澳台地区公证书以及涉外公证书。在国内使用的公证书根据使用领域的不同，分为民事类公证书和经济类公证书。不同的公证事项，对公证书的内容有不同的写作要求，根据写作方式的不同，公证书又分为定式公证书和要素式公证书。另外，公证书中还包含了一个特殊的类别，即补正公证书。补正公证书是在公证书确有错误，且无法收回时，公证机构出具的公证书。

其他公证文书中，办理提存公证业务时需要出具的是提存确认书，办理遗嘱保管时需要出具的是保管证书，处理当事人复查投诉过程中出具的是决定书，当事人申请办理公证过程中形成的文书包括公证申请表、告知书、谈话记录等。

三、公证文书的发展变革

公证书是公证文书的核心和重点，下文将以公证书的发展变革为主进行介绍。

（一）定式公证书的发展变革

定式公证书的出现可以追溯至1956年。司法部通过总结各地公证工作经验，统一了公证书格式,但是当时的格式总共只有13式,较为简单。[1]

1981年,司法部颁布《公证书试行格式》;1992年,司法部颁布《公证书格式(试行)》,公证书格式也从24式发展为59式,其中包含了合同、协议、资格、招标、拍卖、提存、出生、死亡、生存、姓名、住所、国籍、学历、经历、婚姻状况、亲属关系、未受刑事处罚、赠予、强制执行、签名印鉴、保全证据、其他有法律意义文书、事实等公证书格式。[2]

(二)要素式公证书与定式公证书共同发展

1. 要素式公证书的产生

从1998年起,司法部按照"将定式化格式改为定式化格式与要素式格式相结合"的方式进行改革,目前公证机构依然施行的是定式化格式与要素式格式相结合。市场经济的快速发展大大提升了各类民商事活动的活跃度,公证事项的复杂性与日俱增,各类主体对公证法律服务需求的范围、形式、专业程度的要求也日益提高。面对全新的需求,定式公证书这种相对固定的传统文书格式显然无法适应,要素式公证书应运而生。[3]

2. 定式公证书的标准化、规范化

2011年3月,司法部发布《关于推行新的定式公证书格式的通知》(司发通〔2011〕32号),这一文件就新格式的定式公证书推广作了规定,同时明确律师公证工作指导司印发新的定式公证书。新的格式中将定式公证书格式归纳为35式,进一步完善了定式公证文书的结构,增添了申请人基本情况和公证事项两项内容,从形式上实现了公证文书的标准化、规范化。引入证词变量,更加适应新时代公证需求,更加有利于公证目的的实现,与公证队伍日益提高的业务素质也是相匹配的。格式的适用性、包容性都大幅提升,并且达到了精简格式数量的目标。修订还增加了"注"的内容。"注"的增加给予了公证员相对的自由,要求公证员不拘泥于现有格式,要具体情况具体分析,根据实际情况撰写公证书。

3. 要素式公证书的发展

2000年3月11日,司法部下发的《关于保全证据等三类公证书试行要素式格式的通知》(司发通〔2000〕035号)规定,试行要素式公证书格式的范围暂定为在国内使用的保全证据、现场监督、合同(协议)三类公证书。2001年1月1日起,在全国(北京市、上海市、天津市提前,自2000年7月1日起)各公证机构全面推行在保全证据、现场监督、合同(协议)三类公证事项中使用要素式公证书格式。同月,司法部下发的《律师公证工作指导司关于印发要素式公证书格式及参考格式的通知》(〔2000〕司律公字010号)包括了三个附件,即《要素式公证书格式的使用说明》《保全证据等三类要素式公证书格式(试行)》和《参考格式》。其中合同、协议类公证、保全证据类公证以及招标、拍卖等现场监督类公证文书写作参考格式分类进行规定。2003年11月21日,司法部下发了《关于在部分公证处开展要素式公证书格式试点工作的通知》(司发通〔2003〕113号),通知中提出自2004年1月起,在北

---

〔1〕 参见向海平主编:《公证理论与实务》,四川大学出版社2017年版,第188页。
〔2〕 参见向海平主编:《公证理论与实务》,四川大学出版社2017年版,第188页。
〔3〕 参见向海平主编:《公证理论与实务》,四川大学出版社2017年版,第189页。

京市公证处、天津市公证处、上海市公证处、吉林省公证处、广东省公证处、广州市公证处、深圳市公证处、四川省公证处就继承类、强制执行类要素式公证书和法律意见书开展试点工作，并倡导公证人就公证及非诉讼法律事务出具法律意见书。在总结试点经验的基础上，2008年12月30日，司法部印发了《关于推行继承类强制执行类要素式公证书和法律意见书格式的通知》，通知中说明自2004年1月起的继承类、强制执行类要素式公证书和法律意见书格式试点工作达到预期效果，自2009年7月1日起，在全国范围内进行推广。在这里需要重点强调的是，要素式公证书写作逐渐被重视，是公证书在“有用性”发展过程中的表现。

要素式公证书发展到现在，各公证机构的处理方式有所不同，体现的是各公证机构、公证员的不同水平。对于公证机构来说，要素式公证书的发展水平，不仅体现公证员的专业水平，更是公证机构管理水平、机构文化、对公证理解程度的集中体现。

我国现在的公证书格式一直沿用定式公证书与要素式公证书相结合的方式，更能够体现公证的作用，赋予公证更多的发展空间，更能满足当事人的实际需要。公证决定书的发展也体现了公证文书完善的方面。公证决定书不与直接的公证业务办理相关，但在办理公证业务过程中是必不可少的。公证决定书作为公证复查过程中的重要文书，经历多年发展后越加规范，直接体现了公证制度的完善与成熟。各地公证机构的实践可资借鉴，如深度研究规范公证决定书，形成复查投诉流程，并创新研究决定书包含要素，直接促成行业规范的形成，推进了公证文书多样化发展。

第二节　公证书的制作要求

公证文书是一个属概念，公证书是公证文书最重要的组成部分，本节着重阐述公证书制作的基本要求。

我国公证机构出具的公证书分为内地公证书、涉港澳台地区公证书、涉外公证书。内地使用的公证书，指该公证书的使用地区为中国内地，又可将其分为国内民事公证书、国内经济公证书两种。涉港澳台地区公证书，也称区际公证书，是指发往港澳台地区使用的公证书，要求公证机构按照司法部涉港澳台地区公证规范的规定，比照文书使用地相关规定，依照公证书规定格式制作、出具。涉外公证书，是指发往国（域）外使用的具有法定涉外效力的公证书，要求公证机构根据本国相关法律法规及司法解释，参照文书使用国（地）的法律、法规、规章的规定和国际公法、国际私法、国际条约、国际协议及国际惯例的规定，按照法定程序和规范制作、出具。不同类型的公证书，在文书格式、要素和文字编排方面有特定要求，但是同属于公证书类型，制作要求也有共同之处。

一、依法制作

公证书应由公证机构根据相关法律规定及申请人的申请，按照法定公证程序和规范，对经公证证明的事项，依据事实确认，证明其内容真实、合法，并由执业公证员依照法定格式制作、由公证处出具。司法部规定的公证书格式属于"法定格式"，公证机构及其组成人员必须按照其要求制作公证书。任何单位、个人不得对公证书格式进行拟制和篡改。

（一）资格法定

公证书的制作应当注意公证机构的受理权限、申请人的申请资格，针对公证事项的不同而处理。公证书的出具需要由有资格的公证机构作出。需要特别强调的是，根据《公证处办理涉外公证业务暂行管理办法》相关规定，公证机构办理涉港澳台地区和涉外公证书，应指定具备相应资格的公证机构和公证员办理并按照规定制式出具公证书，即出具涉港澳台地区公证书和涉外公证书，除了公证机构应当由具备涉港澳台地区或涉外的相应资格，同时承办公证员也应具备涉港澳台地区或涉外的相应资格。公证机构和公证员的涉外资格须经所在地省级司法行政机关批准，并报司法部备案。存在特殊情况时，我国驻外国大使馆、领事馆也有权办理所驻国（地）领区内的涉外公证业务。

（二）程序法定

公证书拟制完成后，应当经过公证机构审批方能出证。根据《公证程序规则》第 40 条的规定，由承办公证员为符合法律、法规的公证事项拟制公证书，并连同被证明的文书、当事人提供的证明材料及核实情况材料报送公证机构的负责人或其指定的公证员进行审批，公证机构的负责人或者负责审批的公证员不得审批自己承办的公证事项。也就是说，除了按规定无须审批的公证事项外，公证书的出具需要经过严格的审批手续。

（三）公证内容法定

我国法律法规对可申请公证的人和可申请公证的事项进行了规定。申请公证的人应与公证事项有利害关系，申请人可以就无争议的民事法律行为、有法律意义的事实和文书等法律规定事项，如合同、继承、委托、遗嘱、出生、死亡、保全等，依照法律规定提出公证申请。[4] 具体在内容上，可概括为下述七个方面的公证书：民事法律行为方面；有法律意义的事件；有法律意义的文书；强制执行类；保全证据类；提存、登记、保管等公证事务的专项证明书；现场监督类。也就是说，公证书所围绕的是上述七个大类的内容。

（四）出证时间法定

根据我国《公证法》及《公证程序规则》的规定，符合办证条件的公证事项，非因不可抗

---

〔4〕《公证程序规则》第 9 条规定："公证当事人是指与公证事项有利害关系并以自己的名义向公证机构提出公证申请，在公证活动中享有权利和承担义务的自然人、法人或者其他组织。"

力，公证机构出具公证书的时间应当在自受理公证申请之日起15个工作日内。[5] 针对赋予债权文书强制执行效力的公证书出具执行证书时，公证机构应当在法律规定的执行期限内出具。与其他的法律文书相比较，公证书的出具有严格的时间限制。目前所倡导的“最多跑一次”“一次性告知”“承诺制”等制度，优化了公证书办理流程，精减了所提交的材料，也相应缩减了公证书出具的时间。[6]

二、要素齐全

公证书主要由三部分组成，分别是封面、里页、封底。其中里页为主要部分，分别由被证明文书和证词页构成。公证书的证词页由首部、证词（正文）和尾部三部分组成，具体介绍如下。

（一）首部

1. 公证书名称

在证词页上部居中书写“公证书”三个字。不写具体的公证事项名称。

2. 公证书编号

在公证书名称的右下方，由年份、地区、公证处、证书类别、公证书顺序号五种代码组成。

（1）年份。使用公历，用阿拉伯数字书写，并用（××××）括号表明。

（2）地区。应使用公证处所在地省（自治区、直辖市）的简称，可加所在市（地）简称。

（3）公证处。由公证处自定，一般使用其名称的“第一个字”，但不得与所在省（自治区、直辖市）其他公证处相同。

（4）证书类别。由公证处自定，一般可分为“民字”“经字”“外字”等。应当注意的是，涉港澳台地区公证事项均不得使用涉外类编号。

（5）公证书顺序号。公证书要求“一事一证”，每件公证书对应一个编号，由公证处以年度为单位自行编排，用阿拉伯数字书写。同一公证处对一个自然年内所办理的同类别公证必须按照出证顺序编排公证书序号编码；同一申请人同时办理的公证书应按逻辑顺序编号，不得错号、不得空号、不得间断、不得重号。

3. 申请人、代理人的基本信息

（1）申请人为自然人的，其姓名、性别、出生日期、公民身份证号码等基本信息应列明在公证书中。发往域外使用的公证书除应包含上述信息，有些还可根据申请人申请加注护照号码；申请人为外国人的，应注明出生日期、国籍和护照号码；申请人为港澳台居民的，应

---

〔5〕《公证法》第30条规定：“公证机构经审查，认为申请提供的证明材料真实、合法、充分，申请公证的事项真实、合法的，应当自受理公证申请之日起十五个工作日内向当事人出具公证书。但是，因不可抗力、补充证明材料或者需要核实有关情况的，所需时间不计算在期限内。”《公证程序规则》第35条：“公证机构经审查，认为申请公证的事项符合《公证法》、本规则及有关办证规则规定的，应当自受理之日起十五个工作日内向当事人出具公证书。因不可抗力、补充证明材料或者需要核实有关情况的，所需时间不计算在前款规定的期限内，并应当及时告知当事人。”

〔6〕详见司法部印发的《关于优化公证服务更好利企便民的意见》第二部分“规范和精减公证证明材料”。

注明出生日期、身份证件号码或来往内地(大陆)通行证号码。

申请人为法人或者非法人组织的,应写明名称、机构代码和注册地址,还需要注明法定代表人或者负责人的基本信息。

(2)代理人的基本信息,应当注明所代理的申请人基本信息,根据《公证书制作规范》(SF/T 0038-2021)的规定,代理人信息、申请人信息等应与第一顺位名称或姓名等内容编排于一行,信息包括姓名、性别、出生日期、公民身份证号码。[7]

4. 公证事项

公证事项应单列一行,按照法律法规写明公证事项或被证明对象的名称。

(二)证词

1. 证词内容

公证书的证词部分应根据公证事项的具体情况来写,证词中法人、非法人组织名称第一次出现时必须使用全称。采用定式格式的,必须按照司法部规定或者批准的定式公证书格式准确书写。证词内容包括:公证证明对象、范围和内容,以及所依据的法律、法规和司法解释等。定式公证书有法定的格式,对内容有严格的格式要求和表述规范。要素式公证书因案而异,证词的制作相对复杂。

2. 涉港澳台地区公证书证词的特殊要求

(1)无(有)犯罪记录公证书的特殊要求:发往港澳地区使用的无(有)犯罪记录公证书,证词应当写成"在中国内地居住期间";发往台湾地区使用的无(有)犯罪记录公证书,证词应当写成"在中国大陆居住期间"。

(2)发往台湾地区使用的婚姻状况公证书的特殊要求:2015年8月27日,民政部发布的《关于进一步规范(无)婚姻登记记录证明相关工作的通知》中规定,发往台湾地区使用的婚姻状况公证书需要民政部门出具的(无)婚姻登记记录证明,并且在证明中注明使用地及用途。

(3)涉台公证书证词内容的特殊要求:所有的涉台公证书均应在证词尾部另起一行,注明"本公证书用于台湾地区",以及公证书的具体事项、用途。另外,涉台公证书证词中不得使用"中华民国""民国×××年"的表述,不得出现所谓的"法律"名称,如有必要可表述为"依据台湾地区相关规定"。

3. 涉外公证书

发往部分国家使用的公证书需要认证,认证分为单认证与双认证。单认证,指我国公证机构依法出具的涉外公证在送往国外使用前只需办理我国外交部领事司或其委托机构的领事认证,文书使用国即可接受该文书。双认证,是指我国公证机构依法出具的涉外公证书在送达国外使用之前,先需在我国外交部领事司或其委托的机构办理领事认证,还需按照该公证书使用国的要求,在该国驻华使领馆办理领事认证后,公证书使用国才认可该

---

[7] 详见司法部2021年6月21日发布并开始实施的《公证书制作规范》第7条。

公证书的证明效力。涉外公证书还对译文有具体要求，现根据中国领事服务网[8]的信息，公证书译文要求如表8－1所示：

表8－1　公证书译文要求

国家	译文要求	备注
阿尔及利亚、法国、海地	法文	法国双认证需翻译法文
西班牙、阿根廷、巴拿马、玻利维亚、哥伦比亚、哥斯达黎加、古巴、厄瓜多尔、多米尼加、委内瑞拉、乌拉圭	西班牙文	
埃及、利比亚	阿拉伯文	在埃及使用的公证书也可能翻译为英文
俄罗斯、塔吉克斯坦、哈萨克斯坦、白俄罗斯	俄文	俄罗斯也接受英文译文，在哈萨克斯坦使用的公证书也可能翻译为哈萨克文
丹麦	丹麦语或英语	
德国	德语或英语	驾照公证书译文要求德语
意大利	意大利文	必须加盖翻译公司印章

4. 部分国家对不同公证事项有特殊要求

部分国家在一些公证事项上的要求不同，本书将针对出生公证、婚姻状况公证、无犯罪记录证明公证三类进行概括，如表8－2所示：

表8－2　部分国家公证事项的特殊要求

公证事项	国家	要求
出生公证	德国、比利时、克罗地亚	1996年1月1日之后出生的，须做出生医学证明公证（第33式）
	毛里求斯	申办出生公证的领事认证还需提供出生证的复印件1份
婚姻状况公证	哈萨克斯坦、奥地利、荷兰、芬兰、德国、阿根廷、乌拉圭、墨西哥、波兰	未婚公证书，应由当地民政部门出具当事人在当地无婚姻登记记录证明，再办理公证
无犯罪记录证明公证	哈萨克斯坦、葡萄牙	应由当地公安部门出具当事人在当地未受刑事处分证明，再办理公证。不接受无犯罪记录的实体公证

资料来源：《民政部关于进一步规范（无）婚姻登记记录证明相关工作的通知》，民函〔2015〕266号。

另外，部分国家公证需要办理译本与原本相符公证，即发往部分国家使用的公证书除应办理当事人所申请的公证事项外，还需增加办理译本与原本相符公证，依法对当事人所申请的公证书的译文文本内容与中文原本内容相符予以证明。一般需要办理译本与原本相符公证的国家有美国、俄罗斯、韩国、奥地利等。

---

〔8〕　参见中国领事服务网：http://cs. mfa. gov. cn/。

（三）尾部

1. 制作文书的公证处名称

证词页右下角应注明公证处名称，应使用公证处全称，不能用简称，如“中华人民共和国××省××市/县××公证处”。

发往台湾地区使用的公证书，公证书尾部公证处名称只需载明“××省××市（县）××公证处”。

2. 承办公证员加盖签名章或签名

公证书应使用蓝色印油加盖公证员横排式签名章，但发往阿根廷使用的公证书须由承办公证员用黑色墨水笔亲自签名。此处不得添加“主任公证员”“高级公证员”等除“公证员”以外的其他职务。

涉外公证书尾部加盖承办公证员签名章需注意：（1）涉外公证书的公证员签名章应经司法部备案后使用；（2）签名章不得压盖在译文及被证明的文件上。

3. 公证书出具日期

日期中的数字应用阿拉伯数字将年、月、日标全，年份应标全称，月、日不编虚位。[9]

4. 公证机构印鉴

应使用红色印泥将公证处印章压盖在出证日期上，并在公证书左下方加盖公证处钢印。

5. 照片

部分涉港澳台地区及涉外公证书需要加贴当事人的照片，照片应当贴在公证书证词页左下方的空白处，并将钢印盖在照片的骑缝处。

三、规范严谨

（一）文字、用纸与打印要求

1. 文字要求

根据《公证法》的规定，原则上应当使用全国通用的规范汉字制作公证书。根据当事人的需求，在民族自治地方可以同时制作当地民族通用的文字文本公证书，其与全国通用的规范汉字所制作公证书的效力相同。公证书不得使用繁体字（原则上包括被证明文件和文书）。

发往港澳台地区的公证书应当使用全国通用规范汉字，不得使用繁体字，根据当事人需求可附外文译文。发往国（域）外使用的公证书应当使用全国通用规范汉字，可参照文书使用国（地）或申请人需求，附外文译文。[10]

2. 用纸与打印要求

根据司法部规定，发往外国或者我国港澳台地区的公证书适用的是专用防伪纸张，由

---

〔9〕《公证书制作规范》（2021年6月21日发布）第7条。

〔10〕《公证书制作规范》（2021年6月21日发布）第7条。

中国公证协会统一调配发放。[11]

公证书的用纸规格、文书打印也有规范要求。具体要求如下：

（1）用纸规格要求：公证书的普通用纸，应用 210mm × 297mm 尺寸国际标准 A4 型纸制作，一般使用纸张定量为 $60g/m^2 \sim 80g/m^2$ 的胶版本印刷纸或复印纸。公证书的封面、封底用 210mm × 297mm 尺寸国际标准 A4 型纸或铜版纸进行制成，不得随意扩大或者缩小，同时封面和封底用纸质量应高于内文用纸质量。

（2）打印规范要求：第一，公证书用纸，上下边距为 26mm ± 1mm，左边边距为 30mm ± 1mm，右边边距为 26mm ± 1mm。第二，公证书证词应当单面打印，并在证词首页居中使用仿宋二号字打印"公证书"三个字。第三，公证书编号、证词内容、尾部均使用仿宋三号字进行打印，阿拉伯数字和英文字母采用 3 号 Times New Roman 字体，行间距调整为单倍行距，特定情况可作适当调整。第四，公证书封底为不打印文字的空白页，并用与公证书封面等尺寸和成分的铜版纸制成。第五，涉外公证书证词页应当使用全国通用规范汉字按照规范制作，所附译文应另纸打印，装订于使用全国通用规范汉字的证词后，译文应按照前页规范汉字证词内容准确翻译，并按照格式打印。

（二）副本数量要求

1. 公证机构需留存一份副本

公证机构在制作公证书时应当制作一份正本和至少一份副本，应当留存一份副本在公证机构作为备案，可根据申请人需求决定制作副本的份数。

2. 发往台湾地区使用的公证书应当制作至少两份副本

根据《两岸公证书使用查证协议》和《海峡两岸公证书使用查证协议实施办法》，发往台湾地区使用的公证书有寄送副本和查证的需要，并且关于寄送公证书副本及查证事宜，双方分别以中国公证员协会或有关省、自治区、直辖市公证员协会与财团法人海峡交流基金会相互联系，任何个人、公证处或省以下公证员协会不得向海峡交流基金会寄送公证书副本或答复查证事项。在制作公证书时，涉台公证书需制作正本一份，副本至少两份，其中一份副本留存在公证机构作为备案，另一份副本由公证机构寄往所在省、自治区、直辖市公证协会，由省、自治区、直辖市公证协会寄往海峡交流基金会。

（三）差错补正及其他要求

公证书不得随意修改，更不得在打印文字的空格中用笔添写文字。如需对公证书进行更正，需要将原公证书全部收回，如不能收回，需要出具补正公证书。根据 2021 年 1 月 1 日开始施行的《公证程序规则》，对于补正公证书有新的规定：应于补正公证书出具当日报地方公证协会备案，并录入全国公证管理系统。[12] 但是，发往港澳台地区和国（域）外使用公证书的差错之处，不得加盖校对章，应重新制作。

---

〔11〕《公证书制作规范》（2021 年 6 月 21 日发布）第 4 条。

〔12〕《公证程序规则》第 63 条第 5 款规定："公证机构撤销公证书或出具补正公证书的，应当于撤销决定作出或补正公证书出具当日报地方公证协会备案，并录入全国公证管理系统。"

第三节 定式公证书

一、定式公证书概述

(一)概念

定式公证书,是指按照固定的格式文字填充其中的变量撰写而成的公证书。[13] 根据司法部《关于推进新的定式公证书格式的通知》(司发通〔2011〕32号)的内容,修订后的《定式公证书格式》将定式公证书分为三大类,共35式,包含了民事法律行为类定式公证书、有法律意义的事实类定式公证书以及有法律意义的文书类定式公证书。

(二)制作要求

1. 符合出具定式公证书的条件

公证机构出具定式公证书,需要依据《公证法》和《公证程序规则》审核当事人的申请是否符合条件,就符合条件的申请事项按照定式公证书的要求制作并出具公证书。

《公证程序规则》第36条、第37条分别对民事法律行为的公证、有法律意义的事实或者文书的公证的出具条件作出规定。[14] 相关定式公证书的出具须满足上述规定,还要经过实际办证过程中公证员的审查。

2. 符合定式公证书的制作要求

定式公证书格式是固定的,只需要对申请人、时间、文件名称等变量进行填写。需要注意以下几点:

(1)正确确定申请人。根据《公证程序规则》的规定,申请人需满足与申请事项有利害关系、享有相应的民事权利能力并独自承担义务几个条件。切勿将申请人和代理人混淆。

(2)申请人信息的必填选项一般格式为"×××、性别、××××年××月××日出生,公民身份号码:××××,住址:××××",尤需注意,此处应为"公民身份号码",而非"居民身份证号码"。若申请人为未成年人的,未成年人有公民身份号码的,也应书写,没有公民身份号码的,写出生年月日。另外,涉外公证书中可能有需要特别书写的基本信息,应依

---

〔13〕 参见司法部律师公证工作指导司编:《定式公证书格式使用指南》,法律出版社2011年版,第2页。

〔14〕 《公证程序规则》第36条规定:"民事法律行为的公证,应当符合下列条件:(一)当事人具有从事该行为的资格和相应的民事行为能力;(二)当事人的意思表示真实;(三)该行为的内容和形式合法,不违背社会公德;(四)《公证法》规定的其他条件。不同的民事法律行为公证的办证规则有特殊要求的,从其规定。"第37条规定:"有法律意义的事实或者文书的公证,应当符合下列条件:(一)该事实或者文书与当事人有利害关系;(二)事实或者文书真实无误;(三)事实或者文书的内容和形式合法,不违背社会公德;(四)《公证法》规定的其他条件。不同的有法律意义的事实或者文书公证的办证规则有特殊要求的,从其规定。"

照特殊规定。关于公证书中的数字,其中"公证书编号""公民身份号码"用阿拉伯数字书写,地址中所涉及的数字需与户籍记载一致。

(3)公证证词中涉及文件名称的,文件名称均应加书名号注明。

(4)定式公证书样式制定的时间较早,在具体引用法律法规时,可能存在法条变动的情况,须引用最新的相关法条,切勿引用已作废法条。

(5)定式公证书的证词格式虽然有固定的模板,但并不能机械适用。认真阅读每一式定式公证书的"注"可以发现,很多格式都给予了公证员根据具体情况酌情改变证词的空间。以第13式曾用名公证为例,其给出的格式中有"兹证明×××(申请人)自××××年××月××日至××××年××月××日曾用名为×××"的表述,但对于无法提供使用曾用名的确切时间的当事人,在证词中可以不写明起止时间。

二、民事法律行为公证书

(一)概念

民事法律行为公证书,是指公证机构针对民事法律行为类申请事项,如委托、遗嘱等设立、变更、终止等而出具的定式公证书。

民事法律行为公证书,包括委托、声明、赠与、受赠、遗嘱、保证、公司章程、认领亲子8式。此类公证的目的,是证明申请人在公证员的见证下实施了某种法律行为,公证员证明该行为的真实性,以及确认申请人知悉相关法律行为的法律意义和法律后果。

(二)内容、结构及制作方法

以实务中较常见的委托公证书为例,该定式公证书中需要填充的内容,仅为公证申请人信息及办理时间,其余对于民事法律行为的描述是固定的,是不能进行修改的。

1. 首部。包括公证书标题、编号、申请人基本情况和公证事项。
2. 正文。包括证明民事法律行为的具体内容和法律依据。
3. 尾部。包括公证机构名称、公证员签名或加盖签名章、日期等事项。

文书格式

三、有法律意义的事实公证书

(一)概念

有法律意义的事实公证书,是指公证机构针对有法律意义的事实的申请事项而出具的定式公证书。

有法律意义的事实类公证包括出生、生存、死亡、身份等共24种样式。具体是指:出生、生存、死亡、身份(国籍、监护、户籍注销)、曾用名、住所地(居住地)、学历、学位、自然人经历、法人经历、职务(职称)、资格(法人资格、非法人组织资格、职业资格)、无(有)犯罪记录(无犯罪记录、有犯罪记录)、婚姻状况(未婚、离婚未再婚或者丧偶未再婚、已婚系初婚、已婚系再婚)、亲属关系(亲属关系、用于继承的亲属关系)、收养关系(收养关系、事实收养、抚养事实)、财产权(股权、知识产权、存款、不动产物权)、收入状况、纳税状况、票据拒绝、选票、指纹、不可抗力(意外事件)、查无档案记载等。此类公证的目的,是对已经发生的法律事实进行证明，其核心在于对法律事实的确认。对于此类公证，需要公证员通过多种方式来确认相关法律事实的真实性。

（二）内容、结构及制作方法

首部、尾部可参照民事法律行为公证书的制作。正文应写清有法律意义的事实。此类公证书证词撰写的核心在于信息的准确性，如第9式出生公证书，如申请人父母持有境外身份证件的，应当对证词作相应调整，如"国籍：美国，护照号码：××××"，"香港永久性居民身份证号码：××××"。出生公证书正文举例如下："兹证明×××（申请人）于××××年××月××日在××省××市（县）出生。×××（申请人）的父亲是×××（公民身份号码：××××），×××（申请人）的母亲是×××（公民身份号码：××××）。"

四、有法律意义的文书公证书

（一）概念

有法律意义的文书公证书，是指公证机构针对民事法律文书如毕业证、学位证等真实有效的申请事项而出具的定式公证书。

有法律意义的文书类公证包括证书（执照）、文书上的签名（印鉴）、文本相符3式。此类公证是对特定的对象即具有法律意义的文书进行公证，包括结婚证书、学历证书、学位证书等，除了证明文书本身的真实性之外，还包含文本相符这一证明事项。其中，样式第33式适用于证明法定机构或者职权机构依法颁发的证书（执照）原件属实、复印件与原件相符。样式第35式则包括两类，第一类适用于证明文书的复印件、副本、影印本、节本等与原本相符公证，出证条件适用《公证程序规则》第38条的规定。对于能够按照证书（执照）公证书格式出具公证书的，不得采用本格式。第二类是适用于涉外公证中，应有关国家要求证明公证书的外文译本内容与中文原本相符公证，即在第一份公证文书的后面再另行增加一个公证文书，共同组成一份完整的公证书，用于证明前面所附的公证书的外文译本与中文原本相符。

（二）内容、结构及制作方法

首部、尾部可参照民事法律行为公证书制作。正文部分举例如下："兹证明××××（单位全称）于××××年××月××日发给×××的《××××》（证照名称）的原件与前面的复印件相符，原件属实。"

本类证明涉外的居多，每个国家需要办理的公证事项要求不同，在进行公证时需要注意各个国家的具体规则。

第四节　要素式公证书

一、要素式公证书概述

(一)概念

要素式公证书,是指公证书内容由规定的要素构成,公证书文字、措辞、语序、结构等则由公证人酌情撰写的公证书。[15]

要素式公证书与定式公证书最大的区别,就是正文(证词)部分没有固定格式。司法部样式只列出了要素式公证书中必备和可选择的内容,称为"必备要素"和"选择要素"。必备要素为证词中必须要撰写的内容;选择要素是根据申请人的要求或者公证的具体情况酌情在公证书中写明的内容。[16] 要素式公证书包括合同(协议)类、继承类、保全证据类、现场监督类、强制执行类、法律意见书六大类。

(二)制作要求

1. 依照公证事项的具体适用规则制作

针对适用要素式公证书的保全证据类、现场监督类、合同(协议)类、继承类、强制执行类公证事项中特殊的、有典型性的公证事项,司法部制定有相应的规则、细则或办法。例如,针对如何办理房屋拆迁证据保全,司法部制定有《房屋拆迁证据保全公证细则》;针对招投标公证如何办理,司法部制定有《招标投标公证程序细则》。但是我们应该注意的是,随着经济社会的发展、法律法规的变化,制定年份较早的相关规则、细则或办法可能难以满足现在的实际需求,需要公证人员针对具体的公证案例,认真琢磨,研究相关法律规定,提高业务水准,兼顾公证书写作的规范性与创新性,满足当事人的需求。

2. 依照要素式公证书的具体要求制作

要素式公证书反映的内容要真实,不夸大、不缩小,符合法律法规的规定。要素式公证书的语言应简明扼要、准确规范。完成文书制作后,需要仔细校对,避免出现错误。

要素式公证书比定式公证书的制作难度更大、要求更高,公证人员应对公证事项、公证过程、结果及其理由有一个全方位的把控,并且有很强的公证书制作能力。以保全证据公证书为例,其证词要求写清整个保全过程,如何达到当事人所希望的固定证据的结果是关键,需要通过制作实践不断探索。如探索以结果为导向,公证全流程介入保全证据工作,即通过事前制定保全方案,事中施行保全行为,事后完成高质量文书制作的保全证据公证。通过这一过程,以高质量的公证书展示高质量的保全证据公证流程,更好地满足当事人的

---

〔15〕 江晓亮主编:《公证员入门》,法律出版社2003年版,第319页。

〔16〕 石峰主编:《公证文书》,东北师范大学出版社2008年版,第170页。

需求，让要素式公证书尽可能“有用”。当然，如何结合要素式公证书的不同特点，改革传统的证词表述方式，有力支撑公证证明结论，是要素式公证书制作改革完善的重点。

二、保全证据类公证书

（一）概念

保全证据类公证书，是指公证机构依据当事人的申请，依法对日后可能灭失或难以提取的证据加以验证提取、收存和固定等作出保全而出具的公证书。

（二）内容、结构及制作方法

保全证据类公证书包括保全证人证言或当事人陈述，保全物证、书证，保全视听资料、软件和保全行为等公证书格式。

格式与范例

1. 首部。包括标题、编号、申请人（关系人）基本情况、公证事项等。

2. 正文。即证词，包括必备要素和选择要素。

（1）必备要素。包括：申请人姓名或名称、申请日期及申请事项，证人的基本情况及行为能力，保全证人证言或当事人陈述的时间、地点，保全的方式方法，保全证据的关键过程，公证结论。例如，在购物保全中，要写清购买物品的基本情况；保全证据的时间以及地点；保全所采用的方式；保全的客观过程。

（2）选择要素。包括：申请保全证据的原因、用途，办理该项公证的法律依据，对所取得的证据的保全方式及存放地点，对公证书所证明范围的说明，公证书的正本和副本，附件。选择要素可以根据当事人办理保全证据的目的进行选择性描述，是体现公证书质量和价值的重要方面。

3. 尾部。包括公证机构名称、公证员签名或加盖签名章、日期等事项。

三、现场监督类公证书

（一）概念

现场监督类公证书，是指公证机构依据当事人的申请，依法对特定活动的举办履行监督职能，保证活动按照预定规则执行，保证结果公平公正而出具的公证书。

现场监督类公证书格式包括拍卖公证书格式、招标公证书格式、开奖公证书格式、股份公司创立大会公证书格式、股票认购证抽签公证书等格式。现场监督类公证有较为明显的特点，与保全证据类公证相比，不仅两名公证人员中至少有一名为公证员且需到达活动现场办理公证，而且须在现场宣读公证词，并在7日内出具公证书，对结果进行确认。

（二）内容、结构及制作方法

现场监督类公证书包括首部、正文（证词）和尾部三个部分。其中，申请人信息、活动审查情况、活动举办情况以及活动结论是现场监督类公证书中的必备要素，申请人对活动相关情况的说明、调查取证的行为、公证书生效日期以及公证书附件情况等为选择性要素。

四、合同（协议）类公证书

（一）概念

合同（协议）类公证书，是指公证机构依据当事人的申请，对于当事人双方或者多方之间签订合同（协议）行为的真实合法性予以证明而出具的公证书。

（二）内容、结构及制作方法

合同（协议）类公证书包括首部、证词和尾部三个部分，其中公证申请人的信息、当事人的意思表示真实、当事人所做出的行为、公证结论等是必备要素，合同（协议）涉及的标的物情况、当事人对合同（协议）的理解、合同（协议）生效时间、附件等都是选择性要素。

格式与范例

五、继承类公证书

（一）概念

继承类公证书，是指公证机构依据当事人的申请，对继承人的继承权进行明晰、实现继承权而出具的公证书。继承类公证书中又包含法定继承以及遗嘱继承两种公证书。

（二）内容、结构及制作方法

继承类公证书包括首部、证词和尾部三个部分。证词内容中申请人信息、公证处查明的被继承人死亡信息、被继承人合法财产、被继承人有无遗嘱或遗赠扶养协议、所有继承人、继承人身份资格适格情况、放弃继承情况等属于公证书中的必备要素；如果是遗嘱继承，那么对遗嘱效力的认定也是必备要素之一。对于申请人提供的证明材料、被继承人生前未缴税款和债务情况等其他情形属于选择性要素。

六、强制执行类公证书

（一）概念

强制执行类公证书，是指公证机构依据当事人的申请，对具有给付内容并载明债务人或担保人愿意接受强制执行效力的债券文书进行公证而出具的文书及在债务人或担保人不履行或不完全履行义务时，债权人有权向公证机构申请出具执行的执行证书。

强制执行类公证书，分为赋予债券文书强制执行效力的公证书以及执行证书两部分。

（二）内容、结构及制作方法

赋予债权文书强制执行效力公证书的首部和尾部与其他要素式公证书内容结构相同，正文即证词部分需要写明债务、当事人的真实意思、是否有抵押担保情况、当事人对于债权文书上的签字盖章等真实有效、执行范围，最重要的是需要载明债务人或者担保人愿意接受强制执行的意思表示。对于当事人提交的材料、对债权文书的说明等是选择性要素。

格式与范例

执行证书是在债务人或担保人不按照合同约定履行义务时，债权人向公证机构申请出具的公证书。出具执行证书需要先行审查赋予债权文书强制执行效力的公证书,在执行证书中写明。同时,需要写明对债务的核实情况、执行标的。债权人申请执行提供的材料、有管辖权的人民法院是选择性写作要素。

第五节　其他公证文书

一、提存公证书

(一)概念

提存公证书,是指当事人为履行清偿义务或担保义务,向公证机构提出申请,公证机构依照法律规定,按照法定程序对债之标的物或担保物进行提存后所出具的公证书。

提存公证对于债务切实履行、保障交易安全有不可替代的作用。在合同关系中,如果出现债务清偿期限届至,合同一方即债务人在正常情况下无法向债权人给付标的物,完成合同义务时,即可能存在债权人不在债务履行地又不能到履行地受领的;债权人无正当理由拒绝或延迟受领债之标的的;债权人不清、地址不详,或失踪、死亡(消灭)其继承人不清,或无行为能力人的法定代理人不清的情形时,出现上述情况之一的,债务人可以向公证机构申请办理提存公证。除上述情况外,若合同(协议)的双方或者多方约定债的给付以提存的方式完成,合同各方也可以向公证机构申请办理提存公证。

案例阅读

(二)内容、结构及制作方法

提存公证书由首部、正文和尾部构成。

1. 首部。包括标题、编号、申请人基本情况。需要注意的是,提存公证书的标题非“公证书”,而是“提存标的物收讫确认书”或“提存标的物确认书”。编号也是另起立号,多以“提字第”立号。另外,提存公证书的首部无公证申请事项。

2. 正文。包括受理提存公证的原因及说明、提存标的物及收讫情况、通知受领人或担保人领取款项的说明等。

3. 尾部。包括公证机构名称、公证员签名或加盖签名章、日期等事项。

(三)注意事项

1. 公证机构出具收讫确认书有严格的时间限制。公证机构出具标的物收讫确认书应当在公证机构收讫提存标的物后的 3 日内向提存人出具,并且收讫确认书一式两联,由提存人与公证处各收执一份。另外,以清偿为目的的提存,提存人需通知债权人,但是无论提存人是否已经通知债权人,公证机构都需在提存之日起的 7 日内,以书面形式通知提存受领人,告知其领取提存标的物的时间、地点、方式等,提存受领人不清或者下落不明的、地址不详的，公证机构应自提存之日起60日内，以公告方式通知。

2. 若是支付款项的清偿性提存收讫确认书，其中应当载明公证机构的专用提存账户。办理提存事务的公证机构，应当在银行设立专门的提存账户，严禁将提存款项存于公证人员的个人账户中。

3. 若是提存相应标的物的，公证人员需要制作相应的验收笔录及工作笔录，将标的物的验收时间、方式、地点、参加人员及标的物数量、种类、规格、价值以及存放地点、保管环境等进行详细记录。

二、保管证书

（一）概念

保管证书，是指公证机构依法对经公证保管的遗嘱或者与公证具体事项相关的财产物品等进行保管所出具的证明书。公证机构常办理的是对遗嘱、遗产或当事人在办理其他公证事项中涉及的财产、物品、文书的保管，并且出具保管证书。

（二）内容、结构及制作方法

实务中，公证机构办理较多的保管事务即遗嘱保管，此部分着重解析遗嘱保管证书。遗嘱保管事务是公证机构依据遗嘱人的申请对其提交的遗嘱进行密封、存放，对相关信息进行备案，并根据有关人员申请提供遗嘱取回、开启、领取等一系列服务的公证事务。公证机构进行遗嘱保管的范围一般为申请人提交的自书遗嘱、代书遗嘱。遗嘱保管事务的程序大致为：申请—办理—出具保管证书—立卷（密卷）—取回—终止。

遗嘱保管证书由首部、正文和尾部构成。应载明申请人的身份信息、遗嘱的形式、遗嘱领取人的身份信息及联系方式、遗嘱开启与领取的条件等内容。此外，公证机构要按照公证档案管理的规定，将保管证书、遗嘱、保管申请书、书面记录及其他与保管有关的材料一并立卷并列为密卷保管，建立遗嘱保管电子或纸质登记簿。

1. 首部。包括标题、编号、申请人基本情况。这里的标题不再是“公证书”，而是“遗嘱保管证书”，编号也多以“保字第”进行立号；申请人基本信息也就是保管寄存人的基本信息。

2. 正文。包括对遗嘱密封进行说明，同时需要写明遗嘱保管期限、遗嘱保管方式、领取方式。

示范举例

3. 尾部。包括公证机构名称、公证员签名或加盖签名章、日期等事项。

（三）注意事项

1. 申请人可以随时取回遗嘱，取回遗嘱应当向公证机构提交书面申请并交回保管证书。如申请人不能交回保管证书的，应当书面说明，并且公证机构应当指派两名公证人员办理，其中一名应当是公证员。若申请人申请取回遗嘱，申请人与公证人员应一起核验遗嘱密封状况，共同拆启密封的信封，取出遗嘱；公证人员应当将申请人取回遗嘱的过程制作成书面记录，并由申请人签名确认。

2. 申请人死后,遗嘱领取人可持申请人的相关死亡凭证申请开启密封的遗嘱和领取遗嘱复印件,遗嘱原件仍由公证机构继续保存。如出现申请人未指定遗嘱领取人或者遗嘱领取人死亡、丧失民事行为能力的,申请人的全体法定继承人可以参照本条规定申请开启、领取遗嘱复印件。

三、公证申请表

(一)概念

公证申请表,是指自然人、法人、非法人组织向公证机构提出的书面文书,用以请求其依照法定程序对法律行为及有法律意义的文书或事实的真实性与合法性予以证明。

依据《公证程序规则》第17条的规定,自然人、法人或其他组织向公证机构申请办理公证,应当填写公证申请表。当事人的公证申请表是启动公证程序的开端,在我国公证申请只能以书面形式提出,即填写公证申请表。

(二)内容、结构及制作方法

公证申请表为表格式文书,一般包括以下五个方面的内容:名称、申请人或代理人基本情况、申办公证的事项及公证书用途、提交的证明材料及有关证人情况、结尾签字。应在首行居中写明“公证申请表”。

文书格式

(三)注意事项

1. 公民或单位申请公证,一般应由本人提出申请,特殊情况也可委托他人代为申办,公证机构应对当事人(包括代理人)身份进行核实。

2. 当事人向公证机关申请公证,一般应书面填写申请表格,也可以由公证员代为书写或打印,经申请人核对后再签名或盖章。

四、公证告知书

(一)概念

公证告知书,是指公证人员告知当事人在特定公证法律活动中的权利、义务以及对公证法律活动后果所承担责任的书面文件。

(二)内容、结构及制作方法

1. 首部。包括“告知书”标题、告知时间、告知地点、告知人、被告知人等。

2. 正文。包括办理公证事项的权利义务和涉及的法律规定。

3. 尾部。包括被告知人签名及日期。

(三)注意事项

1. 公证人员在履行告知义务时应当遵循一次告知、全面告知、充分告知、及时告知、合理告知的原则。[17]

2. 在实践中，要正确把握公证告知义务的定位，正确理解和把握告知的范围界限，把公证告知的主轴扭转到公证风险防范上来。[18]

五、公证询问笔录

（一）概念

公证询问笔录，是指公证员在办理公证过程中，为核实公证事项真实性、确定当事人真实意图、履行法定告知义务，通过询问交谈等方式与当事人、利害关系人、证人等进行语言交流，并记载交流内容的书面记录。

（二）内容、结构及制作方法

根据《公证程序规则》第29条的规定，询问笔录主要包括询问日期、询问地点、询问人、记录人、询问事由、被询问人的基本情况、告知内容、询问谈话内容等。公证询问环节应抓住公证事项的审查重点和关键要素，尤其应对存疑点进行认真审查，公证员可酌情处理审查过程中的具体语言和内容，但应以充分了解当事人的意思表示及公证事项的真实性为导向。询问笔录制作完成后，应当交由被询问人核对，核对无误后，由被询问人签名或者盖章、捺指印；若笔录中有误需要修改，在修改处应当由被询问人盖章或者捺指印认可。

1. 首部。包括“询问笔录”标题、询问时间、询问地点、询问人、被询问人信息。

2. 正文。包括办理公证事项涉及的相关情况，如当事人是否自愿办理、办理公证原因、办理公证可能产生的权利义务等信息。

3. 尾部。包括被询问人签字及时间。

（三）注意事项

1. 询问笔录应重点审查当事人身份、申请的公证事项、提供的文书及证明材料等是否真实、合法。

2. 制作公证询问笔录应遵循“一人一笔录”原则，具有针对性，尊重客观事实，避免主观性。实践中经常出现的冒名“假人”签名问题，也应特别注意。

六、公证决定书

（一）概述

决定书，是指公证机构根据事实和法律，为解决某些公证程序事项而作出的书面处理

---

〔17〕　参见马明发、郝静涛：《浅谈公证告知》，载《法制与社会》2014年第5期。

〔18〕　参见王艳凤：《公证告知不必过于宽泛》，载《中国公证》2013年第5期。

意见。[19] 根据《公证程序规则》中的规定，[20] 决定书主要适用于不予办理公证、终止公证、维持或撤销公证书等环节。

公证实践中主要涉及的决定书有四类，分别是：不予办理公证决定书、终止公证决定书、复查处理决定书、不予出具执行证书决定书。详见图 8－1：

- 不予办理公证决定书
  - 未提供相应证据材料
  - 申请人非当事人或利害关系人
- 终止公证决定书
  - 当事人原因 6 个月内未办结
  - 当事人撤回公证申请
  - 申请人死亡或终止
  - 当事人阻扰、妨碍
- 复查处理决定书
  - 不予受理公证复查申请决定书
  - 终止公证复查申请决定书
  - 复查处理决定书
    - 撤销公证书
    - 维持公证书
- 不予出具执行证书决定书
  - 未载明接受强制执行承诺
  - 充分证明已全部履行义务
  - 法院已受理公证债权文书
  - 超过执行申请时效

图 8－1　公证决定书分类

（二）不予办理公证决定书

1. 概念

不予办理公证决定书，是指出现如当事人主体不适格、对公证事项有争议、意思表示不真实、拒绝付费等《公证法》第 31 条中规定情形的，公证机构不予办理公证并出具的

---

[19] 江晓亮主编：《公证员入门》，法律出版社 2003 年版，第 313～314 页。

[20] 《公证程序规则》第 49 条第 1 款规定："不予办理公证的，由承办公证员写出书面报告，报公证机构负责人审批。不予办理公证的决定应当书面通知当事人或其代理人。"第 51 条第 1 款规定："终止公证的，由承办公证员写出书面报告，报公证机构负责人审批。终止公证的决定应当书面通知当事人或其代理人。"第 63 条规定："公证机构进行复查，应当对申请人提出的公证书的错误及其理由进行审查、核实，区别不同情况，按照以下规定予以处理：（一）公证书的内容合法、正确、办理程序无误的，作出维持公证书的处理决定；（二）公证书的内容合法、正确，仅证词表述或者格式不当的，应当收回公证书，更正后重新发给当事人；不能收回的，另行出具补正公证书；（三）公证书的基本内容违法或者与事实不符的，应当作出撤销公证书的处理决定；（四）公证书的部分内容违法或者与事实不符的，可以出具补正公证书，撤销对违法或者与事实不符部分的证明内容；也可以收回公证书，对违法或者与事实不符的部分进行删除、更正后，重新发给当事人；（五）公证书的内容合法、正确，但在办理过程中有违反程序规定、缺乏必要手续的情形，应当补办缺漏的程序和手续；无法补办或者严重违反公证程序的，应当撤销公证书。被撤销的公证书应当收回，并予以公告，该公证书自始无效。公证机构撤销公证书或出具补正公证书的，应当于撤销决定作出或补正公证书出具当日报地方公证协会备案，并录入全国公证管理系统。"

文书。[21]

2. 内容、结构及制作方法

(1)首部。包括“决定书”标题、文书字号、申请人信息。其中文书字号区别于公证书编号,需要就该事项特定编号。

(2)正文。包括不予办理决定的说明、依据、救济途径等。

(3)尾部。包括公证处落款及时间。

(三)终止公证决定书

1. 概念

终止公证决定书,是指公证机构收到当事人申请后,因当事人方面的原因不能继续办理公证、阻挠公证员按程序办理公证或者继续办理公证已无意义等《公证程序规则》第 50 条中规定情形的,公证机构应当终止公证并出具的文书。[22]

2. 内容、结构及制作方法

(1)首部。包括“决定书”标题、文书字号、当事人基本信息。

(2)正文。包括申请事项、审查的具体情况、作出的决定及处理依据、申请人的权利救济途径等事项。

(3)尾部。包括公证处落款及时间。

(四)复查处理决定书

1. 概念

复查处理决定书,是指当事人、公证事项的利害关系人认为公证书有错误,向出具该公证书的公证机构提出复查,公证机构依法启动复查核实程序后依据《公证程序规则》第 63 条作出处理决定并出具的文书。

2. 内容、结构及制作方法

(1)首部。包括“决定书”标题、文书字号、当事人基本信息。

(2)正文。包括申请事项、审查的具体情况、作出的决定及处理依据、申请人的权利救济途径等事项。

(3)尾部。包括公证处落款及时间。

格式与范例

〔21〕《公证法》第 31 条规定:“有下列情形之一的,公证机构不予办理公证:(一)无民事行为能力人或者限制民事行为能力人没有监护人代理申请办理公证的;(二)当事人与申请公证的事项没有利害关系的;(三)申请公证的事项属专业技术鉴定、评估事项的;(四)当事人之间对申请公证的事项有争议的;(五)当事人虚构、隐瞒事实,或者提供虚假证明材料的;(六)当事人提供的证明材料不充分或者拒绝补充证明材料的;(七)申请公证的事项不真实、不合法的;(八)申请公证的事项违背社会公德的;(九)当事人拒绝按照规定支付公证费的。”

〔22〕《公证程序规则》第 50 条规定:“公证事项有下列情形之一的,公证机构应当终止公证:(一)因当事人的原因致使该公证事项在六个月内不能办结的;(二)公证书出具前当事人撤回公证申请的;(三)因申请公证的自然人死亡、法人或者其他组织终止,不能继续办理公证或者继续办理公证已无意义的;(四)当事人阻挠、妨碍公证机构及承办公证员按规定的程序、期限办理公证的;(五)其他应当终止的情形。”

（五）不予出具执行证书决定书

1. 概念

不予出具执行证书决定书，是指针对赋予债权文书公证书，在不满足出具执行证书的条件时，由公证机构向债权人出具的决定书。

2. 内容、结构及制作方法

（1）首部。包括“不予出具执行证书决定书”标题、文书字号、告知对象信息。其中文书字号区别于公证书编号，需要就该事项特定编号。

（2）正文。包括出具执行证书决定的说明、依据、救济途径等。

（3）尾部。包括公证处落款及时间。

（六）注意事项

1. 力求事实清楚、证据充分、法律适用正确、语言严谨规范。

2. 涉及当事人实体权利的维持或撤销公证书的复查决定书应重点讲明作出该处理决定的事实、理由及依据，力求条理清晰、逻辑严密，以法律为依据，以事实为准绳，让当事人信服，从而起到定分止争的作用。

研讨与练习

1. 公证文书根据用途和表现形式的不同，分为哪几类？
2. 公证书根据写作方式不同，分为哪几类？各举两例。
3. 如何理解公证书的制作要求？
4. A 购买了位于××市的一处房屋，因人在外地，无法亲自前往办理买房相关手续，经沟通，A 带买房委托书一份，于 2021 年 5 月 30 日前往公证处办理委托公证，请就本公证事项书写一份公证书。
5. 张某所在的 B 公司拥有商标专有权，现公司发现在××省××市一处市场有店铺销售的商品，存在未经得 B 公司同意使用该商标的行为。张某受 B 公司委托，前往公证处申请办理保全证据公证。张某与公证人员一同于 2021 年 6 月 27 日前往市场购买一箱有侵权行为的商品，请就该保全证据事项完成公证书写作。

第九章 仲裁文书实务

本章教学目标

要求学生通过本章内容的学习，掌握仲裁文书的概念和分类，能够熟练写作和使用仲裁文书，尤其是能够熟练起草仲裁协议、仲裁申请书、仲裁答辩书、审理范围书、仲裁裁决书、仲裁调解书以及撤销仲裁裁决申请书、承认与执行外国仲裁裁决申请书等仲裁程序及仲裁司法审查中重要的仲裁文书。

第一节 仲裁文书概述

一、仲裁文书的概念、特点

仲裁文书，是指仲裁程序法律关系主体制作的具有法律效力或者具有法律意义的文书。仲裁文书是仲裁程序、行为和效果的书面表现形式，对于仲裁程序顺利进行、当事人程序权益的保护以及纠纷的终局性解决，具有至关重要的意义。

仲裁文书具有以下特点：

1. 仲裁文书是仲裁程序当事人、仲裁庭以及仲裁机构制作的文书，是当事人意思自治和仲裁庭行使仲裁权力的基本载体。仲裁是当事人约定将纠纷提交第三方审理裁判，并接受仲裁裁决约束的诉讼外纠纷解决程序。[1] 因此，仲裁程序参与方首先包括当事人和仲裁员。当事人制作仲裁协议，约定纠纷提交仲裁解决，并有权自主决定仲裁程序事项。仲裁文书是当事人发挥意思自治、行使程序权利的重要方式。仲裁庭是审理者和裁判者，组织仲裁程序并作出仲裁裁决。

仲裁机构协助当事人和仲裁庭管理案件，也是仲裁程序的重要参与方。我国实行机构仲裁制度，赋予仲裁机构大量法定职能，如制定仲裁员名册，制定仲裁规则，协助当事人组庭，受理并通过仲裁秘书管理程序，核阅和签发裁决书等。仲裁机构履行职能，也需要制作仲裁文书，如仲裁通知、管辖权决定书等。需要注意的是，仲裁机构职能派生于当事人和仲

〔1〕 参见黄进、宋连斌、徐前权：《仲裁法学》，中国政法大学出版社2008年版，第2页。

裁庭，仲裁庭才是行使仲裁权的主体。虽然仲裁裁决书由仲裁机构签发，但仍然属于仲裁庭作出。仲裁机构核阅和签发仲裁裁决，并不改变仲裁庭审理、裁判案件并制作仲裁裁决书的独立地位。

2. 仲裁文书应当具有仲裁法上的法律效力或者法律意义。仲裁文书是仲裁程序参与人正式、明确的意思表示，具有追求启动、推进、终结仲裁程序的法律效果。当事人、仲裁庭、仲裁机构制作仲裁文书，目的都是行使程序权利、履行程序职责或者行使裁判权力，追求实现特定的法律效果。例如，当事人订立书面仲裁协议，是要将案件提交仲裁解决，排除司法管辖，赋予仲裁庭裁判案件的权力。仲裁庭作出仲裁裁决，是要终结程序并解决纠纷。而当事人向仲裁机构递交的举报信，或者请求仲裁员承担民事责任的文书，并不必然具有仲裁法上的法律意义。

3. 仲裁文书应当符合仲裁法、仲裁规则的规定以及仲裁协议的约定。仲裁文书只有符合法定和约定的条件，才能产生其追求的法律效果。如仲裁文书未包含法定或者约定的内容，不具备法定或者约定的形式要件，可能影响当事人的程序权利，阻碍当事人维护自身程序权益和实体权益，影响仲裁庭履行裁判职责的效能。

需要注意的是，仲裁法、仲裁规则和仲裁协议的效力位阶有所不同。制作仲裁文书应当注意不同位阶的规定，避免位阶冲突导致的不确定性。一般而言，仲裁法强制性规定优先，仲裁协议次之，优先于仲裁规则，仲裁规则优先于仲裁法任意性规定。仲裁法是关于意思自治的法律，以任意性规定为主。当事人是否提交仲裁、提交哪个仲裁机构仲裁、仲裁庭如何组成、仲裁程序如何安排等，都是当事人意思自治的结果。当事人可以自主决定程序事项，灵活处理仲裁文书的格式和裁决书的内容、形式等。考虑到仲裁程序的高度复杂性，当事人通常不会在仲裁协议中约定细致的程序事项，而是选择适用仲裁规则。不同的仲裁机构制定不同的仲裁规则，并依据仲裁规则提供仲裁服务，满足差异化程序管理的需求，同时补充程序漏洞，促进仲裁程序顺利进行。仲裁规则与仲裁协议不一致的，仲裁协议优先，这是当事人意思自治、程序自决的基本要求。〔2〕

二、仲裁文书的分类

仲裁文书依据不同标准，可以分为不同类别。不同类别的仲裁文书，具有不同的功能和特征，也具有不同的制作方法。

依据仲裁活动阶段不同，仲裁文书可以分为关于仲裁管辖权、仲裁程序以及仲裁司法审查的仲裁文书。仲裁管辖权的基础是仲裁协议。申请人依据仲裁协议，向仲裁机构提交仲裁申请书。仲裁机构受理案件之后，发出仲裁通知，并协助当事人组成仲裁庭。仲裁庭组成之后，审理案件并作出仲裁裁决。裁决作出后，当事人有权申请法院审查撤销或不予执行仲裁裁决。每个阶段，当事人和仲裁庭都需要制作相应仲裁文书，推动程序继续进行。仲

---

〔2〕 仲裁协议优先仲裁规则的典型案例，参见来宝资源国际私人有限公司（Noble Resources International Pte Ltd.）诉上海信泰国际贸易有限公司申请承认和执行外国仲裁裁决案，上海市第一中级人民法院（2016）沪 01 协外认 1 号一审民事裁定书。

裁参与人在仲裁程序中作出的仲裁文书,属于狭义的仲裁文书。法院支持和审查仲裁制作的诉讼文书和裁判文书,属于广义的仲裁文书。

依据制作主体的不同,仲裁文书可以分为当事人、仲裁庭和仲裁机构制作的仲裁文书。当事人制作的文书包括仲裁协议、选定仲裁员声明书、仲裁申请书、仲裁答辩书以及撤销仲裁裁决申请书等。仲裁庭制作的仲裁文书包括仲裁员声明书、审理范围书、仲裁裁决书等。仲裁机构制作的文书包括仲裁通知书、组庭通知书、仲裁员回避决定书等。在仲裁司法审查程序中,当事人也需要制作文书,如确认仲裁协议效力申请书、撤销仲裁裁决申请书等。法院作出的文书不属于狭义的仲裁文书。确认仲裁协议效力裁定书、证据及财产保全裁定书、撤销仲裁裁决裁定书、不予执行仲裁裁决裁定书和重新仲裁通知书等,属于与仲裁有关的诉讼文书。

依据仲裁机构是否参与管理仲裁程序,仲裁程序可以分为临时仲裁(ad hoc arbitration)和机构仲裁(institutional arbitration)。临时仲裁被视为仲裁程序的原初形态,即"所有的仲裁皆为临时仲裁",而机构仲裁是仲裁服务专业化的结果。两类仲裁程序本质上具有同构性,但程序有所不同。例如,在临时仲裁程序启动阶段,申请人直接向被申请人发送仲裁通知书,而不是向仲裁机构提交仲裁申请书。临时仲裁中缺少仲裁机构的参与,其职能分别归属指定机构、仲裁庭以及当事人享有。两种仲裁程序形态大体实现相同的功能,因此没有必要细致区分临时仲裁程序文书和机构仲裁程序文书。

依据案件是否具有涉外因素,仲裁文书可以分为国内仲裁文书和国际仲裁文书。国际仲裁文书,是具有涉外因素的国际仲裁案件参与方制作的仲裁文书。国际仲裁案件涉及多个国家,存在适用哪国法律以及接受哪国法院管辖的问题,因此需要通过冲突规范确定仲裁程序的籍属,解决仲裁协议、仲裁程序以及司法支持和监督仲裁的管辖权问题。制作国际仲裁文书时,需要首先解决准据法和管辖权的问题。当仲裁地位于我国领域内,或者当事人选择适用我国仲裁法时,需要按照我国法律制作仲裁文书。当仲裁地在我国领域外,或者当事人选择适用特定外国仲裁法时,应按照该外国法律制作仲裁文书。制作国际仲裁文书,还应当考虑仲裁裁决的域外承认与执行问题。我国是《纽约公约》缔约国,当事人可以申请缔约国法院承认与执行公约缔约国境内作出的商事仲裁裁决。当事人依据《纽约公约》规定制作仲裁文书,以便于裁决境外承认与执行。

我国现行仲裁法仅规定平等民事主体之间的合同或财产关系纠纷,可以通过仲裁解决,但仲裁程序的用途并不局限于此。凡涉及主体可处分实体权益、程序可自治解决的纠纷,都可以通过仲裁解决。在国际交往中,各国主权平等,相互之间不能行使管辖权,而且缺少有效的协调机制,因此仲裁被普遍用于解决国际争端和纠纷。国家之间和平解决纠纷、国家与他国投资者的投资仲裁以及国际商事仲裁都适用仲裁程序,也都需要制作仲裁文书。仲裁程序的原则以及仲裁文书制作方法,也普遍适用于这些仲裁程序。

第二节 仲 裁 协 议

一、概述

仲裁协议，是指当事人之间订立的，旨在将其间业已发生或可能发生的争议，提交仲裁解决并接受仲裁裁决约束的意思表示。[3]

仲裁协议是仲裁程序的基石。仲裁协议不仅是当事人申请仲裁解决争议的前提，是仲裁庭取得裁判权的基础，还是仲裁裁决法律效力的依据。仲裁协议不成立、无效或者不可执行的，纠纷应由法院管辖。[4]

仲裁协议必须采用书面形式。口头方式或行为方式合意的仲裁意思表示，不具备仲裁协议的有效要件，不具有仲裁协议的法律效力。书面形式，通常包括合同书、信件、电报、电传、传真、电子数据交换和电子邮件等可以有形地表现所在内容的形式。合同约定解决争议援引适用其他合同、文件中的有效仲裁条款的，也属于有效的书面形式。

《仲裁法》第16条规定了两种形态的书面仲裁协议，即合同中的仲裁条款和单独订立的仲裁协议书。前者是指当事人在主合同中约定的仲裁条款，形式上表现为主合同的一部分。后者是指当事人在主合同之外，单独订立的仲裁协议。当事人约定合同仲裁条款往往采用仲裁机构推荐的示范条款，预先约定作为解决合同纠纷的方式。单独订立的仲裁协议书的定制化程度更高，当事人行使意思自治更充分，可以约定更多程序事项和细节。当然，仲裁协议书也有可能是纠纷发生之后，当事人在主合同之外补充签订的仲裁协议。无论是合同中的仲裁协议，还是单独的仲裁协议书，都具有独立性，即独立于主合同存在，主合同变更、解除、终止或者无效，不影响仲裁协议的效力。

二、仲裁条款

（一）概念

仲裁条款，是指合同当事人约定将争议提交仲裁的合同条款。仲裁条款属于最常见的仲裁协议。

仲裁条款表现为主合同的一部分，但仲裁条款具有独立性。仲裁条款的属性、有效要件以及认定和异议程序与主合同完全不同；主合同变更、解除、终止或者无效的，仲裁条款的效力不受影响，应当独立判断。

---

〔3〕 参见乔欣：《仲裁法学》，清华大学出版社2008年版，第68页。

〔4〕 为避免当事人否定先前承诺或行为，损害他方当事人信赖利益，当事人在仲裁程序中未及时提出管辖权异议的，法律规定其默示接受了仲裁庭的管辖权，构成仲裁协议书面性的例外。

(二)内容、结构及制作方法

根据《仲裁法》第16条的规定,仲裁协议包含三项法定内容,即请求仲裁的意思表示、仲裁事项和选定的仲裁委员会。仲裁协议作为合同条款,缺少完整的文书结构。只要包含法定内容,符合仲裁协议的实质要件即可。

常见的仲裁条款表述为:“因本合同引起的或与本合同有关的任何争议,均提请××仲裁委员会仲裁。仲裁裁决是终局的,对双方均有约束力”。其中,“提请仲裁。仲裁裁决是终局的,对双方均有约束力”属于请求仲裁的意思表示。“因本合同引起的或与本合同有关的任何争议”属于仲裁事项。“××仲裁委员会”属于选定的仲裁委员会。仲裁协议缺少必要事项的,当事人可以补充约定;当事人未能达成补充协议的,仲裁协议无效。

当事人约定特定仲裁机构仲裁的,推荐采用该仲裁机构制定的标准仲裁条款。采用标准仲裁条款,一方面,可以确保仲裁协议的有效性,避免仲裁协议无效或不可执行;另一方面,标准条款契合仲裁机构的仲裁规则,便于仲裁机构管理案件。不采用标准条款的,应当尽量简约地确定仲裁协议内容,避免出现约定违法或不可执行而导致仲裁协议无效。

(三)注意事项

1. 仲裁协议应当包含仲裁的意思表示。当事人将纠纷提交仲裁,并接受仲裁裁决的约束,符合“或裁或诉”和“一裁终局”的要求。当事人约定一方可以申请仲裁,另一方可以向法院起诉的,就缺少明确的仲裁意思表示,导致仲裁协议无效。当事人约定不服仲裁裁决,可以向人民法院起诉的,由于缺少接受仲裁终局约束的意思表示,同样导致仲裁协议无效。

2. 仲裁协议应当约定唯一的仲裁委员会。这意味着,当事人必须而且只能选择一个仲裁委员会。当事人必须选定仲裁委员会。我国不承认临时仲裁。当事人未选择仲裁机构,又未达成补充协议的,仲裁协议无效。当事人只能约定一个仲裁委员会,该仲裁委员会必须是真实存在的仲裁机构。如果当事人约定“中国国际仲裁中心”仲裁,而该仲裁机构并不存在,即视为未约定仲裁机构。

约定的仲裁机构名称存在歧义、漏洞等需要解释的,人民法院通常适用“尽量让仲裁协议有效”的解释原则。例如,仲裁协议约定的仲裁机构名称不准确,但能够确定具体的仲裁机构的,应当认定选定了仲裁机构。例如,仲裁协议约定“某市某区仲裁委员会”,该仲裁机构不存在,但该市行政区内只有唯一——家仲裁机构,人民法院认定当事人关于仲裁机构的约定是明确的。反之,如果当事人约定“建设工程施工地仲裁委员会”或“某市仲裁委员会”,而该地存在多家仲裁机构的,属于仲裁机构约定不明确的情况。为避免仲裁协议履行过程中出现不必要的延迟,当事人应当清晰、明确、准确地约定唯一仲裁机构。各仲裁机构的仲裁员名册、仲裁规则、收费以及公信力等方面差异较大,当事人应当慎重选择。

3. 仲裁协议应当明确约定仲裁事项。根据《仲裁法司法解释》第2条的规定,仲裁事项是当事人提交仲裁的纠纷或实体法律关系的范围,决定了仲裁庭裁判案件、排除法院管辖的范围,必须明确约定。当事人概括约定仲裁事项为合同争议的,基于合同成立、效力、变更、转让、履行、违约责任、解释、解除等产生的纠纷都可以认定为仲裁事项。[5] 仲裁事项还应当具有可仲裁性,当事人只能就可仲裁纠纷提交仲裁解决。此外,仲裁协议应当满足法律规定的有效要件,并且具有可实施性。仲裁协议除应符合法律有关合同有效性的规定外,还应符合《仲裁法》的特殊规定。[6]

4. 订立涉外仲裁协议时,应当注意仲裁协议准据法的问题。根据《涉外民事关系法律适用法》第 18 条及《最高人民法院关于审理仲裁司法审查案件若干问题的规定》第 14 条规定,当事人可以选择涉外仲裁协议适用的法律。当事人没有选择仲裁协议准据法的,适用仲裁地或者仲裁机构所在地法律。适用仲裁机构所在地的法律与适用仲裁地的法律将对仲裁协议的效力作出不同认定的,适用确认仲裁协议有效的法律。当事人没有约定仲裁地,也没有约定仲裁机构的,适用法院地法,确定仲裁协议的效力。为避免当事人挑选法院,消除法院地的不确定性,国际商事仲裁协议的当事人通常会约定仲裁协议准据法,或者明确约定仲裁地。约定仲裁地在外国的,仲裁协议、仲裁程序适用该外国法。仲裁庭作出仲裁裁决属于外国仲裁裁决,人民法院适用公约或者按照互惠原则承认与执行该外国仲裁裁决。

三、仲裁协议书

(一)概念

仲裁协议书,是指当事人在主合同之外单独订立的仲裁协议。

当事人单独订立仲裁协议,可能是为了作出更细致、定制化的仲裁协议,变更或调整仲裁规则规定事项,也可能是在主合同订立之后补充达成的仲裁协议。

(二)内容、结构及制作方法

仲裁协议书包含首部、正文和尾部三部分内容。

1. 首部

标题写明"仲裁协议书"字样或类似表述。写明当事人及其代理人的身份信息、送达地址和联系方式等。

2. 正文

正文部分包括仲裁协议必要内容和补充内容两部分。仲裁协议的必要内容,包括请求仲裁的意思表示、确定的仲裁事项和选定的仲裁机构等法定有效要件,并清晰指明仲裁协议书涉及的主合同。

补充内容,由当事人依据交易和争议的实际情况灵活决定。只要不与仲裁法强制规定

---

[5] 《仲裁法》第 2 条规定:"平等主体的公民、法人和其他组织之间发生的合同纠纷和其他财产权益纠纷,可以仲裁。"第 3 条规定:"下列纠纷不能仲裁:(一)婚姻、收养、监护、扶养、继承纠纷;(二)依法应当由行政机关处理的行政争议。"

[6] 《仲裁法》第 17 条规定:"有下列情形之一的,仲裁协议无效:(一)约定的仲裁事项超出法律规定的仲裁范围的;(二)无民事行为能力人或者限制民事行为能力人订立的仲裁协议;(三)一方采取胁迫手段,迫使对方订立仲裁协议的。"

相抵触，当事人可以自由约定任何仲裁程序事项。

3. 尾部

当事人签字并且写明仲裁协议签订的日期和地点。

（三）注意事项

1. 明确提交仲裁的争议范围。在主合同之外单独订立仲裁协议时，应当准确无误地援引主合同，并说明提交仲裁解决的争议范围。当事人可以简要表明合同订立或履行的基本情况以及纠纷发生的由来，并清晰地列明主合同的情况，例如，"当事人×××和×××于××××年××月××日订立的《××合同》涉及的所有争议提交××仲裁委员会仲裁"。当事人也可以明确限定纠纷的范围，仅提交特定纠纷仲裁，如合同效力、履行、解除以及违约责任。考虑到合同关系的内在关联性，尽量采用"与合同履行有关的争议"的表述，避免仲裁事项不清晰的后果。

2. 充分了解约定的法律后果。当事人可以按照实际需求，在仲裁协议书中明确记载其希望约定的仲裁程序事项。这些事项通常包括约定仲裁员人数、组成方式、仲裁庭审理方式、是否适用简易程序、是否同意调解、费用负担、关联合同的处理、通知和送达的方式、开庭方式等事项。例如，互联网仲裁案件中，当事人可以就送达、开庭方式作出特殊约定，匹配互联网信息通信的实际需求。当事人约定不开庭审理的，或者约定独任仲裁员审理的，或者对仲裁员条件和资质有特殊要求的，应当明确记载。在涉外仲裁协议中，当事人还应当明确约定仲裁协议准据法、仲裁地、仲裁语言、合同准据法、友好仲裁等事项。此外，当事人作出特殊约定的，不得违反仲裁法的强制性规定。例如，当事人放弃申请撤销仲裁裁决权利的约定无效。

第三节　仲裁程序文书

一、概述

仲裁程序是当事人依据仲裁协议，向选定的仲裁机构提出仲裁申请，由仲裁机构协助组成仲裁庭，仲裁庭组织、推进程序并审理案件进而作出裁判的程序。

仲裁程序涉及多方程序参与人制作的不同类型的仲裁文书，包括申请人制作的仲裁申请书，仲裁机构制作的受理通知书，被申请人制作的答辩书，当事人约定仲裁庭组成方式及选定仲裁员协议书，仲裁庭制作的案件审理日程表、问题单、程序令、临时措施决定，以及仲裁庭与当事人共同签署的审理范围书等。需要人民法院协助保全证据、保全财产或者行为保全的，申请人还需要制作保全申请书。考虑到仲裁程序是当事人行使程序权利和仲裁庭裁判案件的程序，本书选择仲裁申请书、仲裁答辩书以及仲裁庭制作的审理范围书，介绍其内容和制作方法。

被申请人答辩,可能同时提出反请求。反请求书的制作方法与仲裁请求书的制作方法大致相同。仲裁答辩书的制作方法,可参照适用于反请求答辩书。

二、仲裁申请书

(一)概念

仲裁申请书,是指申请人依据仲裁协议,请求仲裁解决纠纷的仲裁文书。

仲裁申请是仲裁程序启动的首要和必要步骤。《仲裁法》第22条规定,“当事人申请仲裁,应当向仲裁委员会递交仲裁协议、仲裁申请书及副本”。

(二)内容、结构及制作方法

《仲裁法》第23条明确规定了仲裁申请书的内容,要求仲裁申请书载明下列事项:当事人的姓名、性别、年龄、职业、工作单位和住所,法人或者其他组织的名称、住所和法定代表人或者主要负责人的姓名、职务;仲裁请求和所根据的事实、理由;证据和证据来源、证人姓名和住所。实践中,仲裁机构的规则通常会给出更加具体明确的要求,同时也会公布示范仲裁申请书供当事人参考。此外,若有委托代理人的,应写明委托代理人的情况。

仲裁申请书包括首部、正文和尾部三部分。

1. 首部

仲裁申请书写明“仲裁申请书”字样,并写明申请人和被申请人的身份信息和送达方式。身份信息应包括申请人与被申请人的名称和住所,包括邮政编码、电话、传真、电子邮箱或其他电子通信方式。

2. 正文

正文由仲裁依据、仲裁请求及仲裁请求依据的事实和理由三部分组成。仲裁依据指的是当事人申请仲裁所依据的仲裁条款或仲裁协议书。具体表述为,“申请人与被申请人于××××年××月××日签订的编号为《××合同》(见附件第×页)中的第×条。该条约定:‘因本合同引起的或与本合同有关的任何争议,均提请××仲裁委员会仲裁。仲裁裁决是终局的,对双方均有约束力。’”当事人还应对被申请人受此仲裁条款约束的事实和法律依据进行说明。

仲裁请求是仲裁申请书的核心内容,也是仲裁庭审理的依据。仲裁申请书应当清晰地列明仲裁请求,并说明仲裁请求依据的事实和理由。仲裁请求应说明申请仲裁所要解决的具体问题,要求被申请人履行什么义务,确认或者变更何种法律关系,被申请人承担责任适用的法律依据以及索赔的计算方法等。事实部分可以陈述交易背景、合同履行情况、产生纠纷的原因及当事人为解决纠纷已经作出的努力等。

3. 尾部

申请人或申请人授权的代理人签字或加盖公章,并且写明制作仲裁申请书的日期和地点。

（三）注意事项

1. 准确完整地披露送达地址，保障当事人程序权利，提高仲裁程序效率。仲裁申请书应清晰记载双方当事人的身份信息和送达地址，避免影响当事人的正当程序权利。记载地址和送达方式是为了保障当事人获得通知的正当程序权利，便于仲裁机构向被申请人送达受理通知书、仲裁申请书、仲裁规则和仲裁员名册。被申请人的地址和送达方式有误，导致送达不合法的，将损害被申请人参加程序、指定仲裁员和申辩的权利，导致仲裁裁决被撤销。

2. 明确并尽早固定仲裁请求。起草仲裁申请时，应准确表述并避免遗漏仲裁请求。当事人可以变更仲裁请求，但变更仲裁请求迟延从而可能影响仲裁程序正常进行的，仲裁庭有权拒绝接受其变更。仲裁申请书中还应当列明仲裁申请所依据的证据或者其他证明文件。部分仲裁机构单独制作证据材料清单，作为申请书或答辩书的附件。如果仲裁机构没有证据材料清单的，仲裁申请书中应当制作证据清单，列明仲裁请求依据的证据及其来源。

3. 区分国内仲裁与国际仲裁程序启动方式的差异。国际仲裁程序中，程序启动和诉答文书与我国仲裁法规定有所不同；其申请人和被申请人不需要在程序启动时，完成诉答过程。申请人需要先发出仲裁申请（request for arbitration），然后被申请人可能需要作出仲裁答复（response）。仲裁庭组成之后，当事人再开启诉答程序。申请人向仲裁庭提交仲裁请求书（statement of claim），被申请人向仲裁庭提交仲裁答辩书（statement of defense）。国际仲裁程序中的两类申请与应答文书程序上有所差异，内容有所不同，但制作方法与我国仲裁法上的申请书和答辩书类似，可以在熟练掌握的基础上参考使用。

三、仲裁答辩书

（一）概念

仲裁答辩书，是指被申请人针对申请人在仲裁申请书中所提出的仲裁请求和所依据的事实、理由所作出的书面答复和反驳。

《仲裁法》第25条规定，被申请人收到仲裁申请书副本后，应当在仲裁规则规定的期限内向仲裁委员会提交答辩书。被申请人通过提交答辩书，表明自己对申请人仲裁请求的态度和所持的观点。仲裁庭通过仲裁申请书和答辩书，可以全面了解案情，掌握双方当事人争执的焦点，从而查明案件事实。

（二）内容、结构及制作方法

仲裁答辩书由首部、正文和尾部三部分构成。

1. 首部

仲裁答辩书需写明文书名称，即“仲裁答辩书”，并准确记载答辩人（被申请人）和被答辩人（申请人）的基本情况，包括申请人与被申请人的名称和住所，以及邮政编码、电话、传真、电子邮箱或其他电子通信方式。若有委托代理人的，应写明委托代理人的情况。

2. 正文

正文开头采用较为固定的格式，描述答辩人的答辩对象。一般采用如下表述，“答辩人于××××年××月××日收到你会转来的答辩人与被答辩人之间的争议仲裁案件，案件编号为：(××××)×仲案字第××号。现就被答辩人向你会提出的仲裁请求，答辩如下”。

仲裁答辩书的正文主体部分，包括答辩意见和事实理由两部分。仲裁答辩书的目的是反驳仲裁请求，因此大多依照仲裁申请书列举的请求、事实和理由，针对被答辩人的仲裁请求进行逐项明确答复，逐点反驳。同时清楚表明自己的主张、事实和理由。在驳斥仲裁申请之后，答辩人应当总结并提出自己的观点和主张，请求仲裁庭驳回对方请求。

3. 尾部

写明受理仲裁案件的仲裁机构名称、答辩人名称和年月日。在附录中载明仲裁答辩书的份数，以及提交证据的名称、份数，并按编号顺序附于答辩书之后。

(三)注意事项

1. 及时提出管辖权异议。答辩人主张仲裁协议无效，或仲裁委员会无权受理的，不应进行实体答辩，应当及时提出管辖权异议，制作管辖权异议书。当事人在仲裁程序中未对仲裁协议的效力提出异议，在仲裁裁决作出后以仲裁协议无效为由主张撤销仲裁裁决或者提出不予执行抗辩的，人民法院不予支持。

2. 提出反请求应当制作仲裁反请求申请书。答辩人提出反请求的，应当制作仲裁反请求申请书，内容和制作方法参照仲裁申请书。制作仲裁答辩书时，应以申请人的请求、主张和观点为基础，结合法律和事理进行分析，帮助仲裁庭掌握案件全貌，正确适用法律，切勿情绪化表达。

四、审理范围书

(一)概念

审理范围书(term of reference)，是指仲裁庭和当事人共同签署的用于确认仲裁程序事项、固定审理范围并明确仲裁庭权限的文书。

审理范围书源自国际商会仲裁院的实践，获得各国仲裁机构和仲裁员的普遍接受。我国主要仲裁机构也引入审理范围书，要求仲裁庭和当事人尽早确定程序依据、请求范围和待决事项，由此提升仲裁程序效率和确定性。

审理范围书的优势主要表现在以下几个方面。首先，固定仲裁请求和审理范围。仲裁实践中，申请人往往根据被申请人的答辩情况，随时调整其主张和意见，导致程序延误。审理范围书明确申请人的请求，以此限制其主张反复不定造成的不便。审理范围书列举的待决事项清单，也有利于明确裁决事项，便于确定仲裁裁决是否超越请求范围，防止裁决被撤销。其次，明确程序依据和仲裁庭权限。审理范围书通过确定每一位当事人以及仲裁员身份、送达地址、仲裁地以及适用的程序规则等信息，来消除程序中的不确定性。最后，当事人与仲裁庭共同商定审理范围书，也是求同存异的过程，因而便于当事人和解。

(二)内容、结构及制作方法

审理范围书包括首部、正文和尾部三部分。

1. 首部

首先，写明文书名称，即“审理范围书”。其次，写明案件情况，即受案仲裁机构、案件编号和适用的仲裁规则。再次，清晰记载当事人、代理人以及每位仲裁员的身份信息和送达地址等基本情况。复次，记载仲裁庭的组成情况，列明每位仲裁员的身份信息和联系方式。最后，列明仲裁秘书的身份信息和联系方式。身份信息和联系方式应当尽可能详尽，避免通知和送达的迟延和无效。

文书格式

2. 正文

审理范围书的作用是确认程序和固定审理范围，包括程序事项确认和审理事项确认两部分。当事人按照先程序、后实体的顺序，逐一列明确认与仲裁程序有关的事项。在程序事项部分，应当列明当事人及其代理人的身份和联系方式、仲裁庭的组成、仲裁秘书、通知和送达地址以及方式。该部分还应当详细记载已经发生的程序过程，确认仲裁协议、准据法、适用的程序规则、仲裁庭作出程序令的权限、举证规则和期限、开庭时间、地点、仲裁语言、仲裁地，以及当事人和仲裁庭认为需要确认的其他事项；同时确认已完成程序不存在违反程序规则、仲裁协议或仲裁法的情况。

在审理事项部分，应当按顺序列举当事人各自的请求和寻求的救济、待决事项清单，以固定审理范围。

3. 尾部

每一位当事人和仲裁员签字，载明仲裁地，并记载年月日。

（三）注意事项

审理范围书不具有强制约束力。审理范围书并非强制适用的法律文书，仲裁庭可以根据需求选择适用。如果任意一方当事人未签署审理范围书，仲裁庭应当放弃援引审理范围书与仲裁规则不一致的条款；否则，可能损害当事人的正当程序权利，导致裁决被撤销。审理范围通常用来解决复杂案件中的程序不确定性问题，避免出现程序瑕疵，尤其在国际商事仲裁、投资仲裁和临时仲裁中得到普遍适用。

第四节　仲裁结案文书

一、概述

仲裁程序经审理终结，或者当事人达成和解协议的，仲裁庭制作结案文书，终结仲裁程序，终局性地解决纠纷。仲裁结案文书包括普通仲裁裁决、合意仲裁裁决和仲裁调解书三类。仲裁裁决是仲裁庭审理案件后，就案件实体争议作出的裁判。合意仲裁裁决是当事人达成和解协议后，请求仲裁庭依据和解协议制作的仲裁裁决。[7] 仲裁调解书是仲裁庭调解促使当事人达成和解协议，仲裁庭制作的仲裁调解书。仲裁调解书经签收之后，具有与仲裁裁决相同的法律效力，但其是否属于《纽约公约》所称的“仲裁裁决”，能否得到其他缔约国的承认与执行，尚有争议。

仲裁庭根据当事人和解协议制作的仲裁裁决与普通仲裁裁决的制作方法大致相同，故本书将其合并为仲裁裁决书，一并介绍。

二、仲裁裁决书

（一）概念

仲裁裁决书，是指仲裁庭根据查明的事实，依照法律规定和民商事惯例，就案件实体问题作出的有法律效力的书面决定。[8]

仲裁裁决书是仲裁庭解决纠纷活动的集中体现，不仅是其智慧结晶，也是确定当事人权利义务的依据，还是后续司法审查的对象。仲裁裁决书的制作应当秉持格式规范、说理充分以及关注商业惯例的精神，充分展现仲裁程序专业、公正、灵活的特征。

（二）内容、结构及制作方法

仲裁裁决书应当写明仲裁请求、争议事实、裁决理由、裁决结果、仲裁费用的负担和裁决日期。仲裁裁决书的主要内容，由程序概述、案情、仲裁庭意见和裁决结果四部分构成。[9] 当事人协议不愿写明争议事实和裁决理由的，可以不写。

仲裁裁决书分为首部、主文和尾部三部分。

文书格式

示范举例

1. 首部

首部应当包括如下内容：

（1）仲裁机构名称、文书名称和案件编号，如“××仲裁委员会仲裁裁决书”，“〔20××〕××仲裁字第××号”。

（2）当事人及委托代理人的基本情况，包括自然人的姓名、法人的名称和住址等信息。

（3）程序概述。程序概述部分应详细说明案件程序，包括以下内容：

第一，仲裁机构受理案件的情况。如当事人、案由、仲裁协议、仲裁申请以及仲裁机构受理案件的日期、程序适用的仲裁规则、仲裁通知的情况。被申请人提出反请求，应说明反请求受理、答辩的情况。被申请人提出管辖权

---

〔7〕 和解协议可能是当事人自主和解达成的协议，也有可能是经过仲裁庭以外的其他调解组织或调解员调解达成的和解协议。仲裁和调解之间的衔接，存在多种形态。“仲裁—调解—仲裁”模式（Arb – Med – Arb）的独立调解模式较为主流，可参见《北京仲裁委员会仲裁规则》（2019 年版）第 44 条。

〔8〕 参见陈忠谦：《试论仲裁裁决书的制作》，载《仲裁研究》2007 年第 2 期。

〔9〕 仲裁机构编撰出版的优秀仲裁裁决书可作为学习制作仲裁裁决文书参考。例如，中国国际经济贸易仲裁委员会编写的《中国国际经济贸易仲裁裁决书选编（2003—2006）》，法律出版社 2009 年版。北京仲裁委员会、北京国际仲裁中心编写的《优秀仲裁裁决书赏析》，商务印书馆 2017 年版。

异议的,应说明管辖权异议的决定和理由。

第二,仲裁庭的产生和组成情况。包括当事人选定仲裁员、仲裁机构指定仲裁员、仲裁员声明接受指定书以及仲裁机构向当事人发送组庭通知的情况。如果存在仲裁员回避或者更换,也应当如实记载。

第三,当事人申请财产保全或者证据保全的,应写明仲裁机构转交保全材料以及人民法院是否进行保全的情况。

第四,案件书面审理或者开庭审理的情况。开庭审理的,应记载仲裁庭发送开庭通知的情况,说明开庭次数、当事人到庭情况,以及开庭审理中质证、辩论及庭后提交补充代理意见和补充证据的情况。书面审理的,需写明书面审理的依据。

第五,中间裁决、部分裁决以及仲裁期限延长、中止的原因或其他需要说明的程序问题。

2. 正文

(1)案情

仲裁裁决书的案情部分,通常分为以下八个部分,按顺序展开:①申请人的请求,包括具体的仲裁请求和根据的事实和理由;②被申请人的答辩,包括书面答辩和庭审中的陈述答辩;③申请人举证;④被申请人质证;⑤被申请人举证;⑥申请人质证;⑦申请人代理意见;⑧被申请人代理意见。案情陈述完毕之后,仲裁庭应总结案件争议焦点,框定仲裁庭的审理范围。有反请求的,叙述反请求的事项、事实理由,反请求被申请人的答辩意见和理由。

(2)仲裁庭意见

仲裁庭意见部分是仲裁庭就当事人争议的问题,认定事实,适用法律,分析和论证双方权利、义务和责任,构成仲裁裁决书的核心内容。仲裁庭意见应当按照争议焦点逐项展开。分析争议焦点时,先指出争议涉及的法律问题以及争议涉及的请求权基础,进而分析法律条文的构成要件,对应案件事实,“目光在法律条文和案件事实中流转往返”,〔10〕按照“三段论”的说理方式,判断请求权基础的构成要件是否满足,最终得出支持或者不支持请求的结论。对当事人提出请求和理由,仲裁庭应当逐一作出分析和回答,应对争议的每个问题都给出合理、合法的结论,避免说理公式化、笼统和空泛,杜绝仲裁庭自说自话,不得回避当事人争议的问题和理由。

仲裁庭应当充分利用法律说理,但可以适当灵活地解释法律。我国《仲裁法》第 7 条要求仲裁裁决“根据事实,符合法律规定”,与《民事诉讼法》第 2 条〔11〕规定的“分清是非,正确适用法律”有所不同。仲裁是当事人意思自治的个案纠纷解决程序,而民事诉讼是法院行使司法权,统一适用法律、保障法律公正实施的程序,二者目标和原则有所差异,法律适用的尺度亦有所不同。仲裁法律适用的宽松要求,并不意味着仲裁庭可以漠视法律。“符

---

〔10〕 [德]拉德布鲁赫:《法律智慧警句集》,舒国滢译,中国法制出版社 2001 年版,第 137 页。

〔11〕 《民事诉讼法》第 2 条规定:“中华人民共和国民事诉讼法的任务,是保护当事人行使诉讼权利,保证人民法院查明事实,分清是非,正确适用法律,及时审理民事案件,确认民事权利义务关系,制裁民事违法行为,保护当事人的合法权益,教育公民自觉遵守法律,维护社会秩序、经济秩序,保障社会主义建设事业顺利进行。”

合法律规定”是要求仲裁庭为实现个案公平，尊重当事人意思，而不必严格遵守法律形式，但灵活适用法律确保纠纷符合交易实践、商业习惯和当事人的合理期待，并非给予仲裁庭恣意解释和滥用法律的空间。为充分尊重当事人意思自治，《仲裁法》第 54 条规定，裁决书应当写明仲裁请求、争议事实、裁决理由、裁决结果、仲裁费用的负担和裁决日期。当事人协议不愿写明裁决理由的，仲裁裁决书中可以不写。

(3)裁决主文

裁决主文是对当事人提出的仲裁请求或者反请求的决定。裁决主文处分的事项不得超越当事人请求的范围，否则，超出部分会被法院撤销或不予执行，但也不能漏裁。裁决结果的表述应当明确、具体，避免发生歧义，不利于裁决执行。具有给付内容的，应当写明给付义务人、对象、标的物、地点、时间。

被申请人提出反请求的，仲裁庭一并裁决本请求和反请求。如果对于本请求和反请求没有全部予以支持，仲裁庭一般会在裁决书的主文中加上“驳回各方当事人的其他仲裁请求和反请求”等类似语句。

仲裁裁决主文部分应明确仲裁费用和有关费用的承担情况。

3. 尾部

(1)写明“本裁决为终局裁决，自作出之日起生效”。

(2)仲裁员签名。仲裁庭为非独任仲裁庭的，签名顺序通常为：首席仲裁员、申请人选定的仲裁员、被申请人选定的仲裁员。对仲裁裁决持不同意见的仲裁员，可以在裁决书上签名，也可以不签名。

(3)仲裁员签名之后，应写明裁决日期。裁决书自作出之日起发生法律效力。

(4)加盖仲裁机构印章。公章通常盖于裁决日期中间，上压三分之二，下压三分之一。裁决书有两页以上的，需要加盖骑缝章。发生仲裁裁决书校对更正文字错误情况的，还应加盖校对章。

(三)注意事项

1. 仲裁裁决书事实认定部分的特别表述方式。法院的判决书通常包含“经审理查明”部分，作为法院判决的事实依据。仲裁裁决书的制作具有多样化的特征。有的仲裁庭单独表述证据和查明事实，而有的仲裁庭不单独成文，而是将该部分置入案情部分进行陈述。仲裁庭对事实的认定，可以合并在前述案情部分，也可以在作出仲裁庭意见时，结合具体争议问题展开。需要单独表述案件事实的，应当根据举证质证情况，详略得当地总结案件事实。双方当事人对证据和事实没有异议的，只列举证据目录，说明双方当事人对以上证据无异议，无须详述举证质证过程。对于双方有争议的证据和事实，可分别列出争议要点，并围绕每一争议要点，分别叙述当事人主张的事实、出示的证据、对方当事人的质证意见，仲裁庭对证据的真实性或关联性或合法性的分析，在此基础上认定双方争议的事实。

2. 根据调解协议制作的仲裁裁决书的特殊制作方法。如果仲裁裁决是根据当事人的和解协议制作的合意裁决，其内容可以较为简单。除非当事人有相反约定，仲裁庭只需根据和解协议的结果制作裁决书，可以不说明裁决理由。另外，当事人约定不写明争议事实和裁决理由的，仲裁庭可以不写明争议事实和裁决理由。

3. 生效仲裁裁决书的更正。仲裁裁决作出之后，无论是仲裁庭还是当事人，都不得寻求改变仲裁裁决的内容。作为例外，如果出现书写、打印或者计算错误，仲裁庭可以依当事人申请或依职权在签发仲裁裁决的合理期限内以书面形式对仲裁裁决书作出更正。如果仲裁裁决书中有遗漏事项，仲裁庭可以依申请或者依职权就遗漏事项作出补充裁决。补充裁决应构成仲裁裁决的组成部分。补充裁决内容超过了法律和仲裁规则允许补正的事项，属于违反法定程序的撤裁事由。

三、仲裁调解书

（一）概念

仲裁调解书，是指经仲裁庭主持，双方当事人自愿达成和解协议，仲裁庭根据和解协议内容制作的具有法律效力的文书。

仲裁调解书是仲裁庭调解、促成并认可当事人协商和解的记录，是仲裁庭履行职责的结果。仲裁调解适用自愿原则。当事人自愿调解的，仲裁庭应当调解。调解不成的，仲裁庭应当及时作出裁决。调解达成协议的，应当制作仲裁调解书。仲裁调解书自双方当事人签收之日起生效，与仲裁裁决书具有同等效力。一方当事人不履行调解书的，另一方当事人可以依法向人民法院申请强制执行。被执行人申请不予执行仲裁调解书的，除违背社会公共利益外，人民法院不予执行。仲裁调解书存在串通损害第三人利益的，案外人也可以申请不予执行仲裁调解书。

（二）内容、结构及制作方法

仲裁调解书分为首部、主文和尾部三部分。

1. 首部

首部应当写明文书制作主体的名称、文书名称和文书编号。文书制作主体的名称为仲裁委员会，文书名称为仲裁调解书，例如，“某某仲裁委员会仲裁调解书”。文书编号一般包括年份、机构简称、文书性质及序号，写在文书名称的稍下偏右的位置，如“（20××）×仲调字第××号”。

文书格式

首部还应当包括申请人和被申请人的基本情况。当事人信息以确定身份和送达地址为准，可详可简。内容一般包括当事人的姓名、性别、年龄、身份证号码、住所、联系地址、委托代理人情况；当事人若为法人或者其他组织的，则应列明法人或者其他组织的名称、住所和法定代表人或者主要负责人的姓名、职务。

2. 正文

正文应当包括仲裁程序过程、当事人之间的争议、仲裁请求和当事人和解的结果。仲裁程序过程包括：仲裁委员会受理案件的依据，仲裁材料提交、送达的情况，仲裁庭的产生和组成情况，以及仲裁庭对案件的审理情况。当事人之间的争议应当写明当事人之间订立的合同以及所发生的争议事项。

仲裁调解书通常采用如下过渡段落，“在仲裁庭或调解员的主持下，双方当事人本着谅解互让、协商解决问题的精神，达成调解协议，结果如下”。

仲裁请求和当事人和解协议是仲裁调解书的法定内容和核心内容。《仲裁法》第 52 条规定，调解书应当写明仲裁请求和当事人协议的结果。调解书的内容必须合法，并且不自相矛盾。协议不止一项的，应分别列明，并记载履行的具体期限和方式，使调解内容具有可操作性。仲裁调解书需要执行的，应当具有明确的可执行的内容：权利义务主体、给付金钱的数额或明确的计算方法、特定的需要交付的物以及履行行为的标准、对象和范围。内容不明确的，可能导致人民法院裁定驳回执行申请。

正文还包含仲裁费用的分担情况。如果调解协议没有涉及仲裁费用，仲裁庭决定仲裁费用的分担。

3. 尾部

在写费用负担情况之后，应当另起一行写明：“以上调解协议是双方当事人的真实意思表示，符合有关法律规定，仲裁庭予以确认。本调解书自双方当事人签收之日起生效。”在调解书的右下方由仲裁员、办案秘书依次签名，并加盖仲裁委员会印章，在签名的下方注明调解书的作出日期。

（三）注意事项

仲裁调解书内容应详略得当。仲裁调解书对事实的叙述相对简略，只需大致写清双方当事人之间发生了何种纠纷及争议经过，但仲裁调解书的内容应当逐项列明，以便于当事人履行义务或者执行机关强制执行。

第五节　仲裁司法审查文书

一、概述

仲裁属于民间性质的纠纷解决机制，不仅需要得到国家法律的认可，还应接受法院的支持、审查和监督。仲裁司法审查是对仲裁权进行监督制约的需要，是保障当事人程序权利的重要方式，能有效弥补仲裁制度的局限性，实现仲裁、司法优势互补，并保障仲裁符合社会公共利益。[12]

仲裁司法审查包括确认仲裁协议效力、撤销或者不予执行仲裁裁决等程序。涉及国际仲裁程序的，司法审查还包括承认与执行外国仲裁裁决。由于法院审查仲裁的文书属于诉讼文书，以下仅说明当事人申请撤销仲裁裁决以及承认与执行外国仲裁裁决申请书的制作。

---

〔12〕 参见朱科：《中国国际商事仲裁司法审查制度完善研究》，法律出版社 2018 年版，第 24 页以下。

二、撤销仲裁裁决申请书

（一）概念

撤销仲裁裁决申请书，是指当事人向法院申请撤销仲裁裁决的法律文书。

仲裁协议排除司法管辖，并适用一裁终局制度，但仲裁程序出现严重违反正当程序，或者侵害当事人重要程序权益的，当事人可以申请法院撤销仲裁裁决。法院对仲裁的审查既是对当事人的救济，同时也是对仲裁的规制、引导、保障和促进。

（二）内容、结构及制作方法

撤销仲裁裁决申请书由首部、正文和尾部三部分组成。

1. 首部

首部应当写明文书名称，即"撤销仲裁裁决申请书"以及申请人、被申请人及其代理的基本情况。当事人是法人或者其他组织的，写明名称、住所。随后另起一行写明法定代表人或主要负责人的姓名、职务、联系方式。需要特别注意的是，撤销仲裁裁决的被申请人应当是对方当事人，而不是仲裁员或者仲裁委员会。

2. 正文

写明请求事项和所依据的理由。请求事项为：申请撤销××仲裁委员会……号裁决。申请人与被申请人因何纠纷到××仲裁委员会进行仲裁。该仲裁委员会于××××年××月××日作出（20××）×仲裁字第×号裁决书（写明仲裁裁决结果），申请人认为该裁决书违反了《仲裁法》第58条第×款规定（写明申请撤销仲裁裁决的事实和理由）。

3. 尾部

写明致送的人民法院名称，即仲裁委员会所在地中级人民法院，并在申请书结尾右下方写明申请人的姓名，注明年月日。在附件中，附送申请撤销的仲裁裁决的复印件。载明撤销仲裁裁决申请书的份数，以及提交的证据的名称、份数，并按编号顺序附于申请书后。

（三）注意事项

1. 正确记载被申请人。撤销仲裁裁决申请书列明的被申请人应当是对方当事人，不能将仲裁委员会列为被申请人。

2. 撤销仲裁裁决的法定事由是有限的。人民法院依法对仲裁进行有限司法审查。只有符合法律规定的撤销仲裁裁决事由的，法院才可以撤销。根据《仲裁法》第58条规定，人民法院撤销仲裁裁决的事由，包括：（1）没有仲裁协议的；（2）裁决的事项不属于仲裁协议的范围或者仲裁委员会无权仲裁的；（3）仲裁庭的组成或者仲裁的程序违反法定程序的；（4）裁决所根据的证据是伪造的；（5）对方当事人隐瞒了足以影响公正裁决的证据的；（6）仲裁员在仲裁该案时有索贿受贿，徇私舞弊，枉法裁决行为的。另外，仲裁裁决违背社会公共利益的，也应当被撤销。申请人以法定事由之外的理由申请撤销仲裁裁决的，如主张法律适用有误，或者未正确解释合同条款，不会得到人民法院的支持。申请人对法定撤销仲裁裁决事由，负有举证责任。在撤销裁决申请书中，必须举证说明事实。

3. 国内仲裁和涉外仲裁不同的撤裁依据。《仲裁法》区分了国内仲裁和涉外仲裁，分别适用不同的撤销依据。《仲裁法》第 58 条规定的是国内仲裁裁决的撤销依据。经《仲裁法》第 70 条援引，撤销涉外仲裁裁决适用《民事诉讼法》第 281 条关于不予执行涉外仲裁裁决的规定。该条未规定《仲裁法》第 58 条第 4 ~ 6 项内容。

法条阅读

三、承认与执行外国仲裁裁决申请书

（一）概念

承认与执行外国仲裁裁决申请书，是指当事人申请我国法院承认和执行在境外作出的仲裁裁决的仲裁文书。

外国仲裁裁决在我国领域内不发生法律效力。根据《民事诉讼法》第 290 条的规定，当事人可以申请被执行人住所地，或者财产所在地中级人民法院，按照我国缔结或者参加的国际条约，或者按照互惠原则，承认与执行外国仲裁裁决。我国法院严格依据《纽约公约》第 5 条，进行有限程序审查，对于符合该公约规定的裁决，我国法院应当予以承认和执行。

（二）内容、结构及制作方法

承认与执行外国仲裁裁决申请书由首部、正文和尾部三部分组成。

1. 首部

首部应当写明文书名称，即“承认与执行外国仲裁裁决申请书”以及申请人、被申请人及其代理人的基本情况。

2. 正文

写明请求事项和所依据的理由。请求事项为：请求承认与执行 × × 国 × × 仲裁机构作出的……号仲裁裁决。依据的理由包括当事人订立仲裁协议的事实、仲裁程序经过以及不存在不予承认与执行的事由。

3. 尾部

写明致送的人民法院名称，并在申请书结尾右下方写明申请人的姓名，注明年月日。在附件中，当事人应当按照《纽约公约》第 4 条的规定，提供仲裁协议的正本或正式副本，以及裁决书正本或者经证明无误的副本和中文译本。应载明承认与执行外国仲裁裁决申请书的份数，以及提交的证据的名称、份数，并按编号顺序附于申请书后。

（三）注意事项

1. 我国声明保留的事项。我国加入《纽约公约》时作出互惠保留和商事保留两项保留声明。根据保留声明，我国只在互惠的基础上，适用该公约承认另一缔约国领土内作出的仲裁裁决。我国只根据中国法认为属于契约性或非契约性商事法律关系的争议，适用该公约。对于非缔约国领土内作出的仲裁裁决，或者缔约国领土内作出的非商事仲裁裁决，人民法院只能按照互惠原则承认与执行。

2. 区际仲裁裁决的承认与执行。我国香港特别行政区、澳门特别行政区以及台湾地区作出仲裁裁决的承认与执行，分别适用《最高人民法院关于内地与香港特别行政区相互执行仲裁裁决的安排》《最高人民法院关于内地与香港特别行政区相互执行仲裁裁决的补充安排》《最高人民法院关于内地与澳门特别行政区相互认可和执行仲裁裁决的安排》《最高人民法院关于认可和执行台湾地区仲裁裁决的规定》。

研讨与练习

1. 仲裁规则是否属于仲裁文书？
2. 什么是审理范围书？
3. 试论仲裁裁决书的制作主体。
4. 制作仲裁调解书的注意事项有哪些？
5. 根据下述案例材料，制作一份仲裁裁决书。

甲公司与卢某某订立股权转让协议，约定将其持有的乙公司11%的股权转让给卢某某，卢某某向甲公司支付人民币100万元。合同采用某仲裁委员会的示范仲裁条款，约定纠纷提交该仲裁机构仲裁。卢某某向甲公司全额支付股价款后，甲公司以股权转让协议未经乙公司过半数股东同意为由，主张股权转让合同无效，拒绝配合股权转让。卢某某向仲裁委员会提交仲裁申请书，请求甲公司实际履行合同，配合转让股权。甲公司提出反请求，请求仲裁庭确认股权转让协议无效。双方对案件事实没有争议，争议焦点为合同效力。

第十章　合同与法律意见书实务

本章教学目标

本章教学内容是非诉讼文书中的两种重要文书——合同与法律意见书。在学习过程中要求同学们重点掌握合同和法律意见书的作用、写作要求和方法，通过学习与练习，能够根据实际情况和需要起草合同、对合同进行审查、修改；能够制作符合规范要求的法律意见书。

第一节　合　　同

合同是社会交往和市场交易中最常见的法律关系构建形式。《民法典》合同编共有 526 条，其他章节中与合同相关的条款有 121 条，二者合计 647 条，占《民法典》全部条文数的 51%，是真正的“半壁江山”。在各类民商事纠纷中，合同纠纷的数量同样位居榜首。2020 年，全国各级法院共审结各类一审民商事案件 1330.6 万件，其中各类合同纠纷案件 886 万件。[1] 合同的重要作用与意义在这两组数据中可见一斑。

一、合同概述

（一）合同的定义

合同，又称契约或协议。合同在学理上有广义与狭义之分，广义的合同调整包括身份关系在内的民事法律关系，狭义的合同则仅调整财产领域的债权债务关系。

就我国民法体系内的定义而言，《民法典》第 464 条第 1 款将合同定义为“民事主体之间设立、变更、终止民事法律关系的协议”，此处将合同所涉范围设定为“民事法律关系”而非仅限于财产领域的债权债务关系。同时，《民法典》第 464 条第 2 款规定，“婚姻、收养、监护等有关身份关系的协议，适用有关该身份关系的法律规定；没有规定的，可以根据其性质参照适用本编规定”。即有关身份关系的协议不由合同编调整，但可以根据具体情况参照

〔1〕 参见周强：《最高人民法院工作报告》（2021 年 3 月 8 日）。

适用合同编的规定。有学者认为，离婚协议、离婚财产分割协议、离婚协议中有关子女抚养法定内容调整的约定、忠诚协议、财产约定协议、子女间关于赡养父母的协议、成年意定监护协议等身份关系协议的效力认定，可以参照适用合同编的规定。[2] 可见，《民法典》采用是的广义的合同概念，本章中所称合同亦采用广义的合同概念。

(二)合同的法律特征

1. 合同是法律行为的产物。法律行为，是民事主体通过意思表示设立、变更、终止民事法律关系的行为。法律行为以意思表示为要素，这是法律行为区别于事实行为的特征。合同当事人通过要约、承诺等意思表示订立合同。

2. 合同的设立、变更、终止是基于意思自治的法律行为。意思自治是民法的基本原则之一，合同自由是意思自治的具体体现。合同当事人根据自己的意思设立、变更、终止民事法律关系，充分体现意思自治。

3. 合同是当事人意思表示一致的产物。《民法典》第483条规定，"承诺生效时合同成立，但是法律另有规定或者当事人另有约定的除外"。承诺是受要约人同意要约人发出的要约的意思表示，表明双方订立合同的意思表示一致，承诺生效也就意味着合同成立。

(三)合同的形式

现代各国民法中关于合同形式多采用不要式原则，以体现合同主体的意思自治。《民法典》第469条规定，"当事人订立合同，可以采用书面形式、口头形式或者其他形式"。

书面形式，是指以文字等可以有形地表现所载内容的形式。合同书是合同最重要的书面形式，也是法律文书写作的重要类型之一。随着现代科技进步，合同的书面形式越来越丰富，手机短信、各种社交平台的聊天记录、电子数据交换、电子邮件等均可以有形地表现所载内容，均属于合同的书面形式。

合同的形式除了书面形式以外，还有口头形式、沉默或推定等其他形式。本节主要围绕《民法典》合同编所规定的调整平等主体之间财产领域债权债务关系的书面合同展开。此外，用人单位与劳动者之间的劳动合同、行政机关为履行行政职责与相对人所签订的行政合同等，虽然在权利义务的平等性方面与民事合同有所不同，不属于民事合同，但仍可以参考民事合同的写作方法和技巧。

二、合同起草与审查的原则

合同的起草与审查可以由当事人自己完成，亦可以由当事人起草后交由律师审查、改进，还可由合同主体委托律师起草并审查。本章所述合同的起草与审查是以律师起草与审查为例展开，阐述合同起草的写作要求与应当注意的事项。

合同的起草与审查是律师为客户提供的一种商业服务。合同的起草与审查应以"鼓励交易、促进交易"为出发点，其目的是让合同最终能够产生效力、得以顺利履行，帮助客户完

---

[2] 参见王雷:《论身份关系协议对民法典合同编的参照适用》，载《法学家》2020年第1期。

成交易，进而创造经济效益和社会财富。合同起草与审查应贯彻以下基本原则：

（一）促进交易原则

合同是创造社会财富的法律工具，人们通过订立合同、履行合同，完成各项商业交易活动。促进交易、鼓励交易、增加社会财富是合同法的宗旨，也是起草与审查合同应当遵循的基本原则。律师在起草与审查合同的过程中，应当牢记这一原则，充分运用自己的专业知识与技能，在合法的前提下帮助客户扫除交易障碍。同时，律师应当坚守自己的底线，严格遵守职业道德和执业规范，严禁将违反法律的交易情形写入合同。

（二）公平合理原则

缔约过程是交易双方博弈的过程，交易双方经过磋商、讨价还价，最终达成合意、订立合同。一项交易中，双方当事人的经济地位、社会地位往往很难完全平等。律师在起草与审查合同过程中，应当对交易双方的法律地位进行判断。当己方客户处于优势的合同地位时，不能完全不顾及弱势一方的利益、在合同起草与审查中过度向己方利益倾斜，否则，即便对方被迫勉强接受了本次的合同条件，也会心存不甘，不利于建立长期信任合作的关系。当己方客户处于合同中的弱势地位时，亦不能妄自菲薄，应当充分了解客户的需求，协助客户争取最大的利益。优秀的律师应当善于寻找、发现双方利益的均衡点。起草与审查合同时顾及公平合理原则，这亦是促进交易的一种表现。

（三）前瞻预判原则

交易各方在订立合同时，通常是从正面出发，考虑合同履行完毕可获得的收益。但律师作为法律专业人士，在起草、审查合同时，应当预见到合同履行过程中所存在的各种不确定性与风险。律师参与谈判、审查合同时，标的品种、数量、价格等商务条款一般应由当事人自行决定，但律师应对交易全过程中所有潜在的风险点具有前瞻预判能力，充分注意到合同文稿中权利义务约定不明或不合理之处，及时、逐一向当事人指出，根据交易的需要加以明确、修订。整个交易链条中的任何一环所对应的权利义务分配都应该是清晰明了、合理、可执行的，否则，极易产生相互推诿问题，从而导致合同难以继续履行或者违约情形，给交易各方带来损失。此外，律师还应以“诉讼思维”来审查合同，对于交易链条中的每个环节，都去预先设想将来可能会出现什么问题，万一发生纠纷时如何解决，如果进入诉讼、怎样的合同条款对己方有利。前瞻与预判是律师的一项重要技能，需要在工作中不断学习、钻研和积累经验。

三、合同起草与审查的准备

（一）了解合同订立的背景以及客户的需求

合同往往涉及某项具体的商业交易，律师进行合同起草、审查之前，应当先对交易背景、相对方、交易标的、交易模式、市场行情等情况进行了解，以充分理解客户的需求。律师业务往往涉及多方领域，当遇到自己不熟悉的领域时，调查研究尤其重要，以免误人误己。

合同起草准备工作中最重要、最难把握的是客户的需求。客户的核心需求往往体现在合同的核心商务条款中。如果当事人已商定若干核心条款，除非有充分的理由，律师在起草和修订合同时不能去修改这些核心条款中确定的内容。如果律师认为写入该内容将产生法律风险，应当在提交合同初稿或审查意见时向当事人提示该风险，并就该风险的存在与防范同当事人充分沟通。除了核心条款之外，律师还必须考虑到客户希望看到什么样的合同，从合同复杂程度、对己方的保护程度等多个维度去考量客户的需求，并由此出发去设计条款。

律师在最初起草合同的时候，应当尽量把能够考虑到的最大限度保护客户利益的条款写进合同初稿，设计合法、合理的交易结构和交易流程，降低交易风险。

（二）检索商品交易领域的法律适用与裁判规则

合同最有效的起草和审查坐标，是与某个特定领域相关的法律法规和案例。在合同起草与审查过程中，律师应当就交易领域的法律与相关案例进行检索，研究相关领域的法律规定与裁判规则，首先确保合同内容不违反法律、行政法规的禁止性规定；其次了解该领域特有的法律规则、常见的纠纷和裁判标准，从而对合同条款进行审视和考量。除了权利义务的实体性规定之外，有些规定是关于交易流程方面的，如需要经过评估程序、需要政府部门审批等。只有既符合实体性规定又符合程序性规定的合同，才是合法合规、效力完整的合同，才可以有效地保护当事人的合法权益，保障交易的顺利完成。

最高人民法院2020年7月31日开始试行的《最高人民法院关于统一法律适用加强类案检索的指导意见（试行）》、2021年12月1日开始施行的《最高人民法院统一法律适用工作实施办法》，可以作为起草、审查合同时进行案例检索的指导性文件。律师在打磨特定领域的合同业务能力时，应在日常学习中通过收集、整理类案信息，提升自身对于特定种类商业交易常见法律风险及法院相应裁判规则的认知，从而积累经验，建立相关领域合同起草、审查方面的专业技能优势。

法条阅读

（三）寻找范本

高质量的合同范本能够为律师提供较为成熟的合同框架，可以为起草合同提供良好的基础，节省时间和精力。但需要注意的是，即使在同一交易种类下，不同的当事人、不同的具体交易，对合同也有着千差万别的需求。因此，在寻找合同范本时，应当充分考虑当前具体交易的特殊性，尽量寻找最为匹配的范本。当进行跨国公司的大型并购交易时，可能需要寻找、整合多个全面、规范的合同范本；而对于个体工商户的日常货物销售，则应选择篇幅较短、较为简洁的合同范本。律师需要根据当前交易的主体、交易模式、标的特性、适用法律、利益保护侧重点等方面，对手头的范本进行审视和比对，以选取最为合适的范本，并根据实际需要对其进行适当的调整和完善。

合同范本有多种来源，常见的包括以下几种：

1. 客户过往的合同。有些客户过往已进行过类似的交易，合同文本中已体现了客户的某些需求特征，律师可在此基础上进行修改、补充与优化、提升。

2. 律师事务所内部累积的合同范本。律师事务所在多年的合同起草、审查经验基础上，一般情况下会积累下来各类交易在各种场景下的不同范本。这些范本已经过一定的审查、锤炼，律师可在这些范本的基础上融入客户的具体需求，并根据当前交易的实际情况进行完善。律师和律师事务所也应当在执业过程中注意不断积累，及时更新范本、提升范本质量。

3. 政府部门制定的示范文本。一些政府部门为了规范某类交易，衡平当事人之间的权利和义务、减少合同争议、降低缔约成本，会制定相应的合同示范文本。例如，为规范建筑市场秩序，促进建设工程项目总承包有序发展、维护工程总承包合同当事人的合法权益，配合《民法典》的施行，住房和城乡建设部与国家市场监管总局于 2021 年 1 月 1 日起执行新版《建设项目工程总承包合同（示范文本）》（GF－2020－0216）。该示范文本适用于房屋建筑和市政基础设施项目工程总承包活动，为推荐使用的非强制性使用文本，由合同协议书、通用合同条件和专用合同条件三部分组成。其中，合同协议书共计 11 条，主要包括工程概况、合同工期、质量标准、签约合同价与合同价格形式、工程总承包项目经理、合同文件构成、承诺、订立时间、订立地点、合同生效和合同份数，集中约定了合同当事人基本的合同权利义务。通用合同条件是合同当事人根据《民法典》《建筑法》等法律法规的规定，就工程总承包项目的实施及相关事项，对合同当事人的权利义务作出的原则性约定。通用合同条件共计 20 条，包括一般约定、发包人、承包人、施工、工期和进度等内容。专用合同条件是合同当事人根据不同建设项目的特点及具体情况，通过双方的谈判、协商对通用合同条件原则性约定细化、完善、补充、修改或另行约定的合同条件。这类较为规范、完整的示范文本为当事人提供了极大的便利。

示范文本

4. 专业软件生成的合同范本。随着科技的发展，互联网上出现了一些专门提供制订合同服务的经营者。这些网站不仅提供大量的合同范本，还可以根据客户需求，通过专业软件自动生成覆盖交易需求的合同范本。这类范本的针对性较强，律师可在自动生成的合同范本的基础上进一步补充细节、根据客户的实际需求进行完善。

5. 通过网络搜索引擎获取的制作主体不明的合同范本。这类范本数量庞大，但通常质量参差不齐，部分甚至存在与法律规定冲突之处，是使用过程中最需要认真比对、筛选、修改的一类范本。

无论哪一种合同范本，合理使用是关键。使用时均应对范本条款进行细致的审阅、比对、筛选，判断其是否适用于当前交易、是否对己方有利，根据法律规范和实际情况进行必要的修改与整理，切忌照搬照抄。

四、合同的起草——合同的结构与主要条款

起草合同的重点在于把握交易结构、准确描述合同法律关系、以合同语言明确各方的权利义务关系，并最终形成具有完整体系的文书。起草合同首先要确认合同的结构。关于合同结构，不同律师或有不同的写作习惯，大体分为首部、正文、尾部（有些合同含附件）三个部分。

（一）首部

示范举例

合同首部由合同名称、当事人身份栏、合同导语或引言三个部分组成。有些形式较为完备的合同，还会在首部标记合同编号、签订日期等内容，甚至在正文之前还有内容目录、“鉴于”条款等项目。这些内容只要是出现在正文之前，就是合同首部的组成部分。合同的编号并非必需事项，但编号能使该份合同特定化，便于当事人检索、引用和管理。合同编号应根据当事人的合同管理制度进行设置，如签约各方都要求按己方规则编号，则同一份合同亦可设置多个编号。

1. 标题。合同的标题是对合同交易性质的高度概括，标题应当准确、简洁地表明交易的内容与合同性质。最常见的写法是“标的/交易内容 + 合同的性质”，如“房屋买卖合同”“房产租赁协议”“股权转让协议”等。合同交易性质用“合同”或“协议”表达均可。起草有名合同时，应当使用法律规定的有名合同的名称，前缀交易标的；起草无名合同时，应当对交易的性质进行概括，为合同命名，如“汽车驾驶培训合同”“健身训练服务合同”等。

2. 当事人身份情况。合同的身份栏置于标题之下、引言之前，通常列举合同当事人的身份情况，会赋予“甲方”“乙方”的简称，或直接说明当事人在合同中的身份，如：“甲方（转让方）：××××股份有限公司。”自然人包括姓名、地址、身份证号码、联系方式等；法人或非法人组织包括名称、法定代表人或负责人、地址与联系方式等。有些合同在写作时，将地址、联系方式等置于合同尾部也是可以的。

3. 导语或引言。合同引言部分在身份栏之后、正文之前。多数合同的引言中，导语是“甲、乙经友好协商，在平等自愿的基础上，根据《中华人民共和国民法典》及《×××法》之有关规定，签订本合同，以期共同遵守”之类的语句，但也有一些专业合同会在引言部分归纳签订合同的目的，强调签订本合同的前提条件、双方的承诺等内容，这些均属于合同的首部。

4. “鉴于”“声明”条款。某些外来合同或模仿外来合同形成的文本，会在正文前列举繁杂的“鉴于”“声明”条款。除非这些条款属于签订合同的前提，或属于某一方的承诺，否则，没有实际意义，但这些内容仍属合同首部的组成部分。

5. 专有名词的解释。有些合同在首部对合同中涉及的名词进行定义，明确该名词在合同中的语意。在法律关系较为复杂、交易模式较新、词语含义容易引发争议的情形下，解释专有名词的定义确有必要。

（二）正文

合同正文包括从第一个条款到最后一个条款的所有内容，一般用有规律的序号加以编排，有的直接用阿拉伯数字排序，有的写为“第一条”“第二条”“第三条”，也有较为复杂的合同用“章、节、条、款、项”这样的顺序进行编排。规整的排序让合同条款一目了然、合同形式整洁、美观。

合同正文的设计，应当围绕交易双方的权利义务展开。《民法典》第470条规定：“合同的内容由当事人约定，一般包括下列条款：（一）当事人的姓名或者名称和住所；（二）标的；

(三)数量;(四)质量;(五)价款或者报酬;(六)履行期限、地点和方式;(七)违约责任;(八)解决争议的方法。当事人可以参照各类合同的示范文本订立合同。”这些属于最为基本的合同条款,缺少任何一个都会给履行结果带来不确定性。但是,其中当事人的姓名或者名称和住所条款,通常置于合同首部,不属于合同的正文。

合同的正文体现了双方协商一致的内容。这部分应阐明双方交易的所有细节,包含双方交易的整个过程,为整个交易的顺利完成提供所有细节的指引。具体应包括以下几个模块:交易内容模块、交易方式模块和问题处理模块,三者共同构成合同的正文。

1. 交易内容模块

这个模块主要解决双方进行何种交易的问题。主要包括:标的与数量条款。

(1)标的。标的是合同中权利和义务所指向的对象。任何合同都必须具备标的要素。若标的不明确,合同就无法履行。合同的类别不同,标的所体现的形式也就各不相同。标的可以是实物,如在一份1万吨钢材的买卖合同中,“1万吨钢材”就是这份合同的标的;标的也可以是行为,如在一份演出合同中,某位艺术家在指定时间段进行特定的表演就是这份合同的标的;标的也可以是某种权利,如在一份为期1年的房屋租赁合同中,指定房屋在特定的1年期限内的使用权就是这份合同的标的。

(2)数量。从上述例子可以看出,标的的概念内涵中包含了数量这一要素。标的数量是确定合同履行的重要条件之一,合同的签订必须明确标的数量。例如,货物买卖合同中的货物件数、房屋租赁合同中的租赁面积、借贷合同中的贷款金额、建设工程施工合同中的工程量预算等,都必须在合同中作出明确约定。除数量外,还要明确计量单位、以发货数量为准还是以验收数量为准、货物在途的损失由谁承担等条款。

2. 交易方式模块

这个模块主要解决交易按照什么标准、什么步骤进行的问题,涉及交易时间、地点、履行方式,质量标准,交易价格或报酬,双方的权利与义务(包括附随义务)等。

(1)标的的质量标准规格表述要明确、具体,如写清规格、型号、技术标准等,其中技术标准应写明所采用的标准的版本和编号。如果是协商标准,必须另附协议书或提交样品。

(2)价款或酬金是有偿合同的条款。价款是指取得标的物所应该支付的对价;酬金是指获得服务所应支付的对价。价款通常指标的物本身的价款,但因许多交易在异地进行,会产生包装费、运费、装卸费、保险费、报关费等一系列费用,这些费用的标准如何确定、由谁承担、由谁支付,都应在条款中写清。在借贷合同中,获取贷款的价款以利息的形式体现,合同应对适用的利率和利息的计算期限、利息的计算方法等作出明确约定。凡有政府定价的产品(包括固定价格和规定了浮动范围的定价),应遵守政府定价;政府未规定价格的,可由当事人双方自愿协商议定。在民间借贷领域,最高人民法院以司法解释的形式规定了法院予以支持的利息限额。在撰写合同时,诸如此类的限制性规定均应予以关注。

(3)履行的期限、地点和方式。履行期限,是指当事人完成合同规定义务的时间,逾期即构成违约。履行地点,是指当事人完成合同规定义务的地理位置,是确定诉讼管辖的依据之一;对于涉外合同纠纷,是确定实体法律适用的依据之一。履行方式,是指当事人完成合同约定义务的方法,如货物是自提、送货上门或代办托运,付款方式是现金支付、托收承付或支票转账。写清这些内容,对于合同任务的完成以及制约双方当事人都有重要作用。

(4)双方的权利和义务。应当说,合同中涉及交易方式的各个条款都属于合同权利义务的内容,但有时表达过于分散、不够明确,无法一目了然地让当事人知晓具体的权利和义务。实践中,不少合同中有明确双方权利与义务的条款,将双方在履行合同过程中应享有的权利、承担的义务进行梳理,集中在一个部分予以表述。如果日后产生纠纷,因为合同中有了明晰的权利义务约定,将较容易通过谈判解决争议。若不得已提交诉讼或仲裁,法院或仲裁机构对照合同中相应的权利与义务约定,亦能较高效地解决争议。

以上是一般交易中涉及的交易方式模块。不同的交易类别、交易方式,会有各自的特点。例如,在瓷器类产品的买卖合同中,包装条款特别重要,标的物该如何包装,即成为交易方式中的重要条款。《民法典》第596条关于买卖合同的内容条款的规定中,除上述一般条款外,特别加入包装方式、检验标准和方法、结算方式、合同使用的文字及其效力等买卖合同的具体应用条款。

3. 问题处理模块

这个模块主要解决合同履行过程中可能遇到的问题,包括合同履行外部条件的变化、不可抗力事件、违约责任等情形。这部分内容将涉及以下条款:

(1)合同变更条款。《民法典》第119条规定,依法成立的合同,对当事人具有法律约束力。《民法典》第543条规定,当事人协商一致,可以变更合同。合同生效之后,未履行完毕之前,由于某些特定事件的发生,合同履行的外部条件发生变化,当事人可以协商一致变更合同,或者当这种外部条件的变化导致合同的基础发生重大变化,即发生情势变更时,继续履行合同将对一方当事人显失公平时,当事人可以请求法院或仲裁机构变更合同。由于法律明文规定可变更合同,合同中未写入变更条款不影响合同的变更,但明确写入变更条款可令合同条款更加完备。

(2)合同解除条款。合同的解除是为合同当事人设定的退出机制。《民法典》第562条规定了当事人协商一致解除合同以及约定解除权的合同解除。《民法典》第563条以合同目的不能实现为基础,规定法定解除的条件。起草合同时,合同解除的条款应当尽可能集中写作,对约定解除权的情形应当重点写作。应当充分研究与分析将来可能解除合同的具体情形,将这些情形在约定合同解除权的条款中予以全面表述。这样表述的目的,是便于各方直接、集中了解合同解除的各种情形,无须再翻阅合同其他条款,即可确认解除合同的条件。

应当注意到,我国合同法定解除制度设计的前提是合同目的不能实现,约定解除权的设计亦应当考虑当事人违约的程度达到合同目的不能实现的程度时方可解除合同。否则,虽说当事人可依合同自由原则自行创设合同条款,亦可以自由终止合同,但若不考虑违约的严重程度,合同解除的条件过于宽松,一些轻微违约即可解除合同,将可能使一方滥用合同解除权,造成合同的解除过于随意,不利于交易关系的稳定。例如,在合同中这样约定:"在合同履行过程中,甲方有权随时通知乙方解除合同,通知到达乙方时,合同解除。"如此约定合同的解除权，其效力存在不确定性，发生纠纷时，未必能得到法院的支持。[3]

(3)违约责任条款。违约责任，是指当事人不履行或者不完全履行合同时应当承担的法律责任。根据《民法典》的规定，违约责任的具体承担方式包括：继续履行、采取补救措施、赔偿损失、支付违约金、定金罚则等。在实务中，当事人还可以根据合同的性质，设计适合合同需要的违约责任条款。例如，在借款合同中这样约定："若借款人未能依照约定的用途使用借款，将提前收回借款。"

约定违约责任条款应当具体、明确，不可笼统、语焉不详。例如，在合同中约定："甲乙双方任何一方未能完全按照合同约定履行合同义务的，违约方应当向守约方承担合同总金额30%的违约金。"如此约定，一旦发生纠纷，法院未必支持。应当细化违约的情形，认真核对交易内容、交易方式及法律的相关规定，对可能出现违约的环节一一列明，根据需要设置相应的违约责任。违反履行时间、履行地点、履行主体、履行内容、履行方式等均构成违约，即包括质量、数量、规格品种、包装、交付批次、交货地点及方式、交货期限、付款金额与方式等方面的违约，包括实体违约和程序违约。[4] 应当注意的是，并非所有的违约情形都一定要设置违约救济措施，应当针对重要的、对合同当事人权利与义务影响较大的违约行为设置违约救济措施。若发生一些轻微的、没有严重后果的违约行为，即要求承担违约责任，容易造成合同关系的不稳定。

关于违约金条款的设计，当事人可以约定一方违约时应当根据违约情况向对方支付一定数额的违约金，也可以约定因违约产生的损失赔偿额的计算方法。违约金的金额约定过高或过低时，违约方都可以向人民法院或仲裁机构提出请求，以适当降低或提高违约金。《全国法院贯彻实施民法典工作会议纪要》(2021年4月6日)第11条规定，当事人请求人民法院增加违约金的，增加后的违约金数额以不超过违约造成的损失为限，包括合同履行后的可得利益；但是受制于可预见性规则。增加违约金以后，当事人又请求对方赔偿损失的，人民法院不予支持。当事人请求人民法院减少违约金的，人民法院应当以违约造成的损失为基础，兼顾合同的履行情况、当事人的过错程度等综合因素，根据公平原则和诚信原则予以衡量，并作出裁判。约定的违约金超过违约造成的损失的30%的，一般可以认定"过分高于造成的损失"。

(4)争议解决条款。当事人解决合同争议的方法主要有：和解、调解、仲裁或诉讼。合同在起草过程中，可以就仲裁或诉讼解决争议进行选择，或仲裁或诉讼，二者择其一。选择仲裁解决争议时，应当明确选定仲裁机构。选择诉讼方式解决争议时，可以写明约定管辖的法院。

在争议解决条款中，还可以写明相关费用的承担，如约定律师费、保全费、保全保险费、公证费、评估费等实现债权的费用由违约方承担。约定由违约方承担实现债权的费用，一方面可以敦促合同当事人依约履行合同，尽量避免违约，否则，应承担上述费用；另一方面

---

[3] 参见麻增伟：《合同起草和审查实务指南》，中国铁道出版社2021年版，第231页。
[4] 参见吴江水：《完美的合同——合同的基本原理及审查与修改》，北京大学出版社2010年版，第39页。

可以降低守约方要求违约方承担责任时的支出与成本，减少守约方的损失。

除上述条款外，合同正文结束部分往往还会有合同生效条件条款、合同解释方法条款、合同文本数、各方所执有合同份数等常见条款。

（三）尾部

合同尾部包括合同正文结束后的所有内容，主要有合同各方的签署栏、附件清单、声明与承诺等内容，有些合同还有附件。根据不同的需要及习惯，签署栏的内容或多或少，但大多包括了合同主体、联系方法、银行账号之类的内容。从方便实用出发，这一栏中至少应该有标准的当事人通信地址、开户银行及账号、签订时间，而较为复杂的签署栏还包括授权代表及联系方法、电话号码、传真号码、电子信箱、合同签订地点等信息。

签署栏中的通信地址、付款账号等是经过双方当事人确认的信息，这些信息对于履行合同主要义务或履行通知等附随义务至关重要，只要是按签署栏的地址或账号履行通知或付款义务，即使没有收到也表明责任在对方。而签署栏中的签字人也与所在方构成了代理关系，如果没有其他约定或没有超出授权范围，则其意思表示代表所在方，这在合同履行中有着非常重要的意义。

有的合同尾部还列举附件清单，最好列在尾部的签署栏之前，这样在各方签署合同的同时也就确认了清单的存在。

合同附件一般在合同尾部的最后一部分，但附件清单一般列举在签署栏之前甚至正文之中，因此附件本身有时无须签署。附件是合同的组成部分，与合同其他条款一样具有法律效力。但合同附件如果不在合同中列明，一旦产生争议可能会面临举证方面的麻烦。

合同附件的作用主要有两个：（1）证明当事人的身份、经营资格，如附件中的身份证复印件、营业执照复印件、许可证复印件、资格证书等。（2）说明交易内容的细节，如附件中的品牌、规格型号、质量标准、单价、数量、技术指标、附属品规范及数量、服务标准、产品说明、与本合同关系密切的重要文件等。有些买卖合同的标的，其质量标准非常多、非常细，如果在合同正文中一一列明，技术层面的内容必将过多、烦琐；若以附件的形式出现，则非常适当，合同正文部分会显得简洁、明了。

依以上步骤完成合同初稿之后，应当对初稿进行通读、校对，对初稿的篇章结构、语言文字删改、优化，进一步提升合同质量。校对过程中，应先核对合同的序号是否连贯，再查看语句是否通顺，是否存在错别字，合同中价款、报酬等涉及金额的条款数值是否准确，标点符号的运用是否准确等。另外，合同文本的排版亦很重要，排版的整齐划一、格式规范虽然都是形式问题，但客户拿到合同首先看到的是合同的整体，若格式不一，杂乱无章，不方便阅读、理解，哪怕合同内容写得再好，也可能影响客户对合同整体性、专业性的判断。

五、合同的审查与修改

合同起草是一个从无到有的过程，而合同审查与修改则是一个从有到更加完美的过程。审查与修改合同文本有时比起草合同更难，起草合同时是一张白纸，律师有发挥的空间，审查修改合同时已经有了基本框架和具体内容，只能尽量尊重原有的结构及内容。有时，当事人由于预算或其他原因，放弃了合同的起草权，让交易对方负责起草合同，致使律师需要花费更多的时间和精力去修改。一方面，对方可能合同起草水平有限，这会增加律师审查、修改时的工作量；另一方面，律师须确保将所有保护客户利益的必要条款放入合同，并警惕对方起草条款中不利于己方的内容。同时，由于必须"削足适履"，律师可能需要花费更多的时间构思如何在不作结构性修改的前提下加入对己方有利的条款。除非得到客户的明确指示，通常律师不能假定我方客户已经理解并同意了某一合同条款。因为许多客户并非法律专业人士，可能不了解有些条款中有损己方利益的内容，不能理解有些条款背后隐藏的不利于己方内容的含义。律师发现对己方不利的条款时，应当及时将条款的不利后果告知客户，并提供相应的解决方案。

（一）合同审查

合同审查，是指律师对送审合同条款的阅读、核实、分析与检查的活动。合同审查应根据委托人陈述的交易目的及提供的背景资料，结合法律规定，检查核对其存在的法律问题和其他瑕疵，进而提出修改意见或建议，向委托人提交工作成果，供客户决策或商务谈判时参考。

如何高效地审查，取决于律师的专业能力和经验的积累。律师不仅应进行充分的法律检索，以了解适用于具体交易的法律规定，还需结合自己积累的经验，帮助客户进行商业上的判断，以达到既能使双方形成一致意见又能保护客户利益的目的。除非客户明确要求仅仅审核合同的合法性，而不需要审阅其他方面。否则，律师除了需要确保合同条款的合法性，还需要花费更多时间和心思审阅合同条款。合同的审查内容涉及方方面面，需要审查主体的合法性、内容的合法性、条款的实用性、权利义务的明确性、合同结构体系的完整性、文字表达的准确性以及版面的美观性等。审查的重点主要从以下几个方面展开：

1. 合同主体的合法性合规性审查

合同主体的合法性合规性审查，应当包括审查合同主体的身份信息、营业执照或统一社会信用代码证书；合同主体的经营期限与经营范围；是否属于市场负面清单或政府机构权力清单中的项目；是否具备相应的资质、许可证；是否列入中国裁判文书网、中国执行网异常名录，或属失信被执行人，已没有履行合同的能力；合同主体对合同的标的是否有处分权等。

2. 合同条款内容的合法性审查

合同条款内容的合法性审查，主要审查合同标的是否合法、是否属于禁止交易的物品，质量标准是否合法，合同标的物的权利是否存在瑕疵，是否存在权利受限的情况等，如有无共有权人，有无设定抵押、质押等担保物权。

合同权利义务的完整性审查，主要审查合同权利和义务的约定是否具体明确、具有可操作性，是否已对合同交易的流程作出规定，权利义务的约定是否公平合理，对方当事人的主要责任是否被免除，免责事由是否合理，权利的约定是否具有可执行性，约定的义务是否设定具体的履行时间与期限，是否针对义务的违反设定相应的违约责任或救济条款等。

3. 合同效力审查

合同效力审查，主要审查合同或合同条款是否存在无效情形，是否违反法律、行政法规的强制性规定，该强制性规定是效力性强制规定还是管理性强制规定，合同是否违反公序良俗，是否属于恶意串通、损害他人合法权益，是否有以虚假意思表示掩盖真实目的，是否有免除造成对方人身损害或因故意或重大过失造成的财产损失责任的条款，是否属于格式合同中提供条款一方不合理地免除或减轻其责任、加重对方责任、限制对方主要权利或排除对方主要权利的情形。

4. 合同条款的完备性审查

合同条款的完备性审查，可从合同的结构入手，根据合同结构的要求审查合同的标的条款，价格条款，质量条款，履行地点、期限、履行方式条款，权利义务条款、合同变更与解除条款，不可抗力条款，违约责任条款以及争议解决条款等。

5. 合同文字的准确性审查

合同文字应当严谨、准确、具体、平实，便于当事人依约履行合同义务。合同文字的准确性审查应审查文字表达是否具体、准确、不模糊、无歧义；法律术语及专业词汇的运用是否准确，是否规范；专有名词的定义是否准确；文字是否书面化，是否过于口语化；断句、分段是否合理，句子是否过长、拗口；是否过度引用专业术语以致令人难以理解等。

（二）合同的修改

合同的修改是在合同审查的基础之上，对审查出的问题通过重新约定而加以解决或回避，从而使合同条款有利于委托人交易目的的实现或对委托人更为有利。审查可以独立进行，而修改则必须建立在审查的基础之上。

合同的修改会涉及合同相对方是否同意的问题，因此修改的范围和程度会受各种限制，并非所有审查出来的问题都能得到有效修改，能否修改、修改的程度还要考虑委托人在交易中所处的地位等因素。

审查合同主要在于发现问题，修改合同则要在满足交易目的需要的同时，解决已经发现的问题并对可能发生的问题事先设防。

律师在修改对方起草的一些合同条款的时候，要考虑到对方制订条款的目的，有时候还会发现对方写的语言并不通顺，或者语意模糊存有歧义，有的律师干脆整条删除甚至将一半以上的合同条款都删掉了，将自己另行起草的合同文本增添到原合同中，这样的处理方式简单粗暴。对于对方起草的合同，应本着善意去修改。一般而言，尽量在对方提供的原合同基础上提出修改意见，使客户和交易对方都能看出来修改这一条的原因、删掉那一条的理由，相关理由的表述应当具有说服力，而且是对客户有利且不会为对方所利用的理由。

在审阅合同时，对于对方提供的合同文本及其表述，如果不是实质性的、重要的问题，不宜过多修改。除非得到客户的确认，切忌完全推翻原有的合同条款，重新起草或直接以新的条款替换原条款，否则，交易双方的关系容易紧张。当然，如果对方提出的合同文本有重大遗漏，则修改、补充相关条款是理所应当之事。

合同条款修改示例：

示例一

原文：产品存在质量问题应当承担违约责任。

修改：产品质量不符合本合同第五条约定的，应承担修理、重做、更换的责任。

修改理由:原文表述是模糊的,相比之下修改后的表述则清晰明确得多。

示例二

原文:如甲方成为老赖,乙方有权拒绝履行本协议第二条约定的义务。

修改:如甲方被人民法院认定为失信被执行人,则乙方有权拒绝履行本协议第二条约定的义务。

修改理由:合同中的文字表达应尽量使用法律语言,避免口语化。“老赖”属于日常用的口语,规范化表述应为“失信被执行人”。

示例三

原文:鉴于甲方系一家国有企业且其全资持有专门从事食品检测业务并拥有多种检测资质的丙方的股权……

修改:鉴于:1. 甲方系一家国有企业;2. 丙方是甲方的全资子公司,专门从事食品检测业务并拥有多种检测资质……

修改理由:合同的文句应当结构简单、表达清晰,复杂的句子容易出错且难以理解。修改后的文句使用短句,结构简单,断句准确,语义清晰。

示例四

原文:凡因本合同引起的或与本合同有关的任何争议,由双方友好协商解决,协商不成的,应提交原告方所在地仲裁委员会依据其规则进行仲裁。

修改:凡因本合同引起的或与本合同有关的任何争议,由双方友好协商解决,协商不成的,应提交××仲裁委员会依据其规则进行仲裁。

修改理由:司法实践中,部分法院认为:在合同订立时,仲裁申请人(原告)尚未确定,合同签约双方都可能作为仲裁申请人,故当签约双方所在地不同的情况下,即视为仲裁条款约定了两个仲裁机构,根据《仲裁法司法解释》第5条的规定,[5]仲裁条款可能无效。此外,如果原告所在地有两个以上仲裁机构,上述仲裁条款仍可能会被认定为无效。因此,在订立仲裁条款时,选定的仲裁机构应当明确、唯一,避免使用“由原告方所在地仲裁委员会仲裁”的类似表述。

(三)合同审查与修改应注意的事项

1. 做好接收文件工作

接收合同送审稿及相关背景文件、参考文件、证据资料等材料时,律师应当接收复印件、扫描件等,尽量避免接收原件,以免徒增保管责任。非接收原件不可时,应当认真保管,确保原件的安全,不可遗失、污染或损毁。若委托人移交原件要求律师签收,归还原件时,一定也要由委托人或经其指定的人签收。

若委托人对送审合同文本及相关资料有保密要求,应当与委托人签订保密协议后再开始工作。保密协议中应当包括保密事项、范围、期限、违约责任等。

---

[5] 《仲裁法司法解释》第5条规定:“仲裁协议约定两个以上仲裁机构的,当事人可以协议选择其中的一个仲裁机构申请仲裁;当事人不能就仲裁机构选择达成一致的,仲裁协议无效。”

2. 通读—细读—通读

在合同的审查与修改之前，应采用通读—细读—通读的方式阅读合同文本。

第一个步骤的"通读"，是指从整体入手，重点关注以下事项：(1)合同的合法性；(2)合同结构的完整性；(3)合同标的的准确性；(4)明确需要特别关注的事项；(5)除既有条款外，还应充分关注根据合同性质或交易目的应予约定而未约定的内容，或足以影响双方重大权益的其他条款约定不明、存在冲突等情况。第二个步骤的"细读"，是指从细节入手，检查合同的主体是否适格、权利义务的明确性以及合同条款的可操作性。第三个步骤的"通读"，是指再次检查合同结构是否完整、前后条款是否存在冲突或矛盾等方面。通过上述通读—细读—通读的方式，便于律师在修改之前对合同有一个全面、深入的了解。

3. 善用批注

对于送审合同文本的审查与修改，应当尽可能保持原稿与审查意见的可识别性。对修改的内容，律师应多利用批注功能，对所发现的问题，根据其性质采用疑问、说明、提醒、建议和警告的方式予以注明。

疑问批注，主要用于标示合同中未述及、无法判断或者比较异常的条款。说明批注，主要是对审查意见的依据加以描述，或以说明正确内容的方式纠正合同在措辞、引用法律或引用条款等方面存在的错误。提醒批注，是对明显不利于委托人的条款，或是对合同中并未提供的条款，提醒委托人关注其重要性。建议批注，是以简短的表述提交合同以外新的方案、思路等，以优化原合同中的方案或表述方式，供委托人在实际交易中参考。警告批注，主要用于提醒委托人在合同中所发现的重大不利情况或重大法律风险，以提醒委托人高度重视。

4. 多次审查、修改

合同的审查与修改，难以一蹴而就，重要的合同往往需要历经一审、二审和三审等多番审查、修改。在面对二次以上审查的合同时，首先，要重点关注此前的审查意见并作出修改或者反馈。其次，对于对方修改后返回的合同，除修订模式可见的修改外，应注意使用 word 的比较功能核查合同其他地方是否有过改动。最后，审查合同应避免惰性和惯性思维，积极主动突破思维定式，针对每一次交易的特性，发现潜在的问题及风险，避免将旧合同与新合同简单对号入座，力戒机械套用原有的知识与经验。

第二节 法律意见书

法律意见书作为一种法律文书肇始于美国，而后在英国伦敦的美元交易市场上使用。[6] 在国际贷款业务至少涉及两个国家甚至更多国家的法律，需要借款人与贷款人分别

〔6〕 张庆、刘宁：《法律意见书的研究与制作》，法律出版社 2004 年版，第 27 页。

出具以所在国法律为准据法的法律意见书。在我国,法律意见书始于20世纪80年代,最初阶段使用的主要范围,是为来华投资的外商提供法律服务,调查投资环境及拟合资、合作的中方企业的资信、履约能力等。与合同可以由当事人自己起草不同,法律意见书的制作主体只能是律师或其他专业法律人士。近年来,法律意见书已被广泛运用于各类诉讼案件、非诉讼案件以及合同、方案审查等诸多方面,成为律师提供法律服务的一种重要方式。

一、法律意见书概述

(一)法律意见书的定义

法律意见书有广义、狭义之分。广义的法律意见书,是指中介机构(律师事务所和公证机构)、法学专家等依照法律对委托人所提供的事实材料进行分析和阐述,并提供给委托人或者法定机构的一种书面法律建议。狭义的法律意见书,是指律师事务所根据法律的规定或者接受当事人委托,基于委托人提供及律师调查的相关事实和材料,针对某项特定法律事务(包括但不限于法律行为、法律事件或有法律意义的文书),根据法律等各类规范性文件进行分析和阐述后提出的书面法律结论。[7]

依照适用领域的不同,狭义的法律意见书可分为诉讼领域的法律意见书和非诉讼领域的法律意见书。前者是在刑事诉讼、民事诉讼、行政诉讼中,律师就特定案件向公、检、法出具的书面法律结论。后者是在资本证券、房地产开发、知识产权、涉外业务等非诉讼领域中,律师就特定事项出具的书面法律结论。两者的最大区别在于,前者是依附于某一项诉讼案件的,以该案件的相关法律争议点为核心进行论述,从而向公、检、法等司法机关表明律师及其委托人关于该案件的法律观点;而后者并不依附于某一项案件,是按照法律要求或委托人提出的某项法律事务系统发表的法律观点。本节中讨论的法律意见书是律师在非诉讼领域出具的法律意见书。

(二)法律意见书的特点

1. 内容的广泛性

法律意见书因其被广泛应用,涉及的内容十分广泛。法律意见书解决的问题,既可以是涉讼问题,又可以是非诉讼问题;既可以是法律问题,也可以是兼涉其他领域的问题;既可以是实体问题,又可以是程序问题;既可以是国内法律问题,又可以是涉外法律问题。

2. 形式的多样性

法律意见书解决的问题有以文件审查为主的,有以咨询质疑为主的,有以可行性分析为主的,有以评析法律行为、法律事实为主的,有以预测事态发展为主的等。这些不同内容的法律意见书,在结构上、写作上、形式上自然不同。有的有文件规范,有的没有文件规范;有的格式要件相对较多,有的相对较少。因此,有的结构相对复杂,有的则相对简单。法律意见书至今并无固定格式,显现出多样性。

---

〔7〕 参见郭林虎主编:《法律文书情境写作教程》(第5版),法律出版社2018年版,第474页。

3. 知识的复合性

随着人民群众法律意识的增强,简单法律问题可以通过阅读法律书籍或者进行法律咨询解决。需要出具法律意见书的问题,大多不仅涉及某个法条或某部法律,而且涉及多部法律,同时还可能涉及金融、经济、医药、文教等跨专业领域。所以,出具法律意见书,必须既要具备法律知识,还要具备其他相关领域的专业知识。

4. 用途的特定性

结论型的法律意见书不需要非常详细的法律分析,只要作出结论即可。例如,公司设立是否合法、是否有效存续,合同是否合法有效,主体资格是否符合法律的要求等。结论型法律意见书无须像写法律备忘录(memo)一样,进行详细的、严密的法律逻辑推理。一些法律法规对法律意见书提出了结论性的要求,如中国证监会要求律师就公开发行证券对证监会规定的事项及其他任何与发行有关的法律问题发表结论性意见。〔8〕

当就某个具体法律问题出具法律意见书时,往往需要较为详细的分析。由于司法的主观能动性等问题,很多法律问题难以得出明确、唯一的结论。这种情况下,就需要律师全面收集信息,先分析不同假设情形下的可行性和潜在风险,再比对、衡量采取不同策略所带来的优势和劣势,进而为当事人提供合理化的建议。

（三）法律意见书的分类

1. 监管要求类法律意见书、审查类法律意见书、纠纷处理类法律意见书

分类标准为以法律意见书的用途为标准进行分类。

(1)监管要求类法律意见书

监管要求类法律意见书,是指根据法律、法规、部门规章的规定或应有关政府主管机关的要求出具的法律意见书,其目的在于确认特定主体、行为或状态的合法性。例如,中国证监会要求拟首次公开发行股票和已上市公司增发股份、配股,以及已上市公司发行可转换公司债券等,均应当聘请律师事务所委派律师出具法律意见书。〔9〕中国证监会发布的《公司债券发行与交易管理办法》要求,公开发行公司债券的,发行人和主承销商应当聘请律师事务所对发行过程、配售行为、参与认购的投资者资质条件、资金划拨等事项进行见证,并出具专项法律意见书。公开发行的公司债券上市后10个工作日内,主承销商应当将专项法律意见、承销总结报告等文件一并报证券交易场所。〔10〕

在政府主管部门一些重大事项决策过程中,为防范风险、确保项目依法、依规,也会要求律师出具法律意见书。例如,广东省国资委规定,企业向省国资委报送改制方案、产权处置或重大资产处置方案、重大投融资项目、规定的核销资产损失项目、制订或修改公司章

〔8〕详见中国证监会于2001年3月1日发布的《公开发行证券公司信息披露的编报规则第12号——公开发行证券的法律意见书和律师工作报告》(证监发〔2001〕37号)第4条。

〔9〕详见中国证监会于2001年3月1日发布的《公开发行证券公司信息披露的编报规则第12号——公开发行证券的法律意见书和律师工作报告》(证监发〔2001〕37号)第2条。

〔10〕详见中国证监会于2021年2月26日发布的《公司债券发行与交易管理办法》(证监会令第180号)第46条。

程、需要协调的重大法律纠纷案件以及企业分立、合并、破产、解散、增减注册资本方案等，应当事前进行法律论证，按不同要求出具法律意见书。法律意见书作为文件附件报省国资委，未报送法律意见书或报送的法律意见书不符合要求的，省国资委不予受理。[11]

这类法律意见书，律师作为第三方发表意见，需对主管机关及不特定第三方负责。律师应当留存客户资料，要求客户提供资料真实、准确、完整的承诺函，勤勉尽职完成尽职调查，确保法律意见书的准确性和完整性，更好地防范执业风险。

(2)审查类法律意见书

审查类法律意见书，是指委托人就一份(一组)合同、方案或项目向律师提出咨询，律师对该合同、方案或项目的相关材料进行审查、分析后，提出可行与否及修改建议的文书。此类法律意见书的目的在于"防患于未然"，旨在排查其中是否存在重大问题、重大失误或遗漏。对于存在的问题，应及时提醒或发出告诫，指出存在的问题并提供解决方案，使之合法可行，避免日后发生纠纷。

例如，某一私募项目，其目标是通过返程投资到境外吸引风险投资人后再投回境内来收购境内的资产，风险投资的投资商往往要求律师就整个投资架构的合法性，包括目标公司的经营、所签署合同等的合法性和合规性出具法律意见书。再如，为国际融资贷款出具的法律意见书，一般都是银行作为贷款方，要求借款人律师就该项交易出具法律意见，主要包括：第一，就借款人合法成立、有效存续等事项出具法律意见；第二，贷款融资担保的合法性、有效性及境外针对此类贷款融资纠纷所作的法院判决或仲裁裁决在中国能否得到强制执行等事项出具法律意见。这种法律意见书的目的在于保障交易的安全，为银行内部决策提供依据。通常情况下，银行内部贷款决策机构、董事会或者贷款的审贷委员会，在没有律师法律意见书的情况下，是不会批准该项交易的。又如，为兼并收购交易项目出具的法律意见书。在这种收购交易中，收购方作为优势交易方，往往会要求被收购方聘请律师出具法律意见书。

(3)纠纷处理类法律意见书

纠纷处理类法律意见书，是指在纠纷已经发生的背景下，律师根据委托人的要求就纠纷的性质、可能存在的风险、解决途径、诉讼或仲裁结果预判等进行分析，作出判断。这类法律意见书的制作时间，可以在诉讼或仲裁进行之前或进行之中，也可以在执行阶段。

制作纠纷处理类法律意见书，律师应当根据委托人提供的资料，按照时间顺序厘清案件发展的脉络，梳理有关案件纠纷的事实，确定案件的法律性质及法律关系，检索法律规定，考虑到争议中对方当事人可能采取的应对措施，分析案件的发展趋势及走向，最后提出案件处理的意见与建议，如是否提起诉讼并申请保全，如何应诉，是否应当调解结案，是否因涉及刑事犯罪应向公安机关或检察机关报案或控告等。

律师制作纠纷处理类法律意见书时，应当全面考虑委托人面临的所有风险，让委托人

---

〔11〕 详见广东省国资委于2016年7月25日发布的《关于实施法律意见书制度的指导意见》(粤国资函〔2016〕702号)第8条。

充分了解将面对的一切利弊，在正确的前提与条件下作出决策。有风险不可怕，可怕的是让客户遭遇没有预见的风险。[12]

2. 一般法律意见书、要件类法律意见书

分类标准为以法律意见书的构成要件为标准进行分类。

（1）一般法律意见书

司法部于2008年印发《关于推行继承类、强制执行类要素式公证书和法律意见书格式的通知》，其中要素式公证书在公证部门得以推行，但普通的法律意见书的格式并没有完全固定的格式，但律师在制作法律意见书的实践中，根据法律意见书的内在逻辑顺序，逐步形成约定俗成的通用格式；在处理具体案件时，再根据具体案情的不同有所调整。

（2）要件类法律意见书[13]

此类法律意见书与监管要求类法律意见书的范围大致相同，在股票、债券上市、发行、配股等环节提请监管部门批准时，由法律、法规或规章规定律师应出具的法律意见书，在相关法律、法规或规章中对法律意见书有格式及要件要求。例如，中国证监会发布《法律意见书和律师工作报告的内容与格式（试行）》，制定了股票公开发行和上市时律师出具法律意见书和工作报告的各项准则。[14] 又如，在中国证监会《公开发行证券公司信息披露的编报规则第12号——公开发行证券的法律意见书和律师工作报告》的第二章，详细规定公开发行证券时律师出具的法律意见书应当具备的要件。律师的声明、法律意见书的正文以及对本次发行证券的结论性意见是法律意见书的必备内容，其中明确规定了法律意见书的正文包括且不限于23个方面的内容。[15]

二、法律意见书写作的基本原则

律师出具法律意见书应当恪守职业操守，尽职尽责，以事实为根据，以法律为准绳，客观公正、中立地发表法律意见。法律意见书的写作应遵循以下基本原则：

（一）实事求是原则

律师接受当事人的委托出具法律意见书，应当进行尽职调查，查明事实。律师出具法律意见书的基础是当事人提供的各种材料，应当首先对当事人提供的证据材料的真实性进行甄别，秉承审慎态度进行核对与审查，对已经发生或存在的事实尽全力进行查证，判别其与法律意见书所要解决的问题是否存在关联。在论证相关事实的过程中，应根据需要论证的目标，运用证据链的思维方式，拟定调查清单，可对当事人访谈，制作访谈笔录；可到相关政府部门走访调查，对当事人提供的法律文书原件核对，必要的时候还应当进行实地勘查。对当事人提供的证据材料，律师不可轻信盲从，只有获得最接近真相的事实，据其出具的法

〔12〕 参见刘进一：《从入门到精通：合同审查与法律意见书》，中国政法大学出版社2018年版，第180页。

〔13〕 参见马宏俊主编：《法律文书学》，高等教育出版社2018年版，第159页。

〔14〕 详见中国证监会于1994年11月8日发布的《法律意见书和律师工作报告的内容与格式（试行）》。

〔15〕 详见中国证监会于2001年3月1日发布的《公开发行证券公司信息披露的编报规则第12号——公开发行证券的法律意见书和律师工作报告》（证监发〔2001〕37号）第24条。

律意见才有真实基础。

（二）合法合规原则

在查清事实的基础上，律师出具法律意见书必须依据现行有效的法律、法规，有时还要包括部门规章、地方政府规章等，律师需要根据不同的委托事项和客户要求进行必要的选择。

律师认定委托事项是否合法有效，是以该事项发生之时适用的法律法规等规范性文件为依据的，同时也要依照法律意见书出具日以前有效的相关法律法规进行评价并充分提示风险，注意不要引用失效、已被废除或不相关的法律法规。律师应当充分论述事实与法律适用之间的关系，最终得出法律意见。出具涉外法律意见书时，既要符合我国的法律，又要符合国际上通行的惯例与法律。

（三）客观中立原则

律师出具法律意见书时应客观中立，依法制作。律师应当谨记，自己虽是接受当事人的委托出具法律意见书，但并不是当事人的代言人，律师应当在对证据事实进行客观分析的基础上，依据法律、法规出具法律意见书；既不能无原则地迎合客户的要求，又要全心全意、尽职尽责地为客户着想，从法律上寻求保护客户权益的方法和措施。唯其如此，才能真正发挥法律意见书的作用。

法律意见书的结论应当客观、公允、中立、保守。有些律师为了开拓业务，不顾事实及法律，出具迎合当事人内心偏好的法律意见书。如此做法不仅无法解决问题、切实维护当事人的合法权益，还可能给律师的执业带来风险。[16] 因而，律师在法律意见书中发表的意见应当审慎，应当全面分析案情、准确引用法律，没有把握的问题应在法律意见书中充分地、实事求是地予以说明并留有余地，不可枉下结论。

三、法律意见书写作的步骤

（一）调查事实，了解当事人需求

调查事实，包括做尽职调查、审查文件、跟客户沟通等。无论是大型的上市项目，还是其他类型的交易，法律意见书出具之前，都要做尽职调查。

在调查事实的基础上，出具法律意见书还必须结合当事人的需求。当事人要求出具法律意见书，总是希望法律意见书能支持自己的观点、维护自身的权益。如果当事人迫切希望促成交易，会希望法律意见书的结论是风险可控；然而交易中往往存在诸多不确定性，有些风险是难以把控的，这就需要律师以专业的知识、经验、方法，去寻求可行的路径和防范风险的措施，非常考验律师的功力。反之，如果当事人成交的愿望没有那么迫切，甚至希望法律意见书成为其作出否定性决策的依据，则法律意见书的内容就可以偏重于提示风险的严重性。

---

〔16〕 朱加宁、徐鹏：《律师实务技能十字决——律师各项业务的特点和操作要领》，法律出版社 2013 年版，第 151 页。

(二)收集整理相关法律规范

法律意见书应当以案件事实为依据,以法律为准绳。在调查事实的基础上,律师应当提炼出相关的法律问题,研究出具法律意见书所需适用的法律、法规。律师应当查阅、寻找相关的法律依据,参阅有关的规范性文件,进行法律适用综述。法律意见书往往涉及众多的法律、法规、规章及其他规范性文件等,必须透彻地加以检索、分析,以得出准确的、具有说服力的结论。

法律检索要做到全面、深入、细致、准确。如果全面掌握与拟出具的法律意见相关的法律、法规及规章,法律意见书即已成功了一半。由于法律、行政法规、部门规章等体系的庞杂,很多时候全面收集法律法规及规章比较难。尤其是部门规章,有时较为分散,检索时较难收集全面。律师应当擅长运用各种法律数据库,将多个数据库一并检索,耐心、细致地完成法律检索工作,为法律意见书结论的准确、有效奠定基础。

“深入”是法律研究最重要的一项要求。因为律师出具法律意见书的责任重大,所以法律研究必须深入。在一些法律规定的文字表达语义模糊、存在歧义,或者可能有多种解释的情况下,需要律师运用法律解释的原则与方法,解读该法律法规的含义,通过具体解读法律,得出法律研究的结论。

律师还应当时刻关注法律法规的变化,及时更新专业知识储备。比如,早期的上市项目中,发行人律师的法律意见书一般要出具给两方,一是给拟上市公司,二是给承销商,这是通常的惯例。后来,中国证监会与司法部发布的《律师事务所从事证券法律业务管理办法》第11条规定,同一律师事务所不得为同一证券发行的发行人和保荐人、承销的证券公司出具法律意见,不得为同一收购行为的收购人和被收购的上市公司出具法律意见。该条规定的出发点是避免利益冲突,即同一律师不得就同一项目同时代理两方,这与之前采用的做法就有所不同。后来中国证监会对此规则作了明确的解释,即中国律师如果是作为拟上市公司的律师,则不得同时为承销商出具法律意见书,用依赖函(明示或暗示地同意承销商可以依赖公司律师出具给公司的法律意见书)的方式也是违反证监会规定的。在之后的上市项目中,出具法律意见书就须严格遵守证监会的这一规定。

(三)分析问题

分析问题的过程即法律论证的过程。在法律意见书中,应以相应的法律为依据,通过对问题的梳理、概括、分析、比较,对问题的合法合规性进行分析,得出正确解决问题的方案。在分析问题的过程中,由于我国深受成文法系的影响,法律适用主要还是采用演绎推理的“三段论”的模式,即以法律规定为大前提,以案件事实为小前提,法律意见即为演绎推理的结论。论证的过程应当严谨,合乎法律逻辑。

很多交易能否进行,关键在于律师通过尽职调查发现问题后能否解决该问题。实践中,当事人的行为可能存在诸多问题。例如,企业设立的时候缺少批文,或者是其注册资本、投资不合法,或者是虚假出资,或者是某些合同中的某些约定是无效的。在这种情况下,如何在现有法律的框架下解读法律适用,为有缺陷的交易提供解决问题的方案,充分体现出律师的专业水平。

(四)出具意见

出具意见,是律师在明确事实、查找法律、分析问题的基础上发表法律方面的结论性意见。结论可以是肯定的,也可以是否定的,还可以是某种不确定的倾向性意见。无论何种结论,出具法律意见,既要观点明确,又要留有余地。例如,就某一项股权转让事项,律师可以根据现有的事实就收购行为的合法性发表意见。律师亦可根据具体情况作出判断,指出如果该项股权转让行为涉及监管部门的审批或者相关法律、法规的修改变化,可能对收购行为的效力产生影响。因而,在出具意见时,律师往往附加特别声明条款,对法律意见书的适用范围进行界定,以免除自己的责任。例如,“本法律意见书可能因国家法律法规或其他强制性规范的变化而失去适用性”等,将律师的执业风险最小化。

四、法律意见书的结构及内容

法律意见书的结构及内容,需依具体情况而定。实践中,法律法规规定、法律意见书具体内容或客户要求的不同,决定了每一份法律意见书的内容特色。从类型上看,一般法律意见书与要件类法律意见书在结构及内容上略有不同。

(一)一般法律意见书的结构及内容

一般法律意见书的结构,包括首部、正文、尾部三个部分。

1. 首部

首部通常包括:(1)标题。一般设定为“关于××的法律意见书”。(2)文书编号。以便于文书归档管理。(3)致送对象(写作受体)。一般是委托人。(4)委托事项信息。(5)引言。说明律师接受谁的委托、依据什么法律、就什么事项进行审查并出具法律意见书。

有些法律意见书在首部还提出声明条款。例如,律师说明法律意见书系在当事人提供的证据的基础上出具,律师无法保证其真实性、一致性和完整性;律师在假设所有的证据包括相关文件中有关人员的签字、盖章都是真实的,所有的复印件都与原件一致的基础上出具法律意见书。也有一些法律意见书,将假设内容放在法律意见书的最后。

2. 正文

正文部分主要包括:

(1)对客户提供资料的说明。对客户提供的文件,律师应当首先根据案情发展的顺序,对证据进行归纳梳理,就证据的完整性与真实性进行必要的核对:一是审核文件齐备与否、是否尚有应予提供而未提供的文件;二是说明文件的真实性由提供一方负责。如果已经进行实地调查或到相关机关咨询,应写明调查或咨询经过及其结果。

(2)对事实的概述。这里的事实,是由客户提供的资料以及律师进行尽职调查获得的资料推导得出的事实。确认提出的法律事实应是作出法律分析的前提,因此,法律意见书在对法律问题作出答复之前,应叙述清楚通过审查材料或者调查咨询而确认的事实脉络。如当事人为何人、在何单位,法律事实于何时何地如何发生,如何发展,中间一方或双方有何变故，与本项目有关的第三方于何时何地如何介入，特别是目前状况如何，一方或双方准备施行何种行为等，均应叙明，以厘清来龙去脉，找出因果关系，为法律、法理分析奠定基础。

（3）对法律、法理分析。这是法律意见书最重要的部分，律师应针对当事人提出的问题，通过运用法律、法规的阐述予以释明，给咨询者一个明确的答案。律师应当全面检索相关法律、法规、部门规章以及地方规章，了解法律法规出台或修改的背景，法条的内涵与外延，分析法条的效力属于强制性规范还是任意性规范，是效力性强制还是管理性强制等。

阐述法律意见应当做到观点明确、论据充分、论证严密。如果事实部分比较复杂，尤其是涉外案件还存在适用哪一国家或地区法律的问题，应首先就法律适用问题进行分析，其次通过所适用的法律、法规来详细解答委托人所提的问题。一般而言，这一部分需要针对当事人咨询的有关事务进行分析或阐述，并作出肯定或否定的结论。律师出具的法律意见应当具有建设性、可行性以及预测性。如果答复若干个问题，或答复的问题比较复杂，还应注意内容结构的条理性和逻辑性。

（4）结论。结论是律师经过调查研究和分析后，根据事实、依照法律得出的法律意见，是制作法律意见书的目的所在，更是委托人和其他利害关系人作出决策的直接依据。如果律师经过调查研究或分析后，认为需要保留意见或对客户进行风险提示的，也可以在结论部分予以具体说明。

3. 尾部

尾部主要包括受托律师的署名、文书制作的日期、律师事务所的公章以及附件等。

有些法律意见书仅为了特定的交易目的，是不公开的，不可扩大适用范围，也不可被引用，并不可在任何其他公开文件中提及，而只适用于法律意见书中明确提及的交易方式及交易事项，因此在法律意见书的最后会对其使用作出明确限定。如有些法律意见书的尾部会注明："本法律意见书未经本律师同意，不得向第三方出示，不得作为证据使用。"

（二）要件类法律意见书的结构及内容

要件类法律意见书的结构及内容，由于相关的法律、法规或相关法律文件对其格式以及审查项目做了强制性规定，律师必须按照规定的格式与内容出具法律意见书。否则，相关监管机构将驳回申报材料或要求出具补充意见书。例如，中国证监会于2019年7月公布《股份有限公司境外公开募集股份上市（包括增发）审核关注要点》，列明了其在审核境外发行上市项目时就外资准入与宏观调控及产业政策、合规经营、股权结构与公司治理、本次发行与特定对象适用事项等18个关注要点。律师报送中国证监会的法律意见书，应注意对其审核关注要点发表意见。又如，对于为公司上市IPO出具的法律意见书，中国证监会发布《公开发行证券公司信息披露的编报规则第12号——公开发行证券的法律意见书和律师工作报告》，对法律意见书和律师工作报告及制作工作底稿提出了要求，明确规定了法律意见书的必备内容。

法条阅读

根据证监会的规定，法律意见书的开头部分应载明，律师是否根据《证券法》《公司法》等有关法律、法规和中国证监会的有关规定，按照律师行业公认的业务标准、道德规范和勤勉尽责精神，出具法律意见书。[17] 根据中国证监会的规定，律师出具的法律意见书应当包括三个部分：律师应声明的事项、法律意见书正文、结论性意见。

1. 律师应声明的事项

文书格式

声明包括：律师应承诺已依据本规则的规定及本法律意见书出具日以前已发生或存在的事实和我国现行法律、法规和中国证监会的有关规定发表法律意见；律师应承诺已严格履行法定职责，遵循了勤勉尽责和诚实信用原则，对发行人的行为以及本次申请的合法、合规、真实、有效进行了充分的核查验证，保证法律意见书和律师工作报告不存在虚假记载、误导性陈述及重大遗漏；律师应承诺同意将法律意见书和律师工作报告作为发行人申请公开发行股票所必备的法律文件，随同其他材料一同上报，并愿意承担相应的法律责任；律师应承诺同意发行人部分或全部在招股说明书中自行引用或按中国证监会审核要求引用法律意见书或律师工作报告的内容，但发行人作上述引用时，不得因引用而导致法律上的歧义或曲解，律师应对有关招股说明书的内容进行再次审阅并确认；律师可作出其他适当声明，但不得作出违反律师行业公认的业务标准、道德规范和勤勉尽责精神的免责声明。

2. 法律意见书正文

正文包括律师在进行充分核查验证的基础上，对本次股票发行上市的一些（包括但不限于下面的）事项，如本次发行上市的批准和授权，发行人的主体资格、发行上市的实质条件、设立、独立性、业务，发起人或股东（实际控制人），股本及其演变，关联交易及同业竞争，发行人的主要财产、重大债权债务、重大资产变化及收购兼并，公司章程及修改，发行人、股东大会、董事会、监事会议事规则及规范运作，税务、诉讼、仲裁及行政处罚，董事、监事和高级管理人员及其变化，环境保护和产品质量、技术等标准，募集资本的运用及发行人业务发展目标，发行人招股说明书法律风险的评价以及律师认为需要说明的其他问题等。

3. 结论性意见

本部分要求律师发表关于本次发行上市的总体结论性意见，包括：发行人是否符合股票发行上市条件，发行人行为是否存在违法违规，招股说明书及其摘要引用的法律意见书和律师工作报告的内容是否适当等。对于律师已勤勉尽责仍不能发表肯定性意见的，应发表保留意见，并说明相应的理由及其对本次发行上市的影响程度。此外，该文件对律师工作报告的必备内容及工作底稿也作出了规定。

五、制作法律意见书应注意的事项

（一）目的明确，有的放矢

法律意见书仅在法律要求和客户明确要求的情况下出具，应当与客户充分沟通，了解客户需求。有时客户要求的法律意见书并非本节所定义的法律意见书，其只需要律师给客

〔17〕 中国证监会于2001年3月1日发布的《公开发行证券公司信息披露的编报规则第12号——公开发行证券的法律意见书和律师工作报告》（证监发〔2001〕37号）。

户一个回复或一个备忘录，对客户提出的问题进行分析并给出结论。律师应与客户充分沟通，确认客户需求，明确客户是希望出具正式法律意见书还是只需要对法律问题予以回复。

（二）语言平实，精练准确

法律意见书的语言表达应当精练、准确。概括法律事实时应当条理清晰，按照时间发展的先后顺序或交易内容模块进行陈述，突出重点、详略得当。法律意见书的语言表述须精准到位、准确使用法律术语。

法律术语的适用一定要考虑行文的受众，如果客户并未受过专业法律训练，过多使用法律术语只会造成阅读与理解的困难。诚如法律文书写作专家布莱恩·加纳（Bryan Garner）所言："我们很难证明，一个生僻的词汇因其是法律术语而具有使用的合理性。"因而，语言表达应当力求直白，段落文句不可过长，除非为了强调或突出对比效果，否则，应尽量避免过多地使用转折、双重否定等复杂句式。即便是复杂的观点，也尽量使用客户易于理解的平实的语言表达。当然，如果法律意见书的送达对象是相关监管部门、受众为专业人士时，大量运用法律术语不仅无碍于交流，还可以提高效率，有时甚至要求运用专业术语。

（三）格式规范，观点鲜明

除要件类法律意见书外，一般法律意见书并无法定的格式要求，但通常有约定俗成的写法。在制作过程中，应当遵循基本的文书结构，但又不能拘泥于格式套路，简单模仿他人制作的法律意见书。制作法律意见书应当做到观点鲜明，出具的意见不能模棱两可、含混不清、缺乏针对性。法律意见书应当以意见、对策、建议为重点，切忌片面追求格式规整、洋洋洒洒的效果，通篇文书中找不到或只有很少的甚至可以忽略不计的对策性、观点性的意见或建议。没有实质内容、主次不分的法律意见书，是不合格的法律意见书。

（四）审慎保守，控制风险

律师出具法律意见书所依据的基础材料毕竟由当事人提供，虽然律师也要进行必要的调查，但很难保证当事人一定将案情及相关证据毫无保留地与律师充分交流。律师出具法律意见，应当以保守、中立为基调，审慎发表律师意见，降低执业风险。对于监管要求类法律意见书，则更应当审慎。近年来，随着资本市场的扩大，新三板、创业板、北交所等新兴资本市场陆续涌现，在为律师带来新业务的同时，亦提出新的挑战。律师出具相关法律意见书，如有虚假记载、误导性陈述、重大遗漏等问题，将面临监管部门的行政处罚，甚至应承担刑事责任。[18] 因此，律师出具法律意见书应勤勉尽职，经过充分的尽职调查，依据专业知识作出专业判断，充分发挥律师作为专业法律服务人士的积极作用与影响。

---

〔18〕《证券法》第213条第3款规定："证券服务机构违反本法第一百六十三条的规定，未勤勉尽责，所制作、出具的文件有虚假记载、误导性陈述或者重大遗漏的，责令改正，没收业务收入，并处以业务收入一倍以上十倍以下的罚款，没有业务收入或者业务收入不足五十万元的，处以五十万元以上五百万元以下的罚款；情节严重的，并处暂停或者禁止从事证券服务业务。对直接负责的主管人员和其他直接责任人员给予警告，并处以二十万元以上二百万元以下的罚款。"第219条规定："违反本法规定，构成犯罪的，依法追究刑事责任。"

研讨与练习

1. 合同的起草与审查应当遵循什么原则?
2. 试述起草合同的准备工作。
3. 合同由哪些基本模块组成?
4. 练习制作一份合同。
5. 法律意见书的结构由哪几部分组成?
6. 试述制作法律意见书的注意事项。
7. 练习制作一份法律意见书。